法学叢書 12

法学叢書
刑法総論

橋本　正博

新世社

はしがき

　本書は，大学の専門教育において刑法総論として教授される内容を書き記した教科書である。一般的に，教科書とは，ある学問分野を学ぶための資料として，その分野で共通了解となっている知識・技能等を習得しやすいように整理して示すものであろう。しかし，問題に対する解答がひとつには絞られない法学の分野，しかも，知識の整理法自体にさえ考え方の相違がある刑法学のこと，「教科書の著者が妥当と考える」体系的整理に基づくほかはないことはお断りしなければならない。

　それにもかかわらず，本書では自己の見解を体系的に記述することを第一目標とはせず，他の考え方との対比で長所短所をできるだけ率直に説明しようとした。それは，一面で本書の母体が法科大学院の授業のために用意した講義案であることに由来する。

　法科大学院では，授業時間数の限定に加え，双方向的に授業を展開することが期待されていたこともあって，授業で内容を網羅的に扱うことは難しい。また，学生には「結論だけを主張しても説得力がない」と指導しており，思考過程や判断根拠を示してみようとも考えた。そこで，「授業レジュメ」を膨らませて，授業で述べる（はずの）内容を書き記す講義案を作り始めたのである。

　もちろん，独立した教科書とする計画ができてからは，わたくしなりに必要と考える項目の概説的説明が盛り込まれるようにしてきたが，本書にはあえて「教場での語り」を残したところが多い。学問は，厳密な議論の前提として定義された術語（専門用語）を使い，細かいニュアンスを正確に伝えるべく工夫した表現を追求している。当然ながら，学習者は，それを精密に議論するやり方もきちんと学んでいただきたい。ただ，それを前提にした上で，この本では，読者の日常的な感覚などに訴えて理解のヒントを与えることをある程度意識的に行おうとしたのである。

　採用すべき項目，その水準はもちろん，上述のような方針が正鵠を射ているかは読者の評価に委ねるほかはない。また，教科書を書く際の最大の不安は思

わぬ間違いが紛れ込んでいるかもしれないことである。本書が読者を得て，これらの点にご叱正を賜ることになれば，まことに幸いである。

　こうして何とか書物ができるについては，有形・無形の多くの助けがあったことは申すまでもない。学部時代からご指導を賜ってきた恩師福田平先生の学恩は，本書の内容に明らかであろうと思われる。改めて心からのお礼を申し上げる次第である。もちろん，その他，大学の内外で議論をさせていただいた研究者・実務家の方々をはじめ，法科大学院を中心とする受講生（中には何時間も議論した人もあった）まで，お一人お一人の名を挙げることはできないが，ここに記して感謝の意を表する。

　株式会社新世社編集部の御園生晴彦さんには，怠惰で思い切りも悪い著者に辛抱強くお付き合いいただき，多大なご支援を賜った。また，同編集部の谷口雅彦さんは，面倒な実務作業をこなしてくださった。別してお礼を申し添える。

　　　2014年12月15日

　　　　　　　　　　　　　　　　　　　　　　　　　　　　橋本　正博

目　次

第1編　基礎理論　　1

第1章　刑法の基本原理・基本原則　　2

- 1.1　刑法の意義　　2
  - 1.1.1　刑法の法源　　2
  - 1.1.2　刑法の改正　　5
- 1.2　刑法・刑罰の目的と機能　　6
  - 1.2.1　保護的機能　　6
  - 1.2.2　規制的機能　　7
  - 1.2.3　保障的機能　　10
- 1.3　罪刑法定主義　　11
  - 1.3.1　罪刑法定主義の意義　　11
  - 1.3.2　罪刑法定主義の内容　　12
- 1.4　刑法の適用範囲　　19
  - 1.4.1　場所に関する適用範囲　　19
  - 1.4.2　時に関する適用範囲　　20
- 1.5　犯罪の概念　　21
  - 1.5.1　犯罪の意義　　21
  - 1.5.2　客観主義・行為主義・結果主義　　22
- 1.6　行為論——犯罪概念の基底　　24
  - 1.6.1　行為論の意義　　24
  - 1.6.2　「行為」の定義　　25
- 1.7　犯罪論の体系　　27
- 1.8　責任原理（責任主義）　　28

第 2 編　犯 罪 論　31

第 2 章　構 成 要 件　32

- 2.1　構成要件の概念 … 32
  - 2.1.1　構成要件の意義と機能 … 32
  - 2.1.2　違法類型としての構成要件 … 33
  - 2.1.3　構成要件要素の範囲 … 34
- 2.2　構成要件要素 … 35
  - 2.2.1　構成要件要素の種類 … 35
  - 2.2.2　客観的構成要件要素 … 36
  - 2.2.3　主観的構成要件要素 … 43
  - 2.2.4　実行行為 … 47
- 2.3　構成要件の分類 … 49
  - 2.3.1　離隔犯と自手犯 … 49
  - 2.3.2　即成犯・状態犯・継続犯 … 49
  - 2.3.3　結果的加重犯 … 51
  - 2.3.4　構成要件該当性 … 53
- 2.4　不 作 為 犯 … 54
  - 2.4.1　不作為犯の意義 … 54
  - 2.4.2　不作為犯の処罰根拠 … 55
  - 2.4.3　不作為の実行行為性 … 56
  - 2.4.4　法的作為義務 … 57
  - 2.4.5　保証者（保障人）説 … 58
  - 2.4.6　作為義務の根拠 … 59
- 2.5　因 果 関 係 … 67
  - 2.5.1　刑法上の因果関係の意義 … 67
  - 2.5.2　条 件 関 係 … 68
  - 2.5.3　条件関係判断の実際 … 69
  - 2.5.4　択一的競合 … 70
  - 2.5.5　不作為犯における因果関係 … 72
  - 2.5.6　因果関係学説の諸相 … 73
  - 2.5.7　判　　例 … 79
- 2.6　構成要件的故意 … 85
  - 2.6.1　故意の内容と体系的位置づけ … 85

- 2.6.2 構成要件的故意の要件 ……………………………………… 89
- 2.6.3 確定的故意と不確定的故意 …………………………………… 92
- 2.7 構成要件の錯誤（事実の錯誤） ………………………………… 96
  - 2.7.1 錯誤の意義 ……………………………………………………… 96
  - 2.7.2 事実の錯誤 ……………………………………………………… 98
  - 2.7.3 具体的事実の錯誤 …………………………………………… 102
  - 2.7.4 抽象的事実の錯誤 …………………………………………… 109
- 2.8 構成要件的過失 …………………………………………………… 112
  - 2.8.1 過失犯処罰の例外性と過失の体系的地位 ………………… 112
  - 2.8.2 旧過失論・新過失論 ………………………………………… 113
  - 2.8.3 許された危険 ………………………………………………… 114
  - 2.8.4 構成要件的過失の要件 ……………………………………… 115

第3章 違法性　　124

- 3.1 違法性の概念 ……………………………………………………… 124
  - 3.1.1 犯罪論体系における違法性判断のあり方 ………………… 124
  - 3.1.2 違法性の実質 ………………………………………………… 126
  - 3.1.3 可罰的違法性 ………………………………………………… 128
  - 3.1.4 違法性阻却事由 ……………………………………………… 130
- 3.2 正当防衛 …………………………………………………………… 130
  - 3.2.1 正当防衛の意義，根拠とその限界 ………………………… 130
  - 3.2.2 要　件 ………………………………………………………… 132
- 3.3 過剰防衛・誤想防衛 ……………………………………………… 141
  - 3.3.1 過剰防衛 ……………………………………………………… 141
  - 3.3.2 誤想防衛 ……………………………………………………… 144
- 3.4 緊急避難 …………………………………………………………… 145
  - 3.4.1 緊急避難の意義とその法的性質 …………………………… 145
  - 3.4.2 緊急避難の要件 ……………………………………………… 147
  - 3.4.3 過剰避難・誤想避難 ………………………………………… 150
  - 3.4.4 義務の衝突 …………………………………………………… 151
- 3.5 正当行為（35条） ………………………………………………… 153
  - 3.5.1 違法性阻却の一般条項 ……………………………………… 153
  - 3.5.2 法令行為（35条前段） ……………………………………… 154
  - 3.5.3 正当行為 ……………………………………………………… 155

第4章 責　任　　170

4.1 責任の根拠とその実質　170
4.1.1 責任の概念　170
4.1.2 責任の根拠　170
4.1.3 責任の実質　171

4.2 責 任 能 力　174
4.2.1 責任能力の意義　174
4.2.2 責任無能力・限定責任能力　175
4.2.3 原因において自由な行為　177

4.3 故意・過失　186

4.4 違法性の意識の可能性　187
4.4.1 違法性の意識と故意　187
4.4.2 違法性の錯誤（法律の錯誤）　192

4.5 期待可能性　201
4.5.1 規範的責任の限界としての期待可能性　201
4.5.2 期待可能性の標準　202
4.5.3 期待可能性の体系的地位　203

第5章 未 遂 犯　205

5.1 未遂犯とその処罰の意義　205
5.2 未遂犯の要件　207
5.2.1 実行の着手　207
5.2.2 間接正犯における実行の着手　209
5.2.3 犯罪の未完成（＝未遂）　211
5.3 中 止 犯　212
5.3.1 中止犯の意義とその効果の根拠　212
5.3.2 中止犯の要件　214
5.3.3 予備の中止　220
5.4 不 能 犯　221
5.4.1 不能犯の意義　221
5.4.2 危険性の判断　222

第 6 章　正犯と共犯　　229

6.1　構成要件実現形態としての正犯と共犯 ……………………………229
6.1.1　広義の共犯と狭義の共犯 ……………………………………229
6.1.2　正犯と共犯 ……………………………………………………229
6.1.3　必要的共犯と任意的共犯 ……………………………………230
6.2　正 犯 概 念 ……………………………………………………………232
6.2.1　正犯の諸形態 …………………………………………………232
6.2.2　正犯理論の諸相 ………………………………………………233
6.2.3　単 独 正 犯 ……………………………………………………239
6.2.4　間 接 正 犯 ……………………………………………………239
6.3　共犯の処罰根拠 ………………………………………………………246
6.3.1　因果的共犯論 …………………………………………………246
6.3.2　惹 起 説 ………………………………………………………247
6.4　共犯の従属性 …………………………………………………………249
6.4.1　共犯従属性の意義 ……………………………………………249
6.4.2　実行従属性 ……………………………………………………250
6.4.3　要素従属性 ……………………………………………………250
6.4.4　罪名従属性 ……………………………………………………252
6.5　共 同 正 犯 ……………………………………………………………253
6.5.1　共同正犯の意義およびその正犯性 …………………………253
6.5.2　共同正犯の成立要件 …………………………………………257
6.5.3　共謀共同正犯 …………………………………………………262
6.5.4　過失犯の共同正犯 ……………………………………………269
6.6　教 唆 犯 ………………………………………………………………272
6.6.1　教唆の意義 ……………………………………………………272
6.6.2　教唆犯の成立要件 ……………………………………………272
6.7　幇 助 犯 ………………………………………………………………276
6.7.1　幇助の意義 ……………………………………………………276
6.7.2　幇助犯の成立要件 ……………………………………………277
6.8　共犯に関する諸問題 …………………………………………………281
6.8.1　承継的共犯 ……………………………………………………281
6.8.2　共犯と身分（身分犯の共犯）…………………………………283
6.8.3　共犯と錯誤 ……………………………………………………289
6.8.4　不作為と共犯 …………………………………………………293

	6.8.5	共同正犯と正当防衛 · 295
	6.8.6	予備の共犯 · 296
	6.8.7	共同教唆・共同幇助 · 297
	6.8.8	共犯関係からの離脱 · 298

第7章　犯罪の個数および競合　302

7.1　罪数論とその犯罪論上の位置づけ · 302
7.2　一罪（本来的一罪） · 303
7.2.1　単 純 一 罪 · 303
7.2.2　法 条 競 合 · 303
7.2.3　包 括 一 罪 · 306
7.3　科刑上一罪（観念的競合・牽連犯） · 311
7.3.1　科刑上一罪の考え方 · 311
7.3.2　観念的競合 · 313
7.3.3　牽 連 犯 · 315
7.3.4　かすがい現象 · 317
7.4　数　　罪 · 319
7.4.1　併 合 罪 · 319
7.4.2　単 純 数 罪 · 323

第3編　刑罰とその量定・執行　325

第8章　刑　罰　論　326

8.1　刑罰論の意義 · 326
8.1.1　刑罰論と犯罪論 · 326
8.1.2　刑 罰 思 想 · 327
8.1.3　予 防 論 · 329
8.2　刑罰の種類 · 330
8.2.1　生 命 刑 · 330
8.2.2　自 由 刑 · 332
8.2.3　財 産 刑 · 334
8.3　量　　刑 · 338
8.3.1　量刑の意義 · 338
8.3.2　刑の加重・減軽 · 340

8.3.3　刑の量定（狭義の量刑）…………………………………………345
8.4　刑　の　執　行………………………………………………………………346
　　8.4.1　自由刑の刑期の計算…………………………………………………347
　　8.4.2　刑の執行猶予…………………………………………………………348
　　8.4.3　仮　釈　放……………………………………………………………354
　　8.4.4　刑罰権の消滅…………………………………………………………356
8.5　保　安　処　分………………………………………………………………357

事　項　索　引……………………………………………………………………359
判　例　索　引……………………………………………………………………367

凡　例

【法　令】
　おおむね2014年10月1日現在の法令に基づき，施行前の改正も反映した。法令の略称は慣用に従い，刑法の条文は法令名を略し条文番号のみで引用した。

【判　例】
　おおむね2014年10月1日までに最高裁判所刑事判例集・判例時報・判例タイムズに掲載された裁判例を参照した。引用は，慣例に従い，最高裁判所判決を「最判」，最高裁判所決定を「最決」とするほか，判決（決定）年月日は「元号○・○・○」として簡略化し，出典判例集は下記のような略称を用い，巻（輯）・号・頁等を示した。

刑録	大審院刑事判決録
刑集	大審院刑事判例集，最高裁判所刑事判例集
裁判集刑	最高裁判所裁判集刑事
高刑集	高等裁判所刑事判例集
高刑裁特	高等裁判所刑事裁判特報
高刑判特	高等裁判所刑事判決特報
高刑速報	高等裁判所刑事裁判速報集
下刑集	下級裁判所刑事判例集
刑月	刑事裁判月報
判時	判例時報
判タ	判例タイムズ
新聞	法律新聞

【参考文献】

　文献の引用は，本書の性格に応じ，近時の学生が参照しやすいものを中心に，教科書類は代表的な単著のものに限った。引用方法は，下記文献表にあるものは，著者名（姓）とページ数のみとし，分担執筆にかかる注釈書については，書名とページ数に続き執筆者名を示した。学説が十分に熟していない部分など一部で学術論文，研究書を引用したが，この場合には，脚注に書誌情報を合わせて明記した。

〈教科書等〉

浅田和茂『刑法総論』補正版・2007，成文堂
井田良『講義刑法学・総論』2008，有斐閣
井田良『刑法総論の理論構造』2005，成文堂
伊東研祐『刑法講義　総論』2010，日本評論社
内田文昭『改訂刑法Ⅰ（総論）』補正版・1997，青林書院
大塚仁『刑法概説（総論）』第4版・2008，有斐閣
大谷實『刑法講義総論』新版第4版・2012，成文堂
川端博『刑法総論講義』第3版・2013，成文堂
木村亀二（阿部純二増補）『刑法総論』1978，有斐閣
齋野彦弥『基本講義 刑法総論』2007，新世社
佐伯仁志『刑法総論の考え方・楽しみ方』2013，有斐閣
佐久間修『刑法総論』2009，成文堂
曽根威彦『刑法総論』第4版・2008，弘文堂
高橋則夫『刑法総論』第2版・2013，成文堂
団藤重光『刑法綱要総論』第3版・1990，創文社
内藤謙『刑法講義総論（上）』1983，有斐閣
内藤謙『刑法講義総論（中）』1987，有斐閣
内藤謙『刑法講義総論（下Ⅰ）』1991，有斐閣
内藤謙『刑法講義総論（下Ⅱ）』2002，有斐閣
中山研一『刑法総論』1982，成文堂
西田典之『刑法総論』第2版・2010，弘文堂
林幹人『刑法総論』第2版・2008，東京大学出版会
平野龍一『刑法総論Ⅰ』1972，有斐閣
平野龍一『刑法総論Ⅱ』1975，有斐閣
福田平『全訂刑法総論』第5版・2011，有斐閣
藤木英雄『刑法講義総論』1975，弘文堂

山口厚『刑法総論』第2版・2007，有斐閣
山中敬一『刑法総論』第2版・2007，成文堂
前田雅英『刑法総論講義』第5版・2011，東京大学出版会
松原芳博『刑法総論』2013，日本評論社
松宮孝明『刑法総論講義』第4版・2009，成文堂

〈注釈書〉

団藤重光編『注釈刑法　総則 (1)–(3)』1964–69，『補巻 (1)』1974，『補巻 (2)』1976，有斐閣
大塚仁・河上和雄・佐藤文哉・古田佑紀編『大コンメンタール刑法』第2版・1999–2006，青林書院
西田典之・山口厚・佐伯仁志編『注釈刑法　第1巻　総論』2010，有斐閣

〈判例解説〉

山口厚・佐伯仁志編『刑法判例百選 I 総論』第7版・2014，有斐閣

第1編

基礎理論

■第1章■

刑法の基本原理・基本原則

1.1 刑法の意義

1.1.1 刑法の法源

(1) 法源としての法律

　法の定めるルールを人が認識する際の淵源，ほかの言い方をすれば，法の存在形態が「**法源**」である。たとえば，王様に謁見する際のあいさつのしかたが「慣習」で決まっており，あいさつのルールを認識するための資料が「慣習」であるとき，「あいさつ法」の法源は「慣習」である。あるいは，契約の有効性などを判断するルールが，これまで歴史的に積み重ねられ次第に形成されてきた裁判所の判断（判例）によって知られるとき，契約に関する法の法源は「判例」である。これらの例とは異なり，日本刑法は，明治以降，主に，フランス・ドイツなどヨーロッパ大陸諸国から導入したものが土台となっている。そこでは，規範内容の明確性を確保するため，文書として書かれ法典の形に編纂された「法律」（成文法）を法源とするのが原則となっており，現在の日本でも，すべての法分野において基本的に法源は法律である。

　刑法分野では文字通り「刑法」と名づけられた法律がある。条文の中に「人を殺すこと」が犯罪になる旨が書いてある「法律」は，「刑法」である。犯罪やそれに対応する刑罰に関するルールは，この法律によって知ることとなるので，「刑法」という名称の法律が刑法の法源である。ただし，刑法の法源は，「刑法」という名前の法律だけに限られない。いわゆる特別刑法として，種々の法典があるほか，他の多くの法律の中にも刑罰規定がある。これらも刑法の

法源であり,「犯罪と刑罰」とを定める刑法を形成していることになる。

(2) 刑罰法規の形式

　刑法は,犯罪の成立要件と,成立した犯罪に対応する刑罰とを規定した法律である。上述したように,「刑法」と銘打った法律の中にあるか否かにかかわらず,犯罪と刑罰とを内容とする規定は,広義の刑法の一部となる。何が犯罪であって,どのような刑罰が科されるかを定めるものは,刑法の法源である。

　「犯罪と刑罰」という規定内容に応じて,刑法（刑罰法規）では,次のような形式が採られる。

　　「――した者は,＊＊（刑罰の種類と量）に処する。」……（A）
　　「――してはならない。」＋「――条に違反した者は＊＊に処する。」
　　　……（B）

　いずれも,刑罰を科される対象となる条件（――する）と,これに対応する刑罰（＊＊に処する）とを規定する。犯罪と刑罰を定めることを本来の役割とする法である「刑法」では,上のAの例のように端的に**法律要件**（犯罪行為）と**法律効果**（刑罰）とを規定するのがふつうである。その主眼が処罰に関することだけでない法律（たとえば,安全・円滑な活動を行わせるための行政的法規）では,一般的な行動規範として,法が期待する態度を禁止や命令の形で示す規定を置き,これに反する行為,あるいは,これに従わない態度に対して,別途,刑罰を規定する形式をとることもある（上のBの例）。

　罪刑法定主義の要請（いわゆる法律主義。罪刑法定主義全般については後に述べる）に基づき,刑法の法源となりうる規範は,原則として「法律」に限られる。例外的に,いわゆる白地刑罰法規があり,政令・条令による補充を必要とする場合もあるが,このときにも法律による委任（法律の中で,具体的な内容や詳細については政令・条例等で定めることにする旨の規定を置くこと）が必要である。

(3) 刑　法　典

　広義の刑法を考えると,法律効果として刑罰を規定する法律はすべて法源となるが,犯罪と刑罰とを主たる内容とする法律としては,法典の形に整備された「刑法」がその中心であることはもちろんである。ここでは,一般的にもそのような用例があることから,「刑法」という名称の法律を,広義の刑法と区

別する意味で，便宜的に「刑法典」とよぶことにする。この刑法典（明治40年法律45号）は，「第1編　総則」と「第2編　罪」とから成っている。刑法典の総則は，刑法典だけでなく，**刑罰法規全体**（広義の刑法）**の総則**としての地位を有する（8条本文）。ただし，特別の規定がある場合はこの限りでない（同条ただし書）。8条ただし書にいう「特別の規定」として「(8条本文に従わず)刑法総則の適用を除外する」旨の明文規定が必要か，明文がなくとも，目的論的解釈によって規定（法律）の趣旨を読み取り，これを「特別の規定」として刑法典総則の適用に関する例外を認めてもよいかという問題がある。明文規定を置くことに立法技術上困難があるとも思われないので，明文規定を要するとするのが妥当であるが，判例は，明文のある場合に限らず，「法令の規定の性質上，刑法総則規定の適用を除外することが，規定の目的を達するために必要な場合」であるとしている（大判大正6・12・12刑録23輯1357頁）。

（4）特別刑法

　刑法典以外の刑罰法律を特別刑法という。特別刑法には，犯罪と刑罰とを定めることを主目的とする法律（法令集において「刑事法」編などにまとめられているもの）として，軽犯罪法，盗犯等ノ防止及処分ニ関スル法律（盗犯等防止法），暴力行為等処罰ニ関スル法律（暴力行為等処罰法），組織的な犯罪の処罰及び犯罪収益の規制等に関する法律（組織犯罪処罰法），爆発物取締罰則などを挙げることができる。麻薬及び向精神薬取締法，覚せい剤取締法のように，刑罰をもって有害薬物取締の実効性を高めるとともに，刑法典上の犯罪を補充するものもある。その他，たとえば，会社法（960条以下），民事執行法（204条以下），私的独占の禁止及び公正取引の確保に関する法律（独占禁止法）89条以降）など，民事法，経済法に属する法律や，道路交通法（115条以下），国家公務員法（109条以下），地方公務員法（60条以下），所得税法（238条以下）といった行政法分野の法律にも，特別刑法に位置づけられる条文がある。行政目的実現を趣旨とする特別刑法を行政刑法ということもある[1]。

---

[1] ただし，大学等において刑法学が教授されるときには，刑法典の犯罪をその範囲とすることが通常であり，国家試験等の出題範囲としてもこのことが前提とされるのが一般的な取扱いである。本書においても基本的には同様の方針をとっている。

(5) 刑法学

　既定の，あるいは，あるべき刑法規範の内容を把握し，運用に資するための知恵の集積が刑法学である。刑法学が「あるべき刑罰法規」を論じるときには，既存の条文を前提とした解釈論だけでなく，立法論に踏み込むこともあるが，実際には，刑法の規定の意味内容を細部まで検討する作業が大きな部分を占めている（刑法学だけでなく，法律学は一般にこのような性質の学問である）ので，刑法学も刑法解釈学（理論刑法学）という性格を有する。このような営為が「学」として行われると言いうるのは，刑法学が体系的構造を備えるに至っていることに表れている。学問的体系を構成するため，刑法学は，解釈学の前提となるべき基礎理論を論じる部分を要素として含む。個々の犯罪ごとに犯罪となるかならないかを議論するのが**刑法各論**であり，個別の類型にとどまらない犯罪成立要件等を論じるのが**刑法総論**である。刑法典が「第1編　総則」と「第2編　罪」に分かれているのも，このことに対応している。

1.1.2　刑法の改正

　日本で西欧法に則った近代刑法が制定されたのは，ボワソナード（Gustave Emile Boissonade de Fontarabie, 1825-1910）が起草した旧刑法（1880（明治13）年）が最初である。その後，日本の立法の範がフランスからドイツ（プロシア）に移行し，現行刑法（1907（明治40）年制定，1908年施行）の制定の際にもフランス刑法よりドイツ刑法が参考にされた。現行刑法は，その後100年以上を経ている世界的にみても生命の長い法律である。

　とはいえ，もちろん改正はなされており，このうち内容的に重要な改正は，日本国憲法制定時の改正（1947（昭和22）年）である。この際には，主として，象徴天皇制や法の下の平等などの新憲法の基本原理と齟齬のある規定が削除されるなどの改正がなされた。これとは別に，かなり以前から全面改正に向けた作業も断続的に行われてきた。この営為は，戦後，現行法制定以後の刑事政策の発展や新しい社会・経済状況に対応した「改正刑法草案」（1974（昭和49）年に法制審議会決定）の形にまで整えられたが，この草案に対しては，新しい犯罪類型を設けて総体として処罰範囲が拡大することや，制度の根幹に関わる改正（たとえば，刑罰のほかに犯罪者処遇の方法として保安処分を本格的に導入すること）

などについて，広い意見の一致が難しかったこともあり，作業はここまでで頓挫している。その後，刑法典は，形式面では，1995（平成7）年に現代用語化がなされて面目を一新したが，この作業の際には，一部の例外を除き，極力内容の変更を来たさないことが旨とされた。

このような経緯から，一般的に，刑法の改正は例外に属し，めったに改正すべきものではない，あるいは改正されない，という認識が生じていた。ところが，ここ十数年ほどは，一部改正ではあるが，犯罪類型の新設など内容的に重要な改正が比較的多くなっているのが特徴的である。その背景には，社会の変動，とくに，経済・技術・環境といった側面での新たな状況，国際協力の要請などの事情があることは確かであろうが，社会心理的・文化的事情を介する諸要因も想定され，単純に論定することはできない。後述するように，強力な制裁手段である刑罰についてはその功罪が議論され，近代に至って刑法の謙抑性が強調されるようになった。法の「実効性」を求めるあまり刑罰制裁（の予告）を多用すれば，国民生活の自由制約が不当に高まることが認識されなければならない。

1.2　刑法・刑罰の目的と機能

1.2.1　保護的機能

刑法の究極の目的は，法が法規範によって保護しようとする社会生活上の利益（**法益**）の保護である。歴史上，これと対照すべき考え方として，社会秩序や法規範妥当性そのものを自己目的として保護・維持するものだという捉え方があった。しかし，それ自体とらえどころのない対象の場合，その侵害があるかどうかの判断は不明確になりやすい。それに，そもそも，現代社会においては，あるべき秩序や規範の内容に関する価値基準の対立をある程度認める寛容さが要請されてもいるであろう。そこで，処罰の妥当性が害されないように，侵害の有無が比較的明瞭に判断できるような現実的利益を対象とし，これを保護することが刑法の目的として設定されるべきである。

ただし，刑法は法益保護の手段として積極的な害悪の付与（刑罰）を予定し

ているので，他の法による法益保護とは異なる特別の配慮が必要だとされてきた。刑罰制裁の行使は，できるだけ控える方が社会厚生に資するという考慮である。単純な功利主義の図式で捉えても，犯罪による利益の喪失に対して，刑罰という他の利益の剥奪をもって報いることは，社会全体の利益を増加させない。刑法は，法益侵害が生じてしまった後に法益侵害者を罰することを定めているが，犯罪者を罰しても失われた利益は戻らず，せいぜい，何らかの形で，それ以後の犯罪抑止が期待できる（抑止効果は必ずしも明らかでないが）限りで法益保護に資するだけである。刑罰という制裁を用いないで法益保護が図られる方が好ましいことであるといわなければならない。したがって，逆に，そのような将来の犯罪抑止と行為者の処罰との利益衡量を支えるに足りる何らかの必要があるときに限って，刑罰が科されるべきである。

ここから，刑法の「補充的性格」が帰結する。刑法は，他の法による法益保護では足りないときに限り，他の法の補充のために，いわば最終手段として登場するにすぎない。刑法以外の手段で法益保護が可能な場合には，刑法による補充は不要である。実際，そのような法益については初めから刑法規範が用意されていない。これが「刑法の断片性」として現れる特性である。刑法は，包括的・全体的に法益を保護するものではなく，刑法による法益保護は断片的なのである。

同様の趣旨から，刑法・刑罰の適用は，立法・解釈・運用の各場面において抑制的であることが望まれる。できるだけ刑罰に頼らないことを求める刑法の謙抑主義とよばれるこのような態度も，刑法の目的と機能とに応じて期待されている。もっとも，刑罰制裁を現実に行使するかどうかはともかく，また，ことの是非は別として，現代社会は，他の，よりゆるやかな規範や制裁による社会統制に限界を感じ，刑事制裁の後ろ盾を伴う規範に依存性を高めている側面が目立つようになっている。刑罰に規範の実効性の担保が期待されているのである。先に触れた，刑事立法関係の活発化にそれが表れていると考えられる。

1.2.2　規制的機能

（1）犯罪の規定

刑法は，「○○をした者を××に処する」という措置（刑罰）を定める法で

あるが，そこには刑罰の前提としての「犯罪」の規定も含まれている。すなわち，法益侵害に対する事後的反応として国家刑罰権の発動が認められる根拠・前提となる事態を「犯罪」として規定する形をとる。上の例で，「○○をした」という部分は，処罰対象行為の記述であり，禁止される対象となる態度を定めているのである。つまり，刑法は，ある法益侵害行為に対する害悪制裁（刑罰）を科する，あるいは科刑を予告することによって，その行為を公的に反社会的行為（犯罪）として宣言し，その行為に対する法的評価（否定的評価）を示している。この場合，刑法における，行為に対する（事前的・事後的）評価規範としての機能だけでなく，その行為を行おうとする人に対する（事前的）意思決定規範としての機能，いいかえれば，刑法の行為規範としての意味合いが表面に現れることとなる。

（2）行為無価値論と結果無価値論

刑法のこの行為規制機能に関しては，2つの異なった傾向の考え方がある[2]。

ひとつは，「**行為無価値論**」的思考である。行為の無価値[3]というのは，特定の人間の振る舞いが法的価値判断において否定的（法が容認しない）評価が与えられるものであることを意味する。これは，刑法が，特定の行為を「法益侵害の危険性を含む態様の行為」と捉えており，法益保護のために，それを行うことを許容しない，という評価結果を示していると捉えるものである。同時に，刑法において，そのような行為を行おうとする行為者の意思決定に働きかけ，行為を統制する機能を認める，という立場である。

もうひとつは，「**結果無価値論**」的思考である。法益保護を旨とする刑法にとっては，人の振る舞いではなく法益侵害という結果が重要である。したがって，刑法の機能は，行為に出ようとする行為者に働きかける意思決定規範の機能ではなく，行為から生じた許容しがたい結果（事態）に対する客観的評価に尽きる。逆に，そのような結果が生じなければ，人の振る舞いがどのよう

---

[2] これは，犯罪論の基礎的概念である違法性に関わる考え方に基づくものであり，詳細は，違法性論（3.1）において論じられる。

[3] このような概念の母国はドイツである。ここで「無価値」と訳されているのはドイツ語のUnwertであって，価値がないのではなく「反」価値という方が本来は正確であるが，一般的に定着している訳に従う。

なものであれ，それに刑法は関知すべきではない。こうして，結果無価値論的思考は，刑法の目的を「法益保護」に純化する。一方，行為無価値論的思考方法をとると，規範定立者によって，ある価値秩序に適った「立ち居振る舞い」が要求されることとなり，ひいては法と峻別されるべき内的道徳の法による強制につながる，と批判する。

　この2つの思考態度は，今日の刑法理論における対立軸となっている。犯罪論の中核をなす「違法性」は，法違背性にほかならないから，法による命令や禁止の内容・範囲に関する理解の相違は，違法性論で最も明確な形で表れる。ただ，両者を相容れないイデオロギー的対立として理解するのは妥当でない。対立点は，同一事実を外形的に観察可能な限度の客観的事態として把握するか，行為者の内心で起こっている状態も含めた客観的事態として把握するかという方法論に存する。人の内心も，所詮，外に表れなければそれだけで処罰することはできないのであるから，両者の実際問題としての差異は，学問的主張ほどに隔たったものではない。また，結果無価値論的思考は，多くの場合，行為無価値的思考を排除する一元論として主張されることが多いが，行為無価値的思考の支持者のほとんどは，行為無価値的思考と結果無価値的思考の**二元論**を採用している。両者は原理的に排他的なものではないのである。

（3）法益保護のための規範

　以上の限定を留保しつつ，わたくしとしては，刑法の意思決定規範としての性格を肯定すること，あるいは行為無価値的思考が，より現実に適合的であると考える。すなわち，個人に対する強力な制裁を「予告」することは，ともかくも個人に対し，制裁を避ける方向に誘導する機能を有するであろう。あるいは，少なくともその効果が期待されているとはいえるであろう。機序や確実性は不明であるが，とにかく，人の行う犯罪抑止へ効果が期待されており，それが合理的だと考えられていることは否定できないはずである。もちろん，法益を保護する機能，すなわち法益が侵害されないように防止する機能は，一般的にあらゆる犯罪を防止することではなく，刑罰を科された犯罪より後の犯罪予防として期待される部分に限られる。しかし，そうだとしても，刑罰が，そして刑法が法益保護に資するということは，刑法が多かれ少なかれ意思決定規範として働くことを容認しなければ，納得することができないであろう。

1.2.3 保障的機能

(1) 善良な市民の自由と犯罪人の自由

　刑法は，犯罪者に刑罰という不利益処分を科することによって，逆説的だが人権・自由を保障するという機能を有する。人権・自由といった法益を直接に侵害から保護するという側面については，法益保護機能として述べた。ここで問題にするのは，法に従って刑罰を科すことは，刑を受ける人にとって即物的には人権や自由の制約であるが，その反面として，刑法の規定が国家刑罰権の行使・範囲・程度を制約するという機能を併せもつことになるという事情である。このことにより，犯罪者でない一般市民は，いわれのない処罰からの自由が保障される。また，犯罪者についても，権力者による恣意的で不安定な，あるいは不公平・不適切な処罰を免れるという意味で，消極的には，やはり自由の保障という側面がある。このような事情を表すものとして，「刑法は，善良な市民のマグナ・カルタであると同時に，犯罪者のマグナ・カルタである」というリストの言葉（Franz von Liszt, 1851-1919）が引かれるのが常であるが，必罰・厳罰のみを追及するのではなく，また法による国家刑罰権自体の制約という法治国原理ないし法の支配の考え方が，刑法においても，啓蒙思想以来の近代法的性格を根底で基礎づけているのである[4]。

(2) 応報と一般予防

　行為規範による法益保護と自由保障に関して，わたくしの考えは次のようなものである。刑罰の意義・性格に関しては2つの側面を一体として把握することになる。

　ひとつは，事後的処分としての責任の観点からの，応報としての性格である。法益侵害に無媒介的に伴う刑罰を考えるので，一種の応報刑論ということができよう。応報刑論については根拠なき反作用として疑問が呈されることも多いが，固有の制裁としての刑罰を維持する以上，犯罪の存在が処罰のために必要かつ十分な条件となるという限りで，刑罰の応報的性格は否定できないと思う。

---

[4] ついでながら，これは刑事訴訟手続においても同様であり，法の適正手続（Due Process of Law）として刑事訴訟法の根幹をなす考え方となっている。

他方，事前的犯罪抑制としての予防の観点から，国民を規範の名宛人とし，その意思決定を法益侵害行為を行わないように誘導する機能がある。こちらは，広義の一般予防論である。事前の一般予防は，事後的な（応報的）刑罰を予告し，あるいは実際に刑罰を科することにより，無形的不可視的な刑法規範の存在を確実なものとして示すとともに現実に妥当させ，国民の意思決定に働きかけて，犯罪への意思決定を排除する形で実現される。もとより刑罰の犯罪予防効果は，せいぜい「期待する」あるいは「期待されている」にとどまるものではあるが，定性的にはそう期待することに合理性があると考えられる。なお，処罰を免れたいという心理に期待する一般予防論は**消極的一般予防論**とよばれ，刑法規範（の妥当）の強化による一般予防を志向する立場を，一般に**積極的一般予防論**とよぶ。したがって，以上の考え方は，積極的一般予防論に属する[5]。

1.3　罪刑法定主義

1.3.1　罪刑法定主義の意義

「法律なければ犯罪なし，法律なければ刑罰なし」という標語[6]で表されるのが**罪刑法定主義**である。文字通りには，犯罪と刑罰とを法律で定めることにする態度であるが，さらに，「あらかじめ」規定しておくことも重要である。これは，日本国憲法に直接かつ包括的な規定はないものの，憲法上の原則であると考えるのが通説である（憲法31・39・73条6号ただし書等）。他方，刑法典自体にはこの趣旨の規定は置かれていない。立法論としては，宣言ないし原則確認規定が存在している方が望ましいとは思われるが，規定がないからといって罪刑法定主義の妥当性が争われることはない。近代刑法の鉄則である。

罪刑法定主義の妥当性ないし正統性（オーソリティ）を支える基礎としては，民主主義と自由主義とを挙げることができる。民主主義的基礎とは，三権分立

---

[5] 刑罰の機能としての（犯罪）予防論については，第8章（8.1.3）を参照。

[6] 一般に法諺，あるいは「格言」のように，ラテン語で引用される原理である。犯罪がなければ刑罰を科されることはなく（nullum crimen sine lege），その犯罪性そのものが法律によっている以上，法律がなければ刑罰はない（nulla poena sine lege）ことになる。

による国家刑罰権の制限，すなわち国民代表に正統根拠を有する立法府により法律を通じて国家権力（刑罰権）を統制する側面である。これは，具体的には「**法律主義**」として現れる。処罰は，国民に対する害悪付与にほかならないから，それを国民が受容するためには，民主主義的基盤に基づき，国民代表によって制定された法律に基づく正統性が必要である。

　もうひとつの自由主義的基礎とは，処罰の予測可能性の担保という側面である。国民の自由，とくに行動の自由を保障するためには，何が犯罪であり，どのような刑罰が科せられるのかが，「行為の際に（予め）」行為者に示されている必要がある。加えて，行為のときに処罰が予告されていなければ後になって処罰されることはないという保障も必要である。そうであって初めて，行為者がその後の利益・不利益を考慮に入れ，自己の判断で行為するかどうかを決めることができるからである。行動に出るとき，予想外の「不意打ち」処罰がありうるという状況では，処罰される可能性がありそうな行為は行えない。さらに「恣意」が付け加われば，処罰の可能性はいかなる行為にもありうることになり，何が処罰されるかは予測不可能であるから，行動の自由は決定的に失われてしまうであろう。

1.3.2　罪刑法定主義の内容

(1) 法律主義

　法律主義にいう法律とは，日本においては，国会制定法のことである。先に述べたように，国民代表による民主的規制に服することが，刑法，したがってその内容である犯罪と刑罰との合理性を根拠づける。行政も法に従うように義務づけられているのが法治国であるから，行政府が法律を逸脱することはできない。そこで，行政府の発する命令による場合も広義の法定の一形態とはいいうるが，命令で処罰を定めるには「法律の委任」が必要である。また，地方自治体の条例は，国会制定にかかる法律ではなく，これを根拠とする処罰については，地方自治法14条3項によってかなり包括的な委任がなされる形になっている。包括的委任では，実質的に行政権の裁量が大きすぎ，法律が行政権を制約する役に立たないとする批判もある。しかし，形式的に法律の委任があること，実質的に，条例が地方自治体の議会という民主主義的基礎を有すること

などから，一般的には，罪刑法定主義に反しないと理解されている。

（2）慣習刑法の排除と類推解釈の禁止

　法律主義の要請から，**慣習刑法の排除**という派生的原則が生じる。法律が「国家制定法」である以上，慣習法は既に形式的に処罰根拠から除かれるが，実質においても，慣習は，存否自体，妥当範囲，内容の把握のどれをとっても，慣習法は，処罰範囲を明確に示すに足りるような客観的かつ明確な規範とはなりえない[7]。

　法律主義からの派生原則として，もうひとつ，**類推解釈の禁止**という法解釈上の制約原理がある。類推解釈とは，法律に直接に規定がない事項について，規定がある事項との類似性を根拠にそれと同様だと解釈することである。この解釈手法は，生じる多様な事態に対し必ずしも網羅性を期待できない成文法を基礎にしながら，法の趣旨に沿った妥当な解決を導く手法として合理性を有し，民法ではむしろ積極的に用いられもする。しかし，類推解釈が規定の存在しないところに規範を定立する一種の立法であるという性格は否定できない。また，処罰という峻厳な制裁を予定する刑法の場合，類似性の判断が不明確であることも，処罰の公平・安定性の観点から問題である。事象の抽象化度や比較の観点によって，類似の有無の判断は大きく異なりうる。罪刑法定主義の見地からすれば，類推解釈はその実質を損なうものなのである。

　ただし，後述のように，処罰の予測可能性が重要だと考えられるので，行為者に有利な（不処罰や処罰軽減の方向の）解釈であれば，類推解釈も許される。たとえば，犯罪の成立を否定するような事情は，法律に直接規定されているものでなくとも，似た事情であることを根拠に実質的に同様に評価することが可能であると考えられる。このように処理しても，結局，処罰しない範囲が広くなるのであって，「処罰」の予測可能性を害することはないからである。

（3）類推解釈と拡張解釈

　他方，刑法においても拡張解釈は許されると解されている。拡張解釈が文言

---

[7] もっとも，成文法の解釈に際し，その指針として慣習を考慮することはありうる。たとえば，経済活動に関する規定は，取引上の慣習を無視して解釈・適用することはできないであろう。

の意味を外れない解釈である限り，行為者は処罰を予測することが可能であって，自由侵害のおそれのある不意打ち処罰にはつながらないと考えられるからである。

とはいえ，類推解釈と拡張解釈との限界は明らかではなく，争われることがある。たとえば，電気は窃盗の客体として定められている「他人の所有物」に含まれるか（とくに，電気は「物」か）が問題となった判例は，旧刑法時代のものであるが，刑法の解釈の限界を象徴するものとして著名である。そこでは，「（所有）物」とは「有体物（民法85条参照）」に限られず，「五感の作用で認識しうる管理可能な形而下の存在」を含むとの解釈に基づき，電気が窃盗罪の客体とされたのである（大判明治36・5・21刑録9輯874頁，電気窃盗事件）。また，ガソリン・エンジンを動力として軌道上を走行する「ガソリンカー」が「汽車」に包含されると解釈した「ガソリンカー事件」（大判昭和15・8・22刑集19巻540頁）も，この問題に関連して引用される代表的な判例である。最高裁のものとしては，特別法違反事件であるが，「マガモ捕獲事件」（最判平成8・2・8日刑集50巻2号221頁）があり，「マガモまたはカルガモを狙い洋弓銃で矢を射かけた行為」が，矢が外れたために鳥獣を自己の実力支配内に入れられず，かつ，殺傷するに至らなくても，鳥獣保護及狩猟ニ関スル法律に基づくを受けた環境庁告示で禁じられていた「捕獲」に該当するとした例がある[8]。

（4）自由主義——刑罰法規不遡及の原則

自由保障の観点からは，処罰の予測可能性の保障（不意打ち処罰の禁止）が重要になる。

ここから，第一に，**刑罰法規不遡及の原則**（事後法の禁止）が派生する。刑罰法規が時間を遡って適用されることになれば，行為時に処罰される可能性がないと信じて行った行為でも処罰対象となる可能性が生じる。行為の後で制定された規定によって処罰するというのは，俗な言い方をすれば「卑怯」であるが，これが正義に反すると考えられる根拠は，不処罰への期待を裏切る，ある種の約束違反であること，すなわち処罰予測可能性を害することに求められるであろう。ただし，日本では，「判例」に一般的法源性は認められていないので，

---

[8] その他，最判昭和30・3・1刑集9巻3号381頁（「人事院規則」の解釈），も著名判例である。

行為当時の「判例」が事後に行為者にとって不利益に変更された場合は「法律」の変更とは異なる。すなわち，行為当時の判例に従う解釈からすれば無罪とされたはずの行為を判例変更後に処罰対象としても憲法39条違反ではない，というのが最高裁の態度である（最判平成8・11・18刑集50巻10号745頁）。これに対し，学説においては，このような場合にも行為者の処罰予測可能性は失われるとして，罪刑法定主義の観点からこの判断を問題視する見解も有力である。

　刑法6条は，犯罪後の法律によって刑の変更があったときは，軽い方に従うべきことを定めている。軽い方の刑罰を定める刑罰法規の遡及適用を認めることになるので，形式的には，刑罰法規不遡及の原則に対する例外である。しかし，繰り返し述べているように，この原則の意義は，処罰予測可能性を担保し行動の自由を保障することにある。6条の規定は，事後法が，当該行為はもはや軽い処罰が相応だと評価している以上，それに従って軽い処罰をすれば足りるというだけであるから，刑罰法規不遡及の原則の趣旨に反するものではない。

(5) 限時法

　法律の趣旨・目的によって，法律の有効期間を限定して制定される法律（**限時法**）がある。このような法律が失効した後に行われた行為には，もちろん，罪刑法定主義によりその法律を適用することはできない。行為後・裁判前に刑罰法規が失効した場合，失効してもはや処罰対象から外れている行為の刑罰について考えれば，6条の趣旨（直接には規定していない）から言って，不処罰であることが「軽い刑罰」に相当するであろうから，やはり処罰はされないということになる。ただ，現実問題として，処罰対象行為について裁判で有罪判決を受けるまでには相当程度の時間がかかる。それを考慮すると，法律失効間際に行われた行為については，法律の有効期間内であるにもかかわらず事実上処罰できないことになってしまう。そこで，限時法は有効期間内の行為に適用がある（その限りで遡及適用が可能）とする例外（「限時法の理論」）を認めるべきだとの主張もなされた。しかし，今日の通説は，このような一般的例外の理論を認める必要はないと解している。遡及的扱いの趣旨を当該法律中に明文で規定すれば足りる（現に多くの場合に行われている）からである。

（6）自由主義 —— 絶対的不定期刑の禁止

　自由保障の観点から，第二に挙げられるのは，**絶対的不定期刑の禁止**という派生原則である。「不定期刑」とは，一般に，刑期の定めのない自由刑をいう。ただし，「3年から5年の自由刑に処する」のように長期と短期とを定めて言い渡す場合は**相対的不定期刑**とよばれ，これは，合理的な理由がある場合には許されるものとされている。たとえば，未成年者は成長途上にあり，将来の人格形成における可塑性に富み，可能性の幅が大きいので，その成長に応じて処遇する柔軟性が必要であると考えられる。少年法52条が少年に対する不定期刑を認めているのは，このような趣旨から根拠づけられるであろう。これに対し，範囲の限定もない場合が絶対的不定期刑である。刑罰の予告といっても，たとえば，単に「懲役に処する」旨を規定しているだけでは，どのような長さの間（1日と30年とでは大違いである）拘禁されるのかがわからないので，実質的な意味の処罰の予測可能性は，大幅に減じることになるであろう。絶対的不定期刑は，受刑者の地位を不安定にするものとして罪刑法定主義に違反すると解されるのである[9]。

（7）現代的展開（1）—— 刑罰法規の明確性

　罪刑法定主義は，市民革命を通じ，刑罰権を制約する形式面の原理として確立してきたものであるが，20世紀になって，民主主義や自由主義という罪刑法定主義の原則を刑罰法規の内容面にも貫徹させるべきだという思想が有力になり，一般に承認されるようになっている。

　まず，**刑罰法規の明確性**という派生原則が挙げられる。形式的に犯罪と刑罰との規定があっても，内容が不明確であれば，処罰の予測可能性は保障されないからである。極端な例を挙げれば，「社会生活上重要な利益を侵害した者には相当の刑を科する」という条文をあらかじめ作ったとしても，その規定する処罰対象もそれに対する刑罰も不明確にすぎるので，罪刑法定主義の要請は

---

[9]　なお，「無期」懲役・禁錮も，刑期の定めのない自由刑といえるが，一般に，罪刑法定主義に反するとは解されていない。その理由として，形式的には「無期」という刑期があること，あるいは，実質的に，刑期の終了時期を定めている（刑法28条の定める仮釈放制度があるが，仮釈放はあくまで「仮」であって，事実上「死」が刑期の終了を画する）から，刑期を定めない場合とは異なる，などという事情が指摘される。

まったく充足しないであろう。

判例においても，少なくとも一般論として，この「明確性」の要請という原則が是認されている。最高裁は，刑罰法規があいまい不明確である場合には憲法31条に違反する場合があることを前提に，その明確性の判断は，通常の判断能力を有する一般人の理解において，具体的場合に当該行為がその適用を受けるものかどうかの判断を可能にするような基準が読みとれるか否かによって決定すべきであるとした（最大判昭和50・9・10刑集29巻8号489頁，徳島市公安条例事件）。また，青少年に対する「淫行」を処罰対象とする条例において処罰範囲が広汎に過ぎるのではないかが争われた事件の最高裁判例では，当該条例の趣旨からして，「淫行」は広く一般的な意味に解釈されるべきでないことは明らかであるから限定的に解釈すべきであり，そのように解釈されるときは罪刑法定主義に反することはないとした（最大判昭和60・10・23刑集39巻6号413頁，福岡県青少年保護育成条例事件）。

いずれも，規範の名宛人である一般人の予測可能性を標準に罪刑法定主義違反（罪刑法定主義が憲法上の原則なので憲法違反の問題になる）が判断されているのは，この原則の趣旨からして妥当である。ただ，規定の処罰範囲が広範に過ぎるために不明確である点につき，合憲にするために限定的な解釈を採用する（限定合憲解釈）ことを一般人がとるべき態度として当然に要請することには，後述のように疑問が残る。

（8）現代的展開（2）——刑罰法規の内容の適正

次に，刑罰法規の内容の適正も罪刑法定主義の派生原則として主張されている。処罰規定が内容的に適正である（処罰することが相当であり，その場合の刑罰量も相当である）ことが必要かという問題は，「悪法も法か」という哲学的課題に近づくが，少なくとも明白に罪刑の均衡が失われている場合や，処罰対象とするのは明らかに不当と判断できる行為が処罰対象とされている場合には，罪刑法定主義違反として問題にする余地があろう。

このような現代的展開の背景には，成文法による厳格な法律主義とは異なる判例法の伝統のある英米法において，人権保障のための手続的要請として発展してきた「デュー・プロセス（適正手続）」の保障が，犯罪実体の確定の場面においても必要だとする「実体的デュー・プロセス」の思想がある。また，上に

見たように，刑罰法規の明確性の原則は，アメリカの憲法判例上発展してきた「漠然性のゆえに無効」・「過度の広汎性のゆえに無効」の理論の影響を受けたものである。

(9) 刑法の解釈

上述のように，罪刑法定主義との関係で，類推解釈の禁止（行為者に不利益な類推の禁止）が伝統的に承認されてきたが，憲法規範との関係で，**合憲的限定解釈**（文言を型通りに解釈すると違憲と判断される場合に，合理的な限定をほどこすことによって合憲の範囲に収めること）が行われることの是非については，議論がある。もちろん，ある法の条文につき処罰対象を限定する解釈をすること自体は，罪刑法定主義に反するわけではない。しかし，文言の意味しうる最大限までの範囲のうちどこまでが処罰対象かが不明確である以上，限界線付近の行為の処罰予測は不安定にならざるをえない。他方，刑法も法益保護という目的をもっているのであるから，その目的実現にかなう解釈を行う必要性もあり，目的自体に理解の相違が生まれるだけでなく，目的実現のために処罰範囲が拡大する面もある。

刑法解釈のあり方を一般的に規定することは難しい。それでも，刑法解釈の方針ないし観点としては，結局のところ「目的論的解釈」が行われる必要があるとはいえる。たとえば，ある犯罪が保護しようとする法益を考える際には，その刑罰規定が何を目的としているかという考慮が不可欠である。ただし，刑法の場合には，この目的の中に，罪刑法定主義による人権保障を図ること自体も含まれていると考えなければならない。また，それ以前に，成文法の解釈である以上，言語の意味をはじめとする制約がある。法律の目的ないし趣旨は重要ではあるが，その限界についても意を用いる必要がある。

また，目的論的解釈における考慮の要点は，法の立法趣旨・目的が基本であるが，法の趣旨・目的は立法者意思に限定されるわけではなく，立法者意思に対して加えられた批判や修正について考慮する必要もあろうし，時代・状況の変化をも含めた法の現実に果たす機能も無視することはできない。いわば「間主観的」に構成された理解から，法益保護の目的・範囲・形態を解釈していくことになる。このほか，体系的整合性も，公正・公平・予測可能性の観点から意味をもつ。体系性それ自体に意義があるのではなく，解釈からできるだけ恣

意を排除し，安定した解決を導くための枠組となるからである。

1.4 刑法の適用範囲

1.4.1 場所に関する適用範囲

　ここで論じるのは**日本刑法の適用範囲**である。一般論として，国家法（内国法）の適用範囲に関する立法上の方式としては，次のような類型がある。
　①属地主義：自国の領域内で行われた犯罪に適用がある。
　②属人主義：行為者または被害者の国籍が自国であるときに適用がある。
　　　このうち，行為者が自国人である場合に適用を認めるのは積極的属人主義
　　　　　　　　被害者が自国人である場合に適用を認めるのは消極的属人主義
　③保護主義：自国の法益保護に必要な場合には，自国領域外においても適用を認める。
　④世界主義：国際協調の観点から，場所の如何によらず自国刑法の適用を認める。

　日本刑法は，**属地主義**を原則とし（1条），罪の性質に応じて保護主義（2条，4条），属人主義（積極的属人主義・3条，消極的属人主義・3条の2），世界主義（4条の2）によって補充しているといえる。

　属地主義の下では，犯罪の場所（犯罪地）が重要になる。犯罪地を定める基準については，現在の通説・判例は，**遍在説**の立場をとっている。これは，構成要件該当事実の一部が日本国内で発生した場合を日本国内で罪を犯した場合であると解するもので，犯罪構成該当事実の存在する場所は，すべて犯罪地となる。したがって，犯罪事実のうち，行為だけ，あるいは結果だけでも日本国内にある場合には，日本刑法が適用される。共謀共同正犯（6.5.3参照）における共謀も構成要件該当事実の一部であると解されており，共謀だけが日本国内で実行は国外であった共謀共同正犯の場合も日本刑法の適用がある。なお，共犯（6.6および6.7参照）の犯罪地については，共犯行為自体が日本国内で行われた場合はもちろん，国内の正犯を教唆・幇助するときには，共犯行為自体が外国で行われた場合であっても日本刑法の適用がある（最決平成6・12・9刑集

48巻8号576頁)。

　自国法の適用範囲は，各国の刑法がそれぞれに定めるものであるから，1個の行為が外国の刑法と日本刑法との両方の適用を受けることがある。外国で受けた判決の効力については5条の規定がある。これによると，外国判決の一事不再理効を否定し，外国で判決を受けたのと同一の事実についてさらに日本刑法によって処罰することを妨げない。ただし，犯人が既に外国において言い渡された刑の全部または一部の執行を受けたときは，必要的に刑の執行を減軽・免除する扱いが定められ（同条ただし書），実質的に外国と日本との二重の刑執行を避けることが目指されている。外国判決の効力を形式的に否定する姿勢には批判もあるが，現状では未だ，外国における事件処理が実体・手続の両面において日本と大きく異なることを想定する必要は残ると考えられる。実際上は，ただし書の適切な運用によって妥当な処理が行われることを期待することができるであろう。

1.4.2　時に関する適用範囲

　時間的適用範囲については，遡及処罰の禁止（憲法39条）と刑の変更に関する6条が関係する。既に罪刑法定主義との関連で述べたところであるので，ここでは，その他若干の点を補足する。

　まず，**犯罪時の決定**に関しては，結果発生の時点等を基準にする考え方もあるが，処罰の予測可能性の観点から，**実行行為の時**を基準とするのが妥当であり，これが通説となっている。刑の変更に関連しては，実行時から裁判時までの間に複数回の変更があって中間法が存在するときが問題となるが，6条の趣旨からして，それらの中で最も軽い刑罰を定めるものが適用されると解される。

　裁判時に刑が廃止されている場合は，同様に6条の趣旨からして，処罰されず，刑事訴訟法337条2号で免訴の言渡しをすべき場合とされている。なお，刑の変更（廃止）とは，ある犯罪について定められた刑の変更（廃止）を意味する。たとえば，駐車禁止区域への駐車を処罰する法律の規定自体はそのまま，それに基づく禁止指定が解除されることで，ある場所への駐車が処罰対象でなくなったというような場合は，刑の廃止にあたらない。

　ただし，他の法令の制定・変更により，行為の構成要件該当性評価に変更が

生じるような場合の処理は，判例上，場合によって判断が分かれている。たとえば，外国とみなされていた奄美群島が外国とみなされなくなった場合における密輸出入罪の例では，刑の廃止の場合だとされた（最大判昭和32・10・9刑集11巻10号2497頁）。これに対し，民法の改正により被害者が尊属に含まれないことになった場合の尊属殺人罪（旧200条）に関する例（最判昭和27・12・25刑集6巻12号1442頁），主務大臣が統制額を指定した告示が廃止された場合における物価統制令違反の例（最大判昭和25・10・11刑集4巻10号1972頁）では，刑の廃止にはあたらないとされた。変更が犯罪的評価の形式的側面に直接に影響する場合は刑の変更とされ，間接的に実質的評価の変更を来す場合には刑の変更にはあたらないと考えるべきであろうか。このほか，刑の執行猶予の条件に関する変更は，刑そのものの変更ではないとして遡及適用を肯定する旨の判例（最判昭和23・6・22刑集2巻7号694頁）がある。

　刑には主刑だけでなく付加刑も含まれる（9条参照）から，没収の要件や没収対象物の範囲，追徴・労役場留置関係の変更も「刑の変更」に含まれる。

1.5　犯罪の概念

1.5.1　犯罪の意義

　犯罪とは，法律効果として刑罰が予定されている行為である。この定義には，いわば犯罪の（自然法的でなく）「実定的」な性格が表れている。本来，規範構造上は，「犯罪」であるからこそ「刑罰」が科されるのであるが，立法上は，法律効果として刑罰を規定するかどうかによって，その要件たる行為が犯罪であるか否かが決まる。禁止されても，その違反に対して刑罰が予告されていない場合は，禁止違反は犯罪ではない。何らかの制裁威嚇がある場合であっても，その制裁が刑罰以外であれば，違反行為は犯罪ではない。ただ，刑法解釈学では，そのような事情でいったん犯罪とされた行為を所与の条件として，演繹的に犯罪を論じることになる。

　犯罪については，「実質的意義の犯罪」と「形式的意義の犯罪」という捉え方の区別を観念することができる。**形式的意義の犯罪**とは，法律上の犯罪であ

る。同語反復のきらいがあるが，解釈学で対象とするのは，形式的意義の犯罪である。「**構成要件に該当し，違法，かつ有責**」な行為のことをいう。これに対し，**実質的意義の犯罪は**，そのような形式的意味の犯罪からは除かれるものも含め，**反社会的法益侵害等の犯罪的実質を備えている**，あるいは，論じようとする問題の観点からは，**犯罪として一体的に考察する方がよいもの**をも包含する概念である。たとえば，10歳の少年の行為は，刑法41条の規定により処罰されないが，これは「犯罪とはならない」から「罰しない」ものと考えられている。しかし，少年の行為も反社会的な法益侵害行為であることは確かであり，それ自体を問題として取り上げることも文脈によっては十分合理性がある。このようなときには，実質的意義の犯罪を問題とすることになるのである。

1.5.2　客観主義・行為主義・結果主義

（1）客　観　主　義

犯罪は**行為**である。あるいは，犯罪は行為でなければならない。よく知られる法諺に「思想は税関を通過するが，地獄でひっかかる」がある。新約聖書に出てくるイエスのことば「淫らな思いで他人の妻を見る者は，既に心の中で姦淫したのである」との対比で，法と宗教や道徳との違いを象徴的に示す文言としてしばしば引き合いに出される。

　行為者が法益を侵害しようとする意思をもっているならば続いて現実の行為が行われる可能性，すなわち法益が実際に侵害される可能性は高い。そうだとすれば，法が法益保護を目的とすることを前提にしつつ，法益侵害に向かう行為を行う意思を抱いた時点で既に法益は危険にさらされている，という見方も不可能ではない。しかし，法は，邪悪な心そのものをとやかく言うものではないと考えられている。まして，刑罰制裁が控えている刑法の場合にはなおさらである。迷える凡人の意思が邪悪なものであっても，あるいは，たとえ打算や勇気の欠如など恥ずべき心情が理由であっても，法益侵害の現実的行為に出ないですませたならば，法は何らの反応を返さない。そもそも，真に悔いる者の告白に期待する宗教とは異なり公平・画一の処理が求められる法にとって，内心の働きを証明して処罰の理由にするのは不可能だというべきであろう。法的評価（後述の構成要件該当性・違法性・有責性）の対象は，客観的に認識可能なも

のとし、国家刑罰権発生の条件である犯罪を、その成否が検証可能なものにする必要がある。

　自由保障に意を用いる近代刑法は、おおよそこのような客観的要素に立脚する規範であることを旨とする。現在の刑法学も、その内部に相応の立場の相違を含みつつも、大枠としての客観主義を共有する。具体的には、行為主義・結果主義などと表現される原則を指摘することができる[10]。

（2）行為主義・結果主義

　行為主義とは、行為が処罰対象（犯罪の実質）であると解することである。これは、一方では、行為者の内心の事実だけでは足りず外形が必要だということ、他方では、行為者人格・性格の危険性が問題なのではなく、あくまで行われた行為の危険性（法益侵害の危険性）に着目すべきことを意味する。個々の行為それ自体を即物的に処罰対象とする態度である。

　結果主義は、法益侵害という結果を犯罪の前提に据える態度を意味する。そもそも、刑法が法益保護を目的とするという考え方が、既に結果主義の表れである。道徳価値に反する行為であっても法益侵害につながる可能性が低いのであれば、処罰されるべきではない。この観点から、たとえば、刑法44条によって未遂犯処罰のために個別の処罰規定を置くことが要求されていること、そして、未遂犯の要件が結果発生の危険性の問題として論じられることの理由もうかがえるであろう。あるいは、未遂犯だけでなく、結果発生の危険が発生すれば犯罪として処罰される「危険犯」も少なくないが、それらも、結果主義に整合する形で理解される必要がある。たとえば、未遂犯も、結果発生の危険が生じたからこそ処罰されるのだと理解されるので、一種の危険犯としての性格を有するといえる。

　なお、「危険犯」のほかに「形式犯」という分類もある。たとえば、後述のように、自動車の免許証不携帯は、携帯していないこと自体が直ちに法益侵害結果に影響するわけではなく、間接的に法益保全を図るに役立つと思われる行為に関わるものである。そして、そうだとすれば、結果主義の見地からは処罰

---

[10] 「行為主義・結果主義」は、行為主義と結果主義とを対比させる図式のもとに、犯罪あるいは不法の実質に関する行為無価値論的思考と結果無価値論的思考を示すときに用いられることもあるが、ここでは、犯罪を客観的側面において捉える原則という意味で用いている。

の妥当性が疑われるということになるだろう。形式犯は，法侵害との関係が考慮される「実質犯」と対比される。

以上のような理解に基いて犯罪概念が構築され，そのような犯罪の成立が国家刑罰権発動の条件となるのである（ただし，例外的に，さらに客観的処罰条件・処罰阻却事由が要求される場合もある）。

1.6 行為論——犯罪概念の基底

1.6.1 行為論の意義

犯罪の成立要件，諸要素を整序して論じるのが**犯罪論**である。犯罪は行為であることを第一の前提とするのであるから，犯罪論の出発点は，「犯罪として把握される可能性のある行為」だということになろう。もっとも，行為であること自体は，対象を犯罪とそれ以外とに分ける上での固有の意味はなく，したがって，犯罪の要素ではない。この意味で，**行為論**は，犯罪概念の基底，したがって犯罪論の基底として論じられる。ところが，「行為」だとされる対象については，歴史的経験の積み重ねから既に共通了解というべきものがある。すなわち，処罰対象として取り上げられるべき行為の類型は，主観的要素の観点からは，故意の行為・過失の行為，客観的形態の観点からは，作為・不作為である。そこで，刑法上の行為概念は，これらの類型を過不足なく包摂することをめざすという，やや特異な道をたどるのである。

他方，犯罪概念の基底，したがって，犯罪論の基礎をなす**行為概念**の機能は，次のように整理されている。まず，犯罪として取り出される意味のある事実（行為）の性質を記述し，人間の所為全体の集合から，刑法上問題とすべきものを選び出し特徴づけること（**基本要素としての機能**）が求められる。また，「基底」とは，犯罪とされるための要件としてその上に種々の性質が付加されていく土台を意味する。言語的にいえば，性質を表す修飾語が付加されていく被修飾語の地位を占める。そこで，行為概念には，犯罪成立要件たる犯罪論上の諸要素を結びつける働き（**結合機能**）があるといえる。さらに，見方を変えると，行為概念には，犯罪とされるものと犯罪になる可能性を排除すべき対象とを分

ける働き（限界要素としての機能）という側面もある。先に述べた，故意・過失の行為，作為・不作為が適切に画される必要は，それぞれが犯罪として論じられるべき基礎属性を有すること（基本要素としての機能）と，それらが処罰の対象とならないものと区別されること（限界要素としての機能）の要請である。

1.6.2 「行為」の定義

(1) 因果的行為論と目的的行為論

　行為は，「人間の意思に基づく身体の動静」であると定義するのが伝統的な立場であり，行為主義・結果主義とも整合的である。これ自体は，無意識的な動作や反射などを除く外形的行動を広く含むことになる。しかし，**目的的行為論**（finale Handlungslehre）という学説が現れ，このような伝統的な考え方を**因果的行為論**（kausale Handlungslehre）とよんで批判した。たとえば，因果的行為論は人間の行為の意思的側面の相違を度外視するため，殺人の行為と（殺意のない）過失致死の行為とを（行為の次元では）区別しないが，両者は社会的意味を異にし，法規範との関係も異なるのではないか。これを同視するような態度は，ひいては構成要件の処罰限定機能を減殺するのではないかという疑問が出されたのである。これに対して，目的的行為論は，人間の行為は目的的活動であって，ある結果を生じさせるという目的に向かって方法を選び事実を統制していく作用であり，この意味で，行為は主観と客観との統合体として把握されるべきであるというのである。

　因果的行為論には，「不作為」を行為概念に含められるかという問題もある。不作為は，物理的には何ら法益侵害結果への因果力をもたない。作用としての実体が存在しないのに，作為と並んで行為概念に含めることができるであろうか。だからといって，単に「必要な動作をしないこと一般」が犯罪に取り込まれることになれば，殺人事件の傍観者の「助けない」という行為が殺害行為とされかねないことになり，行為概念の限定機能を著しく損うであろう。

　他方，目的的行為論に対しては，過失行為をその行為概念に含むことができないとの批判がなされた。過失行為は犯罪的目的を設定してその目的実現に向かう行為ではなく，当該行為から生じる結果について無意識である場合（少なくとも無意識である場合が中心）であるから，過失行為は行為概念に含まれない

ことになるはずだ，というのである。さらに，「不作為」についても，目的的行為論が人間の事象統制を重視するなら，不作為は特定の因果事象への統制を行わないことを内容とするから，行為概念から外れるはずであるとして，行為概念の限界要素機能の不足も批判された。

(2) 社会的行為論

　このような議論を経て通説的地位についたのは，**社会的行為論**である。その内容は論者によって異なる部分も大きいが，要するに，行為とは，「意思によって支配可能な，社会的に意味のある身体の動静」であるとする見解である。「社会的に意味のある人間の活動」という規定の中に，実質的な評価を含むので，過失行為・不作為をも行為概念に包摂することができる。もっとも，その代償として社会的行為論の概念内容は希薄化しており，行為論が犯罪論の個別問題に影響する場面はほとんどなくなる。また，上述のとおり行為概念の外延についてはほぼ合意ができていることもあり，そもそも行為論は不毛な議論であるともされ，行為論をめぐる議論は下火になっていった。

　犯罪論における実践的意義からいえば，行為概念の限界要素としての機能が重要であるが，先に述べたように，限界の中に含まれるべき行為（行為概念の外延）は既に与えられているから，行為概念は，いわば後付けの説明にすぎないことになりかねない。日本刑法学に大きく影響を与えてきたドイツ刑法学において行為論が隆盛となり日本でも注目を浴びたのは，目的的行為論によるところが大きいが，この理論は，行為概念の基本要素としての機能の視点を重視したといえる。そして，このような，文字通りの犯罪概念の基底に関する行為論の意義は，依然として失われていないであろう。

　目的的行為論は，少なくとも規範の対象として意味をもつ（社会的意味といってもよい）人間の行為が，自然的・機械的な因果的惹起装置のようなものではなく意思活動に基づく主観・客観の両要素の総合として捉えられるべきことを指摘している。ここから，犯罪論の諸側面において，たとえば不法概念の実体的基盤を提供し，人的不法論を展開することになるのである。ただし，「目的性（Finalität）」は，行為の意思活動の側面を把握するためには，やや過大な内容を含むように思われる。意思に結果が取り込まれていること，いいかえれば何らかの意図に担われた（intentional）行為であれば足りるというべきで

あろう。

1.7　犯罪論の体系

　ある行為が法的に犯罪として評価される場合を形式的意義の犯罪ということは既に述べた。この「法的な」犯罪概念については，「**構成要件該当性**」・「**違法性**」・「**有責性**」の3段階の層をなすものとして構成するのが，ほぼ，現在の犯罪論における共通了解となっている。

　まず，法益侵害に関係する行為ならびに結果（＝事象）に対する外形的評価の判断尺度である構成要件の考え方によって，類型的な違法性を判断する。これは，具体的事情・コンテクストから独立した，端的な結果（危険）実現事象として，法的に犯罪（処罰対象）とすべきものを取り分ける部分である。

　次に，構成要件該当性，したがって一般的・類型的に違法の類型に入ることを前提に，それらについて，さらに具体的・個別的な事情による違法性判断を行い，事実の実質的違法性（法違背性）を判断する。類型としては違法行為の分類に含まれるとしても，構成要件該当性判断ではさしあたり考慮されなかった現実の具体的事情のために違法でないとすべき場合があるからである。構成要件該当性と区別された，犯罪論における固有の違法性判断は，構成要件該当該当性という類型的判断を前提とし，類型的違法性の例外を見出す作業になるので，「違法性阻却事由」の存否という形で検討される。こうして，構成要件該当性判断と違法性判断とによって，客観的な事実に対する法的価値判断が行われる。

　最後に，そのような事実を引き起こした行為者個人に対する不法の，主観的部分における法的帰属（帰責）と，そのような行動を選択したことに対する法的観点からの非難可能性の判断を行う有責性（責任の有無）の判断が行われる。有責性判断は，個人（の意思決定）に対する法的評価である。

　以上がすべて肯定されたときに，犯罪が成立し，その犯罪の実現者に対する国家刑罰権発動の必要条件が充足されることになる。

1.8 責任原理（責任主義）

　以上のような犯罪成立要件は，刑法の基本原理として既に説明したことを理論体系として反映している。たとえば，罪刑法定主義は，構成要件の考え方と密接に結びついている。そのほか，ここでは，客観的な事実に対する評価である違法性と並んで，犯罪の成立を認めるために，さらに個々の行為者ごとの責任が問題とされることを指摘し，これに関連して，刑法の基本原理のひとつとして強調しておくべきだと思われる点を**責任主義**（**責任原理**）として補足しておく。ただし，これらは，犯罪論の全体を概観する趣旨の説明であって，詳細については，この後の各項目について述べるところに譲る。

　第一は，刑事責任においては行為者個人に対する非難可能性が問題だということである。責任とは，反社会的行為を行った行為者の心理的動機に対する規範的マイナス評価であり，その点において法的に非難されるのである。ここから，結果責任（客観的責任）が否定され，厳格責任のような無過失責任，代位責任のような地位に基づく責任は否定される。つまり，刑法においては**意思責任**（**主観的責任**）が重要であり，**個人責任**が原則となる（連座・縁座の否定，団体責任の否定）のである。もっとも，法人の処罰においては，代罰規定・両罰規定・三罰規定などとよばれる処罰規定があり，これらがどのように責任原理と整合性を有するかが理論的課題となっている。

　第二は，帰責における責任主義というべきもので，「非難可能性」としての責任がなければ犯罪成立そのものが否定されるという側面である。これは，**消極的責任主義**（「責任なければ刑罰なし」）といわれる。広義の責任主義には，**積極的責任主義**（「責任あれば刑罰あり」）も含まれるが，刑事政策の観点からは，たとえば，責任が肯定されても予防の効果が期待できないような場合には処罰を控えるか減軽することも考えられてよいとされているので，消極的責任主義が重要になるのである。

　第三は，量刑における責任主義というべき側面で，いわば，**責任と刑罰との比例の原則**である。刑の量定（量刑）は，**法定刑**に種々の加重減軽事由に基づく修正を加えた**処断刑**の範囲から**宣告刑**を決定する過程で行われるが，この際に，行為の違法性とともに行為者の責任が重要な部分を占める。ただし，量刑

は，裁判所の裁量によるのであるが，考慮すべき事項や判断の基準等を定めた法律上の規定はない。関連する規定としては，検察官の起訴裁量に関する刑訴法248条があるのみである（改正刑法草案48条参照）。裁判員裁判にあっては裁判官だけでなく裁判員を含む合議体が量刑を行うが，この点については先例等に従う以上の判断基準が求めにくい。また，「死刑」の選択基準について，とくに種々の議論があることは，いうまでもない。

第2編

犯罪論

■第2章■

構成要件

2.1 構成要件の概念

2.1.1 構成要件の意義と機能

　犯罪論における「**構成要件**」(Tatbestand) という考え方は，罪刑法定主義の理論的支柱ともいうべき地位を占めている。構成要件は，犯罪行為・結果等を類型的に記述することによって，法益侵害行為のうち刑法的に問題とすべき行為を定型化して抽出する役割を担っている。現実の事件に存在する特殊事情を一旦棚上げして類型化した記述により，構成要件該当性の判断は相対的に形式的なものとなり，安定した公平な判断が期待されるだけでなく，処罰が予測可能になるというわけである。もっとも，構成要件が「違法」という評価的側面を排除することができない以上，客観的観察の記述に純粋化することは無理である。実際，構成要件に評価的・規範的要素が含まれることは承認されている。
　さらに進んで，積極的に構成要件該当性判断における価値的取捨を行い，むしろ犯罪とすべきでない類型を判断操作の早い段階で評価対象から除く方が妥当だとする立場もある。確かに，構成要件が価値中立性を貫徹するという想定は現実的ではない。しかし，評価的側面は，一般国民の判断がほぼ一致する場合，あるいは，ある評価を基礎づける事実が誤解なく認識される場合に限って肯定されるべきであり，罪刑法定主義と不可分である構成要件該当性は，可能な限り類型的判断として追及すべきであろう。

2.1.2 違法類型としての構成要件

　構成要件が「類型」であるというとき，何を基準に分類・類型化するのが適切であるのかが問題である。犯罪論では，犯罪成立の要件として構成要件該当性のほか違法性・有責性があるので，このような要素と構成要件との関係が議論の対象になる。そこで，構成要件が，「違法性」（のみ）に関する類型であるとする立場と，「違法性」だけでなく「有責性」をも類型化したものであるとする立場がある。いいかえれば，構成要件は「違法類型」であるとするものと「違法・責任類型」であるとするものである。

　先にわたくしの考えを述べれば，構成要件は「違法類型」である[1]。違法類型としての構成要件は，禁止規範の実体を対象化して記述するものである。これにより可罰的行為をそれ以外の行為群から抽出することができ，当該行為に刑法上の意義（犯罪として扱う）が付与される基盤となる。ただし，あくまで類型であるから，構成要件に該当することが直ちにその行為が違法であることを帰結するわけではない。この意味で，構成要件は**違法性の認識根拠**であって存在根拠ではないといわれる。構成要件該当行為の違法性が否定される可能性があるからこそ，犯罪論上の次の段階である違法性判断（違法推定を破る「違法性阻却事由」の存否判断）の意義がある[2]。

　他方，構成要件に責任類型としての意味を認めることは妥当でない。責任は，個人的・内面的な要素であり個別的なものであって，類型化にはなじまない（うまくできない）と考えられるからである。確かに，法の規定に「人を殺した者」という記述があれば，それはとくに断るまでもなく「有責に」殺した者であるとの意味を含むであろう。また，現実に，大多数の行為者には責任が認められるのであって，有責性の判断も「責任阻却事由」の存否として判断されることが多いから，構成要件を責任類型と把握しておくことには，例外的責任阻却の場合だけを検討すれば足りるという思考経済上の利があるという側面があ

---

[1] 違法行為の類型といってもよいが，構成要件は行為だけでなく「結果」など別の要素を含むので，「違法事実」についての類型を含意する表現をとっておく。

[2] もっとも，構成要件を実質的違法行為の類型，あるいは，犯罪構成要件充足かつ類型的違法性阻却事由不存在の類型（不法構成要件）として捉えること自体は，規範理論の構成の問題であって，否定されるわけではない。現在の通説は，構成要件的不法と区別された実質的違法性を論じる体系をとっているということである。

る。しかし，罪刑法定主義の観点からすれば，構成要件には，国民が行動する際の判断基準を与えることが期待され，だからこそ，具体的・実質的判断である違法性・有責性から相対的に独立した地位に置かれるのだと考えられる。したがって，構成要件には，誰にとっても客観的に共通にあてはまる行為の記述であることが求められるというべきである。責任の有無は内面の個別的事情であり，このような要素によって構成要件該当性が左右される可能性があっては，特定の事実の構成要件該当性如何を判断に不確実な要素をもたらすことになってしまうと考える。

2.1.3　構成要件要素の範囲

　故意・過失といった**主観的要素**が構成要件要素に含まれるかという問題は，構成要件要素の問題として後に改めて扱うが，説明の前提としてここで簡単に述べておくと，故意・過失も違法性に関わる要素（違法要素）であるので，故意・過失は違法類型である構成要件の要素に含まれる，というのがわたくしの見解である。故意犯・過失犯という構成要件が類型となっている際，故意・過失という主観的違法要素による類型化がなされている。この主観的要素を違法性に関わる要素であると解するので，このように考えても構成要件は違法類型であることになる[3]。

　これに対し，行為者の内心に関わる主観的要素は責任に関わる要素であるとする立場もある[4]。ここから，故意・過失は構成要件要素ではないとして，構成要件は（客観的な側面における）違法類型であるとする結論をとる見解がある。また，故意・過失によって構成要件が異なる（199条の殺人罪と210条の過失致死罪の構成要件は，故意・過失という要素で区別され，構成要件の類型化機能が認められる）のであるから，故意・過失も構成要件要素であるが，それは元来責任要素であるのだから，責任要素が類型的に把握されて構成要件要素となるのだとし，結局，構成要件は責任類型でもある，とする見解がある[5]。

---

[3] 福田・69頁。
[4] いわゆる結果無価値型違法論は，行為者の内心要素である故意・過失は，客観的外形要素である結果に対する規範的評価である違法性に影響せず，したがって，故意・過失は違法要素ではありえず責任要素に位置づけられる。平野Ⅰ・99頁，山口・30頁等参照。

さらに，故意・過失を違法要素・構成要件要素とする点では，わたくしの見解と同様に解しつつも，故意・過失は同時に責任要素でもある，あるいは，構成要件要素としての故意・過失と区別される責任要素としての故意・過失があるとする理解を前提に，責任要素としての故意・過失が構成要件に類型化されていると解し，構成要件を責任類型でもあるとみる見解もある[6,7]。

2.2 構成要件要素

2.2.1 構成要件要素の種類

構成要件に記述されている犯罪構成要素が構成要件要素である。構成要件を違法類型（であって責任類型ではない）と捉えるわたくしの立場では，これらの要素は，原則として違法要素である。つまり，それらの要素の有無が行為・結果などの違法性を左右すると解され，逆に，基本的に，構成要件要素としては行為の類型的違法性に関する要素が取り上げられるべきであることになる。

いうまでもなく犯罪は行為であるから，通例，構成要件の条文における記述は，「××に処する」という効果（処罰ないし国家刑罰権の発動）の要件として「○○（行為）した者」という形で記述される。つまり，「行為主体」とその行う「行為」とが中核となる。次に，多数を占める結果犯においては，法益侵害の「結果」（危険犯における法益侵害の「危険」を含むほか，結果が生ずべき「客体」

---

[5] 前田・218頁，西田・72頁，佐久間・109頁等参照。
[6] 犯罪を構成する要素は，実質からすれば違法要素と責任要素である。構成要件要素は，類型的判断の枠組を提供する概念であって，構成要件該当性判断において考慮される要素をいうが，実質において違法要素であるものも，責任要素であるものも考慮しうる。故意を違法要素として捉えて構成要件要素に含める場合には，その限りでは構成要件は違法類型であるが，故意を責任要素として捉えて構成要件要素に含める場合には，責任に関わる類型でもあるということになる。団藤・118頁，大塚・122頁，大谷・97頁，高橋・88頁等参照。
[7] なお，後述の違法性阻却事由の「不存在」を構成要件該当性の条件とする考え方がある（井田・91頁）。これは，通説的犯罪論（構成要件該当性・違法性・有責性の3段階構成）にいう構成要件にとって違法性阻却事由が消極的要素（それがあると構成要件該当性が否定される要素）となっている。この消極的構成要件要素の理論によると，構成要件該当性は違法性阻却事由を含めて判断されることになり，2段階の犯罪論構成が志向される。

もここに含めて考えている）が重要な要素となる。行為と結果との間の関係，すなわち，その行為が原因となって結果が発生したという「因果関係」も，無形的ではあるが構成要件の客観的要素である。

わたくしは，構成要件要素には行為者の主観に関わる要素を含むと解するので，この立場から，故意・過失，目的犯における目的なども構成要件要素として位置づけている[8]。これらの主観的要素が認められて初めて構成要件該当性が肯定される[9]。故意犯と過失犯とは構成要件を異にし，犯罪は，構成要件に基づいて類型化される。この意味で，犯罪類型とは構成要件類型にほかならない。

構成要件要素は，構成要件の機能に従い，できるだけ，記述的・客観的な要素であることが望ましく，没価値的であることが要請される。実際，そのようなものが多くを占めている。しかし，規範的・主観的要素であって価値的に判断されざるをえないものもある。たとえば，「他人の」物という記述に含まれる「他人性」は，法的権利関係を前提とする概念であり，「わいせつ」は，法的に定義された概念であって，いずれも規範的な要素である。さらにいえば，「財物」や「暴行」のような概念も多かれ少なかれ規範的に捉える必要がある要素だといえるのであって，記述的要素と規範的要素とを截然と分けるのは困難である。そのような区別よりむしろ，規範の名宛人である国民の観点から，罪刑法定主義と結びついた構成要件の類型性への要請を考慮して，適切な限定が行われることが重要である。

2.2.2　客観的構成要件要素

（1）行為の主体

行為が犯罪概念の基底，かつ現実にも犯罪そのものの外枠であることはいう

---

[8] なお，故意・過失を構成要件要素と認めない立場からも，目的犯における「目的」のように行為の類型的違法性にとって重要な差異をもたらす要素については，主観的構成要件要素として位置づける見解が有力である（これに対し，目的を違法要素としないものとして中山・239頁，内藤（上）・217頁）。

[9] 主観的要素は存否の認定が難しいのは事実である。しかし，いずれにせよ有責性判断において認定されなければならないものであり，認定の困難さだけで構成要件要素から除外しなければならないとする理由は乏しい。

までもないが，行為は，主体・客体や結果によって特定されるものであるから，要素として分析的に論じる際には，まず行為の主体が問題とされるべきである。とはいえ，大多数の構成要件において行為の主体は限定されず，条文における記述も単に○○した「者」とされている場合が多い。したがって，行為の主体として論ずべき問題は，そこにいう「者」の一般的意義と，主体を何らかの形で限定・特定している場合の扱い方になる。

(客体)	(行為)	(主体)	
人を	殺した	者は	(199条)
他人の財物を	窃取した	者は	(235条)

1．自 然 人

「者」とは，通常，自然人の意味である。それは，刑罰として自由刑・死刑が予定されていること，具体的行為を行い，主観的責任を負うことが犯罪成立の条件である（身体の動静が観念され，故意・過失のような精神活動を行わなければならない）ことなどから当然のこととして帰結する。

2．法人の処罰 ―― 処罰根拠

それにもかかわらず，法人が犯罪主体となりうるかが問題とされている。というのは，経済活動に関係する行為に関連するものをはじめ，法人を処罰する規定が既に多数存在するからである。ただし，そのほとんどは，自然人が法人の活動の一環として行為した場合に，当該自然人と共に法人に罰金刑を科する形の規定である。このように，従業者の行為について当該行為者を処罰すると共に，事業主である自然人・法人・団体を処罰する規定を「両罰規定」という。たとえば，独占禁止法95条1項は，「法人の代表者又は法人もしくは人の代理人，使用人その他の従業者が，その法人又は人の業務又は財産に関して，次の各号に掲げる規定の違反行為をしたときは，行為者を罰するほか，その法人又は人に対しても，当該各号に定める罰金刑を科する。」となっている。このような両罰規定の形によるにせよ，法人を処罰する以上，前提として，法人が犯罪を行い，それについて責任を負うとされていることになるのであるから，犯罪論上の諸要素が法人についても存在することが必要である。

両罰規定により行為者本人以外の事業主が処罰される根拠として，最高裁判

所は，事業主に自然人行為者の選任・監督上の過失があったと推定されることを指摘している（最大判昭和32・11・27刑集11巻12号3113頁）。これは一般に「**過失推定説**」とよばれる考え方である。そして，それは法人事業主の場合にも妥当することが確認されている（最決昭和40・3・26刑集19巻2号83頁）。ほかに，法人の過失を擬制する「**過失擬制説**」や，社会的関係が形式的に処罰対象としての地位を帰結するという「**無過失責任説**」もあるが，個人責任を前提とする刑事責任の伝統的な考え方との整合性などから，学説上も過失推定説が通説となっている。直接的な自然人の行為とは相対的に独立して，そのように行為する従業者を選任したり，適法な行為をするように監督したりする点において，法人に過失があったとすることを法人処罰の根拠にするものである。ただし，「推定」とはいうもののこれを覆す反証は困難であることが現実であろう。また，この考え方によると，従業者に行為を法人が命じたり，少なくとも法人の意思決定においてそのような行為を行うことを黙認したりといった，法人の故意犯とすべきとも考えられる場合であっても過失責任として構成することになるが，それが適切であるかどうかという問題はある[10]。

3．法人の処罰──犯罪能力

　法人の処罰固有の問題としては，さらに，刑罰を受ける能力ないし刑罰の感銘力など（広義の犯罪能力）が議論の対象となる。

　①人の行為能力については，そもそも「行為」とは前法的な事実を不可欠の土台とするものであって，法人による活動も自然人による何らかの「身体の動静」を通じて行われる以上，「行為」は存在するといってよい。問題は，それを法人自体が行ったものといえるかということであり，この意味の法人の行為主体性なのである。いいかえれば，自然人の行為という社会事象が法人による活動として，犯罪的反応を含めてその効果を法人に帰属させるに足りる実体が

---

[10] いずれにせよ，犯罪成立に主観的要素が必要だとすれば法人に意思決定上の落度を肯定しなければならないはずであるから，自然人と同様の帰責枠組，すなわち法人の行為遂行という実質と，それに相応する法人に対する非難可能性が肯定される必要がある。いわゆるワンマン経営のように「法人の意思」が一個の自然人の意思と同一視できる場合ならまだしも，大規模な組織体において「法人の意思」に相当する実体を何に求めるかを決めるのは容易ではない。法人処罰は実践が先行しているが，法人処罰のあり方を含む法律構成は，未だ理論的発展途上の面がある。法人処罰をより広い理論枠組として展開しようとするものとして，伊東研祐『組織体刑事責任論』(2012，成文堂)。

存在するかという観点から議論されるべきであろう。そうすると、法人の機関として活動する自然人の行為は、当然ながら、現に活動する社会的実体と同一性のある法人（法人概念の如何によらず）の手足として行為する以上、法人への効果帰属を肯定すべき実態があり、したがって、それを反映した法的構成が可能であり、また必要でもあると考えられる。

②法人の受刑能力については、もちろん、法人に自由刑や死刑を科すことはできないが、実際には罰金刑が規定されており、それが可能である限りは、受刑能力は否定されないであろう。さらに、立法論としては、法人に対する自由刑に相当する「営業停止」や、死刑に相当する「解散」などの命令を刑罰とすることも想定できる。したがって、受刑能力も、法人処罰上の原理的な障害ではないと考えられる。

③法人の刑事責任能力が、理論的には最大の問題である。日本の刑法の範となった大陸法系の刑法学では、法人の刑事責任は認められないとされる傾向が強かったし、日本でもそのような考え方が主流であった（大判昭和10・11・25刑集14巻12号17頁参照）。これに対し、英米法においては、より現実的な対応として法人の責任を比較的広く認めることが行われてきた。確かに法的構成である「法人」には実体がないが、上に述べたように、法人に時間的・空間的に重なって社会内に存在する実体はあるというべきである。したがって、法人の意思決定とそれに対する非難可能性の実質と認定のあり方が的確に規定され、それが法的要素として肯定されれば、法人の（主観的）刑事責任を論じることも可能であろう。

4. 身 分 犯

行為主体に限定がある犯罪（構成要件）は、身分犯といわれる。典型的な「身分」としては、公務員職権濫用罪（193条）や収賄罪（197条以下）における「公務員」の身分、業務上横領罪（253条）における「業務者」の身分などがある[11]。

収賄罪における身分は、身分があることによって初めてこの類型の構成要件該当の可能性が生じるものである。このような身分は**構成的身分**[12]とよばれ、

---

[11] このほか、一時的・主観的条件（たとえば目的）による限定を含めて、およそ主体を限定する条件は身分に含まれうるとするのが判例である（最判昭和27・9・19刑集6巻8号1083頁参照）。

この身分を要素とする構成要件を**真正身分犯**という。これに対し，横領罪の類型には，基本類型と加重類型とが用意されており，業務上横領罪における身分は，身分がなくても単純横領罪（252条）の主体として構成要件該当可能性があるところ，業務者という身分を帯びることによって単純横領罪よりも刑が加重された構成要件に該当することになるものである。こうした身分は，構成的身分に対して**加減的身分**とよばれ，このような犯罪（構成要件）は**不真正身分犯**とよばれる。もっとも，他人の財物を占有しない者を含めた主体を基準とするときには，単純横領罪は占有者に限って処罰対象とする構成的身分犯であるという捉え方もできる[13]。

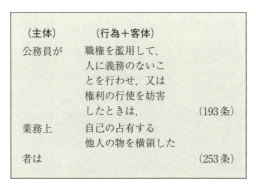

（2）行為の客体

　行為の客体は，行為記述における重要部分を占める。行為の客体とは，具体的に想定される行動が結果等の不法を実現する作用が向けられる対象のことである。「人を殺す」（199条）行為における「人」や，「財物を窃取する」（235条）における「財物」がその例である。未遂犯においても，結果が発生しないだけで客体は存在する。ただし，物理的な客体が存在しない場合（たとえば，単純逃走罪（97条）や偽証罪（169条））もある。いずれにせよ，行為の客体は各構成要件の解釈において確定されるべきものである。なお，行為の客体と保護の対象すなわち法益とは区別されなければならない。たとえば，殺人罪の客体は人で

---

[12] 構成的身分・加減的身分等の用語は，身分犯の共犯に関する65条1項・2項に基づくものである。

[13] なお，身分の存在によって処罰されなくなる場合や，身分によって減軽類型に該当することになる不真正身分犯（消極的身分犯）も想定できるが，刑法典には例がない。

あるが，保護法益は人の生命である。物理的客体がない逃走罪においても国の拘禁作用という保護法益は存在する。法益は普遍的価値・利益として把握されるのである。構成要件の保護しようとする保護法益が犯罪成立要件の確定にとって重要な問題であることは，改めていうまでもない。

（3）結　　果

　構成要件要素として取り上げられるべき結果は，刑法が法益保護を目的とし，法益侵害に対する効果として刑罰を予定する法律であることから，法益侵害を内容とする事実である。構成要件要素となっている結果が「**構成要件的結果**」である。結果を要素とする構成要件は**結果犯**とよばれる。もっとも，法益侵害結果が生じなくても，その危険が生じたことをもって構成要件該当性が認められる場合，つまり法益侵害結果発生の危険を構成要件要素とする場合もあり，このような類型を**危険犯**という。これらに対し，特定の客体への結果を想定しない**挙動犯**（単純行為犯）がある。ただし，挙動犯においても法益侵害は存在するのであるから，法益侵害と関係しない犯罪を肯定するのでない以上，純粋な挙動犯というものを認めるべきではなく，危険を含めて何らかの構成要件的結果を伴う犯罪だと解するべきである。

　構成要件を結果の観点から分類すると，**実質犯**と**形式犯**という対比ができる。実質犯とは，法益侵害を核心とする構成要件で，ほとんどの刑法典が実質犯である。これに対し，行政刑法には，法益侵害との実質的な結びつきが希薄な場合もある。このような性質の顕著なものを**形式犯**という[14]。形式犯は，法益保護のために間接的に役立つとしても，それ自体を禁じ，処罰することによって，法益が直接保護されるわけではなく，法益侵害結果に対する事後的介入を旨としてきた刑法の基本思想からは外れるところがあるので，処罰対象として適切な行為であるか，立法論的には問題がないとはいえない。

　実質犯は，**侵害犯**と**危険犯**とに分けられる。侵害犯は，文字通り法益侵害が構成要件要素となっている犯罪であり，危険犯は，法益侵害の危険を要素とする

---

[14] ある犯罪が形式犯であるかどうか自体も問題となるが，しばしば例に挙げられるものとして，道路交通法上の運転免許証不携帯罪（95条1項，同法121条1項10号）がある。確かに，（運転者が事実免許を有するのであれば）免許証不携帯自体が，たとえば，自動車事故の危険を増加させるわけではないであろう。

犯罪である。危険犯はさらに，具体的事実としての危険が要素となる**具体的危険犯**と，行為の類型的危険が肯定されれば足りる**抽象的危険犯**とに分けられる。たとえば，108条の現住建造物等放火罪は，独立した具体的事実としての「公共の危険」が明文の要素とはなっておらず，行為に内在する類型的な危険として把握されているので，抽象的危険犯である。他方，110条1項の建造物等以外放火罪は，「公共の危険」の発生が独立した要素として記述されているので，具体的危険犯である。具体的危険犯では，独立の事実として現に危険が発生していることが構成要件該当とされるための必要条件であるから，危険性が証明されなければならない。また，故意は，構成要件要素たる事実の認識を核心とするので，具体的危険犯においては危険発生という具体的事実が故意を肯定するために必要とされる認識の対象に含まれる（危険が将来生じる，または現に生じているということを認識していなければ故意が認められない）。

（4）その他の要素

例は少ないが，構成要件的状況が要素となっている類型がある。消火妨害罪（114条）における「火災の際」は，行為時の状況であるが，行為の一部をなすというべき構成要件要素であって，故意を肯定するためには「火災の際」であることの認識が必要である。このほか，事前収賄罪（197条2項）において「公務員となった場合において」という要件があり，処罰されるために必要な行為後の条件であるが，これが構成要件要素であるか，客観的処罰条件[15]であるか，解釈が分かれるところである。

---

[15] 客観的処罰条件とは，構成要件の要素となっている行為者の行為等の事実とは独立して，特定の客観的事実が発生したことをもってはじめて処罰可能とされるような事情をいう。構成要件に含まれないので，故意における認識対象とはならない（客観的処罰条件たる事実の認識がなくても故意が認められる）。

2.2.3 主観的構成要件要素

(1) 主観的違法要素

伝統的な理解では，違法性は，客観的に実現した犯罪（法益侵害行為・結果）に対する法的評価であり，それを実現した者（行為者）とは切り離して判断されるのに対し，有責性は，行為者個人の非難可能性である。そこで，責任は，行為者の内心について行為者ごとに評価されるべきものであるとされてきた。標語的に「**違法は客観的に，責任は主観的に**」と表現される考え方である。さらに，構成要件は，違法行為の類型ではあるものの，それ自体は実質的評価ではなく，できるだけ価値中立的な形式判断として明確であることが求められる。ここから，構成要件は，客観的・外形的要素による記述を旨とすべきである。外形的にうかがい知ることのできない内心に関わる主観的要素は，構成要件に求められる要請を満たし難いとも思われる。そうすると，構成要件が「違法」類型であるという前提からは，行為者の主観に属する要素は，構成要件要素から除かれるべきであるということになりそうである。

しかし，少なくとも，構成要件に犯罪の個別化・類型化機能を認めるならば，同一の法益に対する外形において共通する侵害行為についても，故意犯と過失犯とを区別する必要性は高いであろう。そして，故意犯・過失犯，それぞれの構成要件が存在するとき，故意・過失は，少なくともその個別化のために必要な要素である[16]。さらに，このような便宜だけでなく，以下に述べるように，そもそも，違法性，すなわち法の立場からする事実に対する負の評価に影響する要素には，主観的なものもあるというべきである。**主観的違法要素**が類型として把握されて構成要件に取り込まれれば，主観的構成要件要素となる。

(2) 特殊的主観的違法要素

特定の種類の構成要件においては，主観的要素が違法性（その中心は法益侵害ないしその危険である）に影響を与える。目的犯における**目的**は，超過的内心傾向といわれ，内心に抱かれている目的として思い描かれる事実に対応する客観

---

[16] たとえば，故意の殺人罪（199条）と過失致死罪（210条，211条）とは法定刑も全く異なるので，不法実質の区別があると思われるが，その区別は，故意で行うか過失でなされたかによって行うほかはない。

的事実要素の実在が要求されない[17]。つまり，目的はその内容が実現しなくても構成要件に該当しうる。この場合，故意が客観的事実の存在を前提にそれについての認識という形で，客観的要素と主観的要素とが対になっているのと異なり，客観的対応事実をもたない主観的なものだけが単独で要素となっている。

それにもかかわらず，目的犯における目的は，行為事実の違法性を決定するものとして把握されている。たとえば，偽造罪における「行使の目的」は，それによって偽造された客体が行使される可能性が高くなることによって行為が違法性を帯びるための要素と解される。あるいは，営利目的誘拐罪における「営利の目的」は，営利目的によって行為の有害性が高まったり，法益侵害範囲が拡大する蓋然性が高まったりするなどの点で，類型的に違法性を高めるものとされていると考えられる。

主観的違法要素の別の例として，未遂犯（43条）も挙げられる。未遂犯は結果が生じなかった場合であるが，実際には実現しなかった結果の認識（故意）があるからこそ行為は違法性を帯びるのである。初めから結果を発生させる意思がなく，現実にも結果が不発生に終わったとき，未遂犯としての違法性は認められないであろう。このように，**未遂犯における故意**は，結果発生に関わる部分において主観に対応する客観事実がなく，超過的内心傾向の性質をもち，したがって未遂犯は目的犯的構造をもつものである。

以上のように，わたくしの考えでは，目的犯における目的，未遂犯における故意などは，行為の違法性を左右する要素（主観的違法要素）となる[18]。

なお，特殊的主観的違法要素としては，このほかに主観的傾向が挙げられ，行為者が特定の主観的傾向をもって行うときに限り違法性を帯びるという傾向犯の概念が認められる。刑法上の傾向犯としては，強制わいせつ罪（176条）が指摘され，その成立のためには行為者が自己の性欲を刺激・興奮させるような意図のもとに行う必要があるとする判例（最判昭和45・1・29刑集24巻1号1

---

[17] 目的に対応する事実が存在せず，内心で思い描かれている事実が客観的事実を「超過」している。

[18] 構成要件において「目的」とされる要素を，違法に関するものと責任に関するものとにさらに分類するもの（平野Ⅰ・125頁，山口・96頁等参照）や，目的を違法要素ではなく責任要素であるとする見解（中山・240頁，内藤（上）・216頁，浅田・125頁）もある。また，未遂犯においては「未遂事実」に対応する主観としての故意しかない（超過的要素ではない）とする見解（山口・216頁）がある。これらは，とくに違法論における結果無価値一元的な思考に基づくものである。

頁）がある。しかし，行為者側の性的傾向如何にかかわらず，法益（性的自由）の侵害の意思があれば，強制わいせつ罪としての行為の違法性は十分に認められるであろう。そもそも「傾向」のような主観的状態は，内心のあり方としても希薄に過ぎ，実質において行為の違法性を左右することは想定しがたいように思われる。わたくしは，このような要素を認めて要求することは妥当でないと考える。

このほか，要素として析出させることは難しいが，表現犯という類型も論じられてきた。心理状態と表現という，内面と外面との関係が違法評価に影響する点を捉えた概念である。偽証罪（169条）においては，判例・通説は，自己の記憶に反した陳述が行われるときに構成要件該当性を認める見解（「虚偽」に関する主観説）を採っている。このとき，表現が心理状態に反するという主観的事情が必要とされているのである。ただ，これは，「虚偽」という要素の意義として論じられるのが一般であり，主観的違法要素として独自の地位を与える実益は乏しいであろう。

（3）一般的主観的違法要素

刑法は，特別の規定による例外を認めるものの故意犯処罰を原則とし（38条1項），その例外の場合にも無過失の刑事責任は否定される以上，少なくとも過失が必要だと解される。故意と過失とは，どの構成要件でもそのいずれかが要素となっているので，一般的違法要素ということができる。故意は，処罰対象を画する基準であり，先に述べたとおり，故意犯における構成要件該当判断を決定する要素である。過失行為は，実際にはかなりの範囲で処罰されるものの，立法形式上は例外に位置づけられる。また，過失犯の法定刑は故意犯に比して著しく軽いことが通例である。

このようにみてくると，故意・過失は，主観的要素であるといっても責任のみに関わる要素であることはできず，客観的に実現される事実の意味を類型として決定的に異なるものにする要素だというべきである。すなわち，故意・過失は，違法性に関わる構成要件要素とすべきであると考えられるのである。

故意・過失が違法要素として構成要件要素に属することは，より理論的な側面から基礎づけることができる。まず，既に述べた構成要件の個別化機能がある。さらに，実質的にも，故意・過失は行為の違法評価を左右する要素である

と考えられる。理論的問題について若干，説明を補充しておく。

（4）故意・過失の体系的地位

　行為論に遡ると，法を含む，人に対する「規範」が問題とすべき行為は，意思の裏付けを伴った人間の活動，人間の意志行為（英語でintentional act）である。無意識の，あるいは反射的身体運動は，あらかじめ規範を与えることによる制御の外にあるからである。目的的行為論のように「目的性」までを要求する必要はなくとも，社会的行為論もそのことは前提としている。すなわち，行為は，これを主観・客観の全体として捉えなければ，規範的に意義のあるものとそうでないものとをより分けることすらできないのである。そして，故意行為と非故意の行為，故意行為と過失行為との区別に応じて，法がその（行為者にではなく）行為に与える評価は，やはり異なるといえる。承知しながらあえて行うときと，うっかり法益侵害につながる行動をとってしまうのとでは，行為者に対する非難の程度だけでなく，その行為の反社会性自体が違うというべきであろう。このときの「反社会性」を「法規範違反性」として捉えるならば，故意・過失も違法性に関わる要素だということになる。

　また，違法を法益侵害結果において評価しようとする立場（結果無価値論）からは，物理的に同じ行為が行われる以上，行為者の主観によって法益侵害（またはその危険）が異なることはなく，したがって，違法性に影響することはない，とも主張される。しかし，この考え方はあらかじめ客観的因子のみに限定して危険性を判断するからこそ成り立つ。人の行為に起因する危険性は，行為者の主観的因子を度外視しては判断できないというべきである。たとえば，故意で人を殺すときは，結果実現意思がある分，過失で人が死に至る場合より，結果追求のための方策が尽くされる可能性が高く，法益侵害の危険が高いといえるであろう。主観的要素を排除するからこそ，客観的事実において危険性に影響しないことになるのであって，現実には，ある行為の「客観的」危険を判断する際には，主観的要素を入れることによって危険の増減が認められるかを考察することがむしろ妥当である。過失に比して故意で行われる場合の方が，類型的に（したがって「客観的」にも）侵害につながりやすい。すなわち，結果だけでなく，それを引き起こした行為態様を客観的に評価するべきなのである。違法性は「客観的」に判断されるべきだといっても，評価の対象を客観的要素

に限るべきではなく，主観的要素も類型的に（具体的事情を捨象して）把握される限りにおいて，方法として客観的に評価することが可能であり，必要でもある。こうした考え方が，いわゆる**人的不法論**（personale Unrechtslehre）に基づく行為無価値論である（3.1の違法論において改めて説明する）。

なお，法益保護機能を支える規制的機能（行為規範としての機能）という観点からは，故意犯の方を過失犯より重く処罰することによって，法の観点からする行為に対する「負の評価」を明らかにするとともに，それを強く禁止することが法益保護の役に立つといえる。故意犯は，明示的に特定の法益侵害に向けられた行為態様であって，その禁止は直接に法益保護に資する。これに対して，過失犯を処罰することは，「注意深く行動せよ」という特定の法益侵害とのつながりが薄い抽象的次元の限りで有効であるにとどまるのである[19]。

2.2.4 実行行為

構成要件に記述される行為，すなわち構成要件該当行為は，**実行行為**（Ausführung）とよばれる。実務上も，少なくとも，構成要件該当行為を指し示すものとして「実行行為」の概念は共通の土台となっている。また，概念装置として，不作為犯における不作為や間接正犯における他人の誘致・利用行為などに関し，それらの「実行行為性」が論じられている。あるいは，共同正犯の要件として実行行為を行う必要があるかといった形で問題となる。

まず，実行行為を行為者の態度として客観的側面から分類すると，基本的な実行行為として作為による直接正犯と，その他の実行形態として，不作為犯・間接正犯などが論じられる。作為・不作為の区別は，行為論において問題にしたとおり，外形的動作がある場合が作為，外形的な動作をしない場合が不作為であるが，法的な意味では，動作が禁止されているときの動作が作為，動作が命令されているときの不動作が不作為である。直接正犯と間接正犯との区別については，実行行為を自ら遂行する場合が直接正犯であり，他人を媒介者として利用する形で実行行為が行われる場合が間接正犯である。なお，原因において自由な行為[20]が，間接正犯と同構造のものだとするときは，これも実行

---

19 この点を含め，故意の問題に関しては，井田・151頁以下が示唆に富む。

形態のひとつ[21]に位置づけられる。

　行為者の内心の要素に関わる主観的側面からは，故意行為と過失行為という区別ができる。**故意行為**は「罪を犯す意思」がある行為（38条1項）であり，**過失行為**は，結果発生についての不注意があった行為である。過失犯処罰は形式的には例外（38条1項ただし書）であるが，今日，その社会生活上の意義は小さからぬものがある。また，過失犯の構成要件は，故意作為犯ほどに行為態様を特定することが難しく，形式的類型性，いわゆる定型性が弱いことが指摘される[22]。

　なお，実行行為と結果との関係も構成要件該当性の因子であり，（刑法上の）**因果関係**として論じられる。最近では，法的因果関係は，処罰の前提として，ある結果を，それを実現した特定の行為に結びつけるものであって，事実的因果関係を前提とする端的な法的帰属関係として理解する傾向が強まっている。

---

[20] 責任無能力に陥って実行行為を行い，それ自体単独では39条1項によって犯罪不成立とされる可能性がある場合であっても，責任無能力に陥る原因が生じた時点で自由な意思決定が可能であれば，原因から責任無能力状態での故意までを全体として可罰的な行為として評価しようとする概念枠組。詳しくは，4.2で述べる。

[21] 正犯・共犯については，章を改めて別に論じるが，正犯・共犯概念は，構成要件や実行行為の概念と密接に関係するだけでなく，端的に，正犯・共犯論は犯罪論における構成要件論の一部をなすのである。

[22] 過失犯は，現行法体系においてはほぼ例外なく何らかの結果犯であるから，結果発生から遡って評価することによって初めて過去の行為が過失犯の実行行為であったことが判明する。いいかえれば，結果が発生しなければ，実行行為もありえないことになる。これが，未遂犯の処罰がありうる故意犯と異なる事情である。

　とくに結果無価値論を基礎にする立場からは，結果に対する原因となった行為のうち構成要件的な帰属関係が認められる行為が構成要件該当行為になるのであるから，構成要件該当行為を行うことを実行行為として独自に切り出しておく必要はないとして，実行行為概念の意義を相対化する見解もある（山口・50-51頁）。過失犯に限ったことではなく故意犯においても，事前に特定された「実行行為」が行われることが構成要件該当性を帰結するのではなく，構成要件的結果惹起という事実が構成要件に該当するのである。

　しかし，このように考えるときには，構成要件の類型性（行為の定型といわれることが多く，これを強調する見解は「定型説」とよばれる。団藤・37頁参照）は低下し，罪刑法定主義の趣旨が後退せざるをえない。もちろん，そもそも刑法の行為規範性を基礎とするときは，このように事後的に構成要件該当行為であることが確定する論理構造は採用できない。規範違反の行為であるか否かは，行為の際に明らかになっていなければならないからである。

2.3 構成要件の分類

2.3.1 離隔犯と自手犯

　ここで種々の着眼点からの構成要件分類のうち，講学上しばしば用いられるものを説明しておく。
　行為と結果との間に時間的・空間的隔たりがある場合を**離隔犯**という。離隔犯では，行為と結果との密着性が弱いため着手時期をどこに求めるかが議論される。また，刑法の場所的適用範囲との関係で犯罪地が問題となるが，偏在説によれば行為の場所も結果発生の場所も犯罪地となる。
　自手犯もしばしば論じられる。自手犯とは，自分で行うほかは構成要件に該当しえない（法益侵害が不可能な）犯罪で，他人を利用する形（間接正犯）では正犯にならないものである。代表的な類型として，住居侵入罪（130条），偽証罪（169条），強姦罪（177条）などが挙げられてきた。しかし，このうち，強姦罪については，判例・通説は，女性による間接正犯を肯定している。実質的にも，客体が女性であるところから反射的に女性が主体となりえない（男性が行う場合のみ構成要件に該当する）のではあるが，構成要件が主体を限定するものでなく事実上の問題である以上，身分犯ではないというべきである（擬似身分犯ということがある[23]）。住居侵入罪は，住居権・住居の平穏という法益が他人を通じても侵害されうる以上，自手犯ではないとする見解が有力である。偽証罪については，多くの学説が自手犯であると解しているが，偽証罪においても国の審判作用という法益は他人を通じても侵害可能だという主張がある。仮に偽証罪も自手犯でないとするなら，少なくとも刑法典には自手犯は存在しないことになろう[24]。

2.3.2 即成犯・状態犯・継続犯

　即成犯・状態犯・継続犯という区別もある。犯罪の既遂時期・犯罪の終了時

---

[23] 井田・451頁注43。
[24] 間接的にでも法益侵害は可能であるとして自手犯概念そのものを否定するのは，西田・76頁。

期をどう解釈するかという点に関わる。公訴時効は「犯罪の終了」時点から進行する（刑訴法253条）ので手続法的意味があるのはもちろん、犯罪が終了しない間は共犯も成立しうるので実体法上も重要である。

　即成犯は、構成要件的結果の発生によって既遂に達し、かつ、犯罪が完成し犯罪事実が終了したとみられる犯罪である。殺人罪（199条）がその代表で、人の死亡という結果が法益侵害でもあり、同時に、それによって法益そのものが失われて、これ以降には法益侵害状態そのものがありえない、と説明される。犯罪事実は法益侵害結果発生と同時に終了する。**状態犯**では、構成要件的結果の発生によって犯罪が完成し、犯罪事実が終了して既遂に達するが、その後も法益侵害状態そのものは存在する。状態犯の典型は、窃盗罪（235条）である。占有移転が実現すれば「窃取」という構成要件的行為は完了し、これによる占有侵害等の法益侵害も実現して既遂となる。既遂に達した後も占有侵害状態が存続するが、犯罪事実そのものは終了すると解されている。以上の２類型では、既遂時期と犯罪の終了時期とが一致する。これに対し、**継続犯**は、法益侵害結果の発生によって構成要件に該当して既遂となり、犯罪は成立するが、犯罪事実はなお継続し、構成要件該当事実がなくなるまで犯罪は終了しないと解される類型である。監禁罪（220条）がその代表例である。この罪では、自由侵害が実現したところで構成要件的結果が発生し、既遂となるが、それ以後も自由の侵害が継続する限り、構成要件該当事実が存在すると解され、犯罪は終了しない。もっとも、状態犯か継続犯かは、構成要件的行為・結果の解釈によるところが大きく、たとえば、略取・誘拐罪（224条以下）については議論がある[25]。

　なお、状態犯の場合、いったん法益侵害が実現した後に、同一の法益について重ねて法益侵害を考えることはできない。外形的に法益侵害があるようにみえても、いわゆる共罰（不可罰）的事後行為とされ、先立つ犯罪の結果を超える新たな法益侵害がある場合に限り、後の行為が処罰される（最判昭和25・2・

---

[25] 即成犯・状態犯・継続犯の区別は、基本的には法益の自動的回復能力、あるいは、回復の蓋然性の違いに基づくといえるであろう。たとえば、殺人罪において生命が失われるという法益侵害結果は、法益自体を終局的に消滅させるものであって、回復されえない。窃盗罪においては、生命法益のように回復不能な侵害が生じるわけではないが、客体が行為者の支配下にあるという事実はいったん固定され、客体が自力で支配を脱することは考えられない。これに対し、監禁罪の場合には、自由侵害の作用を継続的に及ぼさなければ、法益主体が自力で自由を回復することが比較的容易にできる。

24刑集4巻2号255頁参照)。共罰（不可罰）的事後行為について，詳しくは，罪数論で扱う。

2.3.3 結果的加重犯

(1) 結果的加重犯の意義

結果的加重犯も特徴的な構成要件である。これは，ある構成要件に該当する事実からさらに重い結果が生じた場合に，もとの犯罪および加重結果の単純加算より加重して処罰する形式の構成要件である。このとき，前提となるもとの犯罪を「基本犯」という。たとえば，傷害罪に該当する行為から，さらに客体の死亡結果が生じた場合を処罰する傷害致死罪（205条）は，傷害罪を基本犯とする結果的加重犯である。このような構造の構成要件自体を指して結果的加重犯ということもある。つまり，結果的加重犯とは，基本犯の加重類型として規定される類型である。結果的加重犯においては，「○○（基本犯）を犯し，『よって』死傷結果を生じさせた者は」などという文言を用いるのが立法上の慣例である。

なお，たとえば，客体の死傷という重い結果が発生した場合に加重される類型において，死傷結果の発生について故意があるなら，端的に，殺人罪・傷害罪の故意が認められ，したがって，結果的加重犯ではなく殺人罪・傷害罪の構成要件該当性が論じられるはずであろう。そうすると，結果的加重犯という固有の概念をもって論じられるべきは，基本犯の部分については故意があるが，重い結果については故意のない場合である[26]。

---

[26] 基本犯は，通例，故意犯である。また，重い結果としては死傷が規定されることが多い。もっとも，基本犯が過失犯のこともあり（たとえば，人の健康に係る公害犯罪の処罰に関する法律3条2項），重い結果も死傷に限られるわけではない（たとえば，刑法127条）。また，重い結果発生につき「少なくとも」過失があれば責任主義に反することもなく，重い結果につき故意がある場合を含めて結果的加重犯とすることにも理論的には妨げはないが，現行法の解釈論でそのような類型を結果的加重犯として論ずる実益は乏しい。

なお，結果的加重犯を立法の「形式」として理解し，たとえば刑法240条の文言も結果的加重犯であり，そこに死傷結果について故意がある場合が包含されると解釈するときには，故意の結果的加重犯を認めるものであるともいえる。しかし，結果的加重犯を実質概念として捉え，240条は，結果的加重犯と故意犯とを一文で規定したものであると考える方がわかりやすいであろう。

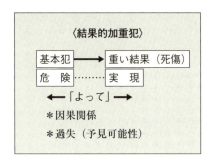

（2）重い結果に関する過失

　ところで，結果的加重犯の規定がないときには，基本犯に相当する行為とそこから生じた重い結果とについては，基本犯に相当する犯罪と重い結果発生に関する過失犯として処罰される（通常は1個の行為なので観念的競合（54条1項前段）として処理される）ことになるはずである。そして，このようにして定まる処断刑に比して，結果的加重犯の法定刑は，著しく加重されているのが通例である。ここから，結果的加重犯は，単純に重大な結果を発生させたことを根拠とする「結果責任」の帰結であると評されることもある。仮に，基本犯と重い結果との間に因果関係が存在するだけで重い処罰の根拠とするならば，結果的加重犯規定は責任主義に反する立法だといわなければならない。

　しかし，通説は，結果的加重犯と責任主義との整合をはかり，基本犯の行為者に重い結果についての故意はないが過失が存在するときに限り，結果的加重犯の構成要件該当性を認めるべきであるとしている。これに対し，因果関係を法的帰属関係として限定するとき（「2.5　因果関係」を参照）には，相当因果関係または客観的帰属関係があれば，結果発生についての過失（主観的な結果帰属根拠）は要しないとしても，責任主義に反することはないとする考え方もある。また，判例は，重い結果発生について過失があることを要件としていない（最判昭和32・2・26刑集11巻2号906頁など参照）。ただ，わたくしとしては，やはり，結果的加重犯に限らず，（類型的次元という限定のもとではあるが）主観的帰属関係も認められたときにはじめて構成要件該当性が認められると考える以上は，結果的加重犯においても重い結果についての過失を要求しなければ一貫しないと考える。

（3）加重の根拠

　結果的加重犯における「加重」の根拠については，基本犯の中に既に重い結果発生の相当の危険性が包含されており，結果的加重犯類型は，重い結果発生についても単純な過失犯以上に危険性の高い行為によって結果実現に至らせているという事情が考慮されているものといえるであろう（このような考え方を危険性説という[27]）。いわば，重い結果は，危険を内包する基本犯の遂行により発生するべくして発生したという側面を有するので，単純過失犯の場合の評価に比して，より罪責が重いと考えられるのである。

　なお，ここから，結果的加重犯の成立を認めるためには，基本犯の危険性という加重根拠が結果として確認されるような関係，すなわち，基本犯の創出した高度の危険が重い結果として実現するという関係が必要であるとの議論が導かれる。いわゆる「直接性」の要請である[28]。その帰結は，各個別の構成要件解釈として現れる。結果的加重犯における重い結果は，広く刑事学的類型として生じやすいものであるとか，過失行為からの一般的類型判断としての因果関係が肯定されるだけでは足りず，基本犯の構成要件該当事実に含まれる危険から直接に実現する事象としての結果であることを要するというわけである[29]。

2.3.4　構成要件該当性

　具体的な現実の行為・事実に，各則の構成要件に記述された構成要件要素が備わっているときに，その行為・事実が構成要件に該当するということになる。構成要件該当性の判断は，認定された事実が構成要件を充足するかというあてはめの形で行われる。当然のことながら，構成要件要素を念頭に，それらの存在を証明すべき事実が認定される必要があるのであって，平板な事実を機械的にあてはめれば構成要件該当性が判断できるというものではない。事実の構成要件的「評価」が行われなければならないのである。

---

[27] 丸山雅夫『結果的加重犯論』（1990, 成文堂）。近時の結果的加重犯論においては，危険性説・直接性原理が主要な論点となっている。内田浩『結果的加重犯の構造』（2005, 信山社），榎本桃也『結果的加重犯論の再検討』（2011, 成文堂）などの研究書がある。

[28] 井田・227頁以下参照。反対するのは，林・144頁。

[29] これは，行為と結果との間の刑法的帰属関係における要請であり，いわゆる客観的帰属論（後述）に共通する思考方法といえるであろう。

構成要件の意義，より分析的には構成要件要素の意義を明らかにすることは，刑法各論の課題であるだけでなく，犯罪諸類型に共通して理解すべき要素の意義に関わる。たとえば，故意を認めるためには，いかなる範囲のいかなる程度の認識が必要かといった問題についても考えておく必要がある。事実評価の尺度となる構成要件要素は，犯罪論の重要課題であり，検討すべき問題が多い。以下，必要に応じて別に項目を立てて論じていくこととし，まず，比較的狭義において実行の形態の問題として把握することのできる「不作為犯」と「因果関係」とを扱うこととする。

2.4 不作為犯

2.4.1 不作為犯の意義

通常，犯罪は，結果惹起に向かう事象の原因を積極的に設定する動作，すなわち作為として規定される。作為が禁止され，その禁止された作為が犯罪となる場合が**作為犯**である。これに対し，法により，結果惹起に向かう既存の因果事象に介入して結果発生の危険を除去することが命令されるとき，すなわち作為が法的に義務づけられるとき，そのような作為に出ないことが犯罪とされる場合がある。このような犯罪が**不作為犯**である。

不作為犯には，真正不作為犯と不真正不作為犯とがある。**真正不作為犯**とは，構成要件に記述された構成要件該当行為自体が不作為である場合である。たとえば，保護責任者不保護罪（218条後段）や不退去罪（130条後段）は，「生存に必要な保護をしない」こと，あるいは「要求を受けたにもかかわらずこれらの場所から退去しない」ことが構成要件該当行為として記述されている真正不作為犯である。

一方，**不真正不作為犯**とは，作為の形で記述されている構成要件を不作為で実現したときにも構成要件に該当すると解される場合である。殺人罪（199条）の構成要件的行為は「人を殺す」ことであり，人の死という結果を生じさせるような原因を積極的に設定することを意味する作為犯として規定されている。しかし，放置すれば人の死の結果が生じる危険がある状況で，その危険を除去

するような作為に出ることを法が要求し，これを義務づけることが合理的である場合もある。このとき，その義務を負う者が，あえて危険除去に必要な介入（作為）に出ない態度は，作為犯と同等の構成要件該当評価に値するのではないかと考えられる。このような解釈に基づき，通常は作為で実現される構成要件を不作為で実現したとされる（構成要件該当性が認められる）場合が不真正不作為犯である。

2.4.2 不作為犯の処罰根拠

不作為犯は，「しない」ことが犯罪とされるので，作為犯に比して行為態様の特定性が乏しい。そこで，構成要件の明確性という罪刑法定主義の要請に反するのではないかという問題がある。しかし，同様の事情は，たとえば過失犯にも存在するものであり，このような問題を意識しつつ妥当な解釈・運用をすべきであることはもちろんとして，不作為犯そのものが罪刑法定主義違反であるとは解されていない。

さらに，不真正不作為犯は，作為構成要件を不作為の場合にも適用する点において類推解釈にあたるとして問題視されることがある。不作為が作為と当罰性において共通することを根拠に不作為処罰を規定しない構成要件によって処罰することになるからである。刑法規範のあり方から言っても，たとえば殺人罪は作為犯として規定されており，「人を殺す」ことを禁止する禁止規範（「人を殺すな」）だと解される。これに対し，不作為犯を処罰することは，「人を助けよ」という命令規範に対する違反を処罰することを意味する。禁止規範によって命令規範違反を処罰することはできない，それを行うとすれば類推処罰だ，というのである。しかし，ほかならぬ規範の性質をいうのであれば，禁止規範と命令規範との間に質的な差はなく，いずれも特定の行為（態度・振る舞い）を要求する命令である（たとえば，「助けよ」という作為の命令は，規範内容を変更せずに「『助けないという態度』をとるな」という不作為の禁止に書き換えられる）。あるいは，刑法は，究極的に法益の保護・保全という目的に由来するのだから，たとえば殺人罪の規定は法益保護を目的として，むしろ「人の生命を保護・保全せよ」という規範を与えるものであって，禁止・命令のいずれも含まれるという説明が成り立つ[30]。不真正不作為犯の成立範囲に関する不明確性は否定で

きないものの，類推解釈を理由として罪刑法定主義違反であるとまではいえないであろう。

真正不作為犯の成否の議論は，問題となる不作為が構成要件に規定される不作為に該当するかという問題にほかならないから，各構成要件の解釈論に帰着し，刑法各論の課題になる[31]。個々の構成要件についての不真正不作為犯の成否も，各構成要件の解釈論の課題である。そこで，刑法総論では，不真正不作為犯成立の一般的条件が論じられる。

2.4.3　不作為の実行行為性

不真正不作為犯は，直接には作為犯の構成要件が不作為によって実現されたといえる場合に成立するものであり，問題となる不作為が構成要件該当評価の観点では作為と同視されることが当然の前提である。不作為犯の構成要件該当判断とは，当該不作為が実行行為にあたるかどうかの判断を核心とする。

不作為犯とは，構成要件の規範が明示的・黙示的に要求する（ここでは法的に義務づけられていることを「要求」と表現している）行為（作為）を行わないことである。たとえば，真正不作為犯の場合には，「解散する」ことが要求されているときに「解散しない」(不解散罪，107条)，「保護する」ことが要求されているときに「保護をしない」(不保護罪，218条後段) ことが実行行為である。不真正不作為犯の場合にも，その構造は同一である。

罪刑法定主義の要請からは，類型的な記述としての明確性が必要である。そこで，作為犯の実行行為との対比で不作為犯の実行行為を記述することを試みよう。たとえば，「殺さない」ことが要求されている（禁止）ときに「殺す」こと (199条) が作為犯における実行行為である。これを不作為に対応させれ

---

[30] 西田・108頁以下，井田・141頁。また，佐伯・82頁参照。禁止と命令とでは個人の自由への介入度が異なるので両者は同視できない（たとえば，高橋・148頁注2）との指摘があり，作為が不作為より「労力を要する」という実質は否定できないが，それは「作為」の禁止と「不作為」の禁止との事実的相違によるものであり，禁止・命令の規範構造が質的に異なることを意味しないと思われる。

[31] 作為の形で行為記述がなされている条文の与える規範が一般的には不作為禁止・作為命令を含みうるとしても，そもそも不作為による構成要件充足が可能か，可能だとしてどのような場合に構成要件実現が肯定されるかは，構成要件によって異なる。

ば,「殺さない」態度が要求されている（命令）ときに，その命令に従わないことが実行行為だということになるが，こう言ってみたところで，不作為実行行為固有の行為記述は与えられない。このようになるのは，そもそも「殺さない」ことを命令することは，不作為犯の前提として要求される作為の命令ではないからである。それだけでなく，そもそも「殺さないこと」一般が「要求」されているのではない。「殺さない」（でほかのことをする）状況は無数に存在するのであって，「殺さない」でいる状態自体は，禁止の反面として放任されているという方が正しいはずである。

2.4.4　法的作為義務

　不真正不作為犯の場合にも具体的な作為への命令規範が黙示的に記述されていると解されなければならない。たとえば，嬰児の母親がその子に「授乳しないで死なせる」行為は，母親に対して「授乳する」ことへの（法的）命令規範が与えられており，その法的に義務づけられた作為を怠ることによって構成要件該当性が肯定されると解されるべきである。刑法上の不作為は，作為義務の反面（たとえば，授乳義務に反して「授乳しないこと」）として定義されるのである。
　他方，作為による実行行為と不作為との構成要件的同価値性，つまり類型的違法判断における同価値性が必要である。不作為は，外界に何らかの因果力を与えるものではないので，即物的・物理的評価において作為と同じではない。そこで，法律の目的論的解釈という観点からみて，作為の形の構成要件記述が包括すると認められる範囲の不作為である限りにおいて，実行行為性が認められるというべきである。つまり，特定の作為禁止に包含される作為命令・禁止命令といった法的規範に対する違反として，作為との同質性が必要なのである。このときにも，不作為の前提として義務づけられている作為が因果経過へのどこまでの介入であるかが意味をもつ。
　このような「法律上の作為義務」は，法律が直接に特定の作為を義務づけているときもあろうが，通常は不定形である。問題となる行為者における作為義務の内容・有無は，具体的現実に応じた実質的な判断によって確定するほかはない。たとえば，授乳しない嬰児の母親の作為（授乳）義務は，親子関係が基本になっており，親には法的に子の監護・扶養義務（民法820条や877条）が課

せられていると説明することができる。作為義務の根拠については確かにそのような説明が可能ではあるが，具体的場面においてどのような作為が義務づけられるかは，親子関係だけからは定められない。子が病気の時は「授乳」ではなく「治療を受けさせる」ことが義務づけられる。このように，作為義務は，不作為の実行行為性，すなわち構成要件該当性を判断する基礎であるにもかかわらず，構成要件該当性を前提に判断されるべき行為の法的・実質的評価に関わるもの，規範違反性に関わるものである。つまり，作為義務違反は違法要素にほかならない[32]。

2.4.5　保証者（保障人）説

　構成要件該当性の領域にある実行行為性が違法性判断をまって初めて規定されるというこの問題を「コロンブスの卵」的に解決したのが，**保証者説**ないし**保障人説**（Garantentheorie）である[33]。法律上の作為義務を類型的に肯定するために，法益の安全を保障すべき「保証者的義務」（法律上の義務）を負う者を「保証者」と定義し，保証者を，類型的に，特定の法益を保全すべき地位にある者と把握する。そして，そのような保証者の不作為のみが構成要件に該当すると考えれば，構成要件に該当する不作為の類型的限定が可能になる。保証者の不作為のみが実行行為性を認められるとすると，保証者であることが作為と不作為との「同価値性」の判断基準を与えることになり，構成要件の類型化機能を確保することができる。

　こうして，作為義務を生み出す根拠となる事実的状況（不作為者の置かれた立

---

[32] 作為犯において，禁止に基づく不作為義務違反という属性が，まさに行為の違法性に関連することを想起せよ。

[33] 保証者（保障人）的地位にある者のみが不作為犯の主体となりうるとする考え方は，多くの学説が採用している（たとえば，西田・119頁，山口・80頁，高橋・152頁，佐伯・81頁等）。ただし，保証者の地位と保証者の義務とを区別し，それぞれを構成要件要素と違法要素とに位置づける点は，必ずしも明確でない。不作為犯の構造把握と，それに基づく保証者説の構成については，福田・88頁以下，井田・143頁以下，さらに井田『理論構造』32頁以下を参照。
　なお，「保証」は，法律上別の意味で用いられることがあり，「保証人」という表現は誤解を招くので，わたくしは「保証者」と表記している。ただし，「保証」で表現されるのは，法益の安全の維持であるから，むしろ用語としては「保障」を用いる方がよいとも考えられる。このときには「保障人」ということが多い。

場)が構成要件要素として把握される。すなわち,「保証者的地位(保証者の地位)」が,保証者義務を基礎づける類型的要素として書かれざる構成要件要素となる。法文上に表れないものの,解釈において保証者の義務を負う立場を類型的・対象的に記述する要素だからである。ここから,不真正不作為犯は,主体を保証者に限定する一種の身分犯の性質を有する[34]と解されることになる。

実質的に法益保護を図る(作為に出る)義務という意味の保証者的義務は,先に触れたように違法要素であって,構成要件要素である保証者的地位とは区別される。作為犯の場合,たとえば殺人罪に関しては,「人を殺す」という客観的行為を行うことによって構成要件に該当するのであり,その事態が「人を殺すな」という禁止規範に違反しているという事情が構成要件該当評価に伴う類型的違法性として把握される。これを,保証者説に基づく不真正不作為犯の構造に対応させれば,「救命が義務づけられる立場にある者」が「法的に義務づけられた作為としての救命行為をしない」という態度をとることが構成要件に該当する行為である。この不作為による構成要件該当行為が「救命行為をなすべき作為義務を全うしていないという形で規範に反していること」が,違法性に関わる属性である。保障者的地位と不作為の態度とが構成要件該当行為であり,その行為の作為義務違反性が違法要素である[35]。

2.4.6 作為義務の根拠

保証者的地位の類型化は,書かれざる構成要件要素を確定する解釈作業の役割にほかならない。構成要件解釈として,そのための手がかりとなる判断基準を設定した上で,具体化・類型化を図る必要がある。この際,重要なのは,あくまで「法律上」の作為義務を生み出す根拠を求めなければならないことである。ある義務が道徳的な水準にとどまるか,法的に義務づけられる高度なものであるかは,実際には,具体的な構成要件ごとに,当該構成要件の保護法益や

---

[34] ただし,不真正不作為犯が端的に身分犯であると解するのは妥当でない。保証者的地位を身分と解すると,65条1項により非保証者が保証者と共犯となりうることになる。しかし,後述するわたくしの考えによれば,保証者的地位は,行為状況依存性が高いのであり,それだけを類型的要素として取り出し,連帯効果を認めることはできないと考える。

[35] 独自の違法要素なのではなく,構成要件該当性を裏づける類型的違法性を根拠づけている。

法益保護のために明示的に禁止されている行為等を勘案して，法の目的論的解釈として確定するほかはない。伝統的な学説は，多元的に作為義務の根拠を求め，その上で罪刑法定主義に沿うような類型化を試みられてきたといえる。

(1) 多元説

　法令，契約・事務管理，慣習・条理などに基づき，法的な作為義務が肯定されるときに保証者と認めるものである。通例，これらの根拠は，A：**狭義の法令**，B：**契約等民事的に法的拘束力（義務づけ）が生じる類型**，C：**当事者が共通の前提とすべき既存のルール**という形に整理することができる[36]が，それらのうちとくにCに含まれるものは慣習・道徳に接するものを含み，多様であり，多元的実質評価を必要とする見解であるといえる。以下，上のような3つの分類ごとにやや詳しくみよう。

　まず，法令に基づく場合は，親の子に対する監護・養育義務や，親族間の扶養義務などのように，義務を内容とする法令の規定を根拠とする場合である。法的義務の根拠としては最も直接的であるが，法の要求する具体的作為を確定するためには，上で触れた母親の義務のように，やはり実質的考慮が必要になる。

　契約・事務管理等は，外的に何らかの作為の法的義務づけはない場合も多いが，民法上，そこから帰結する法的効果に対応する作為があると認められる限りで，作為義務の根拠となる。保護・救護等の義務づけを含む契約や事務管理ならもちろん，たとえば，保育サービスや住込みの雇用などの契約においては，特定の対象者の生命・身体の法益侵害が生じることに関係する必要な作為が義務づけられるといえる。具体的に何をなすべきかは，ここでも契約等の内容や具体的事情を考慮して決定するほかはない。

　慣習・条理は，ある社会関係が，関与者間に共通の前提として存在する規範，ルール，プロトコルに従って成立しているとき，そのような既存の外在的規範等を根拠として作為義務を肯定すべき場合である。条理は，内容が多岐にわた

---

[36] このような方法は，法令・契約・条理等，作為義務を形式的に根拠づける事情の提示から直ちに作為義務を導き出す構造であるので，考慮の観点を明確にできる利点がある。しかし，実際には複数の根拠を総合することを排除するものではないし，形式的根拠に修正が加えられて初めて妥当な作為義務が確定する場合を認めざるをえない。他方で，そもそも，慣習・条理などは，それ自体が実質的・総合的な判断を含む。

り不明確であるので，その類型として，先行行為，所有者・管理者の地位，信義誠実，危険共同体などの類型的枠組が提案されてきた。たとえば，自己の故意・過失による先行行為から法益侵害の危険が発生したときには先行行為に基づく作為義務が生じる。自己の落度で火を出してしまった者には，類型的に「消火」の作為が義務づけられ，その者が「消火しない」不作為は，放火罪の実行行為性を有しうることになる（最判昭和33・9・9刑集12巻13号2882頁参照）[37]。あるいは，登山パーティーのように危険行為を共同して行う者相互間には，生命危険時に救助義務が課されるというのである。

(2) 判　　例

判例も，おおむねこのような**多元的根拠論**に基づいているといえる。裁判例上は，放火罪と殺人罪，あるいは詐欺罪において不真正不作為犯が認められることが多い。放火罪や殺人罪で問題になる重大な法益については，その保護のために作為による介入を義務づけることに合理性があること，錯誤を利用する詐欺罪においては，既に生じている錯誤の利用にも作為との構成要件的同価値性が認められやすいことが理由だといえよう。既に挙げた放火罪の例のほか，殺人罪の例としては，下級裁判所のものであるが，東京地八王子支判昭和57・12・22判タ494号142頁では，「被告人らは，自己の行為により被害者を死亡させる切迫した危険を生じさせた者であること，また被告人らと被害者は単なる飲食店の経営者と従業員というに止まらず，被告人らが被害者の全生活を統御していたこと，受傷させた後は被害者の救助を引き受け，これを支配領域内においていたこと，被告人らは，被害者の死を予見しまたは予見可能であったこと，医師による治療を受けさせることが困難な事情もなかったことを総合的に判断すれば，被告人には，被害者に医師による治療を受けさせる法的作為義務があった。」として，先行行為を中心に総合的な評価が行われている。

---

[37]　放火罪に関し先行行為に基づく作為義務が認められた大審院判例において，たとえば，神棚の灯火の不始末から家屋の焼損に至る危険が生じたとき「その危険を利用する意思」があることを不作為犯成立の要件として考慮したと解されるものがある（大判昭和13・3・11刑集17巻237頁）。これが，作為・不作為の客観的因果力に事実上の差異があることを前提に，不作為の因果力不足分を既存の危険状態を積極的に利用する意思（＝主観的意図の強さ）で補充しようとする態度だとすれば妥当でない。あくまで，作為・不作為が主観的にも客観的にも同等であることが前提となるべきである。

いわゆるシャクティ事件（最決平成17・7・4刑集59巻6号403頁）においても，殺人罪に関する作為義務として広義の先行行為と，生命が危険な状態の患者の「治療」を引き受けた契約とを合わせて重要な因子としているものと考えられる。一般に，先行行為が重要な因子とされることが多いが，それだけでなく，総合的な判断がなされているということができるであろう。

自動車によるひき逃げの事案で殺人未遂罪の成否が問題となった浦和地判昭和45・10・22月報2巻10号1107頁では，単なる自動車運転過失致傷の先行行為だけでなく，それを超えた引受ないし支配領域性の存在が考慮されている点が注目に値する。これに対し，死体の埋葬義務・監護義務がない場合であることを理由に不作為による死体遺棄を否定したもの（大判大正13・3・14刑集3巻285頁）は，法令を決定的な理由としたものである。

（3）一元説

多元説は，総合的判断であるがゆえに，柔軟に妥当な結論を導く可能性が期待できる一方，判断基準の不明確による不安定性が避けられない。そこで，学説上は，一元的原理の追求が続けられ，法律上の義務発生の実質的根拠となる事実的要素として，A：**先行行為**，B：**法益（客体）の事実上の引受**（法益の不作為者への具体的依存性），C：**法益（客体）が支配領域内にあること**（排他的支配があること）などが説かれてきた。これらについて順に考察する。

（4）先行行為説

先行行為説[38]は，結果に至る因果事象を作り出したことが，その因果経過に介入すべき義務を根拠づけるとするものである。究極的に自己が引き起こしたといえる結果惹起のみが刑事帰責されるべきだという基本思想に基づく。確かに，交通事故による傷害が問題となる「ひき逃げ」などの事例では，納得がいくように思われる。しかし，この思考は，結局，先行行為（作為）を含んだ全体を処罰することになっているのではないかという疑問がある。たとえば，「放置して」死亡させたという不作為犯を問題にしているにもかかわらず，「交通事故を起こし，それを放置した」という事象全体が処罰対象に組み込まれる

---

[38] 代表的な見解は，日髙義博『不真正不作為犯の理論』（1979, 慶應通信）154頁以下。

図式になっていないであろうか。あるいは，必ずしも先行行為を想定できない（想定することが不合理な）場合がある。たとえば，親子関係に基づいて作為義務が認められる場合があることは否定できないであろうが，これを先行行為で説明しようとすれば，子を産むことが先行行為とされかねない。もちろん，それは何ら刑事帰責の前提となるような先行行為とされるべきではない。

(5) 具体的依存性説

事実上の引受け説（**具体的依存性説**）[39]は，このような批判に対応し，作為義務の根拠として，不作為行為の文脈において，より限定した状況を要求するものである。しかし，それがどのようなものであるかは，必ずしも明らかではない。「法益の行為者への具体的依存性」は何をもって判断されるか。それをもたらすものが「事実上の引受け」であると説明するとしても，今度は「引受け」の意義が不明確であることが批判されるであろう。さらに，たとえば，ひき逃げ事案では，なまじ一度は被害者を救助する行動に出ると，それが「引受け」となって作為義務が生じ，その後の放置行為が不作為犯を構成する可能性が出てくる一方，はじめから被害者を放置しておけば作為義務が生じることはないことになり，行為者の行動としてより悪質な方が軽い評価になることの不合理なども指摘された[40]。

(6) 支配領域説

結局，作為義務の根拠としては，法益の具体的依存性自体の前提として，**不作為者の支配領域ないし排他的支配**が問題とされるべきではないかと思われる[41]。自己の支配領域内にある危険に瀕した法益に対しては，作為が法的に義務づけられる。あるいは，当該法益（客体）を排他的に支配している（法益保全が当該義務者に依存する関係にある）者は，他の者が干渉できない以上は，その法益を

---

[39] 代表的な見解は，堀内捷三『不作為犯論』(1978，青林書院) 253頁以下。
[40] もっとも，「引受け」後の「放置」の中には，「遺棄」等の作為態様とみられる場合が多く，助けようとしたことで責任の減少が認められる余地はあるとしても，「放置」すなわち「遺棄」行為それ自体の当罰性が低いと決めつけるわけにはいかないであろうから，不均衡が決定的であるかどうかには留保が必要である。
[41] 代表的な見解は，西田・125頁以下。その他，山口・88頁以下。少なくとも，支配ないし法益が依存する関係の領域性を考慮する見解が近時の共通了解になりつつあるといってよいであろう。

保全すべき作為が義務づけられると解されるからである。

ただし,「排他的」支配があるからこそ作為が義務づけられるという面がある一方,「排他的」な支配でなくとも作為義務があるというべき場合(ここでも親子関係を例に挙げることができるであろう)が想定されること,逆に,「排他的」支配領域内でも,法益側が意図的にあるいは偶然に自己の支配下に入ってきた場合に当然に作為義務を負うとはいいにくい(たとえば,自宅領域内に入ってきた行路病者の救護義務や誤配物の保全義務などを考えよ),という問題がある[42]。このように,作為義務の根拠をめぐる議論は,依然として議論の渦中にあるというほかはない。

(7) 社会関係説

わたくしは,さしあたり,基本的には法益の具体的依存関係を前提としつつ,その「依存関係」は,物理的・事実的関係であるというよりも,社会内で法益保全のために行われている「分業」の如何として把握すべきであろうと考えている。**分業的社会関係**によって具体的作為義務が根拠づけられ,具体的作為の義務づけは,いわば共同体において現実に体現されている法益と各構成員との関係性に関する間主観的了解に基づいて認められるということである[43]。

法的命令の根拠は,形式的には法制度上の契約・事務管理を限界とする。この認識に基づき,法益保全に関する社会的分業関係がある程度共通了解となっている状況があり,これを間接的にであれ自覚的に肯う(うけがう)立場が保証者的地位である。そもそも,保証者的地位の根拠となる実体は,事実的文脈であり,抽象的な社会的期待の向かう焦点のようなものではない。俗な表現をすれば,保証者的地位を規定するのは,当該法益の保全のために誰が手を出す(作為介入する)ことになっているかという点に関する共通了解である。また,保証者は,単に外形的な支配・依存関係の中に置かれるだけでは足りず,このような社会関係に自覚的であって初めて,法はその者に「法的」義務づけをすること

---

[42] この観点から,あくまで事実的因子により作為義務を構成しようとするものとして,「危険創出・増加」という一種の先行行為と排他的支配の設定という一種の事実上の引受けとをもって作為義務の根拠とする佐伯・89頁以下が注目される。

[43] これは,一面では,形式的要件論にとどまっていた多元説に理論的土台を与えようとする意味をもつ。神山敏雄「保障人義務の理論的根拠」斉藤誠二ほか編『森下忠先生古稀祝賀論文集(上)変動期の刑事法学』(1995,成文堂) 214頁以下を参照。

が可能になると考えられる。

　なお，そのような文脈依存性からも帰結することであるが，作為義務は，ある状況にある者に命令される特定・具体的な作為の義務であって，保証者的地位自体が類型的形象であるにもかかわらず，義務の内容自体は個別的なものである。

(8) 作為可能性・作為の容易性

　不可能を強いることは無意味であるから，義務づけられる作為が可能であること（作為可能性）は，義務の前提である。そうすると，作為義務の根拠という類型的な把握に際しても，個別的な事情に基づく限界を考慮する必要があることがわかる。たとえば，溺死の危険を除去する義務として，泳げない者に泳いで助けることを想定することはできない。なお，作為に出ることによって結果発生を阻止できる，という意味の結果回避可能性が問題になりうるが，期待される作為が当該の具体的場合に結果回避をもたらすものであるかどうかは，類型判断である不作為の構成要件該当性とは別次元の問題である。

　このほか，作為の容易性も考慮要素として指摘されることがあるが，作為可能性を超えた作為の容易性は，法益侵害を回避する作為の義務の有無に影響するものではない。わたくしは，作為の容易性はむしろ義務の内容（要求される作為）に関連して考慮されるべきものであると考える。俗な表現をすれば，「容易なものは実際にすべきである」が「無理なものはしなくてよい」という論理である。仮に，類型的に「結果回避可能」な作為の候補中に，作為に出ることが容易で，実際に義務づけられるものがない場合には，最終的には作為義務は認められないことになる。

　さらに，先行行為や支配領域性などの要素ごとの評価に加えて，全体としての構成要件的同価値性を求める，あるいは，保証者的地位という要素とは独立して構成要件的同価値性を設定する見解もある[44]が，保証者的地位は既に，不

---

[44] 大塚・156頁，大谷・154頁。このような実質的思考による調整が必要となるのは，それに先立つ要件が形式的要素に基づくときであろう。たとえば，法令に基づいて必然的に作為義務が認められる一方，不作為による結果惹起が実質的にみて作為犯と同価値でないとされるときには，不作為犯の成立を否定するのである。ただし，このときには，法令・慣習等の「形式的」要素は，作為義務のメルクマールではあるが，根拠そのものではないことになり，「作為との同価値性」という感覚的要素が作為義務の存否を決定することになってしまう。

作為が作為と構成要件的同価値性を有する場合を類型化する要素であるから，別個に考慮するのは不合理である。

（9）不真正不作為犯と「構成要件の規範化」

　作為義務違反が問題となる不作為犯や注意義務違反が問題となる過失犯などは，義務違反性が不法内容の核心部分であって，その有無が犯罪の成否（構成要件該当性）を直接に左右する。このような類型では，当該行為者の義務の有無，義務の内容が構成要件該当評価と表裏の関係にあるという性質があるので，「義務犯」として特徴づけられる。義務犯の構成要件は，法的義務という規範的要素が決定的な意味をもつことになり，即物的・類型的なものであることを目指す構成要件の概念が価値的・実質的なものに大きく傾斜する。上でみてきたように，それはある程度は必然であるが，行き過ぎるときには構成要件の類型性，したがって罪刑法定原則にとって不都合を生じる。できる限り，義務づけの基礎となる客観的事実が記述されるべきである。作為義務にしても，作為義務の根拠となる類型的事情を記述することが解釈論には求められているというべきであろう。義務の生じる前提が，端的な規範的要請であるとしても，そこには事実的基盤があるはずであって，これを記述するように努めなければならない。

　わたくしの考えでは，作為義務が「法的」作為義務である限りにおいて，慣習・条理に属することがらも，法益を担う客体と行為者との間に，契約・事務管理的な自覚的了承事項として包摂されていること，それを前提として客体・行為者の社会的関係が成立していることが必要である。反対からいえば，前提となる事情を織り込んで自覚的に，ある社会関係に入る者だからこそ，法益保全のための法的作為義務を負うと考えられる。法益の「排他的支配」は，そのゆえに直ちに作為義務を生じるのではなく，排他的支配下にある法益は，その支配者によって保全されるべきであるという一種の社会的「分業」についての了解があり，これを前提にして作為義務が認められるというべきである。そのような事情を承知した上で排他的支配を設定し，ないしは支配下に入れ，あるいは支配が生じるのを受容する者は，自ら法益保全の作為を担当する地位に就いたことになるのであり，そのことが保証者的地位の意味する内容であると考える。他方，排他的支配の有無にかかわらず，作為が可能である限り，た

とえば親子関係にある者どうしは，第一次的には，それらの者の間で相互の法益保全が担当されるものだという「分業」形式が社会内で共有されているのではないか。したがって，それを前提に社会内で生活する者には，自己意識としても第一次的法益保全者の役割を任じる関係が成立しているというべきであろう。これは，法律の規定から直接に導かれるというよりは，たとえば親子関係のような法規定による大枠を前提として含みながらも，現に事実として成立している社会関係と，それを多かれ少なかれ自覚的に肯う意思とによって認められる事情である。

2.5 因 果 関 係

2.5.1 刑法上の因果関係の意義

構成要件に規定されている行為と結果とが存在するときであっても，構成要件該当性が肯定されるのは，その行為からその結果が生じた場合に限られる。すなわち，実行行為と結果との間の**因果関係**が必要である。たとえば，相手を殺そうとして毒薬を飲ませたが，毒の効果が生じる前に相手が交通事故にあって即死したという例を考える。ここには，構成要件的行為（殺人罪の実行行為）と構成要件的結果（殺人罪の結果）とがあるようにみえるが，当該客体の死亡結果は，その行為とは別の原因（交通事故）によって生じたというべきであって，殺人既遂罪の成立（死亡結果を含む構成要件該当性）を肯定するわけにはいかない。また，刑事法では，「疑わしきは被告人の利益に」という原則があるから，別の因果関係の存在が認められるときだけでなく，存在する行為と結果との間の因果関係が不明であるとき，生じた結果と複数存在する行為のうちどの行為との間に因果関係があるかが不明であるときにも，刑法上の帰責はできない。

因果関係は，事実が連鎖的に生じることについての経験的法則的結合関係である[45]。原則として，原因から結果に至る過程が法則的連鎖として分析的に明らかにされている必要がある。因果関係とは，時間的に継起する事象の法則的に記述することによって与えられる。ただし，因果過程の記述を無限に遡及さ

せること，あるいは無限の前提事情からの法則的連鎖を記述し尽くすことは不可能である。特定の事実から継起する事実に法則といってよい確実性・必然性が認められるところまで確定されれば足りる[46]。

　他方，複数の因子が関係しているとき，特定の事実から特定の結果が生じるという事実連結に相当程度の蓋然性が認められるときであっても，結果発生の機序が不明である場合は，結果に至る過程において問題とする関係とは別の関係が重要である可能性が残るので，刑法上は因果関係を肯定できないことが多い。たとえば，特殊の健康被害が発生したが，その原因が解明されていないときには，ある行為とその健康被害との間の因果関係は否定されるべきであろう。大量観察のもとで，ある物質の摂取が当該結果を生じるとの連関が認められる場合，その物質がどのような作用をもつかが解明されなくとも，因果関係を肯定してよいという考え方（このような因果関係存在の証明を「疫学的証明」という）が提案されるが，刑法の領域においては慎重な意見が強い[47]。

2.5.2　条 件 関 係

　事実的因果関係は条件関係によって規定される。「Aという事実がBという事実の原因（条件）である」とは，「Bが生じるためには必ずAが存在しなければならない」ということである。そこで，AがBの原因であることを確かめるには，Aという事実が存在しないときにどうなるかを法則的に想定すればよい。「AがないならばBもない」といえる場合には，AとBとの間には条件関

---

[45] わたくしとしては，ヒューム（David Hume, 1711-1776）の因果関係の客観性に関する懐疑主義に与することになるのであるが，少なくとも，因果関係とよばれるものは原因事象に内在する因果力を前提にするものではなく，事象間の「関係」自体を対象とする法則的知識によって明らかにされるものであることまでは認めざるをえないであろう。

[46] 一般的に言って，日常生活において因果関係が問題になるのは，経験上通常は遭遇しない事態に直面したときである。たとえば，ガラス窓が割れたという事態を結果として捉えたとき，原因たる因子は，まさにその損壊を必然たらしめた無数の条件として存在している。しかし，われわれは，たとえば「ガラス窓がそこにはめられたこと」を原因として取り出すことは，ふつうはしない。あるいはそのような条件を枚挙しないままに，因果関係が明らかになったと考える。ある種の恒常性をもって推移する日常生活から逸脱した「異常」な事態（たとえば「石が当たった」）を探し出し，これを原因とすることで満足するのである。

[47] さしあたり，西田・山口・佐伯編『注釈刑法』第1巻298頁以下（佐伯仁志執筆）を参照。

係（条件的因果関係）があることになる。このとき，AはBが生じるための必要条件である。条件関係は，ラテン語で"conditio sine qua non"といわれてきたもので，この判断方法を「**シネ・クワ・ノン公式（条件公式）**」ということも多い。条件関係は，ほかならぬ「その事実」こそがその結果を生じさせたのであって，それ以外の事実がその結果を生じさせたのではないという関係であるから，およそ因果関係を肯定するために必須の関係である。

2.5.3　条件関係判断の実際

条件関係判断（条件公式）には，適用上注意すべき点があると言われている。

第一は，条件関係の判断にあたっては，結果を一般的にではなく，**特定された具体的事実**として把握しなければならないということである。たとえば，「いずれにせよ人は皆いつか死ぬのであって，被害者も死ぬ。つまり，殺害行為がなかったとしても被害者の死亡結果はあった（＝殺害行為がなかったならば，死亡しなかったであろうとはいえない）。したがって，殺害行為と死との間には条件関係がない」という判断は，もちろん否定されるべきである。問題となっている具体的結果と問題となっている具体的手段行為との間の因果関係として考えなければならないのである。

もっとも，実際の事実認識において不可知領域は残り，法則的予測には限界があるので，特定性をあまり厳格にとることも現実的ではない。たとえば，死亡時刻がわずかに早まったにとどまるようなときは，因果関係判断の時点において過去の事実を細部まで特定することができないことも考え合わせれば，依然として同一結果の範囲内であるというべきであろう。ただし，その限界を一義的に述べることは難しい[48]。

第二は，いわゆる仮定的因果関係における「**付け加え（現実化しなかった事情の付加）禁止**」である。「Aがないなら」という仮定は，現存する事実を除去する

---

[48] 結果事実の具体的同一性について，このような幅があることを受け入れざるをえないということは，実際の因果関係存否の判断にあたっては，具体的結果として把握される限度について社会的事実として同一性が認められるという点に関し，間主観的な共通了解の確認を必要とすることを帰結する。時間的な幅だけでなく，具体的結果発生に関係する因子をすべて吟味することができない以上，具体的事実を同一とみなすために何が重要な観点とされるべきかが問題になる。

という形においてのみ行われるべきであって，実現しなかった仮定的原因を附加してはならない。

講壇事例としてしばしば挙げられるのが，死刑執行事例といわれるものである。死刑執行装置のボタンを執行官が押そうとした瞬間に，死刑囚の行った犯罪の被害者の親が現れて執行官を排除し，自分で死刑執行ボタンを押した，とする。親の行為がなかったとしても，死刑執行官が同じ方法でほぼ同時刻に死亡させていたであろうから，親の行為と死刑囚の死の結果との間には条件関係がなくなる。しかし，まさに死に臨む死刑囚であっても殺人罪の保護の及ぶ「人」であって，死刑執行として死亡したのでない以上，親について殺人既遂罪の構成要件該当性は否定されるべきではないであろう。この不都合は，親の行為を除去する一方で実際には行われなかった死刑執行官の行為を付加することから生じる。実現しなかった他の事情の付加を禁止し，因果関係が論じられている行為を仮定的に除去するのみ（親がボタンを押さなかっただけ）で判断すると，親の行為がなかったならば死刑囚は死ななかったであろうという関係が認められ，条件関係が肯定される。

2.5.4 択一的競合

因果関係が認められて然るべき場合であると思われるにもかかわらず条件関係が否定される類型として，「**択一的競合**」の場合が論じられてきた。被害者Vを殺害しようとして，A・Bがそれぞれ別々に（相手の行為を知らず，相互に意思を通じることもなく[49]）摂取者が即死する量の毒をVの飲料に入れ，これを飲んだVが毒の作用で死亡したとする。このとき，Aの行為を取り除いても，Bの混入した毒の作用でVは即死していたであろうし，B側からみても同様である。A・Bの行為はどちらも現実に存在したから，このように考えることは付け加え禁止には抵触しない。そうすると，条件公式からは，Aの行為もBの行為もVの死という結果との間に因果関係がない。殺人既遂の事実が生じて然るべき行為が実際にあり，それにより被害者の死という結果が生じているにも

---

[49] このような条件を付けるのは，共同正犯（60条）が成立するときには，個々の行為者の行為と結果との間の因果関係が証明されなくとも，各人に殺人既遂罪の構成要件該当性が認められるからである。

かかわらず，A・Bともにせいぜい殺人未遂罪が成立するにとどまることになる[50]。

「択一的競合」事例におけるこのような結論を妥当でないとして，「条件公式」の修正が提案された。たとえば，A・Bの行為それぞれ単独では条件関係を満たさない場合，さらにA・Bの行為を共に除去して結果発生が否定されるときには，A・Bのいずれの行為も結果との間の因果関係が認められるとする。しかし，これに対しては，このような修正の根拠は薄弱であるとの批判がある[51]。また，仮に，条件公式の適用に全面的な変更が必要なら格別，極めて特殊な条件のもとでのみ問題となる事例のために原則を修正する必要はないとも批判される[52]。

「条件公式」は，恒常的に観察される事象から帰納的に法則を導き出す実際的操作に相応したものである。特定因子をコントロールして実験を繰り返すことによって，原因因子を明らかにし，それが結果を生む機序を解明する際に，前提として用いられるのが条件公式で表される因果法則である。しかし，多因子の重畳的作用があることを前提に，そのうちのひとつが結果を惹起するに足りる条件を設定したかが問われる規範的判断における仮定的判断（「Aがなかったとすれば，Bが発生したか」）は，1回的事実についての判断であって，ここでは逆に，因果関係存在の判断は，確立した法則の存在を前提として行われている。すなわち，既知の法則が事実相互間の連鎖生起を根拠づけるときには，それらに恒常的なつながりがあること，そのことを条件関係というはずである。つまり，「行為と結果とが原因・結果として法則で結ばれる関係にあること」が，条件関係の，より根本的な基準である。

このように把握された条件関係は「**合法則的条件関係**」とよばれる。いわゆる「シネ・クワ・ノン」の公式は，このような法則的結合という条件関係の存

---

[50] なお，この事例では即死が前提であるが，A・Bによる毒が重畳作用して，それぞれ単独で行われたときに比べて死期が早まるとすれば，「結果を具体的に把握する」ことが前提であるから，早まった事実との間に条件関係が肯定される。あるいは，A・Bによる毒は，それぞれ単独では致死量に足りず，両者の毒が合わさって致死量に達したというような場合は，「Aの毒がなければVは死亡しなかった」のであるから条件公式を充足することになる。

[51] 共同正犯になるときには，まさに共同正犯が成立するからこそ，このような処理が認められるのであって，共同正犯でない場合にそのように扱うことはできないはずなのである。

[52] 条件関係をめぐる諸問題については，井田『理論構造』48頁以下を参照。

在についての強力な認識方法であるが，論理的必然の形をとる「シネ・クワ・ノン」関係そのものが事実的条件関係であるわけではないのである[53]。

2.5.5　不作為犯における因果関係

このほか，不作為と結果との間の条件関係も問題である。不作為の場合には，物理的に取り除くべき作為が存在しないので，仮定的取り除き（シネ・クワ・ノン）公式はそのままでは使えず，かといって無から有が生じることはない，という問題があるからである。しかし，不作為とは単純な無ではなく，義務づけられる作為をしないことである。そうすると，「不作為の取り除き」は「**義務づけられた作為の付け加え**」を意味する。これを条件公式にあてはめ，「義務づけられた作為がなされたならば結果が生じなかったであろう」という判断が成立するときに，義務づけられた行為の不作為と結果との間の条件関係が肯定されるのだと考えられる。これは，不作為として実現した事情そのものが「特定の作為をしなかったこと」であるから，先の仮定的因果関係における付け加え禁止の場合とは意味が異なる[54]。

ただし，「作為していれば結果が生じなかったであろう」という法則的判断は，先の不作為犯の事例にもあるように，たとえば，「救命行動をとっていれば死亡しなかった」，あるいは，「消火活動をしていれば焼損しなかった」という命題の真偽を問うことになる。作為により死亡や焼損結果を惹起する可能性は，行為が結果を惹起する性質・効果をもつものであるから比較的容易に判断できるであろう。しかし，「一般的にはそのようなことが行われるであろうと

---

[53] 「択一的競合」事例においても，法則的結合関係自体の存在が認識可能であれば，各個の行為と結果との間に重畳的条件関係を肯定しうる。ただし，それはたとえば「Aの投与した毒が作用すれば，Vがそのような形で死亡する」という関係を説明するものでなければならない。このとき，「Bの投与した毒が作用してVにそのような死亡が惹起された」ことが否定できないならば，Aの行為と結果との間に法則的結合関係を認識することができないことに帰着する。法則的関係は，法則である限り類型的なものであるが，因果関係存否判断において問題になっているのは，具体的事象が法則的事象であることの（あえて言えば「事後的」）認識である。まさに法則に従って生じたと確認されねばならず，法則によって「説明可能」であるだけでは足りない。

[54] 不作為という法的概念からの論理的帰結であって，いわゆる「仮定的事実の付け加え禁止」には抵触しない。これに対し，助けなかったとしても「他の者が救助したであろう」というような事実を付け加えてはならないのである。

想定されるが実際に行われなかった作為」により救命される確率や消火される蓋然性を，仮定的に判断するのは難しい側面がある。

　たとえば，「原判決の認定によれば，被害者の女性が被告人らによって注射された覚せい剤により錯乱状態に陥った午前零時半ころの時点において，直ちに被告人が救急医療を要請していれば，同女が年若く（当時13年），生命力が旺盛で，特段の疾病がなかったことなどから，十中八九同女の救命が可能であったというのである。そうすると，同女の救命は合理的な疑いを超える程度に確実であったと認められるから」として，被告人が被害者をホテル客室に放置した行為と被害者の死亡結果との間に刑法上の因果関係を肯定した判例（最決平成元・12・15刑集43巻13号879頁）において「十中八九」という表現が使われているのは，上述のような不作為の仮定的因果予測の性質を反映するものである。したがって，そのような認定に基づいて「合理的な疑いを超える程度に確実であった」と評価すること自体に特段の問題があるとはいえない。

　なお，因果関係をめぐっては，犯罪事実（結果）の**回避可能性**も論じられる。「行為がない（あるいは，なすべき行為を行う）」としても，同じ結果が生じるという事情があるときには，結果の回避可能性がないということになる。これは，少なくとも当該行為者に法益の保護を期待することが無理だったことを意味するから，法益侵害を根拠とする処罰は正当化できない。ここから，条件公式は結果回避可能性判断の公式ということもできるのである[55]。しかし，法が期待する行為（結果回避行為）を想定し，その上で因果関係の有無を判断することを全体として因果関係の問題として論じるのは，条件的因果関係という事実的判断の域を越える規範的判断を含むものであって妥当でない。不作為犯や過失犯で問題となるこの意味の結果回避可能性は，故意・過失や責任の問題として論じられるべきである。

2.5.6　因果関係学説の諸相

(1) 条 件 説

　刑法上の因果関係，構成要件該当性判断における因果関係は，すなわち条件

---

[55] 井田・117頁参照。

関係である，とする考え方を**条件説**という。しかし，条件関係は，そのままで刑法上の因果関係として必要十分であるとすることには問題があるとされてきた。第一の問題は，ある結果の原因を無限に遡行して肯定することになる点である。形式的には，殺人犯の母親の殺人犯人出産行為，さらには母親の母親の行為も，他人の死に対して因果関係をもつことになるのである。

　第二は，ある行為の後に偶然ないし異常な事情が介在した場合にも因果関係が肯定される結果，因果関係が肯定される範囲が拡大しすぎるという点である。たとえば，行為者が殺意をもって銃撃し被害者に重傷を負わせた後，被害者が救急車で搬送された病院が落雷により火事になって被害者が焼死したとする。この場合にも，行為者が銃撃しなければ被害者が救急車に乗せられて病院に運ばれることもなく，したがって死亡することもなかったであろうから，条件関係は肯定されるはずなのである。もっとも，因果関係遡行や刑法上の帰責関係が無限定になるといっても，実際には，故意・過失や責任などの別の要件があるため，無限定に犯罪の成立が認められるわけではない。問題は，そのような現実的妥当性というより，条件関係だけで，犯罪となる類型を抽出するにあたり要請される構成要件該当性判断の明確性を担保するような，事実相互の即物的関係としての因果関係たりえているかという点にある。

　条件説は，結果に対して因果的条件となった行為をすべて構成要件該当行為とするのが基本となる。この意味では，条件はすべて等価（したがって，条件説は「**等価説**」ともいわれる）であって，区別の標準をもたないことが問題である。たとえば，行為時に被害者に外見上認識し難い病変があったため，通常は死亡結果が発生するとは予測できない行為から死亡結果が発生した場合（最判昭和25・3・31刑集4巻3号469頁，脳梅毒事件）にも，その行為がなければ結果がなかったといえる限り，死の結果との間の因果関係は否定されない。また，行為（たとえば，外出させる）後に自然現象（たとえば落雷に遭う）や他人の行為（たとえば第三者が殺害行為を行う）などが介在したときにも，当初の行為が結果に対する条件となっている場合には因果関係が肯定されるはずである。しかし，これらの場合に常に刑法上の結果帰属関係を認めるのは妥当でないであろう。そこで，刑法上の因果関係学説としては，多くの見解が条件関係に対し何らかの限定が必要だという立場を採っている。

　なお，条件説を前提にした上で因果的帰属を限定するため，「因果関係の中

断」が説かれることもあるが，条件的因果関係が「ある」が「中断している（中断した先には「ない」）」というのは，論理的破綻というほかはない。ただ，因果関係の「断絶」ないし「追い越し」はありうる。既に結果に向かって進行しつつあった因果事象に，たとえば，行為後の第三者の行為による因果事象が「上書き」される結果，当初の因果関係は後行の原因設定の時点で断絶するとみるべき場合がある[56]。

(2) 相当因果関係説

　行為と結果との間に刑法上の帰責関係を肯定するためには，条件関係だけでは足りず，そのような因果経過が経験上通常の経路をたどったといえる場合でなければならない，つまり，社会通念上「相当」な範囲の因果経過であることが必要だとする見解が，**相当因果関係説**である。日本において現在まで長らく通説の地位を占めてきた。この説においては「相当性」を判断する方法が課題になる。行為時に行為者が認識・予見した事情または認識・予見可能であった事情を判断の材料（判断基底）とする主観説もあったが，構成要件該当性判断における因果関係は，類型的・客観的であるべきだとして，客観説と折衷説が残った。

　客観説[57]は，細部に見解の相違もあるものの，行為時に客観的に存在したすべての事情，および，経験則上予見可能なすべての行為後の事情を基礎として，裁判時の判断（事後判断）として相当性を判断する。これに対し，**折衷説**[58]（折衷的相当因果関係説）は，行為当時に一般人が認識・予見しえた事情および行為

---

[56] 行為者が第1の行為に引き続き自己の第2の行為を行う（行為者の故意行為が介在する）ことにより，第1行為と結果との間の因果関係が切断されるか，という問題がある。このとき通常は，第1行為と第2行為とが一体として1個の構成要件評価に服するか否かという問題が先行する。第1行為が過失犯であり第2行為が故意犯である場合（最決昭和53・3・22刑集32巻2号381頁参照）には，両者を一体評価することは難しいので，分析的に第1行為と結果との間の因果関係を論じることになるが，後述のような「危険の現実化」思考によるとき，第2行為の介在が必然的に因果関係を断絶させるとはいえない。仮に，両行為とも結果との因果関係が肯定されるならば，上位の規範的評価として，そのうち一方のみに法的因果関係を認めるとする論理がとられる必要がある。

　なお，これに関して，因果経過への第三者の自律的意思決定に基づく介入は，結果から原因への（帰属ないし帰責の）遡及を禁止するという議論もあるが，事実的因果関係の有無の次元において自律的意思決定が遡及禁止の十分な根拠としうるかは疑問である。

[57] 代表的な見解として，平野Ⅰ・142頁，内藤（上）・279頁，曽根・74頁，林・135頁。

相当因果関係説の構造
A条件関係（事実法則的因果関係）＋ B刑法上の結果帰属関係（規範的価値判断）

A 条件関係
必然的条件関係の公式（conditio sine qua non）

> 「Aがない」ならば「Bがない」→ AはBの条件（AとBとの条件関係）

因果関係の断絶（追い越し）はありうる。

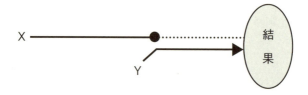

B 刑法上の結果帰属関係
事実の法則的関係についての判断を前提に，さらに法的に行為と結果とを結びつけ，その結果について当該行為を法益侵害結果の原因である犯罪とすべきか否かの判断
→ 経験上通常の因果経過である場合に，刑法上の因果関係を肯定（相当因果関係説）

相当性の判断基底
　折衷説：行為当時　行為者の認識事情 ＋ 一般人の認識可能な事情
　客観説：行為当時に存在した事情 ＋ 行為後に生じた客観的に予見可能な事情

者が現に認識・予見していた事情に基づき，行為時の判断（事前判断）として相当性を判断する。折衷説からは，客観的相当因果関係説（相当因果関係説のうちの客観説）は，存在した事情すべてを基礎に事後的に判断すれば，ほとんどの場合に相当性は認められることになり，条件説と異ならないとして批判される。一方，折衷説は，一般人の観点による客観性と行為者の観点による主観性とを合わせて判断基底とするものであり，行為者の主観が考慮されるため，客観的に同じ因果経過についても行為者の認識・予見事情によって相当性判断が異なりうる。客観説は，これを，客観的・類型的判断であるべき因果関係判断とは相容れないと批判する。

---

[58] 代表的な見解として，木村・183頁，団藤・177頁，福田・105頁，大塚・228頁以下，大谷・207頁，佐久間・100頁。なお，井田・127頁以下は，折衷説を支持しつつ，客観的帰属の理論を参考に相当性判断を修正・補充することを認めている。同『理論構造』58頁以下も参照。

結局，折衷説は，事実判断というより，行為者が結果実現者であるか否かに関する規範的判断を行うものだという方が正確であろう。それだけでなく，客観説を含め，そもそも相当性判断自体が，法的帰責の範囲という観点から事実的条件関係にさらに限定を加えるものである限り，規範的判断だというべきである。ただし，構成要件の客観的要素としての因果関係には，類型的明確性が要請されるので，できるだけ価値判断を除くことが目指されなければならない。相当性が否定されるのは，経験上きわめて異常な，あるいは通常想定に入れられないようなまれな因果経過をたどった場合とすべきであろう。

(3)「相当性」の不明確さ

　因果関係の「相当性」には，行為が結果を引き起こすのに相当な手段であったこと（広義の相当性）と，その後の因果経過が相当な範囲内にあること（狭義の相当性）とがあることが指摘されている。もっとも，広義の相当性は，行為自体の危険性にほかならず，結局，実行行為性の問題になるから，因果関係論固有の議論としては，いわゆる狭義の相当性（行為に内在した危険の実現過程）が主な問題となる。伝統的な相当因果関係説は，これをいわば「因果経過の経路」の相当性として理解し，その道筋を経由して結果が発生することがまれであって，むしろ偶然だというべき場合には，異常な因果経過として刑法上の因果関係を否定することが妥当であると考えてきた[59]。

　しかし，後述の「大阪南港事件」事例のように，行為後に，予測し難い第三者の故意行為が介入しても，なお当初の行為が結果実現にとって十分なものであると判断されるときには，結果との間の因果関係を認めてもよいと思われる場合のあることが意識されるようになった。予想を超えた介在事情を経て結果に至る「経路」は異常であって，相当な因果経過とはいえないはずであるが，その場合でも結果を引き起こすために当該行為の作用が大きな割合を占めている（結果に対する行為の「寄与度」が大きい）なら相当といえるのではないか，ということである。ここから，狭義の相当性を結果実現に至る「経路」の相当性ではなく「危険実現」関係の相当性として把握しなおす傾向が有力になった。

---

[59] ここには，確率的予測の次元で事実判断たろうとする姿勢がみられるが，一般人の経験に基づく判断に期待する限り，「一般人」が「その結果はその行為のせいだ」と判断するかどうかの問題であって，純粋な事実認識にとどまるものかには疑問も出てくる。

行われた行為に内在する危険が現実の結果として実現したと評価できる場合には，相当因果関係を肯定するのである。

（4）客観的帰属論

客観的帰属論（objective Zurechnungslehre）という考え方がドイツで有力になり，日本でも注目されている[60]。客観的帰属論の論者間にも見解の相違があり，流動的なところも残っているが，大まかにいって，次のような点に特徴がある。

まず，客観的帰属論は，本来，（合法則的）条件関係に基づく事実因果的判断を前提に，刑法的結果帰属を限定する原理を提供するもので，その限りで相当因果関係説と同様の志向を有する一方，純粋な事実的因果関係の次元の議論ではない。別の観点からいえば，ある行為と結果事実を合わせて構成要件該当事実とするという，規範的（価値的）判断の枠組である点において，原因・結果の次元で自然的・即物的な事実関係として論じている因果関係論とは異なるのである。

次に，このような規範的結果帰属判断である以上，帰属の限界は規範を体現する構成要件によって規定される。すなわち，構成要件が予定する（実行行為が行われることによって創出される）危険な事態があり，その危険が現実の事実において構成要件的結果として実現したといえる関係があるときには，当該危険は，構成要件が保護しようとした範囲の法益の侵害の危険であり，その危険が構成要件の禁止した法益侵害だと評価できるから，当該結果を当該行為から生じた結果として行為に帰属させることが可能だと考えるのである。要するに，「構成要件に規定された危険の創出」（許されない危険の創出）と「構成要件の保護範囲におけるその危険の実現」とをメルクマールとして，行為と結果との規範的結合を認めるわけである。この意味で，客観的帰属判断は，規範的意義における構成要件該当性判断そのものにほかならない[61]。この文脈において考えれば，結果に対する行為の「**寄与度**」という観点は，実際の結果に行為の危険が実現したか否かの判断基準としての意味をもつことがわかるであろう。

---

[60] 日本では，山中敬一『刑法における客観的帰属の理論』（1997，成文堂）が本格的に紹介・導入したが，概観を得るには，さしあたり，山中・279頁以下を参照。その他，相当因果関係説や判例における具体的判断のあり方を客観的帰属判断の観点から解説している高橋・126頁以下，松原・79頁以下がわかりやすい。

実質的には，上に述べたような相当因果関係説の修正は，「客観的帰属論」の思考方法を取り入れたものだといえよう。昨今の判例の趨勢をみても，この「考え方」自体の意義は否定できないと思われる。ただし，客観的帰属論によって法的結果帰属関係の問題が一挙に明確化するわけではなく，むしろ，規範的価値判断を導入することで不明確になる面もある。それでも，既にみたとおり，相当因果関係説の思考形式の限界も否定しがたい。日本で展開されてきた相当「因果関係」論が実質的には規範的判断であることを前提に，その規範的枠組の明確化に努める方が理論的には勝るものと考える。その上で，わたくしは，「規範的」帰属の根拠自体は「実体的」に与えられるべきだと考える。帰属を肯定すべき（できるだけ少数の原理的なものを抽出して）事実的根拠を記述することが追求されるべきである[62]。

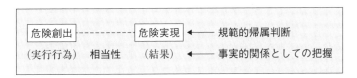

2.5.7 判　例

(1) 条件説的判断

　以前には，日本の判例は条件説を基本にしているといわれた[63]。たとえば，結果的加重犯の基本犯と重い結果との間の因果関係につき，大判昭和3・4・6刑集7巻291頁は，「苟モ基本タル犯罪行為ト重キ結果トノ間ニ若シ前者ナカリシナラムニハ後者ナカリシナルヘシトノ関係存スルニ於テハ」としており，少なくとも表現上，因果関係の判断は条件関係公式のみで説明されている。行

61　この点で，客観的帰属論が実体的基盤に乏しいことが問題である。構成要件該当判断を一気に行うことになれば，「規範的に帰属すべきものとは規範的に帰属すべきものである」という同語反復を主張するにすぎないことになってしまう。論者は，客観的帰属を肯定すべき事例類型を列挙することによってこの問題を回避するのであるが，わたくしは，この方法論が十分に説得的であり，また実用的であるかには疑問を留保したい。

62　不作為犯における作為義務の根拠論と同様であるが，現在はその途上であることは否めない。

63　以下の判例の理論的評価に関しては，佐伯・73頁以下参照。

為当時の客体の事情が影響した事例では，被害者に目に見えない病変があったことが影響して，経験的通常性の点で疑問なしとしない結果に至った，という場合にも因果関係を肯定している（最判昭和25・3・31刑集4巻3号469頁，脳梅毒事件。最判昭和46・6・17刑集25巻4号567頁，布団蒸し事件）。これも「Aがなければ B もない」という関係である。

被害者の行為が介在する類型でも，暴行により高度の打撲傷や火傷を負った被害者が逃げ出して水中に飛び込んだため心臓麻痺によって死亡したとき，被告人らの加えた高度の火傷がなかったならば被害者が水中に飛び込んだとしても心臓麻痺を来たすことはなかったであろうから，被告人らの行為と死の結果との間の因果関係を中断するものではない（「中断」という用語が正確性を欠くことは上述した）という説明をしている例（大判昭和2・9・9刑集6巻343頁）は，条件説を思わせる。最高裁には，たとえば，被告人の暴行から逃走しようとした被害者自身の行為によって死亡するに至った場合に，暴行と死亡との間の因果関係を肯定した例（最決昭和59・7・6刑集38巻8号2793頁）がある。これらの例からは，裁判所は，条件関係の存在によって直ちに刑法上の因果関係を承認するものと考えられるである。

（2）相当因果関係の考慮

しかし，裁判例には，条件関係に加えて，刑法上の因果関係判断に「経験則上の予測可能性」による限定をするものもある。**第三者の故意行為が介在する類型**について，最高裁判所も，いわゆる「米兵轢き逃げ事件」判決（最判昭和42・10・24刑集21巻8号1116頁）において，このような考え方を明示した。すなわち，「同乗者が進行中の自動車の屋根の上から被害者をさかさまに引きずり降ろし，アスファルト舗装道路上に転落させるというがごときことは，経験上，普通，予想しえられるところではなく，ことに，本件においては，被害者の死因となった頭部の傷害が最初の被告人の自動車との衝突の際に生じたものか，同乗者が被害者を自動車の屋根から引きずり降ろし路上に転落させた際に生じたものか確定しがたいというのであって，このような場合に被告人の前記過失行為から被害者の前記死の結果の発生することが，われわれの経験則上当然予想しえられるところであるとは到底いえない」として，被告人が被害者に自動車を衝突させた行為と被害者の死の結果との間の因果関係を否定したのである。

それでも，判例が一般的に相当因果関係説を採用したというわけではない。結果発生に至る因果の道筋に，他者（被害者を含む）の行為が介在しており，裁判所はそう判断しなかったものの，それらは常軌を逸した行動とみる余地があり，経験則上は異常な経過をたどったという評価も十分ありうるような事情があったと思われる事例がある。比較的最近に，**被害者の落度ある行為が介在した例で因果関係を肯定したもの**（最決昭和63・5・11刑集42巻5号807頁，柔道整復師事件），**第三者および被害者の不適切な行動が介在した例で因果関係を肯定したもの**（最決平成4・12・17刑集46巻9号683頁，夜間潜水事件）などが相次いだ。このような傾向は，**第三者の故意行為が介在し**，相当因果関係説からは因果経過の通常性がないとして因果関係が否定されるであろうと考えられる場合にも因果関係は失われないとするもの（最決平成2・11・20刑集44巻8号837頁，大阪南港事件）によって，より明らかになったといえよう。米兵轢き逃げ事例と共通する第三者の予想外の介入があった事例において，因果関係は否定されなかったのである[64]。

　このほか，**被害者の行為が介在する**類型では，公園，引き続いてマンション居室で，合計3時間ほどの間断続的に激しい暴行を受けた被害者が，隙をみてマンション居室から逃走したが，極度の恐怖感から逃走開始後10分後，追跡を免れるため，マンションから800メートルほど離れた高速道路に進入し，疾走してきた自動車に衝突・礫過されて死亡した事例で，被害者が高速道路に進入した行為自体が極めて危険な行為であるとしても，被害者の行動が被告人らの暴行から逃れる方法として著しく不自然・不相当であったとはいえず，被害者が高速道路に進入して死亡したのは被告人等の暴行に起因するものと評価することができる，として，因果関係を認めた（最決平成15・7・16刑集57巻7号950頁，高速道路進入事件）。また，頭部をビール瓶で殴ったり，足蹴りにしたりするなどの暴行により多量の出血を来たす傷害を与えられた直後，被害者が医師の治療を受けて一旦容体が安定した後，容体が急変し，傷害に由来する脳機

---

[64] この判例の結論は，おおむね，妥当なものとして受け入れられた。しかし，本来，相当因果関係説に従って判断するならば，被害者の行為や第三者の過失行為は別としても第三者の故意行為は予測しがたいので，相当性は否定されるべきであろう。こうして，本判例により相当因果関係説の問題が浮き彫りにされ，それが，多かれ少なかれ相当性判断のあり方を再考して修正する必要が認識される契機となった。

能障害が原因で死亡したが，この間被害者が医師の指示に従わず安静に努めなかったという事情があり，そのため治療効果が上がらず死に至った可能性があるという事例で，当初の傷害がそれ自体死亡の結果をもたらしうる身体の損傷であることを理由に因果関係を認めた（最決平成16・2・17刑集58巻2号169頁）。これらの場合，被害者の行為の異常性には言及されているものの，それが因果関係を否定する根拠となるためには，異常性が相当程度に高い場合でなければならないことになろう。

第三者の過失行為の介在する事例では，トレーラーの運転手Aに文句をいい謝罪させるため，夜明け前の暗い高速道路の車線上に自車とAの車とを停止させた過失行為が，それ自体，後続車の追突等による人身事故につながる重大な危険性を有していたとして，その後Aがエンジンキーの所在を失念して周囲を探すなどして被告人の車が現場を走り去ってから7，8分後まで危険な現場に自車を停止させ続けたことなど，少なからぬ他人の行動等が介在して発生した事故であっても，それらは被告人の過失行為およびこれと密接に関連した一連の暴行等に誘発されたものであったといえるから，因果関係があるというべきであると結論した（最決平成16・10・19刑集58巻7号645頁，トレーラー事件）。

また，自動車後部のトランク内に被害者を押し込み路上で停車中，後ろから他の車が前方不注視のために追突し，これによって被害者が傷害を負い間もなく死亡した事例で，監禁行為はそれ自体危険を含むことを理由として，監禁行為と，被害者の死亡との間の因果関係を肯定することができ，逮捕監禁致死罪が成立するとしたもの（最決平成18・3・27刑集60巻3号382頁，トランク事件）もある。

さらに，機長に誤った指示をしたために航空機のニアミス事故を来した事件で管制官が業務上過失致傷罪に問われた事例では，「本件ニアミスは，言い間違いによる本権降下指示の危険性が現実化したものであ」るとして，被告人の指示とニアミス事故との間に因果関係を肯定している（最決平成22・10・26刑集64巻7号1019頁，ニアミス事件）。第三者の行為を挟む間接的な結果に対しては，「誘発」から「危険」，さらに「危険の現実化[65]」という評価枠組が提示されている。

---

[65] 最決平成24・2・8刑集66巻4号200頁も参照。

2.5 因果関係

（3）多角的考慮

以上に概観したところからは，判例における因果関係の判断方法・基準を単一の公式に収斂させることは難しい。あえて，いくつかの特徴的な判断を指摘しておくと，まず，消極的方向からは，行為時に存在した事情，行為後に介在した事情のいずれについても，それが稀にしか生じない事情であることや，同じことだが，その事情認の識・予見が困難であること，「それ自体」を因果関係否定の根拠とはしていないことが指摘できるであろう。その限りで，伝統的な相当因果関係説とは異なる態度を示している。

次に，その上で，とくに近時明示的に述べられるようになったところからは，元来の行為が構成要件的結果の実現の蓋然性を十分に高める（危険を含む）ものであったなら，結果との間に因果関係を肯定するというのが基本的思考であると思われる。第三者の故意行為の介入がある場合にも，元の行為自体の作り出した危険が結果として現実化しているときには，結果が当初の行為から生じたと判断される。これは，「元来の実行行為による危険の創出と結果としてのその実現」を軸に因果関係の存否を判断しているとすれば，その限りで，客観的帰属論の思考に通ずる。

ただし，この「危険の現実化」という枠組が，上で見たような判例に文字通りあてはまるかには留保が必要であろう。第三者の故意行為という介在事情は，「元来の実行行為」と表現した行為者の危険設定と相対的に独立したものとして把握され，介在事情と対比された実行行為の危険性が考慮されている。しかし，被害者の行為や第三者の過失行為が介在する場合には，介在事情が当初の行為から「誘発」された場合，あるいは，被害者の行為が全体として一連の危険実現過程としてありうる範囲の（異常・不相当でない）ものであれば因果関係を認めるという判断基準が指摘できるように思われる。必ずしも危険実現として結果が対応せず，行為と最終結果との間には経験上飛躍があるように見えても，事実経過に極端に異常な事情が介在するわけではなく順次継起する事象として納得できるものである限りは，結果帰責が可能であると判断するのである。

（4）判例における判断の問題点

結果に対する行為の「寄与度」は，刑法上の帰責関係を判断する上で有効である。ただし，過失犯のように実行行為自体の定型性が弱く，全体として最終

結果惹起に対する影響力・効果が大きい行為を実行行為と評価する場合には，(それも「寄与度」ということができるかもしれないが，）死因などを手がかりに結果に対する行為の直接的な「寄与度」が問われる場合に比べると，相当に観念的，あるいは規範的な「寄与度」である。そのため，死因形成のような具体的事実関係において，結果がむしろ介在事情を原因として生じたといえる場合にも当初の行為との因果関係を認めることになるのは，少なくとも事実関係として不十分な根拠に基づくもので，妥当でないように思われる。

さらに，死亡結果の「誘発」（のみ）を根拠に因果関係を肯定するという判断基準が一般化すれば，被害者の行為が介在する場合，たとえば被害者が被害を苦にし思い余って自殺に及んだようなときにも因果関係が肯定されかねない問題がある。他方で，仮に「誘発」を「危険の現実化」の枠組の中に位置づけるならば，そこで問題とされる「危険」の内容は相当に抽象化されることとなり，構成要件該当判断の安定性が害されるであろう。たとえば，トランク追突事例において，創出された危険が構成要件（監禁致死罪，221条）の予定する危険に含まれるとするときには，監禁罪構成要件の予定する結果（禁止しようとする危険創出の範囲）がかなり抽象化されているといわざるをえない。

いずれにせよ，「危険の現実化」といわれる際の「危険」を実体的・具体的に明らかに論定することと，それが「現実化」したと評価できる判断過程について説得力を有する形で記述することが求められる。裁判所の判断基準が客観的帰属論そのものと整合しない面があるとしても，客観的帰属判断の基準と共通する観点をもつのであれば，むしろ，積極的に客観的帰属論の議論を参照しつつ，妥当な帰属範囲を求めることが意味をもつように思われる。

（5）不作為犯における「危険の現実化」

なお，「危険の現実化」ないし「実行行為により創出された危険が結果に実現したこと」をもって法的帰属関係を確定するという判断方法をとる場合，不作為犯においてはまさに「規範的」判断が行われる必要があるということに注意しなければならない。問題になっている実行行為が不作為である以上，危険は当該不作為にかかわらず既に存在しているので，文字通りの形式的判断では帰属関係を確定できないのである。問題の不作為以前に既に創出されている危険が結果に実現したことを確認しても，不作為実行行為と結果との間の帰属関

係ではなく，不作為時に既に存在した危険を創出した別の行為（事実）の方に結果が帰属されることを明らかにするだけであろう。あるいは，不作為が結果に対して有する「寄与度」を考えても，不作為は現実には何ら物理的な寄与をしていないはずである。このときの「寄与度」は，単に類比的な評価の意味をもつにすぎない。ひるがえって，「寄与度」の概念を使うならば，「評価としての寄与」の実体を明らかにする必要があり，それは，本文で述べたような「生じないですむはずであった結果をそのままに実現させた」という事情にほかならない。

本来，客観的帰属論は「規範的」な帰属関係の理論であるが，わたくしは，不作為犯における広義の因果関係としての帰属を，規範的に読み替えられた「危険」（規範的に期待される危険程度を基準とすれば，不作為状態にとどまることによってその基準から逸脱した危険状態がもたらされている）の結果における実現，として捉えることになるものと考えている。そこで，当該不作為に対応する作為によって排除されたはずの結果を想定しつつ，「作為により（危険が除去されて）生じなかったであろう結果が実現したこと」が法的帰属関係の根拠となると考えなければならない。

2.6　構成要件的故意

2.6.1　故意の内容と体系的位置づけ

（１）罪を犯す意思

刑法38条1項により，「罪を犯す意思」がない行為は処罰されない。この「罪を犯す意思」を犯罪論上，**故意**（Vorsatz）という。また，同項ただし書により，「特別の規定」がある場合は，故意がない場合にも例外的に処罰されるが，責任主義の観点からは，主観的帰責の契機がある（本人が処罰を免れるためにとることのできる何らかの方策が存在する）場合でなければ処罰されないとすべきである。そこで，非故意の場合にも，注意深ければ処罰対象行為をしないで処罰されずにすませることができたといえる場合であること，すなわち**過失**（Sorgwidrigkeit）が必要だと解される。したがって，行為者の主観的要素とし

ての故意・過失は，処罰のための必要条件，すなわち犯罪成立要件となる。

罪を犯す意思があるときには，自分が行う行為とそこから帰結する結果が「罪」であることがわかっている。より詳しくいうと，「法が禁じており，刑罰という制裁の対象とされる行為」であることを認識しているはずである。法が禁じているということは，そのルールに従い，禁止対象の行為を行わないという態度をとることが期待されている（命じられている）ことを意味する。それにもかかわらず，知りつつあえて行うというのは，ともかくも悪質な意思だということは否定できないであろう。

これに対し，過失は，自分の行う行為が法の禁じる行為だとの認識がない場合である。それでも，そのような結果に至らないよう「注意する」ことはでき，実際，「注意して」いれば結果発生を防げたし，「注意する」ことが期待されていたとはいえるであろう。そうすると，過失行為は，法が禁じる（処罰の対象となる）行為であることを認識していない場合ではあるものの，それを認識することは可能であったし，認識することが期待される場合だといえる。これに対し，故意も過失もなく処罰されない場合とは，自分の行おうとする行為が法の禁じるもの（処罰対象）であることを認識する可能性自体が絶たれているときである。

（2）故意の内容

自分の行為が「禁じられている[66]」ことを認識するためには，当然の前提として，禁止を命じている法規範を認識していなければならない。そこで，故意とは，（禁止）規範の認識があるにもかかわらずその禁を破る，すなわち規範に反することを知りつつ行為することであって，その意味で行為者の主観において反規範的な態度がとられていることを意味することになる。

ここで，故意は（そして過失も）違法要素ではなく，責任の要素として位置づける考え方がある。すなわち，故意や過失という規範に反する主観的態度は，行為者の内面に対する評価である。内心が違っても，行為およびその惹起した結果など客観的不法の量は変わらない。違法性は，行為・結果に対する客観的

---

[66] もちろん，不作為の場合には，自分の不作為に対応して特定の作為が「命じられている」ことに読み替える必要があるが，以下では作為を前提として述べる。

評価であるから，客観的不法に関係しない故意や過失は違法性には影響せず，ただ行為者の非難の程度に関わる要素であると考えられるのである。

しかし，故意の内容を分析的にみていくと，上のように把握された故意のうちにも，性質の異なる要素が含まれていることがわかる。まず，「法の禁じる行為」であることには，法の評価がなされる前の端的な事実の部分と，その事実が「法の禁じるものである」という評価的な部分とがある。前法的な事実認識は，法規範の認識がなくても（たとえば年少の子どもでも）もつことができるが，法に基づく評価は，法規範の内容の知識やそれを知る能力に影響される[67]。

さらに，別の次元の問題として，自分の行為が「他人を殴ってけがをさせる」行為であることは認識しているとしても，それを，「けがをさせてやろう」と積極的に意欲する場合，「けがをしてしまうかもしれないが，それでかまわない」（あるいは，「けがをしてもやむをえない」，「けがをしようがしまいが，どちらでもよい」）と思っている場合などを想定することができるが，これらを，故意の有無として区別するかどうかという問題もある。このような故意の要素やあり方をすべて同次元で扱うことが妥当かどうか，疑問であるといわなければならない。

以上の議論からは，故意を違法要素とするにせよ責任要素とするにせよ，その位置づけ自体は必然ではないことが明らかになる。故意が含むべき要素をどこまでにするかによって，故意の犯罪論上の意味・機能が異なり，体系的地位も異なることになる事情が知られるであろう。

(3) 事実的故意

構成要件的故意は，構成要件の要素として，行為の類型的違法性を推定させるものである。上述した故意の要素のうち，認識（事実認知）的要素は，当該行為の規範的価値判断に先行し，禁止に違反するという評価の次元とは独立した一般的な行為の性格，あるいはその社会的意義を認識することを意味する。

---

[67] たとえば，自分の行う行為が「他人の持っているものを奪って自分のものにする」ことであり，今自分はそれを行っている，という認識は，おそらく幼児にもある。しかし，その行為が法の禁じること，処罰対象であることは，教育を受けなければ得られない面がある。さらに，たとえば行政目的で禁じられているような行為については，大人であっても，一般的にその「悪性」が認識しにくいものもある。このような場合には，事実は正しく認識したとしても，それが直ちに規範的評価の認識につながるとは限らない。

たとえば、自分の行う行為が人の死亡を惹起する行為であること自体の認識を、法律上それが殺人罪を構成し、法の禁じる行為であって、これを行うことが違法であるという評価と区別して取り出す理由があると考えられる[68]。このような認識の存在は、故意と過失とを類型的に分ける心理状態として、客観的な存否判断の対象としうる。故意（そして過失）が違法要素であるかについては、上述のように別の考え方もできるが、違法評価の対象が結果事実だけでなく行為でもあるという捉え方（行為の無価値を考慮する違法論）からすれば、故意の行為と過失の行為（そして無過失の行為）との間には、適切な行為を期待する法の要求からの逸脱、規範から逸脱する程度の相違があり、行為の違法性に影響すると解される。したがって、故意として把握しうる要素のうち、事実認識的要素は、違法要素であり、「構成要件該当事実の認識」として構成要件的故意とするのが合理的である。この意味の故意を「**事実的故意**（Tatvorsatz）」という。構成要件の要素たる故意（構成要件的故意）は、事実的故意である[69]。

　認識的要素以外の「規範違反の意識」に相当する部分は、構成要件的故意の概念からは除かれ、したがって構成要件の枠組の外で、独立した責任の要素として考慮されることになる。つまり、概念上、故意とは、構成要件的故意のことであって、故意概念そのものが事実的故意を内容として構成されるべきである。先にみたように、故意犯の場合だけでなく過失の場合にも、「規範違反の認識の可能性」は、責任を問うための前提であった。そこで、行為の「違法性の意識の可能性」を故意の要素に位置づけるのは論理的ではない。故意の場合だけでなく過失の場合も含めた（両者に共通する）責任の要素と考えられなければならないのである。それは、故意犯の構成要件・過失犯の構成要件の区別に

---

[68] たとえば、「人を殺害する」事態を認識しつつ、これは正当防衛だから許されると考えている場合にも、自己の行う「人殺し」の事実についての認識は否定されず、「人殺し」（即物的にはほかならぬ「人を殺す行為」）が許されるのだ、と考えているはずである。このように、事実認識と、その事実についての違法性評価とを区別することができるのである。
[69] 構成要件的故意に関する考え方については、福田・109頁以下を参照。

依存せず，したがって，構成要件該当性判断とは別の段階（責任論）に位置づけられる要素であることになる[70]。

2.6.2　構成要件的故意の要件

（1）認識される「事実」と「認識」の意義

　構成要件的故意を認めるためには，「構成要件に該当する客観的事実の認識」が必要である。この「構成要件該当事実」とは，上述のとおり，**法的評価以前の事実**を意味するのであり，より具体的には，構成要件該当性判断の対象となる外形的事実である。そこには，法的評価を経た後に，行為・結果・因果関係として構成要件要素となるべき事実のほか，構成要件に関する限り，刑の加重・軽減の事由となるべき事実も含まれる。実際に事後的に故意の有無を認定するに際しては，既に歴史的事実として実現した客観的な構成要件該当事実を確定し，その事実について行為者に認識があったかを問うことになる。

　なお，未遂犯における結果実現のように，実在しない事実についても故意が問題になることがある。また，結果発生に先立つ行為開始時点で結果実現について故意を有すると論じられることもある。前者の場合，故意は客観的実在を超える内容の表象という性質を帯び，後者の場合，故意は未来の事実についてそれを実現する意思という性質を有する。したがって，より正確には，事実的故意は，認知的に意識に上っているという意味で「表象」と表現される部分と，表象事実が現実に生じることを志向するという意味で「実現意思」と表現される意思的部分とから成り立っているというべきであろう。

　「認識」の意義については，さらに，前法的事実としての認識であるとはいえ，それが構成要件に該当しうるような事実として認識されていなければならないことが注意されるべきである。したがって，とくに，単純な外形認識と，その性質についての認識とで意味合いが大きく異なるようなときは，どのよう

---

[70] わたくしの考えでは，構成要件は違法類型であり，構成要件要素は違法要素に限られる。事実的故意は違法要素として構成要件要素に属する。この意味で，事実的故意は構成要件的故意なのである。「規範違反の意識」は，犯罪論上「違法性の意識」として論じられる。これを（構成要件的）故意に含めること（たとえば，故意を「違法故意」と「責任故意」とから構成する大塚・193頁以下）は（理論構成に属することであって，そうすることに妨げはないが），故意概念が分裂する点は否めないと思う。

な深さの認識が必要かについて考える必要がある。認識されるべき構成要件該当事実にはその事実の「意味」が含まれるということである。また，先にも触れたように，単純に事実を意識に上らせること，すなわち認知の次元における「表象」と，その事実実現に対する，「意欲」・「意図」・「認容」などの意思的態度とが区別できる。故意の中に何をどういう形で含むべきか，即物的観察の対象となりにくい内心に関わるので困難な問題である。

（2） 意味の認識

　事実の認識にとっては，「法律的あてはめ」は不要だが，「意味の認識」は必要だとされる。すなわち，特定の構成要件に該当することの認識は要しないが，単純な外形的事実の認識ではなく，そのもつ（社会的＝前法的）意味を，いわゆる「素人仲間における並行的評価」のレベルで認識している必要がある。「並行的」というのは，裁判官が「法律的あてはめ」を行うときの評価と同一の評価を一般市民の領域で行うことを意味する。たとえば，「人を殴ってけがをさせる」という事実についてみると，裁判官が行うような，刑法204条で傷害が構成要件とされており，殴ることが暴行として傷害罪の実行行為にあたり，けがをさせることは傷害罪の結果として構成要件に該当する事実である，という認識（法律的あてはめ）は必要がない。しかし，その行為が素人仲間において，法が処罰対象としているような行為類型であることの認識は可能であって，したがって，故意を認めるためには，その認識は必要であり，かつ，そこまでの認識で事実的故意の認識としては足りるというわけである。

　そこで，法律的あてはめについての誤り，いわゆる「あてはめの錯誤」があっても故意は否定されないのである。構成要件に該当するはずの事実については認識しつつ，これが構成要件に該当するものだという認識を欠くような場合には，故意は否定されない。乗車定員15名の大型自動車の座席を6名分取り外した車両を普通自動車免許で運転するなどした事件では，乗車定員が11名以上である大型自動車の座席の一部が取り外されて現実に存する座席が10人以下となった場合においても，乗車定員の変更につき自動車検査証の記入を受けていないときは，当該自動車はなお道路交通法上の大型自動車にあたるから，本件車両は同法上の大型自動車に該当するとし，本件車両の席の状況を認識しながらこれを普通自動車免許で運転した被告人には，無免許運転の故意を

認めることができると結論した判例（最決平成18・2・27刑集60巻2号253頁）がある。

　この問題は，外形的事実が直ちにある法的評価の対象に結びつかない場合，構成要件上，法的専門性の高い特殊の用語・概念が用いられている場合などに先鋭化する。たとえば，「わいせつ」は，刑法175条の解釈上定義された概念であるが，故意を肯定するために，自ら販売する物品が刑法上のわいせつ物であるという認識は不要であるものの，裁判官がわいせつ物だと認定するような性質を備えていることの認識は必要だと考えられる。ここで，行為者が「エロ本」の類だとは認識したが，処罰されるような「わいせつ物」ではないと考えていたとする。このとき，わいせつ性の意味の認識が欠けているのか，わいせつ物であるとの認識はあり，ただ，あてはめが間違っている（あてはめの錯誤）のか，あるいは処罰されるような行為ではないと思っているので違法性の意識がないのか，はっきりしない（最大判昭和32・3・13刑集11巻3号997頁参照）。

　別の例として，ある物体の外形が「白い粉」であって，それだけでは，麻薬か覚醒剤かがわからない場合はどうであろうか。構成要件上，客体は薬物名・化学名で特定されているので，「白い粉」としての物体を認識することでは「麻薬」や「覚醒剤」であることの認識とはいえないのではないか。客体の外形を認識している者がそれを「麻薬」だと思っていたが事実は「覚醒剤」であったときに「意味の認識」が肯定されるか（最決昭和54・3・27刑集33巻2号140頁，ヘロイン・覚醒剤輸入事件。最決昭和61・6・9刑集40巻4号269頁，覚醒剤・コカイン所持事件。さらに，最決平成2・2・9判時1341号157頁参照）が，議論の対象になる。判例は，これらの場合に故意を肯定している。

　究極的には，「素人仲間」の認識が意味として把握している事情と，構成要件の要求する客体特定の程度との相関で判断するほかはないと思われる。たとえば，ある種の性表現が載っている本の販売が取締・処罰対象となっていること，当該の客体が素人仲間においてその対象になりかねないと認識される性質を備えており，それを行為者も認識しているなら，「わいせつ」についての意味の認識があったと判断されるべきであろう[71]。

---

[71] 麻薬・覚せい剤の区別については，構成要件的錯誤の問題として再度触れる。

2.6.3 確定的故意と不確定的故意

(1) 確定的故意

故意は，確定的故意と不確定的故意とに分けられる。**確定的故意**は，構成要件該当事実の実現についての意思が確実なもので，故意の典型・核心的類型であり，このような類型で故意を肯定することに問題はない。現象的には，構成要件実現を目的とし意図する場合（たとえば，前方にいる人を殺害する意図でピストルを撃つとき）と，構成要件の実現を目的としないが事実の発生は確実なこととして認識されている場合（たとえば，屋内にいる人が必然的に死亡することを認識しつつ放火するとき）とを区別することができるが，いずれも確定的故意であって法律上の差異はない。

不確定的故意は，何らかの意味で不確定な部分を残す故意であって，次のような場合がある。

(2) 概括的故意と択一的故意

概括的故意は，客体が「ある範囲」としては特定されているが，その中の個別対象については不確定な場合である。複数の人のいる部屋に爆弾を投げ込んで殺害しようとするときには，部屋内の客体に対する概括的故意が認められるであろう。また，**択一的故意**は，数個の客体が特定されているものの，いずれに結果が発生するかは不確定であるような場合である。もっとも，概括的故意と択一的故意とに本質的な相違はなく，どちらも客体の特定性が不確定である場合だといえる。

(3) 未必の故意

不確定的故意のうち**未必の故意**は，結果発生自体，事象の実現如何が不確実な状態である，との認識である。いいかえれば確実に結果が発生するとは思わないが，結果が生じる可能性がある，あるいは可能性が高いと認識している場合である。未必の故意の場合に，いかなる範囲で故意の存在を肯定すべきかについては諸説がある。とくに，結果発生の可能性が認識されていても過失と評価すべき場合（**認識ある過失**）があるのではないか，という観点から，故意と過失との限界設定の問題ともなっている。

未必の故意と認識ある過失との区別については、認識説・蓋然性説・認容説などの見解がある。**認識説（表象説）**[72] は、故意とは認識的要素に尽きるとの考え方から、認識があれば故意を肯定するものである。**蓋然性説**[73] は、構成要件が実現することの蓋然性（＝高い可能性）の認識がある場合に故意を肯定するものである。故意を認識次元で捉え、認識ある過失との限界は、結果発生の可能性についての認識の相違によることとなる。**認容説**[74] は、故意を認知的要素だけでなく意思的要素との統合として考える立場で、認知の問題として構成要件実現を認識しつつ、認識された事実発生を認容する心的態度である場合が未必の故意であり、認識された事実の実現を認容しない場合が認識ある過失であるとする見解である。通常、「結果が発生するかもしれない（不確実）が、発生してもかまわない（認容）」と考える場合であると説明される。判例は、認容説を採用するとされている（最判昭和23・3・16刑集2巻3号227頁）。

しかし、このように類型的違法事実を「肯定」する意思を考慮することは、法敵対的な態度であるという責任に関する因子をもって故意の要素としているので、構成要件的故意の範囲を超えているという批判がなされる。また、認容にも積極的認容（「結果が発生すればその方が望ましいことではある」というような心情）と消極的認容（「できれば結果が生じないことを願うが、発生してもやむをえない」といったような心情）があるのにその区別ができないほか、「発生してもかまわない」と表現される事情には「無関心」もありうるが、これを「認容」に含めてよいか疑問である、という批判もある[75]。確かに、「認容」の概念規定上の限界はあるし、そこに含まれる心的態度の相違を無視してよいかには留保が必要であろう。そうだとしても、認容説は、多くの場合に比較的明確に妥当な限界を画する基準を提供すると思われる。たとえば、自動車に手をかけて止めようとしている人を認識しながら、そのまま自動車を発進させ、手を離さなかったその人が転倒してけがを負い、運転者には、このまま発進すれば相手が転倒して傷害を負うかもしれないという認識はあったとする。このとき、運転

---

[72] 認識説とその問題性に関しては、さしあたり平野Ⅰ・181頁以下を参照。
[73] 代表的なものとして、前田・223頁以下、林・242頁以下、浅田・304頁以下。
[74] 代表的なものとして、団藤・295頁以下、大塚・183頁以下、福田・112頁以下。なお、佐伯・252頁を参照。
[75] 未必の故意をめぐる学説状況については、さしあたり、佐伯・238頁以下を参照。

者が,「けがをするかもしれないが,それでかまわない」と思っていたのであれば,認容があるので,結果に対する未必の故意が認められる。これに対し,「けがをするかもしれないが,さすがに危険だから手を離すだろう。だから,けがをすることはあるまい」,あるいは「さっと発進すれば,うまく手を離させることができ,けがをさせることはない」などと思っていたのであれば,結果実現の認容がないので,認識ある過失の領域で評価されることになる。直観的・相対的にはわかりやすい基準であるとは思う。

(4) 実現意思説

このほか,**動機説**という考え方がある。構成要件該当事実の認識が本来は行為を思いとどまるという「反対動機」を形成することができたはずのところ,その認識があることによって行為に出ようとする動機になったような場合が故意であるとする見解である[76]。法は,人を死なせることの認識が人殺しをやめるように動機づけることを期待する。その反面として,人を死なせることの認識が(「人を死なせる必要があるから」というような意味で)人殺し行為を行う動機となるような場合,故意で行ったことになる。この説によると,結果の消極的認容(たとえば,「結果が発生しないにこしたことはないが,発生してもやむをえない」というような心情)の場合でも故意となりうる。ただ,「動機」と言った場合には,行為への事前的・推進的効果をもつ意思状態が重視されることになるが,動機説を採るとしても,そこまでは必要がないとする理解が妥当であろう。

そこで有力になる見解が,構成要件的結果発生の(高い)蓋然性について認識があり,その認識が意思に包含された上でなお行為に出てその事実の実現をいとわないのであれば故意と認めてよいとして,意思の強さと事実実現の確実度(意思+客観的蓋然性)を総合した判断のもとで,「結果発生の可能性または蓋然性の認識が行為決意にとりいれられること」が故意の要素であるとする**実現意思説**[77]である。結果発生の蓋然性の認識があるときは,意思としては消極的でもよい。逆に,その実現可能性が低いと認識されていても結果発生を強く

---

[76] 代表的な見解として,平野Ⅰ・185頁以下,西田・202頁以下を参照。
[77] 代表的な見解として,井田・165頁以下,高橋・175頁以下。一般に,故意は,直接に意識・表象されている範囲に限らず,潜在的なものも含めて,実現される事実として行動決意の際に包摂されている事象を対象とするものだと解するのが妥当である。そもそも,将来の実現事実は,

意欲しているときには，実現意思としての故意は肯定されると説くのである。動機説や実現意思説は，認容説に対する批判を避けうる有力な見解であると考えるが，心理的状況を解析する難しさがあることは，認容の判断と同様かそれ以上であろう[78]。もっとも，内心の事実を「認定」する際には，どのような説によっても，程度の差こそあれ，この困難は除ききえないことであるので，致命的弱点ではない。理論的には実現意思説を支持したい。

(5) 条件付故意

故意については，**条件付故意**という類型も挙げられている。未必の故意とも共通する認識の不確実な場合であるが，結果実現を行為者側で制御・左右することのできない何らかの条件に関わらせている類型をいう。たとえば，「相手が交渉に応じない場合には殺害しよう」という意思である。しかし，不確定にみえるのは実行行為以前の計画を考慮しているからであり，実行行為に伴う最終意思には条件は付いていない。先の例で，現に相手が交渉に応じないので殺害しようとするとき，殺人罪の実行についてもはや条件はなく確定的である。そうすると，このような意思においても，実行については確定的な故意があるのであって，ただ，その前に相手が交渉に応じるかどうかという不確定要因が介在するだけである。したがって，条件付故意といわれているものは，故意を生じた時点では，結果実現を不確定なものとして認識していたとしても，究極的には結果発生の可能性の認識が問題になっているというべきであって，その意味で未必の故意と同じだとの理解が可能である（最判昭和59・3・6刑集38巻5号1961頁参照）。そうだとすれば，さらに進んで，条件付故意という概念の独自の意義はないともいわれる。

なお，念のために付言すれば，これら，故意の種類の如何にかかわらず，そ

感覚に与えられた認識ではありえない。なお，錯誤の事例とされてきたものの一部においても，このような意味で端的に故意を認めることができる場合があり，かつ，故意が認められるのはその範囲にすべきであると思われる。

[78] 事実の発生が行為決意に取り込まれ，その事実を実現する意思となっているかの認定が難しいことから，事実実現の蓋然性を認識しつつ回避措置をとらない場合には，その事実が実現意思に取り入れられたものとする（井田・165-166頁）などの下位規範が提示されるが，事実評価上の問題であって，これを故意そのものの要件と解することは妥当でないように思われる（高橋・176頁注29，佐伯・252頁を参照）。

のような意思が肯定される以上，犯罪論上は「故意」であって，差異はない。また，先にも言及したように，故意は，客観的事実についての認識を内容とするので，客観的な事実の存否判断が先行するのが自然である。事実が存在しないところに故意は存在しない。そして，客観的な事実と認識との間に齟齬がある場合の処理を扱うのが錯誤論である。

2.7 構成要件の錯誤（事実の錯誤）

2.7.1 錯誤の意義

(1) 事実の錯誤と法律の錯誤

　錯誤とは，客観的実在と主観的認識との不一致をいう。客観的にある事実が生じたのに，主観においてその事実を認識していないという不一致は「故意がない」ことを意味する。したがって，このような場合には，38条1項によって，生じた事実について故意犯としての処罰はなされない。もっとも，事実の認識には，どの程度の深さで認識する必要があるかという問題があることは先にみた。また，たとえば，右手にけがをさせようとして右足にけがをさせたときのように，「人の身体」という構成要件的客体をとってみても，その同一性にも広がりないし幅があるので，「事実と異なる認識を有していた」といえる範囲は自明ではなく，合理的な判断基準が必要である。

　また，38条2項は，「重い罪にあたる事実」を知らなかったときは，その重い罪で処罰することはできない，と定める。それはつまり「重い罪にあたる事実」について故意がないのだからその罪で処罰することはできないということであって，いわば当然の事理を述べている。しかし，逆に，そうであれば，なぜことさらにこの条項が必要とされるのかが問われるであろう。他方，38条2項は，行為者がその罪にあたることを知っていた「軽い罪にあたる事実」については，決めていないので，これも解決しておかなければならない。こうした問題が錯誤論の対象である。

　錯誤は，「事実の錯誤」と「法律の錯誤」とに大別される。「**事実の錯誤**」は，主として構成要件に該当する事実について，実際と認識とが異なっている場合

である。上で例に挙げてきたのは，事実の錯誤の問題である。この場合の処理は，「ある事実の認識があったかどうか」の判断にほかならない。他方の「**法律の錯誤**」は，何が法であるか，とくに，法が何を禁じているかについて，実際と認識とが異なっている場合を指す。事実は認識しつつ，法はその行為を禁じていないと思っていたときが典型である。たとえば，客観的事実を認識した上で，これは正当防衛であるから許されると思って行為に出たところ，それは正当防衛とならない行為であった，というような場合，事実認識に欠けるところはなく，その法的評価が事実と異なる。これは，違法性に関する認識における錯誤である。

(2) 構成要件の錯誤と違法性の錯誤

　類型的違法性と実質的違法性という観点から，事実の錯誤と法律の錯誤に相当するものとを区別する見解がある。この説では，類型的違法のレベルで事実認識が現実と異なっていた場合を**構成要件の錯誤**とする。他方，認識した事実（現実の事実と一致している）の実質的違法性についての認識（違法でないという意識）が現実の違法性（違法であるという事実）と異なっていた場合を**違法性の錯誤**とする。そうすると，たとえば違法性に関する事実についての錯誤は，事実の錯誤ではあるが構成要件の錯誤ではない。そこで，構成要件の錯誤と事実の錯誤という捉え方との間の相違は，実質的違法性に関係する「事実」についての認識（意識）を対象とする場合に，事実の錯誤として故意を否定する結論になるか，事実の認識として欠けるところはなく故意は存在すると把握するか，という点で明白になる。わたくしは，構成要件の錯誤と違法性の錯誤という区別をする見解を支持する者である[79]。

　もっとも，法律の錯誤とされるもののうち狭義の違法性評価に関わる認識の誤りが違法性の錯誤である。また，「法律の錯誤」が法律を知らない場合一般を意味するとすれば，厳密には違法性の錯誤とは一致しないが，違法性の認識に関わる錯誤としてまとめることができる。このような次第で，「事実の錯誤・法律の錯誤」という分類・用語は，事実の認識についての錯誤と違法性の認識についての錯誤として，事実の錯誤・違法性の錯誤とほぼ一致するので，

---

[79] 福田・113頁以下を参照。

以下では，より一般的な事実の錯誤・法律の錯誤という用語に従う。ただし，細部の差が現れる場面では注意が必要である。

2.7.2 事実の錯誤

(1) 事実の錯誤の意義

　構成要件該当事実についての認識が客観的実在と異なっていた場合が，事実の錯誤である。ただし，個別具体的な事実の詳細に関していえば齟齬があるが，ある程度抽象化された事実として捉えると，「実現された構成要件該当事実を認識していた」と評価できることがある。つまり，故意の包摂範囲が合理的な抽象化によって広くなれば，主観的認識が覆う客観的実在の範囲が広がり，故意の存在が肯定されうる。

　たとえば，Aを殺す意思で殺害行為に及んだところ，Bが死亡したとする。「Aが死亡する」という事実を認識していたが，客観的には「Bが死亡する」という事実が生じたということである。このとき，「Bを殺す」という事実の認識はないので，Bに対する殺人罪の故意はない，と考えると，「Aを殺そうとしてAが死ななかった」というAに対する殺人未遂罪と，「殺すつもりのなかったBを死なせた」というBに対する過失致死罪とが成立する（しうる）ことになる。しかし，殺人罪の故意は，AなりBなりという特定の客体の認識を必然的な要素とするものではなく，具体的認識としてはAであってもBであっても法的には同じであり，ともかく「人」であるとの認識が，「人を殺した者は」という構成要件に該当するための必要十分条件なのではないか，とも考えられる。そうではなく，仮に，Aは「人」であるが，Bは「犬」であったとすれば，「人」を殺す意思で，「犬」を殺したことになり，Aの死亡という事実の認識があったとしても殺人（既遂）罪の故意を肯定することはできないのは，もちろんである。ただ，AもBも「人」であるときには，「人を殺すつもりで人が死んだ」という限りで事実と認識とは合致しており，したがって，「人を殺す」という事実について認識があったとすることも可能（かつ適切）であるという議論が成り立つのである。

　このように，錯誤は，形式的あるいは具体的な事象に従って処理すれば足りるというだけでなく，実質的な次元で，かつ，法的・規範的な意味での故意の

有無を判断することによって処理される必要があると考えられる。ここに「錯誤論」の余地が生じる。

(2) 事実の錯誤の諸類型

事実の錯誤は，実在する事実と認識された事実とが，いずれも同一の構成要件に該当する事実である場合，すなわち同一構成要件内の錯誤と，認識事実と実在事実とが別の構成要件評価を受けるべき場合，すなわち異なった構成要件にまたがる錯誤とに区別できる。

たとえば，Aという人を傷つけるつもりで有形力を行使したところ，Bという人が傷害を負ったときは，認識事実である「Aの傷害」と実在事実である「Bの傷害」とは，いずれも「人を傷害する」という傷害罪の構成要件に該当する事実であって，その離齬は同一構成要件の枠内に収まっている。これに対し，Aという「人」を傷つけるつもりで有形力を行使し，Cという「物」が損壊したときは，認識事実である「A（人）の傷害」と実在事実である「C（物）の損壊」とは，前者が傷害罪，後者が器物損壊罪で評価されるべき事実であって，認識と事実とのずれが異なった構成要件にまたがっている。

同一構成要件内の錯誤を**具体的事実の錯誤**といい，異なる構成要件にまたがる錯誤を**抽象的事実の錯誤**という。この区別は，上で示唆したように，故意の包摂する範囲を画する基準として意味がある。

事実の錯誤については，現象面から，錯誤が生じている構成要件要素に着目した区別ができる。ひとつは，客体の認識についての錯誤で，**客体の錯誤**という。たとえば，Aを殺す意思であったところ，BをAだと思ってBを殺したような場合である。客体の取り違え，個物としての客体同定の誤りといえる。ふたつめは，**打撃の錯誤**または**方法の錯誤**である。これは，結果を惹起する打撃の方向（効果）が想定とは異なる場合で，たとえば，Aを殺すつもりで銃を発砲したが，弾丸がAの傍らにいたBに命中しBが死亡したような場合である。もうひとつが，認識した因果経過と現実の因果経過とが異なる類型，**因果関係の錯誤**である。Aを溺死させる意思でAの体を橋上から川に落としたが，Aは橋脚に頭をぶつけて生じた傷害が原因で死亡したというような場合である。同一行為から意図したとおりの客体に意図したとおりの結果は生じたが，そこに至る因果経過について，認識事実と実在事実とが異なっている。

(3) 錯誤事例で故意を認める基準

　外形的には錯誤があるにもかかわらず，発生した現実の事実について認識があった（故意があった）とされる場合があるか，あるとすれば，その根拠とそう判断されるための基準は何か，が問題である。

　この点に関する現在の有力説は，**法定的符合説**（構成要件的符合説ないし抽象的法定符合説）と**具体的符合説**（具体的法定符合説）の2つである[80]。

　法定的符合説[81]は，構成要件的符合説ともいうべき見解で，認識と実在とが構成要件評価の範囲で一致していればそれらの符合を認め，実現した事実について故意を肯定するという考え方である。抽象的事実の錯誤があるときは，発生した事実についての故意は認められないが，具体的事実の錯誤があってもその事実についての故意は否定されないということになる。法定的符合説は，構成要件論を基盤として，構成要件の形で与えられる規範のレベルまで事実を抽象化・類型化して符合の有無を判断するものである。たとえば，構成要件が「人を殺す」ことを内容としているときには，「（およそ）人を殺す」という内容まで抽象化を行い，具体的事実に違いがあっても「人を殺す」という認識があったことに帰するから，構成要件的故意を認めてよいというわけである。

　具体的符合説[82]は，具体的事実の次元で認識と実在とが符合することが必要だとする見解で，結論としては，錯誤のある場合には発生した事実についての故意が否定されることになる。「A」を殺す意思で「B」を死なせたときには，認識と実在とは具体的事実として一致していないので，Bを殺害した事実についての故意を認めるべきではないというのである。この説によれば，具体的事実の錯誤の場合にも故意は認められない。ただし，日本の刑法学で具体的符合

---

[80] このほかに，認識の有無を判断する基準をかなり抽象的な次元で捉える抽象的符合説がある。しかし，抽象的符合説の議論は，その基準の取り方によっては，たとえば，「およそ構成要件に該当する事実を認識し，何らかの構成要件に該当する事実を実現したときには，実現した構成要件該当事実についての認識があったとしてよい」という結論になる。これでは，構成要件の類型的・内容的区別が意味をもたない。そこまでいかなくても，当然ながら一般的・抽象的次元での符合の範囲は広くなる。多くの説は，このような結論は妥当でなく，符合を認める範囲をより限定すべきだとしているのである。

[81] 代表的な見解として，団藤・304頁，大谷・170頁，林・253頁。

[82] 代表的な見解として，平野Ⅰ・174頁以下，内藤（下Ⅰ）・938頁以下，内田・162頁，山口・204頁，西田・207頁，松原・217頁。なお，佐伯・257頁以下，山口厚・井田良・佐伯仁志『理論刑法学の最前線』104頁以下（2001，岩波書店）（佐伯仁志執筆）を参照。

説に分類されている見解は，自ら具体的法定符合説と称するもので（これに対して，上述の法定的符合説は抽象的法定符合説と名づけられる），構成要件の限度で実在の認識そのものに誤りがなければ符合を認めるが，実在の認識そのものが誤っている場合は符合を認めない。たとえば，人と熊とを取違えている錯誤は，構成要件を超える不一致であって，認識と実在との符合を肯定するわけにはいかないが，客体が人であると思っているときには，BのことをAだと取違えているとしても，「Aと思われているB」という実在が人であるとの認識のもと，名前はともかく目の前にいる「その人」がそのとおりに「その人」として認識されているのだから，符合を認めてよいと考える。つまり，客体の錯誤の場合には故意を肯定するのである。一方，方法の錯誤の場合，Aに結果が発生すると思っていたところBが死亡した場合，Bを死亡させる事実そのものが認識されていなかったのであるから，符合は認められず，Bに対する殺人罪の故意は否定される。このときには，原則どおり，認識していた部分については故意犯となるが，実現した結果については故意が否定され，過失犯の成立のみが問題となる。図式的にいえば，認識していた犯罪の未遂犯と認識していなかった結果に関する過失犯とが成立（両罪は観念的競合となる）する。

　法定的符合説だけでなく，上述のような具体的符合説（いわゆる具体的法定符合説であるが，以下では，単に「具体的符合説」という）も，いずれも構成要件の次元で事実を抽象化した基準で判断する部分を有する。たとえば，構成要件に記述された客体として評価できる場合，その意味で符合するので故意を認めるのである。法定的符合説の方は，さらに進んで，「人を殺す」という構成要件においては，Aを殺すつもりでBが死亡したとしても「人」を殺すつもりで「人」が死亡しているので実際に死亡した人も故意で死亡させたと言ってよい。「物を壊す」という構成要件においては，Aという物を壊すつもりでBという物が損壊したときにも，「物」を壊すつもりで「物」が損壊した以上，当該客体を故意で損壊したと言ってよい，と解する。具体的符合説は，AをBと取り違えているときは，対象そのものの認識は正しいが，「同定」が誤りなのであって，認識されている「その人」を殺した以上，故意は認められると考える。AでなくBに打撃が向う場合には，Bに向うこと（「その人」に向かうこと）自体を認識していないのだから，Bを殺す故意はないとするのである。

　ここで，具体的符合説は，「意図した客体ごとに構成要件該当性が判断され

るはずだ」と考えるのに対し，法定的符合説は，「構成要件の範囲における抽象化を一般的に認めてよい」と考えている。結局，客体の個別的特定性が構成要件該当評価にとって重要か否かについての考え方が異なるのである。たとえば，傷害罪では，傷害部位が「身体」であれば包括して客体評価をすべきであり，手・足等の如何は不問であるように思われる。それでは，「生命」の場合はどうか。通常，殺人罪の個数は，客体の個数によって決められるのが原則であるところにも表れているように，生命法益は一身専属的であって，Aの生命とBの生命とは区別されるとするのも理由がある。ここに両説の対立が生じる核心があるといえる[83]。

2.7.3 具体的事実の錯誤

(1) 客体の錯誤・方法の錯誤

具体的事実の錯誤の処理を，法定的符合説に従って考えることとする。まず，客体の錯誤・方法の錯誤の場合を考えよう。法定的符合説は，認識していた事実が該当する構成要件と，実現した事実が該当する構成要件とが同じであれば，両者は法定された範囲において符合しているということを根拠として，実現した事実について故意を認めるのであるから，具体的事実の錯誤があっても故意を阻却しない。判例も古くから基本的に同様であると解される（大判大正11・2・4刑集1巻32頁，客体の錯誤の例。大判大正11・5・9刑集1巻313頁，方法の錯誤の例）。

ただし，客体の特定性が重要なものと重要でないものとを区別することを前

---

[83] わたくしは，後述のように，故意における認識内容に，明示的に感覚に与えられたこと，意識的な表象としての認識内容のほか，それに付随する潜在的な，いわば表象事実の認識に伴って「織り込み済み」の事実が含まれ，この範囲の事実が現実に実現した限りで，その事実についての故意は認められる（一種の実現意思説）と考えている。その上で，錯誤がある場合の処理は，基本的には具体的符合説の立場，あるいはより正確にいえば，錯誤の場合に特殊な法的操作をせずに，端的な故意の有無の問題として処理することが妥当であるとの立場をとる（修正された具体的符合説。井田・179頁。なお，同様の問題意識は，伊東・127頁以下にもうかがわれる）。後に少し詳しく述べるように，現在の法定的符合説・具体的符合説は，いわば形式的処理の手順を提示するものであって，限界的な場面で適切な処理が期待できず，結局，実質として判断することが必要であると思うのである。ただし，以下では，判例・通説を中心に，問題点を整理することにする。

提にするのであれば、何が重要であるかの判断をしなければならない。たとえば、刑法199条の殺人罪において、客体の特定性が重要になるかが問題となる。「生命」法益の一身専属性を考慮すると、「Aを殺す」と「Bを殺す」とは異なる評価対象であるとも考えられる。右手と左足のような身体の部分相互の相違は重要でないとしても、人の違いは重要であるから、客体の人が違う事実を符合するものとするのは、たとえ構成要件の次元で共通するとしても妥当でないのではないか。

これは、事実の抽象化の限度・判断基準の妥当性の問題だけでなく、さらに、故意の個数という問題でもある。法定的符合説からは、仮にAとBとの2名を殺害するときには、2個の殺人罪が成立するはずである。構成要件評価が同一の事実なら故意を肯定するという思考をとる以上、1人を殺す故意（1個の故意）で行為したときでも、複数の人が死亡すれば、複数の殺人罪の故意（数個の故意）を認めるのが筋である。このような考え方を**数故意犯説**という。これに対し、1個の構成要件該当事実の実現を認識していた以上、複数結果が生じたとしても複数の故意犯の成立を認めるべきではなく、故意は1個とすべきであるとする考え方を**一故意犯説**という。

一故意犯説は、何らかの基準で1個の故意犯に限定する立場であり、その基準をどこに求めるかが問題である。ひとつの考え方[84]は、まず、法定的符合説の適用に限定を設ける。当初の故意の内容が実現した場合は、その限りで錯誤はなく、予想外の事実は過剰結果というべきであって、この過剰結果については別途過失犯の成否を論じることになるとする。たとえば、XがAを殺害するつもりでAを死亡させるとともにBをも死亡させたときには、A殺害という故意の内容が実現しているのでこの部分に錯誤はなく、Aに対する殺人罪の故意が認められ、過剰なBの死亡結果については過失致死罪の成否の問題となる。次に、既遂を意図しているときに意図していなかった客体に「既遂」結果が発生した場合にその結果について故意を認めるか否かが錯誤の問題であって、そもそも「既遂」結果が発生しなかった場合には、錯誤の問題ではなく、上と同様に、その意図外の事実について過失犯が問題になるとする。たとえば、XがAを殺害するつもりでAを殺害するに至らず、Bも傷害を負ったにとどまると

---

[84] 福田・121頁注8参照。

きは，Aについて殺人未遂罪とBについて過失傷害罪の成否の問題となる。XがAを殺害しようとして遂げず，Bが死亡した（既遂）ときが，錯誤論の登場場面であり，このときには，Aの殺人未遂とBの過失致死ではなく，Bの死亡結果も「人の死」としてAの死亡結果と構成要件的抽象化のレベルで符合するので，Bに対する殺人既遂罪として処理するわけである。

　しかし，一故意犯説に対しては批判がある。まず，Aが傷害を負ったか無傷であるかが処理上区別されないことになるのは妥当でない。さらに，Bが死亡した後になってさらにAが死亡したような場合に，いずれの死亡結果についての故意犯とするかが不確定となり処理が難しい。また，そもそも原理的に，これらの場合になぜ故意と事実との符合が制限される（1個の事実との符合しか認めない）のかも明らかでないという指摘もある。これに対しては，比喩的には，1個の故意が1事実の故意として対応させられることによって「燃え尽きる」などと説明されるが，このことの実質は不明であり，また，そのような思考が「符合」という基本的処理図式外の考慮（符合しているのに故意を認めない扱い）であることは否めない。

　法定的符合説内部では数故意犯説が多数であり，判例もこの立場であると思われる（最判昭和53・7・28刑集32巻5号1068頁）。

　具体的符合説の考え方では，客体の錯誤は故意を阻却しないが，打撃の錯誤は故意を阻却する。そこで，一般論としては，客体の錯誤に相当する事例であるかどうかを判断する必要があるので，その基準が問題である。確かに，客体が視覚的に把握されていれば，見えている「その人」についての認識は誤っていないという論法が可能だが，「見えない」認識の場合，たとえば，間接正犯・離隔犯，あるいは共犯の事例ではどうだろうか。XがYに対し，Aを殺害するように教唆したところ，Yが客体の錯誤（BをAだと取り違えて）でBを殺害したとき，正犯Yにとっては客体の錯誤で故意は肯定されるが，教唆犯Xにとっては打撃の錯誤で故意が否定されるのであろうか。あるいは，XがAを殺害する意図でAに毒入りの酒を送ったところ，A方に届いたその酒をAの妻がBに送り，Bが毒入りの酒を飲んで死亡した場合，XはBの死亡について認識がないのは確かであるが，この場合が客体の錯誤の類型であるのか，打撃の錯誤の類型であるのか判然としない。

　このように，法定的符合説にも具体法定符合説にも弱点があることから，

修正(拡張)された具体的符合説が説かれる。発生した結果に実現意思が及んでいたと評価できる場合に故意を認めるもので,行為者の認識事情を判断基底として,何らかの同種事実の発生がある程度の蓋然性をもって保証されている状況があり,その状況そのものが行為者に認識されているときには故意があるとしてよいというのである。誤解をおそれずにいえば,暗黙の認識のようなものであるが,これは未必の故意とは異なることに注意しなければならない(未必の故意は端的に故意であって,錯誤の問題ではない)。法定的符合説は,符合の枠組を形式的に構成要件とする考え方であるが,故意が事実認識という実態を基盤とするものである以上,現実の意思と客観的事実との間に何らかの現実的符合が求められるべきであろう。人間の認識のあり方を反省してみれば,故意で問題にされるべき認識が,はじめから隈なく知覚された明示の意識的なものである必然性はないと考えられる。他方,「暗黙の認識」を考慮した場合の符合判断には,形式的基準に従う法定的符合説に比べてより実質的・実体的な基盤があるというべきである。現段階では一般的な支持を得るに至っていないが,このような意味の具体的符合説の主張が妥当と考える[85]。

(2) 因果関係の錯誤

法定的符合説に従うと,**因果関係の錯誤**の場合は,発生事実における法的因果関係の存在(客観的事実の構成要件該当性),および,認識された因果経過と実際の因果経過とが構成要件的に符合する場合に,発生事実についての故意が認められる。

通常,法的因果関係の存在は構成要件の客観的要素であると理解されており,因果関係が認められるときには構成要件該当性が肯定されるから,認識と現実とで因果経過にずれがあっても,法的因果関係があれば直ちに認識と実在との間に構成要件的符合があることになる。たとえば,認識内容が法的因果関係をもって実現するはずの事実であり,実際に起きた事象が法的因果関係をもって実現しているときには,同一の構成要件に該当する事実であり,この錯誤は故意を否定する根拠にはならない。このような事情から,法的因果関係が認められれば常に故意は肯定されるのであって,因果関係の錯誤として独自に論じら

---

[85] 井田『理論構造』92頁以下。井田・179頁も参照。

れる内容はないとも思われる[86]。また，そもそも，因果関係は事実関係というに尽きるのであり，したがって客観的に存在するか否かの問題であって，故意において認識対象とされるようなものではないから，因果関係の錯誤を問題にする必要性がないという主張もある[87]。

しかし，因果関係の外形的・類型判断と主観的な認識に基礎を置く故意の存否判断とは，理論的には別次元の判断である。少なくとも，「実行行為が創出する危険の実現過程」という因果関係の問題と，「実現した結果に故意が及ぶか」という錯誤の問題とが，区別されることは理解されるであろう。簡単にいえば，類型的な次元の因果関係はあるが，なお故意がない場合が（ごく希だとしても）想定されるはずなのである。また，法定的符合説を採用しないときには，客観的に同一構成要件の範囲内で生じた事実だとされても，そのまま，当該事実についての故意が認められるわけではないのだから，概念としての因果関係の錯誤自体を捨て去ることはできないであろう。なお，因果関係を規範的帰属関係の問題だと捉えなおすときには，因果関係は規範的評価に関わることになり，純粋に事実として存在するかしないかだけの問題として扱うことはできない。

（3）ヴェーバーの概括的故意

因果関係の錯誤の問題領域では，いわゆる「ヴェーバーの概括的故意」の事例が特徴的である。これは，行為者が自然的観察のもとでは2つの行為を行っており，最終的には当初から認識していた結果が発生したが，元来は第1行為で結果が発生すると認識していたものの，実際には第2行為によって結果が発生するに至った場合に，その結果について故意を認めてよいか。この場合にも全体を包摂する「概括的故意」（前述の概括的故意とは意味が異なる）として故意を肯定してよいのではないか，という問題である。

実在	第1行為 → 結果不発生	第2行為 → 結果発生
認識	第1行為 → 結果発生	第2行為 → （結果不発生/別の事実を認識）

---

[86] 西田・227頁，伊東・128頁等を参照。
[87] たとえば，大谷・178頁，前田・248頁。

たとえば，全体を通じて殺人罪に該当する事実を惹起したが，第1行為で殺害結果が発生したとの認識のもと，死体を遺棄するつもりで第2行為に及んだところ，実際には第1行為では被害者は死亡しておらず，第2の遺棄行為によって死亡したとする。これは，第1行為のみを実行行為と捉えたときには，純粋に因果関係の錯誤の事例ということができる。

しかし，結果発生の過程に自己の第2行為が介在したというべき場合であるのか，第1・第2行為を通じた実行行為が存在したというべき場合であるのかによって区別されるものと思う。すなわち，第1行為と第2行為とが一連のものであって1個とみることができるならば，自己の2段階目の行為を経て結果が実現した事実自体が構成要件該当事実であり，1個の行為であるならば，その行為から生じた結果に対する故意の問題に帰着するというわけである（大判大正12・4・30刑集2巻378頁，砂末吸引事件）。

これに対し，2段階の行為の一体性が肯定できず，あくまで2個の行為として把握すべき事案では，構成要件的符合は肯定しがたいので，それぞれを，たとえば殺人未遂罪と過失致死罪（観念的には過失遺棄致死罪であるが不可罰）というふうに評価するほかないように思われる。

そこで，前提として行為の一連・一体性が論じられる必要がある。とはいえ，実は，行為の一体性そのものが，故意に接続した主観内容である行為計画に依存する面がある。つまり，一体として遂行する計画があれば一体性が認められることになる。この行為計画が構成要件該当事実の認識，すなわち故意と区別できなければ，故意の包摂範囲によってその事実についての故意の有無を判断する不合理を生じる。わたくしは，暫定的に，ヴェーバーの概括的故意の事案は，客観的な行為の接続性（時間的・場所的近接性と社会的牽連性）とそれを不可分の一連の事象として遂行する単純な事実上の意思とがある場合に，行為が一連・一体のものと評価され，合一した実行行為が認められるのであって，このような場合には，一体的遂行計画の意味における事実上の意思と表裏をなすものとして，法的には全体を包摂する故意が肯定できると考えている。

(4) 早すぎた構成要件の実現

なお，ここで，この事例との対比において，いわゆる「早すぎた構成要件の実現」ないし「早すぎた結果の発生」とよばれる類型に触れておくことにしよ

う。これも、第1行為と第2行為として分解可能な行為が存在する事例であるが、行為者の認識の上では、(ヴェーバーの概括的故意の事例とは対照的に) 第1行為では結果発生は留保され、第2行為で結果を実現させるつもりであったところ、実際には第1行為で既に結果が発生したという場合である。

実在	第1行為 → 結果発生	第2行為 → (結果不発生/別の事実が実現)
認識	第1行為 → 結果不発生	第2行為 → 結果発生

たとえば、第1行為で相手の抵抗を阻止し、第2行為で死亡させようというつもりで、第1行為として傷害を加えたところ、この行為により被害者が死亡したような事例である。この事例には、さらに、第2行為が行われた場合 (後出の「クロロホルム事件」参照) と、予定・計画されていた第2行為が行われないままに終わる場合とがありうる。また、第1行為の時点で認識していた犯罪 (上の例では殺人罪) の実行の着手が認められる場合か、単なる予備行為の場合かという区別もありうる[88]。

行為無価値を重視する立場から結論的にいえば、行われた第1行為が実行行為でないときには、いかなる意味でも「故意既遂犯」の構成要件実現はありえない。最終結果を「第1行為」と「第2行為」とで実行しようとした場合、第1行為にその結果が発生する危険が類型的に含まれていないときは、第1行為はせいぜい「予備行為」であって、因果関係を論じる場面ではないからである (因果関係論は基本構成要件該当性の問題であり、その構成要件の「実行行為」と結果との関係を対象とする)。

ただし、第1行為の開始で実行の着手が肯定されるかどうか、第1行為が結果を発生させる類型的危険を内包するものかどうかの判断は、その行為が引き続き行われるはずであった第2行為と一連・一体のものであるときには、第1行為・第2行為の全体を対象として行われるべきであって、第1行為は、その

---

[88] この関連で、第1行為が殺人の実行行為にあたらない場合には、殺人罪の構成要件が実現することはありえないのだから、このような場合を「早すぎた結果の発生」として、「早すぎた構成要件の実現」と意識的に使い分けることも行われている。確かに、この問題領域では、実行の着手があったか、可罰的未遂犯か不可罰的不能犯かの判断などの問題も関連するので、問題領域そのものを称するならば「早すぎた構成要件の実現」より「早すぎた結果の発生」という方が精密な用語ではある。

ような1個の行為の一部になると考えられる。そして，行為の一連・一体性は，両者の時間的・空間的接着性を基礎に，第1行為から第2行為に至る自動性・確実性を，行為者の計画などの主観的事情も含めて総合的に判断するほかはないであろう。

判例では，最決平成16・3・22刑集58巻3号187頁（クロロホルム事件）が，この問題に関する最高裁判所の初めての判断として議論をよんだ。被害者にクロロホルムを吸引させて失神させ，その上で，被害者を乗せた自動車ごと海中に転落させて溺死させるという計画を実行したが，行為者の認識とは異なりクロロホルムを吸引させた時点で被害者が死亡していた可能性が高かった，という事案である。最高裁は，結論として，このような場合にも殺人既遂罪の成立を肯定したのである。ただ，クロロホルムを吸引させた（第1行為）時点では，被害者が死亡することの認識はない（むしろ意識的に死亡結果を留保する意思である）ので，たとえ，外形的には一連の全体としての行為の着手が認められたとしても，この時点で殺人罪の故意が存在するかという問題点がある。判例の趣旨は必ずしも明らかではないが，これについては，ヴェーバーの概括的故意と同様の，自己の2段階の行為で結果を発生させるという意思が，結果発生についての概括的な故意として評価されているというのが，当たっているように思われる。

2.7.4 抽象的事実の錯誤

実在と認識との不一致が構成要件をまたがっているとき，すなわち，実在と認識の内容とが別の構成要件該当事実であるときには，構成要件的符合がない以上，法定的符合説からは実現した事実についての故意は認められない。たとえば，甲罪の認識で行為したところ，乙罪にあたる事実が実現した場合（話を簡単にするため結果犯の結果としていえば，甲罪の結果が発生せず，乙罪の結果が発生した場合）には，法定的符合が否定される結果，甲未遂罪と過失乙罪の成立を認めることになる。これが原則である。

実在	乙罪にあたる事実（乙罪の結果発生）	乙罪の過失犯
認識	甲罪にあたる事実（甲罪の結果不発生）	甲罪の未遂犯

しかし，甲罪の未遂罪・過失による乙罪のいずれの構成要件も存在しないときには，何らかの原因行為が行われ，そこから現実の法益侵害結果が生じているのにもかかわらず，行為者は不可罰という結論になる。仮にそのうち一方が処罰可能なときにも，それだけで処罰するのでは結論に妥当性が欠ける（軽すぎる）ように思われる場合がありうる。そこで，多くの説がこのような事例についても何らかの符合を肯定する考え方が提案している。

抽象的事実の錯誤には，重大な結果が発生したが行為者の認識は軽い犯罪の実行であった（たとえば，器物損壊行為から人の死の結果が生じる）場合と，軽微な結果に終わったが行為者の認識は重い犯罪の実行であった（たとえば，殺人のつもりで器物を損壊する）場合とがある。これらにおいて符合を認めるとして，いかなる意味で符合を認めることができるであろうか。条文上の手がかりは，刑法38条2項，つまり，行為者が認識しなかった重い罪で処罰してはならない，ということである。

抽象的符合説は，可罰的事実相互の食い違いであれば符合を肯定する。たとえば，器物損壊罪（261条）のつもりで殺人罪（199条）にあたる事実を実現した場合，両者とも可罰的であるから符合が認められ，処罰可能となる。ただし，38条2項がある以上重い方の殺人罪で処罰するわけにはいかない。そこで，ここから，軽い主観的故意に対応する既遂犯（上の例では，器物損壊罪の既遂）を認める見解と，重い事実に対応する故意犯（殺人既遂罪）を成立させ，刑を軽い故意に対応させる（器物損壊罪の刑）という見解とに分かれる。後者のように成立する犯罪と科刑とを分けることの妥当性も問題であるが，いずれにしても，抽象的符合説は，可罰的行為の違反であれば，その類型的差異にかかわらず違反行為として処罰するという態度をとる点に問題がある。このような思考は，構成要件ごとに不法内容を吟味して法定刑を定めている現行法の立場に整合するか疑問であり，少なくとも行為規範的構成要件論からは支持しがたい。

そこで，故意の有無の判断は，結局，当該事実が「意味の認識」の包摂範囲に含まれると評価してよいかどうか，であることに立ち返る必要があろう。もとより，「故意のないところに故意を認める」こと，ないし「実在しない犯罪の成立を認める」ことになってはならないが，行為者の認識が，「素人仲間における（一般人の）評価で構成要件該当事実の認識」といえるときには，その事実についての故意が肯定されるのである。他方，符合とは，法的には構成要

件評価の異なる事実であるが，一般人の意味の認識レベルでは重なるときにも肯定されるとしてよいと思われる。このとき，認識された範囲で軽い罪の成立を肯定することは，38条2項からの必然的結論ではないが，同項に反するというわけでもない。

このようにして，**構成要件的符合説**（法定的符合説）は，別構成要件であっても符合の可能性があると考える。構成要件的符合説にもいくつかの立場がありうる。第1の見解は，**形式的構成要件符合説**ともよぶべきもので，構成要件の包摂関係がある場合に限り例外的に符合を肯定する。たとえば，単純横領罪（252条）と業務上横領罪（253条）との間には，そのような完全な包摂関係が認められるから，単純横領のつもりで業務上横領を実現した場合に，単純横領罪の限度で符合がある。

第2は，**実質的構成要件符合説**とよべる見解で，判例・通説はこれに分類できる。その名のとおり，形式的符合だけでなく実質的に構成要件が重なり合う範囲で符合を肯定するのである。ただし，「実質的」判断の材料としては，保護法益・客体・行為態様，さらには「罪質」などが挙げられるものの，その実体は必ずしも明確ではない。最決昭和54・3・27刑集33巻2号140頁の事案では，「取締の目的，取締の方式，客体薬物の性質，外観の類似」が指摘され，最決昭和61・6・9刑集40巻4号269頁では，「客体の類似性」と，「他の構成要件要素は同一」である点などが挙げられている。判例上，重なり合いを認めた例としては，殺人と承諾・嘱託殺人，殺人と傷害，窃盗と占有離脱物横領，脅迫と恐喝，恐喝と強盗，強盗と強盗殺人，公文書偽造と虚偽公文書作成などの罪がある。

なお，符合が肯定され，軽い罪の事実について故意が認められたときの効果について，判例は，かつては「犯罪の成立は認識どおりで，刑のみ軽い罪による」としていたが，現在では「犯罪の成立自体が軽い罪の限度」で認められるという立場に立っている（最決昭和54・4・13刑集33巻3号179頁）。通説も同様である。罪の成立と科刑とを分けないことを前提にしているのはもちろんであるが，重要なのは，犯罪の成立は，実現された（重なり合う範囲の）事実に対応するということを意味する点である。部分的事実を抽出して構成要件該当とする限りで，構成要件の修正が行われていることになるからである。

ただし，仮に「実質的な重なり合い」が，いわば，「犯罪としての同価値性」

を意味するのだとすれば，過度の抽象化（類推解釈）であろうし，それ自体，判断基準として曖昧すぎると批判できる。「重なり合い」の意味の吟味・精緻化は，残された課題である。

2.8 構成要件的過失

2.8.1 過失犯処罰の例外性と過失の体系的地位

　過失犯の処罰は，条文の上では例外扱いである（38条1項）。過失犯は，同項ただし書にいう「法律に特別の規定がある場合」に相当する（責任主義の観点から，この例外が無過失の場合であってはならないことは既に述べた）。したがって，過失が問題になるのは，同じ法益侵害事実について故意がなかった場合であり，かつ過失による法益侵害を犯罪とする構成要件が存在する場合だけである。なお，ある法律の規定が「特別の規定」であるかどうかは，形式によるのではなく，構成要件解釈の問題だとするのが判例（最決昭和28・3・5刑集7巻3号506頁，最決昭和57・4・2刑集36巻4号503頁）となっているが，学説においては，明文規定を置く必要があるとする見解が多数である。そうすることに立法技術上の困難があるとも思われないので，過失犯を処罰する趣旨を明示すべきであり，過失犯処罰は明文規定のある場合に限るとすることが妥当であろう。

　過失犯処罰は，形式上は例外であるが，刑法典においても，人身などの重要な法益の侵害については，過失犯（または結果的加重犯）がかなりの数規定されている。特別刑法をも考慮するならば，過失犯は相当の数に上り，実際の適用数まで考えると，過失犯処罰は例外だとして軽視することはできない[89]。

　過失の体系的地位については，故意と同様に，伝統的には**責任要素**とされてきた。故意は，結果の発生を認識しており，そのような状態で（それにもかかわらず）行為したことに対する非難であるのに対し，過失は，結果の発生を認識可能であるのに認識しなかったことに対する非難だというわけである。ここ

---

[89] 交通事故にかかる自動車運転死傷行為処罰法（以前は刑法）の過失致死傷罪を想起せよ。
　なお，最近の問題意識として，一般に，現代社会が既知・未知の大きなリスクと共存せざるをえないことから，過失犯の機能が重要度を増していることが指摘されている。

では，認識（の有無）を媒介とする「故意」と「過失」との区別が基本的枠組となっている。このとき，簡単にいえば「認識すべきであったのにしなかった悪い意思」である過失は，特定個人の緊張を欠いた内心状態に対する非難の契機として，犯罪論上，責任要素に位置づけられる。

　これに対し，**違法要素**としての過失を考慮する考え方が提示された。故意の体系的地位に関する問題と同様，過失行為（過失犯）の違法性は，結果を発生させたことだけでなく，主観的違法（類型的には構成要件に帰属する）要素としての過失にも関連するというのである。過失行為は，社会生活上必要な注意を尽くしていないという点において違法性の問題となる。客観的に要請される注意を尽くさないという事情が，違法要素として類型的不法のレベルで把握されるとき，構成要件的過失として位置づけられることになる。すなわち，法益保全の観点から不適切な「過失行為」に伴う主観的要素としての不注意が，過失行為として一体的に評価される結果，違法要素として位置づけられる。

2.8.2　旧過失論・新過失論

　時代的に古くから存在する前者のような考え方，すなわち過失を責任要素と位置づける見解が**旧過失論**である。これは，故意と過失とは認識の有無の点において決定的な差異があるとの理解から，結果の予見可能性を過失の核心部分とする。いわゆる結果無価値論の立場によると，結果が同一である以上その違法性は故意犯と過失犯とで異ならないのであるから，故意犯と過失犯とは違法性の次元では同様であって，両者は主観的要素に基づく責任の相違として評価されることになり，旧過失論と親和性が高い。

　これに対し，後者のような違法要素としての過失を考慮する見解は，**新過失論**とよばれる。こちらは，いわゆる行為無価値論の立場から，過失犯は，行為自体の違法性において故意犯と異なるとし，結果予見可能性よりそのような予見に基づいて結果を回避すべき義務に違背したことが重要であると解するのである。つまり，過失行為は，法益侵害を回避するにふさわしくない行為として違法であり，ここから，結果を惹起した場合を，結果回避義務を尽くさない注意義務違反という行為不法（違法）と，結果の発生という結果不法の両面から理解する。もっとも，予見できない結果を回避する義務を課することはできな

いから、新過失論でも「結果の予見可能性」（および結果予見義務）があることが当然の前提となる。

旧過失論は、違法判断の対象を法益侵害結果が発生したという結果に限定し、行為が結果回避のためにふさわしいやりかたであったかといった部分は問わない。主観的には、予見可能であった（のに予見しなかった）という事実をもって、過失非難の対象となると考える。しかし、「予見可能性」だけを形式的に捉えた場合には不都合が生じる。性質上法益侵害の危険を含む行為を行う場合には、結果の発生の「予見可能性」を否定できないからである。たとえば、自動車の運転をしたり、航空機を運行したりする際には、これらの行為が人の死傷結果が発生する可能性を伴わざるをえないことから、結果の予見は、常に可能であるといえる。しかし、だからといって、そのような行為から結果が発生したとき常に「予見可能性があるにもかかわらず予見しなかった」として過失非難に値するとはいえない。

2.8.3 許された危険

そこで、過失犯の成立範囲を限定するための修正原理の導入が必要になる。「許された危険」の法理がそれである。これは、ある種の法益侵害の危険は法が許容していると解するもので、一般に、社会的に有益・必要な危険は法が許容していると考える。人命・健康の保持（たとえば、手術や救助作業）、学問の進歩のため（科学実験など）、交通上の利益（交通機関の設備・運行）、教育および鍛錬のため（スポーツ等）、生産・資源獲得（工場や鉱山、発電など[90]）などがそうである。結果無価値論からは、法益侵害自体が違法性の核心部分であり、これらの行為も一応違法ではあるので、「許された危険」を伴う活動から得られる利益と、その危険の重大性を衡量して、利益が上回る場合に違法性が阻却されるという思考が採られる。

もっとも、「許された危険」の考え方は、既に結果無価値的思考そのものの修正という意味合いを含むことを否定できず、さらに進んで「許された危険」

---

[90] もちろん、それらが適切な安全管理のもとに遂行されることが前提であり、危険除去のための方策の存否・その適切性などに問題があれば、過失犯の成立が認められる。

の場合だけが特殊なのではなく「許された危険」のような一般的基準がある，との考え方に道を開くことになる。この思考はそのまま，適切に（法益保護に必要とされる注意を払って）行われた「行為」について，その違法性を否定するという「行為無価値型過失論」，すなわち新過失論の妥当性を含意するとさえいえよう。以上のような考察に基づき，わたくしは，行為無価値型過失論を支持する者である。また，判例実務においても，理論的根拠がはっきり示されているわけではないものの，これに親和的な判断が行われている。そこで，以下では，新過失論の立場から，「構成要件的過失」について述べる。

2.8.4　構成要件的過失の要件

(1) 客観的注意義務

　構成要件的過失[91]の実質は，客観的注意（一般通常人に対し行為者と同一の事情のもとで要求される注意）違反である。客観的結果予見可能性を前提とする客観的結果回避可能性があるときには，行為者に**客観的注意義務**（**客観的結果予見義務**と**客観的結果回避義務**）が課されることを前提に，適切な注意を尽くさなかったときに，注意義務違反として過失の存在が肯定される。逆に，そのような注意を尽くしている限り，仮に法益侵害結果が発生しても過失犯の構成要件該当性は認められない。

　このように，新過失論は，過失犯を「適切に行為すべき義務に違背して適切に行為しなかった」という側面から捉えるので，作為義務に反する不真正不作為犯と類似した構造をもつものとして把握しているといえる。したがって，法は，義務づけられる行為，すなわち「注意を尽くした」なすべき基準となる行為を示して，行為者に対し，行為時に行為規範が与えられていると想定していることになる。ところが，刑法典の過失犯は，ほとんどの場合，単純に「過失により」結果を発生させることを構成要件としている。つまり，一般に，過失犯の構成要件は，義務づけられる注意の内容を明示していない。仮に，その内容を示そうとしても，そもそも，注意義務を過不足なく記述して明示すること

---

[91] 念のためにいえば，故意犯処罰が原則であるから，過失の有無を論じる前に，まず，前提として，当該行為が非故意で行われたこと，つまり，構成要件該当事実の認識・認容を欠くことが確定される必要がある。

は不可能に近い。この意味で，過失犯は，いわば「開かれた」構成要件，すなわち，解釈者による補充の必要な構成要件だといわれる。

　しかし，そのような前提およびそこから帰結する処罰範囲の不明確さは，罪刑法定主義の観点から問題を含みうることには留意しなければならない。そこで，客観的注意の内容の具体化・類型化が必要になる。このために，別の規定に具体化された注意義務・行動規準等があれば，それを手がかりとすることができる。たとえば，自動車運転過失致死傷罪における注意義務の内容は，道路交通法などの行政法規で定められていると解することもできる。ただし，たとえ道交法上の義務を遵守し履行していても，それが自動車運転過失致死傷罪の過失を否定する十分条件になるわけではない（道交法上の義務は履行していてもこの罪の過失を肯定することはありうる）。道交法の規定は，参考にはなり，参考にすべきであるが，結局，注意義務の内容は，解釈に委ねられているというほかはないのである。ところが，そもそも，そのような規定が過失犯一般に存在するわけではなく，それどころか，直接に法令上の手がかりが求めがたいことが珍しくない。これは，千差万別の具体的事象における「適切な行為」を想定する以上，やむをえないことではあるが，新過失論に対する批判点のひとつにもなっている。具体的な注意義務の内容の解釈・認定は，危険な行為を行う際に当然考慮されるべきものとして一般に共通了解となっているところを慎重に吟味して行われるべきであり，その判断過程をできるだけ明示的に記述しなければならない。

　客観的注意義務は，法益侵害結果の予見に基づき，その結果の発生を回避すべき義務であるから，結果予見義務と結果回避義務とに分けることができる。法が不可能を義務づけることはできないから，いずれの義務もその可能性があることが前提となる。客観的注意義務は，結果予見可能性を前提とする結果予見義務と，その予見に基づく結果回避可能性およびこれを前提とする結果回避義務という形で分析される。

（2）予見可能性

　結果予見可能性については，判例・通説は，具体的予見可能性説に立つといわれ，具体的な法益侵害事実（結果）と結果発生に至る基本的因果経過とを予見することができる場合であることが必要だとする。これに対し，公害問題に

関連する過失などを契機に，**危惧感説**，すなわち，何か悪い結果が発生するという漠然とした危惧感があるときにも結果予見可能性を肯定する見解が主張された（**新・新過失論**とよばれることもある）。この見解が，発生すべき結果の特定性を緩めるものか，結果発生の蓋然性が低い場合を含めるものか，あるいはその両者の関係性を考慮するものか，理解は分かれるが[92]，状況によっては，特定の結果発生を予見しないときでも注意義務違反を肯定してよい場合がありうるのではないか，という事情を明るみに出した。予見可能性は，程度を含む概念であると同時に，予見すべき結果の特定性如何によって，予見可能性判断も異なるといわなければならない。判例においても，発生した当該具体的事実についての予見可能性ではなく，いわば「その種の」結果が発生することについての予見が問題とされている（最決平成元・3・14 刑集 43 巻 3 号 262 頁）。これは，上のような事情を反映するものと捉えることができる。

　実際に行為者に課される具体的注意義務については，法によって要求される回避義務によって注意義務の内容が規定されるということになる。この注意義務を規定する際の判断基底は，行為時に一般人が認識しえた事情と行為者がとくに知っていた事情とになるが，結果回避義務は，法益保護のための規範として要求されるべきかどうかの価値判断による。したがって，注意義務の内容は，法益侵害の危険のもつ性質や行為者の立場等によって実質的に判断する必要がある[93]。

　たとえば，近時目につくようになった，多数の医療従事者が共同して診療にあたる「チーム医療」における過失が問題になる事件では，各関与者の立

---

[92] 生じる結果自体の具体性を要求せず，「何か悪いことがおきること」の予見（具体的にはよくわからないが，ともかく悪いことがおきる）であれば足りるとするのは，結果に対する帰責の前提として広すぎると批判される。そこで，たとえば，有害物質の摂取・体内蓄積による「人の健康悪化」といった程度に具体的な予見を要し，ただし，そのような結果発生は不確実なものとして予見している場合（そんなことが起きるのはめったにないが，起きないといえるわけではない）でもよいとする理解もある。また，予見結果の特定性が弱いときには，相当確実なものとして予見することが必要である（結果発生の確率が高いときは，結果の特定性は弱くてもよい）というような，両者の相補的関係を考慮する見解も成り立つ。

[93] いわゆる薬害エイズ帝京大病院事件東京地裁判決（東京地判平成 13・3・28 判時 1763 号 17 頁）は，関係事項について日本で最も権威ある医師と目されていた人物の，薬害発生による患者死亡についての予見可能性を否定した。これに対し，薬事行政に携わる厚生省の公務員の過失（不作為）が問題となった薬害エイズ厚生省事件において，最高裁は被告人の注意義務を認めた（最決平成 20・3・3 刑集 62 巻 4 号 567 頁）。

場・役割に応じた注意義務が考慮されるのである。最決平成17・11・15刑集59巻9号1558頁では，大学病院の耳鼻咽喉科で治療方針等の最終的な決定権を有する同科長に，「その抗がん剤による治療の適否とその用法・用量・副作用等について把握した上で，投与計画案の内容を具体的に検討して誤りがあれば是正すべき注意義務」と，「主治医らの知識を確かめ的確に対応できるように事前に指導するとともに，懸念される副作用が発現した場合には直ちに報告するよう具体的に指示すべき注意義務」とを，それぞれ怠ったとして過失が肯定された。直接に投薬に携わった者以外でも，こうした結果回避義務が課されている。このような義務の有無・内容は，内部的な規範や慣習を含めて，当該立場に応じて判断される。

　鉄道のトンネル内で行われていた電力ケーブル接続工事の際にケーブルに誘起電流を地面に逃がすための銅板を設置するのを怠ったため，本来流れるべきでない部分に電流が流れて炭化導電路を形成し，その部分に長期間にわたり流れ続けることによって火災の発生に至る可能性を予見することができた，とした最決平成12・12・20刑集54巻9号1095頁（生駒トンネル事件）は，結果発生に至るかなり具体的な因果関係を問題にしている。

(3) 信頼の原則

　信頼の原則は，予見義務の範囲を限定する枠組として，交通事犯を出発点に展開されてきた法理である。刑法においては，民事法のような「過失相殺」の考え方はなく，被害者の落ち度の分だけ行為者の過失を割り引いて過失を減少させるという思考はとられない。あくまで当該行為単独の評価が行われるのである。しかし，結果を予見するためには，必然的にある特定の状況を前提としなければならない。そのような前提の中には，当該状況に登場してくる他の者の行為についての予測も含まれる。そこで，結果予見の際，行為者は，他の者の適切な行動を信頼して行為してよい，したがって，結果の予見が可能であっても他の者の不適切な行為までを包含した注意義務を課さない，とするのが正義にかなうであろう。このような思考枠組が信頼の原則である。信頼の原則は，回避義務の内容を確定する際の判断基準として働き，規範的価値判断のルールのひとつと位置づけることができる。

　ただし，信頼の原則は，形式的に適用できる原則ではない。行為者側に結果

発生に関する大きな答責性があるのに他の者の行為だけは適切であることを期待するのは虫が良すぎる。また，他の関与者が信頼を破る事情を予見することが容易である場合には，それをも考慮した上で結果予見・回避が必要であろう。たとえば，老人であって，適切・迅速に行動できそうもないことが容易に窺い知れるのであれば，運転者には，そのような事情を前提にした注意義務が課されるというべきである。

　信頼の原則は，交通事犯を中心に発展し，判例上も承認されてきた。(最判昭和41・12・20刑集20巻10号1212頁，最判昭和42・10・13刑集21巻8号1097頁など参照)。最近の例としては，黄色点滅信号交差点に減速徐行せず進入し，赤色点滅信号の交差道路を高速で進入してきた車両と衝突し，自車の同乗者を死傷させた事件で，暴走車があることは通常想定し難く，夜間で相手方車両の速度を一瞬のうちに把握するのは困難，などの理由で，被告人が交差点に減速侵入したとしても急制動措置を講じるまでに時間を要し，衝突を回避できたと断定することは困難であるとして無罪としたもの（最決平成15・1・24判時1806号157頁，判タ1110号134頁）がある。否定例としては，対面信号が青から黄にさらに赤に変わるのを認め，対向車線上を時速7,80キロで進行してくる自動二輪のライトを前方50メートル余の地点に一瞬見たが，対向車線の対面信号も赤だからこれに従って停止すると即断，右折したところ，実際には青信号に従って進行してきた自動二輪車と衝突したという事案で，自己の対面信号機の表示を根拠として，対向車両の対面信号の表示を判断し，それに基づき対向車両がこれに従って運転すると信頼することは許されないとされた例（最決平成16・7・14刑集58巻5号360頁）がある。

　共同作業に従事する者同士でも，他の関与者が自己の役割を適切に果たすことを信頼してよいと考えられる限りにおいて，同様に信頼の原則の適用が考えられる。これに関する裁判例としては，札幌高判昭和51・3・18高刑集29巻1号78頁（北大電気メス事件）が有名である。

(4) 管理過失・監督過失

　ホテル，デパート，あるいは工場など不特定・多数人の出入りする施設での火災事故が相次ぎ，現場責任者や経営責任者の過失が問題とされ，**管理・監督上の過失**に焦点が当てられることになったことがある（最判昭和63・10・27日刑

集42巻8号1109頁, 日本アエロジル塩素ガス流出事件（信頼の原則による免責）。最決平成2・11・16刑集44巻8号744頁, 川治プリンスホテル火災事件。最決平成5・11・25刑集47巻9号242頁, ホテル・ニュージャパン火災事件。最決平成2・11・29刑集44巻8号871頁, 千日デパートビル火災事件。最判平成3・11・14刑集45巻8号221頁, 大洋デパート火災事件[94]。

　これを契機に, 管理過失・監督過失という類型が議論の対象となった。管理過失とは, 事物の管理者がその具体的管理の不備によって法益侵害結果を引き起こした場合の過失であり, 監督過失とは, 直接に結果を惹起した行為者を指揮・監督する者の過失をいう。いずれも, 法益侵害結果惹起の直接の惹起原因は, 管理者の人的・物的設備・体制であったり, 監督者の指揮・監督下にある従業者であったりするが, 背後の管理者・監督者にも上述のような意味における過失を認めることができ, 過失犯の成立可能性があるということになる。

　しかし, 管理・監督過失は, 特殊の過失ではなく, あくまで結果発生についての管理・監督者の過失である。ただ, 管理・監督上の過失の場合, 上記の例にも見られるように, 重大な, あるいは多数の法益侵害結果が**予見可能**であるときには, その予見可能性の程度が低くともそのような結果を回避する措置は強く義務づけられるというべきであろう。管理・監督過失の場合には, 予見されるべき結果の特定性は小さくてよいであろうし, その結果発生の可能性が低くても, 万全の措置を講じておく注意義務が課されるというように, 結果の予見可能性と結果の重大性との相互関係から考慮されるべきかと思われる。

　もっとも,「容易に大事故が予見できるならば回避措置が義務づけられる」という考え方には合理性があるが, あくまで, 予見できる事故との関係において生じうる結果が問題なのであって, 予見対象の具体化・抽象化の限度の問題は, 管理・監督過失の場合にも存在している。たとえば, およそ客が死傷すること（たとえば自殺を含む）の予見に基づく注意義務を課すとすれば広すぎるであろうが, 何階何号室の宿泊客が死亡するか, 火災か足を踏み外す事故か, と

---

[94] このほか, 業務上過失致死傷事件に関する下級審裁判例として, 札幌高判昭和56・1・22（刑月13巻1・2号12頁, 判時994号129頁。白石中央病院事件）では, 病院の火災により新生児を含む入院患者と付添人らが死傷した事件で, 病院長の業務上過失を否定した。また, 札幌地判昭和61・2・13（刑集18巻1・2号68頁, 判時1186号24頁。北ガス事件）では, 都市ガスの熱量を変更する計画の実施を急ぐあまり作業員の調整ミスを誘発し, 整備不良器具の使用による一酸化炭素中毒事故で死傷者が出たことにつき, 専務取締役と営業技術課長の業務上過失が肯定された。

いった特定性を要求することも不合理であろう。なお，刑法犯の主体となる管理者・監督者は自然人に限られるが，いわゆるワンマン経営者による場合は別として，上記の判例の事件などの場合には，管理・監督者の責任というより企業組織体自体の責任を問う方が実態に即しているともいえる。管理・監督過失を超えた企業過失論の問題であるが，法人処罰の関連で触れたように，今後の研究・立法上の課題である。

最近の判例には，花火大会の際，歩道橋で多数の参集者が折り重なって転倒し死傷者が発生した事故に関し，雑踏警備について現場において警察官を指揮する立場にあった警察署地域官，および現場において警備員を統括する立場にあった警備会社支社長に業務上過失致死傷罪が成立するとされた事例（最決平成22・5・31判タ1327号80頁，判時2083号159頁）がある。また，管制官が誤って降下の指示をしたため，航空機のニアミスを生じさせ，急激な機体操作のため乗客らに傷害を負わせた事件につき，便名を言い間違えて降下の管制指示をした実地訓練中の航空管制官と，これを是正しなかった指導監督者である航空管制官の両方に，業務上過失傷害罪が成立するとしたもの（最決平成22・10・26刑集64巻7号1019頁）があり，管制業務における業務上過失という特徴的な事例としても注目に値しよう[95]。

また，トラックのハブが走行中に輪切り破損して前輪タイヤ等が脱落し，これが歩行者らに衝突して死傷させた事故について，製造会社の品質保証部門の部長またはグループ長の地位にあり品質保証業務を担当していた者に，同種ハブを装備した車両につきリコール等の改善措置の実施のために必要な措置を採り，強度不足に起因するハブの輪切り破損事故が更に発生することを防止すべき業務上の注意義務があったとされた例（最決平成24・2・8刑集66巻2号200頁）がある。

（5）責任要素としての過失

新過失論においても，行為者を処罰するには，構成要件的過失と並んで，責任要素としての過失の存在が必要であるとする見解が有力である。構成要件的

---

[95] 複数人の過失がいずれも結果発生に関連している（過失行為の因果関係がある）場合，いわゆる過失競合の事例については，過失共同正犯の成立如何等を含めて問題がある（第6章（6.5.4）を参照）。

過失が客観的注意義務違反，すなわち一般人がその状況で行うべき結果回避義務を履行しないことであるのに対し，責任要素としての過失は，主観的注意義務違反，すなわち，当該行為者の非難可能性の前提として，その行為者が行うべき注意義務を尽くさなかったことを意味し，犯罪論上は，責任要素に位置づけられる。

　もっとも，わたくしの考えによれば，客観的注意義務違反が認められる場合に，なお行為者の主観的注意義務違反が認められない場合が想定されているという図式で捉えられるものではなく，同じ注意義務違反が，類型的違法を根拠づけるとともに，そのような心理状態で規範に反したという点において，意思決定の不適切として責任非難の対象にもされるのであって，いわば同一事情が2側面から考慮されるものだと解するのが妥当である。行為無価値型思考に基づく新過失論においては，問題となる行為者は，当該状況において結果回避のために適切な態度が義務づけられるのであって，行為規範としては相当程度に個別・具体的義務が認識されていることを前提とするはずである。そこで，要件として，客観的注意義務違反にあたる事実とは別の主観的注意義務違反にあたる事実を想定するのではなく，客観的注意義務違反の事実があるときは，とりもなおさず，主観的にも当該行為者を非難する前提が存在すると考えられる。

(6) 過失の種類

　過失の種類としては，上で述べた管理・監督過失のような類型もあるが，故意と過失との区別を考慮した心理的実体そのものの区別として，**認識なき過失**と**認識ある過失**とがある。認識なき過失とは，構成要件該当事実の認識を欠く場合の過失であって，予見可能な結果を予見しなかったという典型的な過失である。認識ある過失とは，構成要件該当事実の認識があるものの，その結果発生についての認容を欠く（故意に関する認容説の立場からの区別）場合である[96]。認識ある過失は，未必の故意と境を接する概念である。

　その他，業務上の過失と通常の過失という区別もできる。**業務上の過失**は，法益侵害の危険を類型的に含む業務に従事する者に課される業務上の注意義務についての違反である。**業務上の過失**は，通常，構成要件上加重類型となって

---

[96] 蓋然性説によるなら，結果発生の可能性は低いという認識しかなかった場合になる。

いるが，その加重の根拠は，過失を違法要素としての構成要件的過失として捉えるわたくしの立場からは，業務上の過失も類型的違法性に関係すると解することになる。すなわち，社会規範を前提に法が期待する注意義務の内容が豊富ないし高度なものになることに対応して，注意義務違反は，規範からの逸脱程度が大きいことを意味するのである。

　重大な過失（重過失）も通常の過失とは別に考慮できるが，上述のような規範からの逸脱の程度が大きい過失（それが刑の加重根拠となる）ということになるので，業務上の過失と共通する性質をもつ。ただし，業務上過失が，規範（結果回避義務の内容）自体が類型的に高度な次元に設定されることとの比較で，規範からの逸脱の程度が大きくなる場合であるのに対し，重大な過失は，むしろ規範の要求する注意義務は通常の程度であって，その意味で，履行が困難ではなかったにもかかわらず履行しなかった場合である。この意味で，まさに，規範からの「逸脱が大きい」という価値的判断の所産という性格が強い過失だというべきであろう[97]。

---

[97] 結果無価値論の立場からは，業務上過失と重過失との間に本質的な差はないと考えることになろう。業務上過失の位置づけは，各論的な「業務」の意義にも関連して不分明なところを残している（最決昭和60・10・21刑集39巻6号362頁も参照）。

■第3章■
違法性

3.1 違法性の概念

3.1.1 犯罪論体系における違法性判断のあり方

(1) 主観的違法性論と客観的違法性論

　構成要件該当性が肯定された事実は，形式的・類型的には違法である。構成要件が違法類型であることは，構成要件該当性によってその事実について違法推定が働くことを意味する。しかし，類型的違法性が直ちに，現にこの世界に生じた具体的事実が違法であることを確定するわけではない。行為・結果の**実質的・具体的違法性**を判断する必要がある。これが，三段階の犯罪論体系のうち，構成要件該当性に続く第二段階，違法性である。違法性判断は，構成要件の違法推定機能を前提にし，その推定を破る事情が存在するか否かという形式で行われる。つまり，類型的違法性から生じる違法推定を破る**例外的事情の有無の判断**として行われる。このような例外的事情は，違法性阻却事由とよばれる。違法性判断では，主として違法性阻却事由の意義・機能，そしてその要件が問題となる。

　違法性判断における視点ないし判断枠組としては，主観的違法性論と客観的違法性論との対立があった。**主観的違法性論**は，違法を命令規範に対する違反と捉え，したがって，違法評価の対象は，命令を解する者の行為のみであると解する。他方，**客観的違法性論**は，違法性とは，ある事実に対する客観的判断の所産であり，刑法は評価規範として働くと解する。違法性を命令規範違反とする場合には，命令に反する意思決定という部分が重視されることになり，現

実の法益侵害結果が考慮されない傾向が生じる。

　しかし，今日，刑法が法益保護を目的とする規範であること，したがって，違法性の核心に法益侵害をおくことには，広い共通了解が存在する。そこで，現在の違法性論は，客観的違法性論を基盤とした上で，客観的評価の対象には行為者の主観的事情も含まれるか否か，という点が焦点となっている。純粋に違法の客観性を貫徹する立場は，行為者の主観に対する法的評価は責任判断にほかならないとして，主観的要素を違法判断の対象化から除外する。これに対し，事実に対する評価には意思決定規範違反の部分も含まれうるとする立場からは，実質的違法判断に影響する主観的要素の存在を承認することになる。

（2）人的不法論

　主観的違法要素を考慮する立場の発展に大きく寄与した違法論が，**人的不法論** (personale Unrechtslehre) である。この見解は，違法性とは，人間の行為およびその所産としての結果に対する評価であるとし，人間の行為が主観と客観との不可分の意味に満ちた統一体として把握されることから，判断自体の客観性は前提としつつも，判断対象には主観要素が含まれると解する。行為者個人の主観を主観としてそのまま評価し，その意思決定なり心理状態なりの主観的事情を「本来はそのような意思決定をすべきではなかった」というマイナス評価の対象となるか否かと問うのが責任の問題であるのに対し，違法性では，行為・事実の客観的評価に影響する限りで行為者の主観が問題とされる。いいかえれば，主観的違法要素（主観的要素の存在によって行為・事実の違法性が根拠づけられる場合），あるいは主観的正当化要素（主観的要素の存在によって行為・事実の正当性＝非違法性が根拠づけられる場合）を承認することになるのである[1]。

　たとえば，正当防衛として違法性阻却を認めるためには，「防衛するつもり」で行う場合でなければならず，単に結果的に防衛したことになっていた（防衛の効果が生じた）というだけでは足りないと解するならば，主観的要素も正当化の如何を左右する要素とすべきであろう。このように，正当防衛の成立要件として「防衛の意思」が必要だとするときには，実質的違法性判断に影響する

---

[1] なお，故意・過失も主観的違法要素だが，それらは類型的に捉えられた構成要件要素である。ここにいう主観的違法要素は，それ以外の実質的違法性に関わるものであって，いわば狭義で用いられている。

主観的要素が承認されていることになる。違法性阻却事由における主観的要素，主観的正当化要素を想定していることがわかるであろう。

3.1.2 違法性の実質

(1) 行為無価値と結果無価値

違法判断の枠組の根底に違法性の実質をめぐる見解の相違があることは，明らかであろう。学説の系譜としては，法益侵害説と規範違反説の対向軸がある。**法益侵害説**は，違法とは法益の侵害（ないしその脅威）であると解するもので，今日の結果無価値論につながる考え方である。**規範違反説**は，違法とは刑罰法規の背後にある規範に対する違反であると解するもので，今日の行為無価値論につながる考え方である。

結果が違法性にとって決定的であるとすると，重大な結果（の脅威）を引き起こす行為については，その違法性を否定できないので，結果が生じても「許された危険」の場合には違法ではないとする考え方が提示された。これについては，既に過失犯をめぐる議論の中で述べたが，わたくしの考えでは，「許された危険」という大原則に対する例外を導入せざるをえないところに，法益侵害説的な考え方の限界が表れているというほかはない。

そこで，違法性とは，実質的に全体としての法秩序に反することである，と解する規範違反説的考え方に基づく定義が基本的には妥当である。ここにいう法秩序とは，法に体現され，あるいは法を支える基盤としての，歴史的に形成された社会生活上の秩序である。したがって，法の外からメタ・レヴェルで適法性を規定するものは，このような社会生活上の秩序を逸脱しないこと，「社会的相当性[2]」である。反対から言えば，社会的相当性からの逸脱が違法性の重要な部分を占める。

もっとも，刑法が法益保護を目的とし，犯罪が法益侵害であることも否定されないのであって，社会的相当性の範囲を超える行為であるという行為無価値と，法によって保護される利益の侵害という結果無価値とを合わせて違法評価

---

[2] ドイツの刑法学者，ヴェルツェル（Hans Welzel, 1904-1977）が，構成要件該当性が認められる刑法上の不法の内容として，社会的相当性（soziale Adäquanz）を強調した（Welzel, Das Deutsche Strafrecht, 11.Aufl., 1969）。

の対象とする，行為無価値・結果無価値二元論が妥当である。

（2）社会的相当性

　わたくしは，刑法的違法論における「社会的相当性」とは，単純化していえば「倫理の最小限[3]」として法規範にまで高められているものであるが，法益侵害（結果無価値）の考慮をその中に含むと解している。つまり，法益侵害は，それ自体耐えがたい生活秩序逸脱であり，違法である。

　しかし，現代の社会生活秩序はすべての法益侵害（危険）を生活秩序からの逸脱とは評価しない。また，確かに，ここで尺度となっている現存の「秩序」がどのようなものかの認識は困難であることは否めない。したがって，「社会的相当性」をそのままの形で振りかざしても内容空虚であって，実は問題の解決に役立たないことがほとんどであろう。「社会的に相当である」とはどのような事態かを，法益との関係も含めてできるだけ明確に記述することが求められるのである。

　また，違法判断において規準となるのが，既成の事実や個人の内面的道徳価値基準ではなく，妥当している（妥当性を要求している）社会的・規範的要請としての秩序であることに注意が必要である。一般に判決理由などに現れる「社会通念」の中には，社会的相当性に関連する通念も含まれるであろうが，必ずしも上のような意味の社会的相当性と一致しないことも少なくないと思われる。とくに，社会共同生活の中で最低限維持されるべき秩序が問われるのであって，その限りで，道徳的価値に重点があるのではなく，生活を円滑にし調和をとるための客観的行動準則の問題なのである[4]。

　なお，「人的不法論」は，「『人的』行為不法」としての不法を違法評価において重視する。規範の名宛人を人とする法にとって意味があるのは，人の行為に対する評価だけである。いいかえれば，ある法益侵害結果が違法であるのは，「人のしわざ」としてである。ここから，違法性において行為規範違反が重視

---

[3] ドイツの公法学者イェリネク（Georg Jellinek, 1851–1911）による定式である（Die socialethische Bedeutung von Recht, Unrecht und Strafe. 『法・不法および刑罰の社会倫理的意義』，1878）。

[4] 仮に，規範違反が常態化し，それを取り巻く人々が「所詮そんなものだ」と感じているとしても，規範妥当性が維持されているならば，その常態化した違反事実は，社会的に相当ではないとされなければならない。

されることになる。行為規範の形で人の意思決定と行動選択とに作用することによってこそ，法益侵害行為を抑止することが可能となり，いわゆる積極的一般予防効果を期待することができると思う。

以上のような考え方に対しては，社会的相当性，あるいは行為規範の名において，道徳の強制・倫理の保護になっているという批判がある。しかし，「社会的相当性思考」は，規範妥当性そのものを維持しようとするわけでなく，ここでも法益保護が出発点であることは，再度強調しておきたい。

3.1.3　可罰的違法性

違法とは，「全体としての法秩序」に反することであるとすると，ある行為の違法性は，たとえば民法上の不法行為としても，刑法上の犯罪としても，同様であり，一致するはずである。このような「違法の統一性」があることは，もちろん望ましい。違法は統一的であるとすると，違法性を一元的に捉えることになる。この立場が**違法一元論**である。ただし，刑法の謙抑性の観点からみると，民法上の違法性があっても刑法上の違法性が否定されることはありうる。問題は，逆に，民法上の違法性がないのに刑法上の違法性を肯定することが認められるか，あるいは一般に違法の相対性が認められるかである。

処罰の前提としての違法性を**可罰的違法性**という[5]。刑法における違法性は，本来，可罰的な違法性のことである。上述のように，民法上の違法性がそのまま可罰的違法性になるのではない。

可罰的違法性は，程度概念（量の問題）として意義をもつことがある。つまり，質の上では違法であるが，その程度が軽微であるために可罰性がないという場合がある。民法と刑法とで違法の相対性を問題にするときにも，可罰的であるためには違法性が大きくなければならないという側面がある。

他方，法領域ごとの違法性，すなわち違法の相対性という意味での可罰的違

---

[5] 違法性は，いかなる分野の法にも存在するのであって，処罰を前提とするものだけではないのであるから，とくに「可罰的な」違法性を論じる必要がある。本文で述べるように，違法性に量があると考えると，処罰に足りる程度の量的違法性とは何かが問題となり，法の趣旨による違法の相対性を認めるなら，ほかの効果ではなくまさに処罰にふさわしいような違法，いわば違法の「質」が問題となる。

法性もある。たとえば，ある目的のために行われる行為が，その趣旨に反しない限り正当であるが，端的な法益侵害として刑法上は違法であるというような考え方をとる場合である。このような考え方は，**違法多元論**とよばれる。

　判例上，このような「可罰的違法性」を考慮したと目されるものには，軽微な侵害を処罰しないという判断を導いた大判明治43・10・11刑録16輯1620頁（一厘事件）があるが，最決昭和61・6・24刑集40巻4号292頁（マジックホン事件）は，軽微と思われる侵害についても，違法性が肯定された[6]。

　法領域ごとの相対性については，当時の公共企業体等労働関係法に違反する争議行為に際し，刑罰法規違反行為が行われた事件で，このような行為が常に労働組合法1条2項の適用を受けて原則として刑事法上の違法性が阻却されるわけではない，とする判断をしたもの（最大判昭和52・5・4刑集31巻3号182頁，全逓名古屋中郵事件）がある。もっとも，全面的に違法の相対性を承認するわけではなく，刑罰制裁を課すにふさわしい違法性の存在が要求されるともいう。

　可罰的違法性をめぐっては，構成要件を「可罰的違法行為の類型」と捉える立場，したがって，可罰的違法性がない場合には構成要件該当性を否定する見解と，可罰的違法性を実質的違法性判断の所産と捉え，可罰的違法性を欠くときには構成要件には該当するが違法性が欠けると解する立場とがありうる。法益侵害・実害の軽微性と社会的相当性からの逸脱の度合いの軽微性が構成要件不該当を帰結することは，たとえば，ティシュペーパー1枚を盗んだ行為について窃盗罪の構成要件該当性を論じるまでもないという例を考えれば，それなりの合理性をもつと思われる。しかし，構成要件の類型判断を危うくするほどの実質的判断を構成要件該当性判断に持ち込むことには慎重さが必要であろう。可罰的違法性は，それを類型的に構成要件の要素の有無として論じうる（たとえば，客体の価値が低いため，窃盗罪の客体である財物性が否定される）ような場合には，構成要件該当性に影響するが，多くの場合には構成要件該当性は否定されず違法性を欠くに至るものだと考えられる。

---

[6] これは業務妨害事件であって，同罪が抽象的危険犯である（1回的侵害だけが問題ではない）ことも考慮されたという評価もある。

3.1.4 違法性阻却事由

違法性阻却事由は，構成要件に該当する行為が違法性をもたないとされるための根拠となる事情である。構成要件の違法推定機能を前提とすると，構成要件該当事実についての実質的な違法判断は，類型的判断では考慮されなかった具体的特殊事情が，違法の推定を破るような例外にあたるかどうかを判断することになる。そこで，違法性を「阻却」する事由と称されるのである。

違法性阻却の原理について，あらかじめ大きな方向性を示しておけば，ある行為の正当性を根拠づける際にその行為の目的の正当性を重視する**目的説**と，その行為がもたらす利益・害悪の比較衡量によって判断しようとする**利益衡量説**の対立が典型である。違法性阻却（正当化）に関しては，包括的な規定として35条の正当業務行為があるが，刑法典に明示的要件として規定されている違法性阻却事由は，正当防衛（36条）と緊急避難（37条）とであるので，ここでは，まず，正当防衛と緊急避難について検討することとする。正当防衛・緊急避難は，いわゆる緊急行為として違法性阻却が認められる点で特殊性があるともいえるが，法がこれをある種の定型的な違法性阻却事由としていることから，その要件や，両者の対比などを検討する中で，違法性阻却の統一的原理についての考え方も浮き彫りになるはずである。このような考え方で，違法性阻却の一般原理をめぐる議論については，正当防衛・緊急避難の考察をも踏まえて，理念が直接的に表れることになる35条の解釈論として説明する方法をとったので，当該の箇所（3.5）も参照されたい。

3.2 正 当 防 衛

3.2.1 正当防衛の意義，根拠とその限界

正当防衛は，「急迫不正な侵害」に対する防衛として行った反撃は，それが構成要件に該当するときでも，違法性を阻却するものとして処罰しない場合である。法文で「罰しない」とされているのは，違法性が欠けることによって犯罪が成立しないからであるというのが，学説の一致した解釈である。

正当防衛は，法益保全のための行為の一種であるが，大前提として自力救済が禁止されていることはいうまでもない。しかし，それでも緊急状態においては例外がある。緊急行為として違法性が阻却される場合として，伝統的に正当防衛・緊急避難・自救行為などが考慮されてきたのである。

　正当防衛の正当化根拠[7]については，利益衡量・優越的利益原理と法確証の利益が挙げられる。**利益衡量原理**というのは，当該行為によって防衛される法益と法秩序の維持・保全といった利益との和と，当該行為によって侵害される利益とを衡量して，前者が後者を上回るときには，**優越的利益**が優先されるという形で侵害行為の違法性が阻却されるという思考である。確かに，37条の緊急避難では，法文上の要件にこのような利益衡量が表れているとみることができ，侵害法益が防衛法益を超えないときには，法秩序維持等の利益を考慮すると利益の方が侵害を上回るといえる。しかし，36条の正当防衛の要件では，37条と対比すれば「法益の均衡」を厳格には求めていないと解されることから，純粋に利益衡量のみで正当化を基礎づけることには疑問が残る。そこで目に見える利益の比較に加えて，いわゆる**法確証の利益**が考慮されることになる。これは，「正当な権利の不可侵性を公示することにより法秩序の維持・安定が図られるという利益」が正当防衛にとって意味があるという思考である。このような考え方から，急迫不正の攻撃を行う側の帰責性により，その法益については要保護性が後退するという考え方が導かれる。さらに，この思考によって，結果不法の比較ではなく，行為そのものが権利行使として正当化されるという行為無価値的要素の考慮が行われる。しばしば，急迫不正の侵害との関係で正当防衛行為は，「不正」対「正」の関係になると言われるが，これは，正当防衛行為は，結果をまって正当性が定まるのではなく，行為そのものの正当性を意味するときには，文字通りの意義，すなわち，正当防衛行為に出る時点で，不正な侵害に対して正当防衛側が正となるという意味に理解されることになろう。

---

[7] もちろん，正当化根拠は，正当防衛が認められる範囲・限界にも関わる。

3.2.2 要　件

正当防衛が成立する法文の要件を整理すれば，①急迫の侵害があること，その侵害が②不正の侵害であること，これに対し③自己または他人の権利を防衛するために行うこと，かつ，④やむを得ずに行われたものであることである[8]。

(1) 急迫性

「急迫」とは，法益の侵害が切迫していることを意味し，たとえ侵害が当然またはほとんど確実に予期されているときでも急迫性は失われないとされる（最判昭和46・11・16刑集25巻8号996頁）。したがって，急迫性は客観的な要件である。ただし，判例は，防衛者に侵害予期以上の**積極的加害意思**があるときには「急迫性」要件が失われると解していると思われる（最決昭和52・7・21刑集31巻4号747頁，最判昭和59・1・30刑集38巻1号185頁参照）。積極的加害意思とは，防衛に名をかり，その機会を利用して相手に加害しようとする意思である。つまり，積極的加害意思という行為者の主観的要素により，結果として急迫性という客観的要件の存否が左右されることになっている。これに対し，学説は，客観的な要件が防衛者の主観によって左右されることはないはずであり，積極的加害意思の存在は，別の要件である「防衛の意思」を否定する契機となり，あるいは，積極的加害意思のある場合は，防衛に名をかりた端的な加害であって全体として「防衛するため」とはいえないため正当防衛にあたらないことになる，と解する見解が多い。

ただ，防衛の意思を要件とし，積極的加害意思の存在によって防衛の意思を否定する根拠と解する考え方に対しては，疑問がないわけではない。すなわち，防衛の意思が「攻撃があることを認識し，これに対応しようとする意思」というように，比較的緩やかに認められるものである（これが一般的な解釈である）なら，積極的加害意思と両立可能であり，積極的加害意思があるからといって直ちに防衛の意思が失われるとはいえないのではないか，というのである。また，防衛の効果を認識し，実際にも防衛の意味のある行為がなされるときには，もはや「防衛するため」ではない，との解釈については，そもそも評価を述べ

---

[8] なお，盗犯等防止法1条に特別規定がある。

たものにすぎない（別の評価もありうるのに実体的根拠がない）というだけでなく，結論の先取りになっているきらいがある。他方では，「急迫性」が「不意打ち」を含意する限りにおいて，あらかじめその機会を待ち構えて攻撃する意思といえる積極的加害意思のある場合には，「急迫性」を否定することにも理はあるともいえる。

そもそも，法確証の利益とは，「不正に譲歩する必要はない」という正義の思想に基づくはずである。そして，そうであるなら，退避が可能であるときにも法は侵害から事前に退避することを義務づけることはなく，侵害が予期されていていても正当防衛は否定されないのである。仮に，積極的加害意思によって急迫性が失われ，現に侵害に直面していても「緊急性」が否定されるのだとすると，「退避可能であるときには正当防衛は許されない」ことを意味する結果になる意味合いがある。確かに，そうなればもはや緊急行為としての特殊性・例外性が失われるとはいえるので，積極的加害意思があるときに正当防衛を認めるべきでないとする結論はもちろん妥当である。しかし，積極的加害意思が急迫性に影響すると考えることは，積極的加害意思が単に退避の余裕を問題にしているわけではないので，基本思想との関係で疑問があるということである。そこで，積極的加害意思は，事実として防衛の意思と両立可能であるが，そうだとしても，規範的には，もはや防衛するための意思で行われてはいない，つまり防衛のつもりで行われたという評価に値しないため，防衛の意思が否定される場合だと解するべきではなかろうか。

（2）不　正　性

「不正」とは，違法のことである。つまり，不正な攻撃に対する行為であるから正当化されるというのが正当防衛の基本的図式である。正当防衛は，法益侵害に対し法益侵害で対応するが「不正対正」の関係になる。したがって，適法な侵害に対する反撃は許されない。正当防衛が正当な行為である以上，正当防衛行為に対してさらになされる反撃は正当防衛にはならない。

違法判断の対象を客観的事実ないし結果として把握する結果無価値一元論の立場からすれば，違法事実は人の行為やそこから生じた事実には限られないから，物による侵害も不正の侵害であって，それに対し利益を守るために行われる法益侵害行為についても正当防衛が可能である。このような事例を**対物防衛**

という。しかし，違法評価は，規範から逸脱した人の行為に対して行われるという行為無価値の視点を含む見解からすれば，対物防衛は，不正の侵害がない以上，正当防衛の要件を充足しないと解される。物に対しては，「正対正」の関係でなお違法性阻却される緊急避難のみが問題となることになる。

　もっとも，この立場に立っても，物による侵害の背後に人間の故意・過失行為が存在する場合は，不正な侵害にあたる。たとえば，襲いかかってきた他人の犬を殴り殺すことは，器物損壊罪（261条）の構成要件に該当するが，犬の所有者が犬に襲いかからせた，あるいは，犬を繋がないでいたなどの事情があれば，犬の所有者の故意・過失の行為が「不正の侵害」にあたるので，器物損壊行為は正当防衛として違法性が阻却される。なお，無主物の侵害は，少なくとも財産罪との関係ではそもそも構成要件に該当しないから，対物防衛を論じるまでもなく，処罰されない。たとえば，野犬に襲われた際にこれを殺しても，洪水の際に流されてきた流木を破壊しても，客体が器物損壊罪の客体性を備えない限り，不可罰である。

（3）侵　　　害

　「侵害」は，結果ではなく法益侵害に向けられた攻撃そのものを意味する。不作為によるものであってもよい。たとえば，要求を受けて退去しない場合，母親が授乳しない場合，医師が急患の診療に応じない場合も不正の侵害とされる（最決昭和57・5・26刑集36巻5号609頁は，団体交渉に応じないという単なる不作為では急迫不正の侵害があったとはいえないとする。民事的「不正」が債務不履行的不作為で行われたにすぎないという点を考慮したものか）。自己または他人の権利を守るためとされていて，自己の利益保全の場合に限られないので，国家的法益に対する侵害も正当防衛の対象となる（最判昭和24・8・18刑集3巻9号1465頁）。

（4）自招侵害

　自ら侵害を招いた場合にも，一般論としては，それに対する正当防衛が可能である。ただし，正当防衛が「不正に対する正」としていわゆる法確証の利益と結びつけられる以上，それにも限界がある。相手からの攻撃に先立って暴行を加えた例で，相手の攻撃が，先行する自己の暴行に触発された，その直後の近接した場所の一連・一体の事態ということができる場合で，相手方の攻撃が

自己の暴行の程度を大きく超えるものでないなどの事情の下では，反撃に出ることが正当とされる状況ではないとされた判例（最決平成20・5・20刑集62巻6号1786頁）がある。

どのような場合に，どのような根拠で，自招侵害に対する正当防衛が否定されるかをめぐっては，種々の理論が提案されている。代表的なものとして，まず，正当防衛の形式的要件は充足するが，実質的には正当化根拠が欠けるとする立場から，①正当防衛権の濫用であって正当防衛を援用して正当化を主張することは許されないとするもの[9]，②違法性阻却の根拠に社会的相当性を置き，全体としての法秩序に反する防衛行為は社会的相当性を欠くとするもの[10]，③このような防衛者には侵害に対抗しないで退避すべき義務があるとするもの[11]，④侵害の原因設定時に将来の侵害が起きないように回避すべき義務があったのにそれを怠ったという意味の原因行為の違法があるから，それ自体単独では正当な防衛行為を介したとしても法益侵害結果は違法となるとするもの（「原因において違法な行為」の理論）[12]，などがある。次に，正当防衛とされるための要件が欠けるので正当防衛が否定されるという立場から，⑤急迫性の要件が欠けるとするもの[13]，⑥防衛の意思が欠けるとするもの[14]，⑦全体として「防衛するため」に当たらないことになるとするもの[15]，⑧防衛行為の「相当性」が欠けるとするもの[16]，などがある。

もちろん，いずれにも理由があるが，たとえば，正当防衛は，反射的には権利行使という側面をもつとしても，それ自体は例外的許容として位置づけられるべきであろうから，権利濫用論はそのままあてはまるものではないように思われるし，同様に，退避義務論も正当防衛の本来的性質と整合するか疑問であ

---

[9] 大塚・385頁，川端・362頁。以下，代表的なものを挙げる。
[10] 福田・157頁。
[11] 井田・288頁。
[12] 山口・120頁以下。
[13] 最高裁判例（最決昭和52・7・21）に従えば，挑発的行為による侵害に対して防衛するときには積極的加害意思が認められるために急迫性が欠けることになる。
[14] 団藤・238頁。挑発的自招侵害においては積極的加害意思を認めることによって防衛の意思要件を欠くとする議論については，後述のとおり，積極的加害意思と防衛の意思とが非両立か，という疑問がある。
[15] 前田・369頁以下。
[16] 内田・197頁。

る。要件論における議論も，単一の要件に関係させることでは十分でない場合がありそうである。結局，わたくしは，自招侵害に対する正当防衛が否定される理由は唯一ではなく，要件が欠けて正当防衛を否定すべき場合もあるが，それだけに限ることはできず，究極的には，全体としての法秩序の観点から相当な行為が正当化されるという原則から判断するほかはないと考える[17]。

なお，いわゆる「喧嘩闘争」については，相互に攻撃・防御が繰り返される状況の一部のみを取り出して，いずれか一方を不正の侵害であるということはできないとして，喧嘩両成敗，つまりいずれにも正当防衛を認めることができないとする考え方がとられてきたが，最高裁判所は，その進展状況によっては正当防衛の成立の余地があるとするに至った（最判昭和32・1・22刑集11巻1号31頁）。確かに，事象として「喧嘩」であるからといって一律に扱うのも妥当ではないので，正当防衛の可能性自体を否定すべきではないであろう。

（5）自己または他人の権利を防衛するため

「権利」とは，法益のことである。私益のみならず公益を含むことは先にも触れた。「防衛」としては，原則として侵害者に属する法益に対する攻撃（防衛行為）のみが許される。とくに，侵害に無関係な第三者の法益を侵害する行為は，防衛ではなく，原則として緊急避難の成否が問題になるにとどまる。

「防衛するため」になされるものでなければならないから，法益保全に役立つ手段である必要がある。さらに，主観的正当化要素として「防衛の意思」を必要とするのが判例・通説である。防衛の意思の実質については，緊急状態で行われる正当防衛に要求される防衛の意思に厳格な要件を設けても現実的ではないとして，防衛の意思を「防衛の認識」で足りるとする見解もあるが，判例・通説は，防衛行為を行うことの認識を超えて，その行為を利益保全に役立てようとする意思だとしている。

具体的には，「急迫不正の侵害を認識しつつこれを避けようとする単純な心理状態[18]」などと定義される。防衛の意思は，明確な意図・目的である必要は

---

[17] これは，自招侵害事例の具体的実質によって正当防衛のいずれの要件が問題になるかが異なり，それを包括する基準は違法評価に関連する全体的法秩序というほかはないという趣旨であって，自招侵害事例を感覚的基準によって判断せよとするものではない。なお，伊東・184頁，高橋・284頁以下も参照。

なく,その実質がやや希薄化されていることになる。これは,正当防衛者には,純粋に防衛に限定された消極的な態度をとることが義務づけられるのではなく,攻撃の意思があっても防衛の意思を否定すべきではないと考えられる(最判昭和50・11・28刑集29巻10号983頁)からである。先に述べたように,積極的加害意思がある場合には,防衛の意思が欠けることになるとする解釈が有力であるが,防衛の意思と積極的加害意思との両立可能性は,この定義からは直ちに否定されるものではないと考えられる。判例が,積極的加害意思を「急迫性」要件との関係で考慮することに関しては,先に触れた。

　他方で,防衛の意思を不要とする説も有力である。とくに違法性に関する結果無価値一元論の考え方からは,正当防衛の正当化根拠は,結果価値の優越にほかならないことになり,したがって防衛者の主観に依存しないはずであるから,そもそも主観的正当化要素を観念しえない,あるいはする必要がない。講壇事例としては,**偶然防衛**の成否が取り上げられる。たとえば,XがAを殺害しようとして銃を構えているまさにそのときに,その事情を知らないYがたまたまXを射殺したために,Aが殺害されずに済み,結局Aの法益保全に役立った場合が正当防衛にあたるか,という問題である[19]。この場合には,そもそも防衛の認識がなく,防衛の意思は認められないが,防衛の意思不要説からは,偶然防衛も正当防衛となる。しかし,判例・通説の立場からは,防衛の意思を欠く偶然防衛は正当防衛とはならない。わたくしも,行為者に行為規範を与えることも考慮する行為無価値論の視点を含める以上,防衛の意思で行われるからこそ正当化が認められるというのが規範のあり方に沿うと考える。

(6) やむを得ずにした

　「やむを得ず」は,大まかには,必要性・相当性と説明されるであろう。侵害を排除するために必要な措置を必要な限度で行うことを意味する。およそ防衛の効果をもたない防衛に無関係な対応が正当化されることはないので,防衛に役立つという意味の必要性はあまり実際的問題にはならない。したがって,

---

[18] 大塚・390頁。
[19] このような事態は,文字通りきわめて偶然的なことで,実際にはほとんど生じないと思われる。人の意思に対する働きかけが無効な状況であり,あえていえば,行為無価値論的違法性論の関心の外にある事例である。

「相当性」が正当防衛の正当性にとって重要な要素となる。とはいえ，これも，結局，侵害排除のために相当な程度・範囲の法益侵害であることを意味するにとどまる。諸事情を考慮して実質的な判断を行うほかはない。その上で，いくつか留意すべき点を述べる。

まず，緊急避難の場合には，後述のとおり，37条1項にいう「やむを得ず」は「とりうる唯一の手段であること（補充性）」という趣旨を含むと解されているが，正当防衛は「不正対正」の関係であるから，より緩やかに正当化が是認され，行為の補充性までは要求されない。

また，緊急避難では独立した要件として「犠牲となる法益が守ろうとする法益の程度を超えないこと（法益の均衡）」が必要とされているが，正当防衛の場合にはこの要件がないから，相当性にとって法益均衡は絶対要件ではない。防衛手段として必要最小限度であって相当性があれば，「反撃行為により生じた結果がたまたま侵害されようとした法益より大であっても」正当防衛となりうる（最判昭和44・12・4刑集23巻12号1573頁）のである。このように，相当性とは，防衛行為の結果ではなく，第一義的には手段としての防衛行為の問題である。ただし，結果が無関係なわけではない。安価な器物の損壊を避けるために攻撃者を殺害したりすれば，さすがに相当性は否定されなければならない。

なお，このような事情を「武器対等の原則」と表現することもあるが，当然ながら，文字通りの形式的武器対等（素手の攻撃に対しては素手で，ナイフにはナイフで対抗しなければならない，というようなこと）を意味するわけではない（最判平成元・11・13刑集43巻10号823頁）。

(7) 第三者と防衛行為

防衛行為が正しく防衛の相手方（侵害者）に対して行われた場合であっても，第三者の法益侵害を来たすことがある。このような例としては，①侵害者による攻撃に際して第三者の物が手段として用いられたため，防衛行為によってその第三者の物が損傷したような場合，②防衛者側が防衛行為の手段として第三者の物を用いたため，防衛行為の際に侵害者からの反撃を受けてその第三者の物が損傷したような場合，③防衛行為の作用が第三者に及び，侵害結果が第三者に（も）生じた場合が論じられている。このうち，①②は，侵害結果が物に生じる場合であるから，先に述べた対物防衛の問題領域にも属する。③は，現

象としては一種の「打撃(方法)の錯誤」であるが,元来意図された事実それ自体は違法性が阻却される行為であったことが,罪責にどう影響するかが問題である。

　①の例は,問題となっている(正当化されるか否かの対象となる)行為は,物の毀損である。いうまでもなく,対物防衛を正当防衛とする見解によれば,この場合にも正当防衛が成立する(**正当防衛説**)。また,不正の侵害は人によるものでなければならないとする見解によっても,犠牲となる第三者の法益そのものとの関係では「不正対正」とはいえず正当防衛領域にある事例ではないことになるものの,「攻撃側陣営」にある法益の保護が低下することはやむをえないから,正当防衛,またはそれに準ずる違法性阻却を認めるという処理が考えられる(**準正当防衛説**)。

　ただし,自己への侵害手段が物ではなく人であった場合には,対物防衛の問題ではなくなる。たとえば,攻撃者によって第三者が突き飛ばされて自己の身体の安全を脅かすときに,その第三者に物理力を行使する行為とか,攻撃者が第三者である嬰児を投げつけてきたのに対し,その嬰児を叩き落す行為はどう評価すべきか。上と同じ図式によるなら,正当防衛として違法性阻却が認められることになるであろう。しかし,防衛者との関係では「正対正」の関係にある第三者の「身体・生命」が,その侵害行為を正当化することによって刑法上保護されないことになるのは不当であるようにも思われる。そうすると,このような例では,緊急避難のみが可能であると解する説が有力になる。確かに,このような第三者の法益侵害の場合は「不正対正」の関係にない法益侵害であるから正当防衛による違法性阻却を認めるのは妥当でない。

　民法720条2項の損害賠償責任に関する免責を根拠に,防衛が危険源である「物」の損壊によって実現される場合に限り,特殊の緊急避難(**防衛的緊急避難**)として,緊急避難で必要とされる法益均衡・補充性の要件は不要とする(正当防衛的な)扱いを提案する学説[20]もあり,相対的に妥当な結論を導くと考えられ,傾聴に値する。刑法35条に一般的正当化根拠規定があり,緊急行為の一種として自救行為などの類型を認めることが可能である以上,36条・37条の趣旨から防衛的緊急避難のような類型を設定することにも問題はないと思われる。

---

[20] 井田・279頁。

②の例は，①の場合とは異なり，第三者の法益が攻撃側に属していないので，その法益について刑法的保護が低下する理由がない。本来は，攻撃側が甘受すべきであった侵害が，まさに第三者の法益に転嫁されている場合にあたるから，この場合は，正当防衛ではなく緊急避難として処理すべきであろう。すなわち，法益均衡・補充性等，緊急避難の要件を充足する限りにおいて，違法性の阻却を認めることが妥当である。

③の例については，正当防衛のつもりで法定的（正当防衛も法定要件である）に符合する事実が実現した以上は正当防衛であるとする見解，第三者の法益との関係では「正対正」になるから緊急避難の問題であるとする見解，現に生じた法益侵害との関係では急迫不正の侵害がないのに防衛をしたことになるから急迫不正の侵害がないのにあると誤信して防衛行為に出た場合である誤想防衛として扱うべきであるとの見解[21]，いずれの違法性阻却も認められないから違法行為になるとする見解などがある。このうち，誤想防衛説は，現実には存在しない事態を形式的に，あるいは事後的な評価レベルで想定するものであることが否めず，実体にそぐわず，技巧的にすぎるであろう。また，結果的に失敗した防衛は違法であるとして，これに全面的な違法評価を与えることにも，正当防衛として行われた行為に対する評価である以上，行為無価値の観点からは躊躇がある。逆に，正当防衛説にも疑問がある。正当防衛説が錯誤論における法定的符合を応用する点は，正当防衛の成否判断が構成要件該当評価という類型判断とは一線を画すると考えられる限り，正当防衛の成立を論じる際に故意存否判断における構成要件的符合の考え方（法定的符合）がそのまま適合するわけではないからである[22]。実質的にも，この例における第三者の立場からみれば，当該侵害はいわれなき法益侵害にほかならないのであるから，これをそのまま正当防衛として正当化することの根拠は乏しいと思われる。そこで，わたくしは，消去法的な結論ではあるが，緊急避難説が支持されるものと考える[23]。

---

[21] 大阪高判平成14・9・4判タ1114号293頁参照。
[22] 正当防衛の成否も構成要件該当性の問題であると解する（「不法構成要件」のような包括的構成要件概念を立てる理論や，違法性阻却事由は構成要件該当性を否定する要素＝消極的構成要件要素であると構成する理論など）のであれば，このような思考も，理論的には一貫する。ただし，その前提の妥当性は別論である。

3.3　過剰防衛・誤想防衛

3.3.1　過　剰　防　衛

（1）過剰防衛の意義とその法的性質
　防衛の程度を超えた行為は，正当防衛の要件を充足しないので正当防衛としての違法性阻却は認められない。しかし，緊急状態で行われた行為が防衛の程度を超えるのは無理からぬところがある。実際，36条2項は，このような場合に任意的な刑の減軽・免除を定めている。この場合を**過剰防衛**という。
　過剰防衛の法律効果（任意的な刑の減免）の根拠については，**違法性減少説**，**責任減少説**，**違法性・責任減少説**などがある。違法性「阻却」までは認められないとしても，法益が保全された利益などを考慮すると違法性が減少する。あるいは，非難の程度が低く責任が軽いと認められる。さらには，違法性が減少することに連動して責任も減少する，というのである。これらの説明は，それぞれに理由があるので，どれが妥当であると決定的なことは言いにくいが，少なくとも刑法上違法性阻却事由とされている正当防衛の要件を充足しないのであるから，刑の免除の場合であろうとも違法性が阻却されることはないと考えるべきであろう。そうすると，刑の減軽に相当する場合も，違法性の問題とは考えにくいところがある。確かに，違法性「減少」は可能な説明である（刑の免除の場合も可罰的水準以下に違法性が減少するからだと解することができる）が，別の観点から違法性を評価するならともかく，正当防衛の違法・適法評価の延長上で，違法性阻却を否定した上で，特段の正当化要素が付加されないのに違法性減少という評価をするのは整合しないきらいがある。わたくしとしては，責任減少説を支持しておく。

23　もっとも，防衛結果が実現した上，これに加えて過剰結果が生じた場合には，その過剰結果については過剰防衛とすることに合理性が認められるであろう。そうすると，防衛に失敗した類型は，いわば，本来の防衛が未遂となる一方，第三者の侵害という過剰結果が発生する事態に至った場合だということができる。この限りで，防衛行為が過剰な結果を生じさせたと把握して，過剰防衛の一種として論ずる余地もあるかもしれない。

(2) 過剰防衛の要件

「防衛の程度を超えた」とは，相当性を欠いたことを意味する。元来，「相当性」判断は，客観的事実として行われるとはいえ形式的な法益均衡・武器対等を基準とするものではないので，相当性を欠いたか否かの判断は争いの対象になりやすい。

たとえば，鉄パイプで殴打されて逃げ出した後を追いかけてきた相手ともみ合ううち，相手方が勢い余って2階手すりの外側に上半身を乗り出した姿勢となったので，その足を持ち上げて4メートル下のコンクリート道路上に転落させて傷害を負わせた，という事件で，防衛行為が重大な侵害を引き起こす危険性が大きいものであったことを理由に正当防衛行為としての相当性を超えたと評価し，過剰防衛とした判例（最判平成9・6・16刑集51巻5号435頁）がある。また，急迫不正の侵害に対し，正当防衛にあたる暴行を加えて同人を転倒させ，これと時間的・場所的に連続して暴行を加えた場合，相手方がさらに侵害行為に出る可能性のないことを認識した上，防衛の意思ではなく，専ら攻撃の意思に基づき相当に激しい態様の暴行を加えたなどの事情のもとでは，両暴行間には断絶があって，急迫不正の侵害に対して反撃を継続するうちに，その反撃が量的に過剰になったものとは認められず，両暴行を全体的に考察して1個の過剰防衛の成立を認めるのは相当ではない，とする判例（最決平成20・6・25刑集62巻6号1859頁）もある。

(3) 質的過剰と量的過剰

この判例にも表れているように，過剰には，質的過剰と量的過剰とがあると指摘されている。**量的過剰**とは，防衛が功を奏し，もはや防衛の必要がない状態になっても反撃行為が継続された場合であり，**質的過剰**とは，防衛するために必要最小限の手段ではなく不相当に強力な反撃が行われた場合である。量的過剰とは，急迫不正の侵害がないのに攻撃するにすぎず，これを含めて包括的に防衛行為として（過剰防衛ではあるが）評価するのは合理的でないとして，量的過剰の場合を除外する見解もあるが，判例だけでなく多くの説が量的過剰の場合を認めている。

両者を過剰防衛として認める以上，その間に差はないが，量的過剰の事例では，そもそも，防衛の必要が失われた後の行為をそれ以前の行為と切り離して

評価対象とするべきか否かという問題がある。切り離せば，それぞれ正当防衛と違法行為になり，一体として評価すれば過剰防衛となりうる。いいかえれば，量的過剰が過剰防衛として36条2項の適用を受けるためには，防衛行為として行われた行為が「行き過ぎた」場合でなければならず，先行する防衛状況下における防衛行為と一体的な延長上の行為として評価される場合でなければならない。

　この一体性の判断は諸事情の総合判断による実質的評価にならざるをえない。一般的には，先行防衛行為との時間的・空間的接着性が重要であるが，行為者主観が更新され，新たな攻撃として行われた場合には，新たな攻撃部分を行わないことが十分期待できたはずであるから，別個の行為とされるべきである。おそらく，量的過剰類型では，侵害がやんだ前後に行為者において冷静な判断が行われている限り，それが一体性を否定する方向で働くことが想定される。

　判例に表れた時間的・空間的接着性の高い事例として，拘置所に拘留されていたXが，拘置所内の居室において，同室のAがXに向けて机を押し倒してきたのに対しこれを押し返した第1暴行と，これにより押し倒されて反撃・抵抗が困難になったAに対し顔面を手拳で数回殴打するなどの第2暴行とを行い，Aが第1暴行により傷害を負ったというものがある。第1暴行だけをみれば正当防衛であり，第2暴行は暴行罪（過剰防衛）になるとみられるが，全体を一連・一体とみれば，急迫不正の侵害が止んだ後にも暴行を継続した量的過剰にあたる事例と解されることになる。最高裁は，後者の見解をとり，全体として傷害罪について過剰防衛となる旨の判断をした（最決平成21・2・24刑集63巻2号1頁）。前者のように分断して評価する方が被告人に利益であるともいえるが，傷害結果が正当防衛行為から生じた点を被告人に有利な情状として考慮すれば足りるとしたのである。

　共同正犯として行われた構成要件該当行為が正当防衛として違法性阻却される場合に，一部の行為者が過剰行為を行った場合，この過剰事実については，それ以外の行為者との関係では，法的帰属関係を否定するべき事例が考えうる。ただし，どのような場合に過剰行為を切り離して処理すべきであるかは問題である。過剰防衛が共同正犯として行われる場合（最決平成4・6・5刑集46巻4号245頁，フィリピン・パブ事件。最判平成6・12・6刑集48巻8号509頁参照）には，過剰防衛の効果の連帯性，共犯の成立範囲，量的過剰事例では当初の正当防衛

行為と事後の結果との因果関係などとも関係して、やや複雑な問題が生じる。過剰防衛ないし本来の正当防衛の成否と共同正犯相互における個別性・連帯性をめぐる問題については、共同正犯に関連する諸問題として別に取り上げることとする (6.8.5)。

3.3.2 誤想防衛

急迫不正の侵害がないにもかかわらず存在すると認識して、それを前提とした防衛行為が行われた場合、あるいは、客観的には相当な防衛行為ではないにもかかわらず行為者は相当な行為であると思って防衛行為を行った場合は、正当防衛に該当する事実が誤想されていたので、**誤想防衛**とよばれる。これは結局、正当防衛という違法性阻却事由の基礎となる事実に関する錯誤ということになる。誤想防衛は、正当防衛の要件を充足しないから違法性を阻却しない。しかし、防衛者の主観においては正当防衛であるから、正当防衛に準じた扱いをすべき理由があるのではないかが問題となる。

正当防衛の要件についての錯誤には、急迫不正の侵害の存在や、防衛行為の相当性といった事実の認識に関する錯誤と、自己の反撃行為をめぐる事実認識には誤りがなく、それを前提にした行為の違法性に関わる錯誤とがある。違法性阻却事由の錯誤については別途論ずることになるが、事実の錯誤は故意を阻却すると解するのが通説的見解であり、これに従い、違法性を基礎づける事実の錯誤は故意を阻却するという見解が有力である[24]。判例も、違法性の前提となる事実についての錯誤の場合に故意が認められないとする考え方をとっていると思われる。

誤想防衛が相当性を超えている場合は、誤想だけでなく過剰な、誤想過剰防衛である。判例には、棒様のもので襲ってきた74歳の父親に対し、棒様のものだと思ってとっさに斧を掴んでその頭を数回殴打して死亡させたという事案で、斧であることには気付かなかったとしても「斧の重さを持った棒様のも

---

[24] わたくしの見解（後述の厳格責任説）では、違法性阻却事由に関する錯誤は構成要件要素ではない事実についての錯誤であるので、故意の有無には関係せず、違法性の錯誤とされることになる。誤想防衛は、構成要件的故意をもって行われた故意犯であるが、誤想が避けられないものであったときには、違法性の意識の可能性がなかったことに帰するので、責任が阻却される。

の」で頭部を乱打した事実はありこれを認識していたので，過剰防衛と認めてよいとする趣旨の判例（最判昭和24・4・5刑集3巻4号421頁）がある。過剰性の認識はあったことから，誤想過剰防衛を過剰防衛として処理したのである。このほか，誤想過剰防衛にあたるとされた判例には，最決昭和41・7・7刑集20巻6号554頁や，最決昭和62・3・26刑集41巻2号182頁（勘違い騎士道事件）などがある。

　わたくしは，誤想防衛は正当防衛の客観的要件を充足しないので，違法行為であると思う。誤想過剰防衛の類型には，過剰性の認識がある場合と過剰性の認識を欠く場合とが含まれる。違法事実に対応する主観に着目して考察すれば，過剰性の認識がある場合には，急迫不正の侵害の存在については誤想があるものの，違法性阻却されえない状況（過剰防衛）の認識があったというほかはない。したがって，故意犯の過剰防衛となるであろう。これに対し，正当防衛状況も行為の過剰性の認識もない場合には，行為者は過剰防衛にあたる事実を認識せずに，主観的には正当防衛のつもりで行為して構成要件該当事実を実現したわけである。そこで，この場合は，誤想防衛としての処理になじむであろう。誤想防衛が違法性阻却事由を基礎づける事実についての錯誤であり，事実の錯誤が故意を阻却するとすれば，非故意の行為となり，違法性が阻却されない以上は，過失犯として処理されることになろう。すなわち，誤想過剰防衛の2つの類型に応じて相応の処理をする（二分説）のが妥当であろう。

3.4　緊急避難

3.4.1　緊急避難の意義とその法的性質

　たとえば，火事で燃えている自宅から逃げるときに隣家の塀を壊して脱出した場合や，沖合を航行中の船内から海中に投げ出された乗客2人が1枚の板に泳ぎ着いたが，2人が同時につかまると沈んでしまうため，自分だけが助かろうとして相手を水中に押し込んで溺死させる場合（「カルネアデスの板」）などは，緊急やむをえない法益侵害であるともみられるが，犠牲になる法益は不正の侵害者に属するものではない。このように，構成要件該当行為が急迫不正の侵害

者の法益に対するものでない場合にも違法性阻却が認められる場合が**緊急避難**である。侵害利益と防衛利益との関係が「正対正」の関係である点に，正当防衛との決定的な差異がある。この場合には，被害者が法益侵害を甘受すべきである根拠が被害者側の不正性には求められないので，緊急避難による違法性阻却の要件は，正当防衛に比して，より厳格になる。

　それにもかかわらず，緊急避難は違法性阻却事由であること自体，つまり37条1項本文により処罰されないという効果が生じるのは違法性が阻却されるからだという考え方自体は，通説といえる。というのも，仮に緊急避難が違法性阻却事由でないとすれば責任阻却事由だと解することになるが，そのように解するときには次のような問題があるからである。

　前提として，後に詳しく述べるように，**責任阻却**が認められるのは「適法行為に出ることが期待できない（期待可能性がない）」ときであるというのが一般的原理であるので，これに基づいて考える。

　「自分」の法益を守るためであれば，正なる法益を犠牲にして自己の法益を守る行為を選ぶことも無理からぬところがあって期待可能性がない（責任がない）といえるかもしれない。しかし，「他人」の法益を守るための緊急避難の場合（37条1項はその場合を含めている）にまで同じことがいえるかには疑問がある。次に，責任阻却の可否は，行為者の主観（意思状態）に関する非難可能性によるのだから，法益侵害の程度という客観的指標によって左右されるはずはない。しかし，37条1項本文の要件には「法益の均衡」が挙げられていて，これと整合しない。さらに，緊急避難が「違法であるが責任がない」行為であるとすると，緊急避難行為は不正の侵害となり，緊急避難に対する正当防衛が可能になる。そうすると避難行為に出てもそれに対する抵抗が法的に優先保護される結果，緊急避難は実質的にはあまり役立たない制度になってしまうという問題がある。最後に，このように緊急避難が違法であるとすれば，行為者自身は責任が阻却されて処罰されないとしても，避難行為（に該当する法益侵害＝構成要件該当行為）を勧める行為（教唆）や手伝う行為（幇助）は，それぞれ教唆犯・幇助犯として可罰的になってしまい（共犯の制限従属性），バランスを欠くことが否定できない。なお，民法720条1項では，他人の不法行為に対する緊急避難による物損について損害賠償責任を否定している（違法性がない）こととの整合性が援用されることもある。

緊急避難には違法性阻却の類型と責任阻却の類型とがあるという**二分説**も有力である。とくに，個人的法益の中でも最重要な生命については，第三者の生命を犠牲にする行為を正当化することは肯定できず，生命と生命とが対比される緊急避難は責任阻却にとどまるとすべきだと主張される。二分説には，大きくは，緊急避難を原則として違法性阻却事由と解した上で，保全法益と侵害法益とが同価値（生命を守るために生命を侵害する）であるときには違法性阻却はできない（正当化のためには，利益が「優越」しなければならない）から責任阻却事由であるという見解，緊急避難を原則として責任阻却事由と解した上で，保全法益が侵害法益に著しく優越する場合には違法性阻却されるという見解がある。これは，傾聴すべき考え方ではあるが，実定法上区別されていないところでこのような二分が妥当であるかは問題であるし，責任阻却の場合に関しては，上述の責任阻却事由説の不都合がある[25]ことは否定できない。

このような事情で，ここでもいささか消極的な態度決定という面もなくはないが，違法性阻却事由説が妥当だということになるのである。

なお，緊急避難については，業務上の特別の義務負担者に関する例外（37条2項）があることに注意されたい。これは，緊急避難が正当防衛に比して限定的にしか認められないことのひとつの表れといえる。

3.4.2　緊急避難の要件

緊急避難が認められるための法文上の要件は，①自己または他人の生命・身体・自由または財産に対する現在の危難（客観的事情）の存在，②その危難を避けるためにすること，③やむをえずにしたこと，そして，④行為によって生じた害が避けようとした害の程度を超えないこと，である。

（1）自己または他人の生命・身体・自由または財産に対する現在の危難

まず，保全対象となる法益が列挙されている。文言の形式からは，「生命・身体・自由・財産」に限定する趣旨（限定列挙）である。名誉は挙げられてい

---

[25] 立法論的には，緊急避難の規定が理論的整合性をもつように整理されるのが妥当だというべきであろう。

ないが，これも自由に含まれるとの解釈が有力である。貞操も，性的自由に関連する法益として包含されるであろう。なお，他人の利益に対する危難でもよいので，これに該当する限り，国家・社会の利益も含まれると解される。

「現在の危難」とは，正当防衛における急迫性と同様と解され，侵害の危険が切迫していることを意味する。「危難」とは，法益侵害の危険のことであり，(正当防衛における侵害のように) 不正である必要はない (それを考慮して「侵害」と「危難」とが使い分けられていると説明される)。従って，自然現象・動物・物が危険源の場合を含むことに争いはない。物から生じる危険として，村所有の吊橋が古くなって通行が危険になっていたが架け替えの費用がなく，雪害を装って補助金の支給を受けるつもりで，ダイナマイトで橋を爆破・落下させた事件で，重い車馬の通行には危険性があっても人の通行にはさしつかえがなく，重量の重い荷馬車の通行もまれであるという状況では，いまだ切迫した危険があったとはいえないとされた判例 (最判昭和35・2・4刑集14巻1号61頁) がある。

(2) **自招危難・強要**

自ら危難を招いた場合にも緊急避難を肯定できるかという問題については，正当防衛と同様，一律に排除するのではなく，実質的な違法性 (責任阻却事由説からは責任の有無) を判断するのが妥当であろう。判例には，前方に駐車中のトラックの横を，スピードを落とすことなく通過しようとした際，その背後から飛び出してきたXを避けようとして急ハンドルを切ったため別のYを轢いて死亡させたときに，緊急避難を認めなかった例がある (大判大正13・12・12刑集3巻867頁)。ただし，判例も，自招危難に対する緊急避難を全面的に否定してはおらず，肯定される場合もあることを前提にしているといえる。

強要による緊急避難も論じられる。たとえば，自分の子に銃を突きつけられて他者に対する侵害行為を強要されたので，現に銃を突きつけられている子を救うため，相手の命令に応じたような場合である。このような事例には，現在の危難を避けるためやむをえずにしたといえる場合があり，その限りで緊急避難の要件を充足するというべきであろう。しかし，単に「自己または親族の生命」等の重大な法益侵害を内容とする脅迫を受けて侵害行為に及んだというべき場合には，「現在の危難」がない，あるいは「やむをえずにした」とはいえないなどの点で要件が充足されず，せいぜい責任阻却が考慮されるにとどまる

場合が少なくないと思われる。このとき、その侵害は違法であるから、被害者はこれに対して正当防衛が可能になる。

(3) 危難を避けるため

緊急避難においても、客観的に危険回避に効果のある避難行為がなされる必要がある。さらに、正当防衛の場合と同様、「避難の意思」という主観的正当化要素を必要とするのが通説である。避難意思は、現在の危難に対応して避難行為を行おうとする意思であって、法益侵害の認識とは異なる。したがって、自己の行為が法益侵害を惹起するものであることを認識していない場合でも緊急避難は否定されず、過失犯の構成要件に該当する行為についても緊急避難として違法性阻却を論じうる。また、避難意思は、避難行為者の意思であるから、他人のためにする緊急避難の場合に法益主体の同意（他人の意思）は不要である。

(4) やむを得ずにした（補充性）

「やむを得ず」とは必要性・相当性のことである。避難行為として相当な手段が用いられる必要があるのは、正当防衛の場合と同様である。ただし、緊急避難の場合には、正当防衛の場合とは異なり、他の方法では危難を避けることができなかったという事情、すなわち、その避難行為が法益保全のためにとりうる唯一の手段であったことを要すると解されている。これを「補充性」の原則という。ただし、事後的にみれば他行為の余地があったとしうるときに直ちに補充性が否定されると考えるのではなく、行為時の緊急状態を前提に、他行為による法益保全の可能性を判断すべきであろう[26]。

(5) 法益均衡

「生じた害が避けようとした害の程度を超えなかった」ことが必要である。これを**法益均衡（権衡）の要件**という。「超えない」ことが要件なので、同等であれば、なお違法性阻却が可能である。とはいえ、財産と財産とを比べるよう

---

[26] 東京高判昭和57・11・29刑月14巻11・12号804頁においては、やむをない行為と認められる行為に引き続き過剰な行為があったので、全体として「自己の生命、身体に対する現在の危難を避けるためやむを得ず行ったものではあるが、その程度を超えたもの」（いわゆる量的過剰）という評価を行っており、補充性以外の「相当性」を考慮することになっている。

な量的衡量が可能な場合には比較は容易であろうが，法益均衡の要請はそのような法益の場合に限らないし，そもそも必ずしも数量など形式的法益衡量の問題ではないのは言うまでもなく，実質的利益衡量の問題である。結局，「避難行為」自体が通常の対応として受容できるか否かという観点から，侵害・保全利益相互の優劣を比較することになる。

危難のあるX ⇔ 危難のないY（危難の別の法益への転嫁）
　　例1：船が難破した際，Xが，あらかじめ浮き輪を確保して海面に浮かんでいたYから浮き輪を奪ってYを溺死させた。

危難のあるX ⇔ 危難のあるY（保全法益と侵害法益が同様の状況にある）
　　例2：船が難破した際，いずれも海に投げ出されたX・Yが同時に1枚の木の板に泳ぎ着いたが，この板は2人がつかまると沈んでしまうので，XがYを押しのけて溺死させた。

防衛的緊急避難（危険の発生源に対する侵害を手段とする避難）
　　例3：ザイルで結びロッククライミング中のX・YのうちYが足を滑らせたところ，支えきれなくなったXがザイルを切ってYを転落死させた。

　この際，防衛的緊急避難（危険源自体に対する避難行為）と攻撃的緊急避難（第三者に対する避難行為）とを分けて，実質的衡量の手がかりとしようとするのは，傾聴すべき見解であると思われる。すなわち，前者は，危険を直接排除する行為であるので「不正」ではないものの危険源として法益保全の必要性が低下しうるので相対的に緩やかに，後者は，危険創出とは無関係の第三者を犠牲にするものであるので，その法益保護の必要性は不変であるはずであるから，比較的厳格に判断するのが妥当である，というのである。前者は，正当防衛に近い面があるものとして考慮する余地があるといえよう。

3.4.3　過剰避難・誤想避難

　緊急避難の程度を超えた場合には，任意的な刑の減軽という効果が定められている（37条1項ただし書）。この場合は**過剰避難**とよばれる。過剰避難の法的性質についても議論があるが，過剰防衛が責任減少事例であるとするわたくしの立場からは，過剰避難においてはなおさら，緊急避難が成立しない以上違法

性減少は認められず，責任が減少する場合であると解される。過剰避難には，補充性を欠く場合（最判昭和28・12・25刑集7巻13号2671頁，石勝トンネル事件），法益均衡を欠く場合（大判昭和12・11・6裁判例（11）刑87頁）のいずれもが含まれる[27]。

　緊急避難の客観的要件が存在しないのに存在すると誤信して避難行為に出た場合が**誤想避難**である。さらに，誤想に基づいて避難の程度を超えた場合は，**誤想過剰避難**とよばれる[28]。誤想過剰避難には，相当な（補充性・法益均衡を有する）避難行為と誤信して不相当な避難行為をする場合もある。緊急避難を違法性阻却事由とする立場からは，違法性阻却事由に関する錯誤という位置づけになる。これらの場合の処理も，誤想防衛・誤想過剰防衛の場合と同様に解することになろう。

3.4.4　義務の衝突

　「**義務の衝突**」とは，複数の両立しない法律上の義務が同時に課され，かつ義務の違背が処罰対象になっているとき，つまり，いずれか一方の義務を履行すれば他方の義務が履行できないが，義務不履行が犯罪を構成するため，いずれにせよ処罰対象となってしまうという事情である。たとえば，自分の子ども2人が同時に溺れているが，1人しか救助できない事情があるときの親は，一方を助ける（義務を履行する）と他方が助けられない（義務不履行＝不作為による殺人？）という状況に置かれている。あるいは，事故の際に複数の瀕死の患者が治療を求めているが，一度に1人ずつしか対応できない状況にある医師も同様である。これらが義務の衝突に直面する者の典型として挙げられる。

---

[27]　「補充性」が問題となった例として，たとえば，東京高判昭和57・11・29（刑月14巻11・12号804頁，判時1071号149頁）がある。被告人は，酒乱で刃物を持って暴れている者から逃れるため普通貨物自動車内に逃げ込み，さらに同人が普通乗用自動車に乗って追いかけようとしたので，身の危険を感じて酒気を帯びたまま運転して逃走し，道交法の酒気帯び運転の罪に問われた。裁判所は，この行為について，当初は補充性が認められるものの，追跡の有無を確認することができる状態になった以降は補充性が失われていると認定した上，一連の行為を全体としてみれば過剰避難にあたるとした。

[28]　誤想過剰避難として処理された例として，大阪簡裁昭和60・12・11（判時1204号161頁）がある。

義務の衝突は緊急避難状況に類似するが，義務衝突状況では，法的に義務の履行が命令されているのに対し，緊急避難状況は，これとは異なり，甘んじて危難を受け入れること（法益侵害を内容とする非難行為に出ないこと＝不作為）が許される。ただ，作為義務と不作為義務とが衝突する事例で，作為義務の履行がそのまま不作為義務違背による法益侵害にあたる場合には，不作為義務違背となる作為に出ること（違法行為）が緊急避難として正当化されるかという問題に接近する。たとえば，医師が業務上知りえた患者の疾病を守秘すべき義務（不作為義務）と伝染病から同居人を守るためにその疾病についての状況を告知すべき義務（作為義務）とが衝突する場面で，医師が告知をしてもよいかという例がそうである。あるいは，回復の見込みが薄い患者の治療にあたっている医師のもとに回復可能性の高い患者が運ばれてきたとき，医師には現在の患者に対する治療を中断してはならないという義務（不作為義務）と新たな患者に対する治療を開始すべき義務（作為義務）とが衝突する状況があるといえるであろう。このとき，医師が新たな患者の治療を開始する行為が正当化されるかという問題は，緊急避難に類似してくる。もっとも，だからといって義務の衝突が緊急避難の一種であるというわけではない。

　「義務の衝突」の事例において，複数の義務のすべてについて履行を求めるのは不可能であり規範として無意味であるから，そのような規範を設定して違法性を判断するのは妥当でない。そこで，まず，もとより義務に**優先劣後の関係**があるときには，優先的義務を履行すればそれ以外の義務の不履行があっても違法ではないと考えられる。ただし，優先順位の判断を誤ったときは違法とすべきであろう。次に，義務に優劣関係を認めがたい場合は，いずれであっても一方を履行すれば他方の義務不履行は違法ではないとすべきである。つまり，一方の義務履行により他の義務不履行についての違法性は阻却されることになる。このように，義務の衝突は，それにより違法性がなくなる場合があるという意味で，違法性阻却事由と解する（35条が根拠となる）のが妥当だと思われる。そして，さらに，「義務の衝突」として違法性阻却ができない場合にも，なお責任阻却の可能性はあるという構造になるであろう。

3.5　正当行為（35条）

3.5.1　違法性阻却の一般条項

　刑法35条は，「法令または正当な業務による行為は，罰しない」としている。前段が**法令行為**，後段が**正当業務行為**である。法令が許し，あるいは命令している行為が，他方で違法とされるのは矛盾であるから，「法令による行為」が適法であることは当然の理であるというべきであろう。また，「正当な業務による行為」は，直接に法が許容・命令するものではないにせよ，業務として正当である以上，その一環として行われる行為が違法性阻却されるのは当然のことだともいえよう。

　しかし，刑法以外の法令により許された行為が刑法上の違法性を帯びる場合がありうることは，既に可罰的違法性に関する議論でみたとおりである。また，業務として正当であり，その枠内で行われたとしても，違法とすべき行為が行われることは珍しいことではない。したがって，医師の外科手術やボクシングの試合での暴行・傷害が罰せられないのは，「法令行為」・「正当業務」であるからではなく，それらが行為として正当な行為であるからであろう。すなわち，35条は，正当な行為は正当であるという規定であって，一種のトートロジーないし当然の事理を定めるものである。

　そうすると，本条は何らかの違法性阻却事由を積極的に規定するものではなく，その実際的意義は，実質的違法性に関する法律上の根拠規定となるところにある。すなわち，個別規定による違法性阻却が認められない場合の違法性阻却における一般的根拠となりうる。そこで，いわゆる「超法規的違法性阻却事由」も，35条という一般条項に基づくのであって条文上の根拠をもつものであり，またそう解釈されるべきである。「法令行為」や「業務行為」は，そのような違法性阻却がなされる典型的な例である。ここでは，まず，直接に「法令行為」・「正当業務行為」として分類されるべき領域を扱った上，その他，解釈論上議論されている違法性阻却事由を検討する。

3.5.2　法令行為（35条前段）

　法令によって許された行為は，法秩序の統一性の思想によって，たとえ構成要件該当行為であっても刑法上の違法性が阻却されると考えられる。もっとも，法令に基づくことが類型的に明らかなものの中には構成要件該当性自体が否定されると考えられるものもあると指摘されている。たとえば，死刑の執行行為は殺人罪の構成要件に該当しうるが，死刑執行は刑罰として刑法自らが命令しているとさえいえるので，執行行為が違法ではないというだけでなく，構成要件該当性自体が否定されるというべきであるというのである。しかし，法令行為の中で構成要件該当性が否定される場合の限界は明確でない。自由刑や罰金刑の執行，刑事訴訟法に基づく強制処分，あるいは医療行為としての外科手術は生理的機能の侵害行為ではないと言えるかどうかは見かたにより相対的であろう。違法性が阻却されるものと考えるべきである。

　違法性阻却される場合をいくつかに分類してみると，まず，職権（職務）・権利（義務）の行使（履行）にあたる行為は違法性が阻却される。公務員の職権（職務）とされている行為，自由刑の執行や司法警察職員による逮捕・勾引・勾留行為や，住居内の捜索行為は，いずれも刑法・刑事訴訟法による職務行為であって，逮捕監禁罪や住居侵入罪の構成要件に該当するとしても違法ではない。直接に法令が授権・許容するもののほか，上官の職務命令に基づくものもある。権利（義務）行為とは，法令上，ある者の権利（義務）とされている行為であり，私人による現行犯逮捕（刑訴法213条）（私人による現行犯逮捕の際の有形力行使が問題になった例として，最判昭和50・4・3刑集29巻4号132頁参照），親権者の子に対する懲戒行為（民法822条）などがその例である。懲戒には，教員による懲戒（学校教育法11条）もある。これらの場合には法令上懲戒行為として許される限度が明確ではないため，懲戒行為として有形力の行使が許されるかなどの判断をめぐって争いが生じやすい。

　このほか，政策的許容といえる類型もある。競馬などの勝馬投票券や宝くじの発売など，富くじ罪の構成要件に該当する行為が法令により正当化される例がある。また，注意的規定・適正な限定のための規定というべきものもある。（別の位置づけも可能であろうが，）母体保護法による人工妊娠中絶の違法性阻却がここに分類される。これは，原理的にも違法性阻却が認められて然るべき場

合であって，かつ方法や範囲などの限定を付して適切に執行されるようにしているものと理解される。なお，違法性阻却が実質的違法性の観点から判断されるとすると，形式的に法令行為に該当するものであっても，権利の濫用として違法性阻却を否定すべき場合がある。たとえば，公務員の職権濫用はそのような観点から当然違法とされるべきであり，現行法はそれを犯罪としている（193条以下）。また，債権行使に名をかりて恐喝する行為も正当化されない。

3.5.3 正当行為

(1) 正当業務行為と正当行為

　社会生活上，一般に正当な業務と認められている事務は，直接に法令の規定がなくとも違法性が阻却される。これが正当業務行為である。もちろん，総体的に業務として受容されていると共に，個々の行為がそのような業務による行為として社会生活上正当とされる必要がある。伝統的に正当業務とされてきたものとしては，医師の治療行為，スポーツ競技，弁護士の弁護活動，新聞記者等の取材活動，労働争議行為（法令による権利行為という側面もある）などがある。

　業務行為として正当化される根拠は，業務（社会生活上反復継続して行われる事務）として行われるときには，行動準則が確立しているため，これに従う行為は類型的に違法性阻却判断が可能になるなどと説明されるが，先に述べたように，業務であるから違法性阻却が認められるのではなく，あくまで「正当」業務行為であるから正当化されるのであって，業務であることは重要な因子であるもののそれ自体が決定的ではない。したがって，上に挙げたような正当業務行為の類型は，それぞれに実質的違法性を判断すべきであり，逆に，35条が実質的違法性，すなわち違法性阻却の一般条項であるところから，これらに限らず，実質的違法性の観点から違法性が阻却される場合が排除されないことになるのである。先に述べたとおり，この規定は，直接的には「正当業務行為」について定めているが，むしろ，35条により違法性が阻却される行為は，端的に「正当行為」というべきであろう。

　以下では，この観点から，「正当行為」の主要な類型について検討する。

(2) 労働争議行為

　憲法28条により保障される労働者の争議権に基づき，正当な**争議行為**として行われる行為は，たとえ業務妨害罪等の構成要件に該当しても違法性が阻却される。労働組合法1条2項は，刑法35条の適用を明文で定めているが，明文がなくともそう扱うべきである。また，同項ただし書きは，暴力の行使については一切正当化を認めない趣旨であるように読めるが，不法な暴力の行使が正当化されない旨を規定したもの（その限り当然の内容）であるとの解釈が有力である。労組法1条2項の規定は，原理から帰結されることがらについての注意的規定であると解される。

　そうすると，争議行為としての「正当性」如何，その判断基準こそが問題になる。実際には，労組法1条1項の目的（経済的地位の向上を主たる目的とする）に加え，手段の相当性という観点から，法秩序全体の精神から相当性を判断することになろう（最大判昭和25・11・15刑集4巻11号2257頁，最大判昭和33・5・28刑集12巻8号1694頁）。一般に，何らかの法規範が直接に争議行為の正当化要件を定めているわけではないので，形式的な判断は難しい。ここでは，社会規範として歴史的に形成されてきた労働運動・争議手段を基準として，侵害利益の質や大小をも考慮した上で，それに沿うものであるかどうかという判断をすることにならざるをえない[29]。

　なお，公務員等の争議行為と公務員法の処罰規定については，種々の争いが生じた。公務員等の争議行為が禁止され，さらに，争議行為の共謀・そそのかし・あおり等の行為に処罰規定が置かれている（国家公務員法110条1項17号など）が，憲法上の人権保障の観点から，法規自体の違法性はもちろん，その適用について考慮が必要ではないかという疑問が提出されたのである。たとえば，処罰対象として規定されている争議行為の共謀等が行われれば，直ちに形式的に可罰的違法性を帯びるかという問いである。これについて，いわゆる「二重の絞り」論は，争議行為自体の違法性の強さに加え，あおり行為等が通常争議行為に随伴する程度を越える場合に限り可罰的違法性が認められるという慎重な態度を主張した。一方，国営企業・地方公営企業の場合，「争議行為の共謀・そそのかし・あおり等」に対する罰則がないものの，そのような行為が他

---

[29] 最大判昭和48・4・25刑集27巻3号418頁（久留米駅事件）も参照。

の法規違反として可罰的であるとき（たとえば郵便法違反），当該行為が労組法1条2項経由で違法性阻却されるかが争われ，可罰性が認められた（最大判昭和52・5・4刑集31巻3号182頁，全逓名古屋中郵事件判決）。

（3）自 救 行 為

自救行為は，緊急行為の一種で，不正の侵害の終了後に，公権力の保護をまたずに侵害を回復する場合である。これも，35条に基づき例外的に正当化が肯定される場合であると解される。明文規定がないので，自救行為の正当化根拠・要件は解釈に委ねられ，種々の考え方がありうる。わたくしは，自救行為は，緊急行為という性質において共通する正当防衛・緊急避難の要件を基本に，侵害に対しては事後的法益回復であることと，正当防衛など明文規定をもつ違法性阻却事由ではないことなどを考慮して，それらより相対的に厳格な要件を設定すべきであると考えている。

そこで，基本的に，緊急避難の場合に要求される補充性・法益均衡の要請は，自救行為の場合にも妥当すると解される。その上で，不法な権利侵害があったとき，即時に救済をはからなければ回復が不可能か著しく困難である状況を前提に，権利・利益保全の目的・意思をもって，その目的達成に相当な最小限度の手段が用いられた場合に違法性が阻却されるものとすべきであろう（「法の保護を求めるいとまがなく且即時にこれを為すに非ざれば請求権の実現を不可能もしくは著しく困難にする虞がある場合」を自救行為とした最判昭和30・11・11刑集9巻12号2438頁を参照。なお，自救行為を認めた最高裁判例はないものの，最大判昭和24・5・18（刑集3巻6号722頁，判例体系30巻799頁参照）も自救行為による違法性阻却自体は容認している）。なお，事後強盗罪（238条）において，盗まれた財物の取戻しを防ぐための暴行・脅迫が強盗として論じられることは，反面として被害者による取戻し自体は正当であるとの前提が置かれていると解される。強・窃盗犯からの即時の取戻し行為は，以前から，典型的な自救行為とされてきたし，その根拠は刑法の規定としても存在しているということができる。

（4）医療行為（治療行為）

治療行為の中には，患者の身体への侵襲を伴うものが多い。外科手術が典型で，それは傷害罪の構成要件に該当しうる。しかし，医療行為は，患者の生

命・健康の維持・増進という利益のために行われる有用性をもつものであって，その正当性には疑いがないであろう。医療行為の正当化根拠は，それが医療であるという行為の外形的性質や，医師によるという行為主体の属性によって完全に与えられるわけではない。医師により，医療に名をかりて，不適切な治療行為が行われうるからである。

　社会的相当性の考え方を土台に考えると，医療行為が正当化されるためには，その行為の医学的適応性と医術的正当性とが求められるというのが一般的な理解である。**医学的適応性**とは，当該行為が，患者の生命の維持，健康の回復・増進にとって必要・適切であること，**医術的正当性**とは，当該治療行為が，医術の水準に適う方法・手段で行われることを意味する。このとき，生命，健康の維持・増進等の医療目的が重要であるが，患者の同意（承諾）も社会的相当性を肯定するための重要な要素となるであろう。したがって，患者の意思に反して行われる治療は違法性を阻却しない。このような医療行為を専断的医療行為という。さらに，結果の要保護性についての利益衡量や法益主体の個人的法益の処分権を考慮して，患者の意思こそが医療行為の正当化にとって決定的であると解する立場もある。つまり医療行為は，患者（被害者）の同意によって違法性阻却される類型であるというのである。

　いずれにせよ患者の意思を考慮する場合には，基本的には，患者の身体・精神的利益が明らかであっても患者が侵襲を肯わないときには，侵襲行為は違法性を阻却しないとすべきである。ただし，医学的適応性・医術的正当性に欠ける治療手段が患者によって要求されるとき，あるいは，そのような水準を満たす手段が複数存在するときなどに，患者の選択に反した治療行為が行われた場合，医学的には全く適切な行為であっても患者の意思に沿わない以上違法性を阻却しないとの結論をとるべきか，なかなか困難な問題が生じる。また，患者が意識を失っているなどの状況で緊急の措置が必要である場合（たとえば，全身麻酔の手術中）は，患者の推定的同意のもとに治療が行われることもあり，基本的には違法性が阻却されると解するべきであるが，たとえば，あらかじめ述べられていた希望や，その他の事情から，治療方法についての患者の意思が推認されるときに，どこまでが正当な治療行為になるかが微妙になる場合もある。

(5) 安楽死・尊厳死

　安楽死の定義には流動的なところもあるが，次のような分類が行われている。①**純粋安楽死**は，身体的苦痛の緩和措置が生命短縮を伴わない場合で，これは単純な治療であって適法である。②**消極的安楽死**は，本人が拒否した場合に延命治療を行わないことにより死期が早まる場合である。患者の意思に沿って治療手段を選択した結果である限りにおいて，適法と解することができる。③**間接的安楽死**は，苦痛緩和措置を講じることが生命短縮という間接的効果を伴う場合である。これも，苦痛緩和と生命との考量において長所・短所のある治療法のうちから患者が選択した限りで適法とすることができよう。このように，基本的には，患者の自己決定の尊重が重視されるのが一般的な考え方である。なお，仮に，違法性阻却が認められない場合にも，なお行為者の責任が阻却される可能性はある。

　問題なのは，④**積極的安楽死**（直接的安楽死）である。これは，苦痛除去を患者の死によって実現しようとするもの，すなわち，生命短縮（死）を手段として身体的苦痛を除去する場合である。考慮に値するのは，少なくとも，本人の真摯な要求がある場合である。本人の要求があっても嘱託殺人罪（202条）として可罰性があるのが原則であるから，それを欠くにもかかわらず違法性阻却を認めることはできない。

　その上で，積極的安楽死については，違法説（ただし違法性減少・責任減少を認めうる），適法説の両者があるが，名古屋高裁判決（名古屋高判昭和37・12・22刑集15巻9号674頁），横浜地裁判決（横浜地判平成7・3・28判時1530号28頁，東海大事件）などの裁判例は，違法性阻却の可能性を肯定し，その要件を示している。

　名古屋高裁の事件は，父親が死苦にさいなまれているのを見かねた息子が毒性のある農薬を入れた牛乳を飲ませて死亡させたというものである。判決は，①不治の病で死が目前に迫っていること，②患者の苦痛がはなはだしく何人もこれを見るに忍びない程度であること，③もっぱら病者の死苦の緩和の目的でなされたこと，④病者が意思を表明できる場合は本人の真摯な嘱託または承諾があること，⑤医師の手によることを原則とすること，⑥その方法が倫理的にも妥当なものとして容認しうるものであること，という6要件を充足するときには違法性が阻却されることがありうるとした上で，当該事件では，医師の手によらない場合であるし，毒入り牛乳を飲ませる方法は倫理的に妥当とはいえ

ないとして，同意殺人罪の成立を認めた。横浜地裁の事件は，医師が患者の長男からの要請に応じて，心停止を引き起こす作用のある薬物を注射して投与したというものである。ここでは，①患者が堪え難い肉体的苦痛に苦しんでいること，②患者は死が避けられず，死期が迫っていること，③患者の肉体的苦痛を除去・緩和するために方法を尽し，他に代替手段がないこと，④生命の短縮を承諾する患者の明示の意思表示があること，という4要件を提示し，この事件では，②以外の要件が欠けることを理由に殺人罪の成立が認められた。

　名古屋高裁の6要件と横浜地裁の4要件は，共通する部分も少なくないものの，後者の要件では，方法の倫理的妥当性の要件がない代わりに，患者の明示の意思表示を要求し，より患者の自己決定を重視する姿勢を示していることが注目される。自己決定の尊重という姿勢は一般的な支持を得ているが，安楽死させる行為そのものに，推定的承諾ではなく明示的承諾を要求する一方，死期が迫っており，手段を尽くした後であるという事情を合わせると，積極的安楽死の許容される範囲は極めて限定されることになろう。

　なお，末期医療において，死に直結する治療中止を正当化する根拠については，①患者の自己決定の尊重という視点と②医学的判断に基づく治療義務の限界という視点が挙げられる（最決平成21・12・7刑集63巻11号1899頁，川崎協同病院事件。横浜地判平成17・3・25判時1909号130頁，東京高判平成19・2・28判タ1234号153頁参照）。治癒不可能な病気に冒されて回復の見込みがなく，死が避けられない末期状態にある者の，治療行為の中止を求める患者の意思表示（推定的意思）があることが違法性阻却の要件であるとされたのである。しかし，自己決定権といっても，自殺・死ぬ権利を認めたものではなく，死の迎え方の選択であって，死期が目前に迫っている状況を正確に理解しうる患者に正確な情報が提供された場合を原則とし，患者の意思を判断できない場合にはリビング・ウィル等を参照しつつ真意を探究することが望ましいとされる。また，可能な限り適切な治療を尽くし，医学的に有効な治療が限界に達している場合に，治療義務は否定されるのだとされる。

　自己決定に決定的重要性を認めるのであれば，死期の迫った状態でなくとも，患者の尊厳ある自然死を求める意思が尊重されるべきであるということになり，広く尊厳死（治療・生命維持措置の中止）の違法性阻却を肯定する方向に道が開かれるが，現在のところ，末期医療の例外的な状況においてのみ，すなわち消

極的・間接的安楽死の場合においてのみ，違法性が阻却されるというのが一般的な考え方である。

（6）被害者の同意（承諾）

　被害者の自己決定を尊重する見地からは，法益の処分権限を有する法益主体の同意（承諾）がある場合は，外形として法益侵害とみられる事実があっても，違法性の阻却が認められるであろう。違法性の実質を法益侵害結果と捉える立場からは，実質的には法益侵害がない（構成要件に該当しない），あるいは，法益存在は認められるが法益の保護の必要性を失わせる（違法性が阻却される）ことになる。行為無価値論の考え方からすると，このように法益侵害結果に関係して犯罪の成立が否定されるのではなく，被害者の同意は，究極的には社会的相当性の判断要素に組み込まれて，違法性阻却判断の一要素となると考えられる。もっとも，行為無価値論といわれる立場も，実際には結果無価値・行為無価値二元論であるから，結果無価値が欠けることは違法性評価に大きく影響する。とくに，結果無価値の不存在によって類型的違法性が阻却されることも否定されない。窃盗罪や横領罪など，財産罪において，被害者が行為者の領得について同意しているときに，それらの構成要件該当性を肯定することには意味がない。財産は，法益主体に専属的な利益であり，その処分範囲にも限定はないと考えられるからである。このような，完全な処分が可能な性質の法益（ほかの例としては，たとえば自由）については，被害者の同意が構成要件該当性を否定することになる。社会的法益・国家的法益の場合には，同意主体が単独特定の者ではないと解されるので，（国家の債権放棄など例外もありうるが）事実上被害者の同意は問題にならない。

　ただし，個人的法益のすべてが同様に考えられるわけではなく，**生命法益**については，202条の規定があり，被害者の同意・承諾の有無によって別の構成要件該当性が認められる（法が，完全に法益主体の意思どおりの法益放棄を容認しない）場合になる。また，未成年者拐取罪（224条）のように，被害者の同意が類型的に無効とされ，承諾の有無にかかわらず違法とすべき場合もある。これらの例は，法益の性質と，法益主体の法益処分権の限度等が，違法性阻却（構成要件該当性否定）に関係することを示すといえよう。各構成要件の該当性の問題として，同意の有効性，社会的相当性が評価されることになる。

「社会的相当性」は，同意の動機・目的等が不法であることから直ちに否定されるものではない。法益の保護にとって必要最小限の制約としての社会規範が容認すると判断される限りで，当該行為は社会的に相当な行為となるのである。たとえ，動機や目的が不法であったとしても，法益主体の任意の処分にまかせてさしつかえない範囲であれば，違法性を阻却する。しばしば，引き合いに出される"やくざの指つめ"も，真に有効な（同意能力のある者の任意かつ真摯な）同意に基づく限りは，違法性がないというべきである。問題は，現実には有効とはいえない（隠然たる強制による）同意に基づく場合が多いと考えられる点にあろう。もちろん，真に自由な意思でなければ，違法性を阻却することはない。

生命法益には，刑法上，**自己決定の限界**があり，自殺関与罪や同意殺人罪の限度で国家がいわば後見的に保護する形になっている。そこで，生命侵害にもつながりうる危険を内包する傷害罪については，被害者の同意が構成要件該当性に影響するのか，構成要件該当性を前提に違法性を論ずる場面であるのかが問題となる。

これに関し，まず，傷害罪に関しては202条に相当する他人の自傷行為に関与する規定も存在せず，被害者の自己決定に限定はなく，同意傷害が204条で処罰されることになると同意殺人罪の法定刑より上限が重くなる不合理があるから，常に違法性（構成要件該当性）が否定されるという考え方がある。また，殺人未遂罪（203条参照）が「生命の危険」惹起を処罰対象としていることと解されるので，これとの関係で，生命の危険を生じさせるような重大な傷害に関しては自己決定の限定があると解する見解もある。あるいは，身体の枢要部分についての回復不可能な傷害についての同意は，意思決定の自由・行動の自由という自己決定の存立基盤を危うくするものであるから，自己決定の尊重・保護の趣旨からは自己決定を絶対的に回復不可能にする同意は違法性を阻却しないはずだとする立場もある。このほか，優越的利益の原理から，被害者の同意に基づく侵害と自己決定の利益とを衡量して，違法性阻却の可否を判断すべきだという見解もある。

最高裁は，交通事故を装って保険金を詐取することを甲乙が共謀し，乙の承諾を得て，乙の運転する車に甲が自車を追突させて乙に傷害を負わせたという事案について，承諾の存在だけでなく，承諾を得た動機・目的，身体傷害の手

段・方法，損傷の部位・程度など諸般の事情を照らし合わせて違法性阻却の可否を決すべきものであるとの考え方を示した。そして，本件の承諾は，違法な目的に利用するために得られた違法なものであって，これによって傷害行為の違法性を阻却するものではないとした（最決昭和55・11・13刑集34巻6号396頁）。しかし，この判断は，傷害罪の違法性評価をする際に，詐欺罪の手段として用いられたものであるという事情，すなわち，傷害罪とは別の（詐欺罪の予備行為として処罰されるともいえる）違法事実に基づいて行うことになっており，この点に批判的な学説が多い。

このように，諸事情を総合的に判断するときには，当該行為の違法評価の対象とならないはずの事情が考慮される可能性が否定できない。そのような考慮は，問題の行為に同意するかどうかの判断において考慮されたはずの「反射的利益」を，当該傷害行為の違法性を補填するものとして理解するところから生じるものであろう。自己の利益に対する法的保護を不要とする意思決定は，それ自体，客観的には不合理である。そこで，これが合理化されるような利益が伴っていなければならない，そのような利益が伴わない不合理な決定は尊重されない，という考え方である。

しかし，被害者の法益処分権限の限界は，同意の有効性や同意の尊重という原理自体で完結する問題ではなく，外的要請との関係によって定まるものであって，完全に内在的な要因によって同意の範囲に限界を設定するのは無理であるように思われる。そもそも，自己決定の尊重という立場の内部からは，自己決定の制限は根拠づけられないはずである[30]。自己決定の尊重という原理からは，被害者の同意がいかに不合理であろうとも，その意思に沿う効果を肯定すべきであろう。したがって，同意に至る判断過程で考慮された利益などの事情を含めて判断せざるをえないので，外的事情や随伴利益なども考慮するとし

---

[30] 自己決定の可能性を放棄する内容（典型的には生命放棄）の自己決定については，自己決定尊重の思想からパターナリズム的制限が正当化されるように思われるが，問題は，「自己決定権（の行使）」ではなく，個人が自己決定した内容が実現されることではないだろうか。たとえば，確かに，奴隷契約の自由を承認してしまえば，結局人の自由は守られないとはいえる。しかし，奴隷契約は，不自由な自己の存在を留保した上での決定であるのに対し，死への自己決定は，不自由な存在（自己）を想定しない，いわば最終決定である。その自己決定が事実上真意でない可能性があることは否定できないにせよ，原理的問題としては，自己決定尊重の価値基準からは，任意・真摯な自己決定である限り，これを制約する内在的根拠は存在しないと思われる。

ても，あくまで同意する被害者の自己決定そのものとして内在的に合理的なものであるとき，または，不合理を意識的に受容する旨の意思決定であるときには，その決定を尊重して被害者の意思どおりの効果を肯定すべきである（被害者の同意により違法性を阻却する）。

これに対し，同意に至る判断過程に内在的な非合理的因子が介在するときには，被害者の自己決定の存在にもかかわらず，その効果を否定すべきである（違法性は阻却されない）。たとえば，上述の判例の事案では，同意の基礎が違法な保険金詐取の目的であることをもって傷害行為の違法性が論じられてはならないことは前提として，被害者の判断として，保険金という利益を得るために傷害に同意することも不合理ではないと判断できる（したがって，同意は有効となり同意傷害の場合となる）。もし，保険金詐取の計画がないのに，その目的であるように偽って同意を取り付けていたような場合には，同意過程に非合理的因子が存在するので，その同意は無効である。

同意が有効とされるためには，同意する法益主体が同意能力を有する必要がある。処分対象となる法益についての正しい評価が可能でなければならないからである。そうすると，要求される能力は法益の種類・性質によって異ならざるをえない。また，侵害の可能性のある行為が行われることに対する同意は，そのまま法益侵害についての同意となるわけではない。法益が侵害されることについて認識し，少なくとも消極的に認容するような意思が必要であろう。

同意は，行為の時点で存在しなければならない[31]。同意の有効性という観点からいえば，最終的に同意が法益保護の必要性を失わせていれば有効としてよいのであるが，問題は，侵害行為の違法評価であって，それは行為時点で確定していることを要するであろう。これに関連して，同意を意思表示であると考える**意思表示必要説**と，被害者の内心に存在する意思方向であると考える**意思表示不要説**の，両説がある。意思表示には黙示の意思表示を含めるのが通常であるので，どちらの見解によっても実際上の大きな差は生じないと考えられるが，同意の存在は，それを前提とする行為の違法性阻却の可否に関わるのであって，同意の存否そのもので完結するわけではないから，意思表示必要説が

---

[31] 結果無価値論の立場からは，法益侵害結果発生の時点で存在していれば足りることになるであろう。

妥当であろう。次に，行為無価値論の立場からは，行為者が被害者の同意の存在・内容を認識していることは主観的正当化要素と捉えられるべきであるから，被害者の同意についての認識が必要である。ただし，同意の認識がない場合にも，結果については事後的に結果無価値が否定される以上，未遂犯の成立を認めるべきであるとする見解もある。なお，結果無価値論の立場からは，当然，認識は不要であることになるが，この場合にも法益侵害の危険を生じさせたという点で不法結果が実現しているので，未遂犯の成立はありうるとされている。

　同意は，**任意かつ真摯なもの**でなければならない（最大判昭和25・10・11刑集4巻10号2012頁）。当然ながら，瑕疵ある同意は無効である。威迫等による意思抑圧状態での同意があっても違法性は阻却されない。たとえば，強制下で意思決定の自由を欠く状況の同意は無効である。意思決定の自由が完全に失われていなくとも同意は無効になりうるが，その程度は実質的に判断するほかはない。事故を装い保険金を取得する目的で，被害者の運転する車を自ら海に転落させるように暴行・脅迫を交えて執拗に要求し，それ以外の選択ができない精神状態に陥らせて，被害者に自殺行為を行わせたが，水中の自動車から脱出した被害者は命をとりとめたという事例で，殺人未遂罪の成立を肯定した判例（最決平成16・1・20刑集58巻1号1頁）がある。仮に同意のようなものがあったとしても，それは強制によるもので，202条の罪ではなく，199条（203条）の罪をもって論じるべきだということである。

　錯誤に基づく同意については，偽装心中事件で殺人罪の成立を認めた判例（最判昭和33・11・21刑集12巻15号3519頁）がある。これは，自分が追死するものと誤信している被害者に対し，追死の意思がないのにあるかのように装って被害者に毒薬を飲ませて死亡させた事件である。最高裁は，被害者は被告人の欺罔の結果，被告人の追死を予期して死を決意したもので，このような決意は「真意に添わない重大な瑕疵ある意思」であるとした。住居侵入罪についても，錯誤により違法な目的での立ち入りに同意を与えた場合，その同意は無効であるとされる。監禁罪においても可能的自由の侵害は，錯誤による場合にも肯定されるとしている。学説も伝統的に，このような考え方を支持してきたが，錯誤による同意は無効だという形式的扱いは必ずしも妥当ではない。錯誤がなければ同意しなかったであろうという関係があることが，直接に意思決定上の重大な瑕疵と結びつけられるのは合理的でないからである。ここから，一般に

「動機の錯誤」があっても同意の有効性は失われないという命題が導かれる。

この関連で，**法益関係的錯誤の理論**，すなわち，法益侵害に関する錯誤がある場合には同意は無効であるが，法益処分自体については錯誤がなく，法益に関係しない錯誤があるときには同意は有効であるとする考え方も有力になっている。この説は，とくに，同意の対象を構成要件該当結果に限定する点で，その結果を惹起しようとする目的や動機に依存して同意の有効性を判断する不都合を避ける意味がある。たとえば，保険金詐取目的で傷害に同意を与える場合（前掲・最決昭和55・11・13参照）に，同意の趣旨・目的（詐欺）が違法であるから傷害罪が違法になると判断されるきらいがあると批判されるが，この場合に，法益侵害事実について錯誤がない場合には傷害罪については違法性が阻却されるという結論を明快に導くことができるのである。

しかし，法益関係的錯誤説は，法益についての解釈と法益関係性とが直結するので，解釈如何によって同意の有効性が左右されるという不安定さがある。また，法益侵害自体には錯誤がなくとも，同意にとって決定的な前提事実が誤って認識されているような場合には，やはり同意を有効とすることが妥当でない場合があることが否めない。たとえば，病気治療のために必須であると信じて財産の提供に同意したのにその財産が治療に用いられなかったという場合，出捐自体に錯誤がないから同意は有効であり，詐欺罪などの財産侵害に関する犯罪は成立しないという結論には疑問がある。ここで，財産関係においては対価的利益も法益に関係するという議論もありうるが，それはそれで「関係」の意義や範囲を不明確にし，この説の明快さが失われてしまう。結局，同意が無効になる要件としては，当該同意を判断・決意するについて重要な，いいかえれば判断を左右しうる要素となる前提事実について錯誤が生じている必要があると考えるのが妥当であると思う。

同意の範囲を超えた侵害は，もちろん同意によっては正当化されない。1万円を持って行ってよいとの同意があっても100万円を持って行けば，99万円の窃盗である。ただし，たとえば，全身麻酔の外科手術において開腹後に新たな病巣が見つかったので，事前に同意されていた範囲を超えて切除するといったような場合には，次に掲げる推定的同意によって違法性阻却が認められる余地がある。

なお，被害者が，高い危険性を有する行為をあえて行うとき，本人が覚悟の

上で行ったといえるから，その行為に伴う危険はその行為を行う被害者に負担させることが妥当であろう。しかし，上述のとおり，被害者が法益侵害結果について同意等の処分を行わない限り，構成要件的結果を実現する意思で行われる故意犯の違法性を阻却することはできない。これに対し，過失犯ではそもそも事前には結果発生が意図されていないので，危険行為を自ら選択した被害者について，被害者が承知していた範囲の危険が実現した場合には，被害者側の「危険行為遂行に関する同意」の中に，いわば織り込み済みの結果だといえるのではないか。このような結果を過失によって発生させた者を，過失犯として処罰するのは妥当でないように思われる。これが「**危険の引受け**」として論じられる問題である。たとえば，生命・身体に対する侵害を伴う事故の発生も想定される自動車競技の練習のため，運転技術の未熟な被告人の運転する自動車に同乗して指導していたところ，運転者の過失による事故で同乗者が死亡したという事例で，運転者の運転から生じうる危険を「自己の危険として引き受けた」として，違法性阻却が認められた（千葉地判平成7・12・13判時1565号144頁，ダートトライアル事件）。

これと対比して言えば，被害者の同意は「結果の引受け」であって，「危険の引受け」とは異なる。しかし，自己決定により法益を危険にさらすことには同意していることになるので，「法益侵害の危険を含む行為が行われること」については同意しているとみることができる。その限りで「被害者の同意」に共通した性質を有する。

（7）推定的承諾

推定的承諾とは，被害者が事態を認識していたならば同意を与えていたであろうと推定されることをいう。推定的承諾の種類として，同じ法益主体の複数利益どうしが対立する場合（たとえば，留守宅で水道管が破裂しているのを塞ぐために家内に立入る住居侵入行為の違法性阻却，意識不明者の緊急手術という傷害行為の違法性阻却），法益主体以外の利益と対比される場合（たとえば，友人の家に無断に立入る住居侵入行為の違法性阻却）とが挙げられる。ただし，これらの場合にも，事前に包括的同意があれば，推定的同意ではなく現実の被害者の同意として違法性阻却を認めうる。

推定的同意は，法益処分権限をもつ法益主体の意思ではなく，あくまで他者

が推定するにすぎないので、自己決定尊重の原理からは原則として違法性阻却の根拠にはならないはずである。また、逆に、現実の同意を得ることができる場合に、その有無を度外視して推定的同意によって違法性阻却を認めることも妥当を欠くであろう。したがって、推定的同意は、緊急性など例外的事情がある場合で、本人の承諾を得る暇がなく、かつ、ほぼ例外なく承諾が得られると合理的に推量される状況において、違法阻却が認められるものとすべきである。

推定は、あくまで被害者の判断として、被害者ならばどう判断するかという形で行われなければならない。ただし、既に推定的同意によって違法性が阻却されたならば、被害者本人が事後的に同意しなかったとしても、遡って違法とされることはない。その理由は、推定的同意の違法性阻却根拠によって説明される。わたくしの立場からは、究極的には、行為時に社会的相当性が認められるからであるが、あえて、若干敷衍すれば、刑法が行為者に対する行為規範を与えることによって法益侵害を予防するものであること、本来の同意を得る暇がないときに客観的・合理的な判断に基づいて最善の道を選ぶのが共同生活における社会規範に合致すること、などを述べることができるであろう。ほかに、被害者の意思方向に合致すると判断される場合には法益性ないし法益の要保護性が失われるという見解、一般的判断による「許された危険」として違法性が阻却されるとする見解、中期的・社会的な利益が最終的な個人の利益に優越するという優越的利益説などがある。

(8) その他の場合

正当行為は、非定型的違法性阻却事由であるから、以上のような場合に限られるわけではない。ただし、違法性阻却の原理、根拠に照らして、かつ、典型的違法阻却類型との連続性を考慮して、適切な範囲で違法性阻却を認めるべきである。取材活動と国家公務員法上の守秘義務との関係が問題となった例として、外務省機密漏洩事件（最決昭和53・5・31刑集32巻3号457頁）、国家による人権侵害行為に対する抵抗権のような例として、東大ポポロ事件（最大判昭和38・5・22刑集17巻4号370頁）がある。なお、子の共同親権者のひとりである父親が、別居中の他の共同親権者である母の監護下にある2歳の子を、有形力を用いて連れ去った行為について、未成年者略取罪の構成要件該当性を否定せず、違法性阻却の問題であるとした上で、このような事情では違法性が阻却されな

いとした事例（最小決平成17・12・6刑集59巻10号1901頁）がある。

■第4章■
責　任

4.1　責任の根拠とその実質

4.1.1　責任の概念

　刑法の法律効果は刑罰（国家刑罰権の発動）であり，犯罪の成立は，特定の行為者を処罰する前提である[1]。そこで，犯罪論上，行為・結果の類型的・実質的な違法性に関する構成要件該当性・違法性に加え，行為者に関する法的評価である責任（有責性）が必要とされる。違法性が，相対的には行為者の手を離れた行為・結果という外界の事件・事実に対する評価であるのに対し，責任とは，そのような個別の違法行為に基づいて行為者人格に対してなされる非難ないし非難可能な事情である。非難とは，本来あるべき行動をしなかったという個人的態度に対する法的マイナス評価といえるであろう。違法は，行為とその帰結を対象化して法的評価がなされた結果であるが，非難は，そうすべきであったのにしなかったという，意思決定に関わる行為者の態度に対する評価，糾弾を意味する。このような「責任なければ刑罰なし」という責任主義が近代刑法の基本原理であることは，既に述べたとおりである。

4.1.2　責任の根拠

　非難の根拠となる思想や価値基準に関しては，道義的責任論，人格責任論，

---

[1] 「罪を憎んで人を憎まず」ということばがあるが，処罰されるのはあくまで「人」であるから，まずは罪についての評価（違法評価）に基づくとしても，その「人」を処罰する根拠が必要である。

社会的責任論などが主張された。

　道義的責任論は，意思自由論を土台に，自由で主体的な意思決定ができるはずの者が「自由意志で違法行為を選択した」ことが非難の根拠であると解するものである。ここから，行為者が行った特定の行為についての意思決定を問題とする個別行為責任・意思責任の原則が帰結する。**人格責任論**は，行為当時の人格の主体的表れとしての行為について責任を問うべきであり，行為に際してなされた主体的意思決定に表れている人格について責任を論じるべきであるとするもので，行状責任・生活決定責任[2]を導入する契機となりうる。一方，**社会的責任論**は，新派（近代学派）刑法学を背景にした責任論である。この立場は，近代の科学的思考に基づき意思決定論を採用するので，行為者に適法行為を選択する余地があることを前提とする道義的責任論は採用されない。責任とは，行為者の社会有害性をもつ危険な性格のゆえに刑罰を受けなければならない地位を意味することになる。この意味の責任は，個別行為の基礎となっている意思を問題とする意思責任ではなく，性格責任というべきものであって，危険源となる人間を社会から遠ざけるという社会防衛的思想につながる思想である。しかし，一方では本人の左右することのできない行為について非難はできないとするものの，他方で本人が左右することのできない事情を根拠に不利益処分の対象とする点には抵抗がある。したがって，古典学派刑法学の立場から，基本的には道義的責任の考え方に依拠すべきである。ただし，道義を文字通り道徳あるいは宗教的価値の意味に解することは，もちろん妥当ではない。意思決定の「反規範性」を対象とする限りでの人格的非難であると考えるべきである。

4.1.3　責任の実質

（1）規範的責任論

　現実に責任の存在を基礎づける実質は何か。**心理的責任論**は，行為者の自己の行為に対する心理的関係が責任であるとし，故意・過失という心理状態が責任を基礎づける実質であるとした。すなわち，故意・過失という心理状態の存

---

[2] 個別の行為ごとに責任を考えるのではなく，個々の行為も，その人の主体的行動の一環であることに着目し，特定の行為の背後ないし土台となっている生活・行動の在り方を責任判断に取り込もうとする思考である。

在が確認されれば，その行為は有責に行われたことになる。これは，対象が内心の状態であることに伴う認識の困難さという避けがたい制約を別にすれば，明快であって，一般的な常識に照らしてもとくに問題はないように思える。ところが，行為者に事実認識としての故意が認められる場合，たとえば，幼児が窃盗を行う行為が行われたとしても，これを非難可能（有責）な行為であるとすることには疑問がある。

また，上述のとおり，道義的責任が法的責任論となるためには，そこにいう「道義」が広く道徳であってはならず，法的な意味で定義する必要がある。さらに，故意責任が，認識レベルの問題だけで規定されるものでないことは，すでに構成要件的故意に関連して議論したところである。

そこで，単なる故意・過失という事実の存在が責任の本質なのではなく，行為者が法の期待に反する意思決定をしたことが非難の本質であるとすべきであり，行為者における適法行為の期待可能性を前提に，「規範を理解し，その規範に従うことができたのに，規範に反する行為を選択した」ことが責任の実質であるという考え方がとられるべきである。これが**規範的責任論**である。すなわち，意思決定規範に反する違法行為の決意が責任非難の実質である。

義務に従う意思決定が可能である（適法行為をしようとする決意を法の側から期待することが可能である）ときに責任が問えるのであるから，規範的責任の根拠としては「**期待可能性**」が決定的重要性をもつ。つまり，裏返しにいえば，規範に従った行為に出ることについての期待可能性の不存在によって，責任が阻却されるのである。また，規範的責任の考え方においては，自己の行おうとする行為に関する規範的評価を知りうることが期待可能性を基礎づけるから，「違法性の意識の可能性」が故意・過失とは独立した独自の責任要素となる。すなわち，いわば規範の認識可能性である「違法性の意識の可能性」は，故意・過失を通じて，規範的責任非難の必要条件である[3]。

なお，規範（法）は，名宛人が規範を理解し，規範に従うことを前提とする

---

[3] ただし，これは，「違法性の意識の可能性」を故意とは独立した責任要素であると解する見解，すなわち責任説の主張である。違法事実の認識によってこそ，その行為の違法性の意識の可能性が基礎づけられると考える限り，「違法性の意識の可能性」は，やはり故意責任を問うための要素として位置づけることが妥当だという見解もあり，相対的には多数を占めている。詳しくは，後述する。

が，実際上，大多数の国民がその能力を有し，規範の側からもその能力の範囲内の規範が与えられる。そこで，原則として違法行為を行った者は有責的に行ったと考えられ，通常は，責任を否定すべき特別の事情の有無を判断すれば足りるので，責任判断においても違法性判断と同様に，責任阻却あるいは責任阻却事由が問題となる。しかし，責任の有無の判断は，犯罪論上，違法性に関する構成要件該当性と実質的違法性判断との関係のように，類型的判断が先行しているわけではないので，これは概念上の論理的関係を反映するものではない。責任能力のように積極的に責任を根拠づける要素が考慮されていることには，注意が必要である。

(2) 責任と予防

　刑罰ないし刑法の目的・機能との関係では，責任と予防との関係が問題とされることが多い。一般に，刑罰には犯罪の抑止・予防の効果が期待されているが，少なくとも従来の犯罪論は，抽象的レベルで刑罰の予防効果・機能を前提とし，犯罪論上の責任論においても，理論的には，反規範的意思決定・態度決定に対する非難を通じて抽象的な予防機能を想定した後は，責任論の個別の問題において直接には予防を考慮してこなかった。そもそも回顧的非難としての責任と展望的功利としての予防とは質的に異なるものだと考えられたのである。

　しかし，1970年代以降，量刑において予防が考慮されるのと同様に責任論においても予防の観点が必要だという主張が行われ，影響をもつようになった。少なくとも，刑罰の予防効果は処罰した後にしか想定できない以上，それ自体害悪である処罰に伴って生じる不都合を補う程度の予防効果が見込めないときには，処罰が必要とされる合理的理由が欠けるのではないか，ということである[4]。

---

[4] ただし，刑罰の目的・機能に関する見解の相違によって，この点についての考え方も異なるであろう。

4.2 責任能力

4.2.1 責任能力の意義

　規範的責任を問うためには，期待可能性が存在しなければならない。期待可能性を行為者本人の状態として把握するなら，規範を理解しそれに従う意思決定をすることができるような能力が必要だということになる。このような能力を**責任能力**という。違法とされる行為を行ったとしても，それだけで処罰されるのではなく，規範的責任を問うためには責任能力が必要なのである。これは，規範的責任を前提にし，その限界から導かれる要請だという意味で，法内在的な要請に基づくものである。

　責任能力は，規範的責任を根底において支え，その必要条件という性質を有することから，これを責任前提であると捉えるか，責任の要素であると理解するかについて議論がある。**責任前提**とは，個別行為とは独立した一般的な状態である（行為をするしないにかかわらず責任能力を問題にすることができる），とする考え方である。

　これに対し，責任能力が**責任要素**であるとするときには，責任能力は，ある行為が犯罪を構成するために必要な要件となり，個別行為ごとに判断される能力が問題になる。そうすると，犯罪の種類・性質によってそれぞれの規範を理解する能力も異なりうるから，犯罪によって相対化することもある。つまり，ある行為については責任能力があるが，他の行為との関係では責任能力がないという**部分的責任能力**（一部責任能力）というものを想定することになる。

　これら2つの立場が実際に異なる結論を導くことは少ないが，たとえば，性に関する特異な性格や，精神障害・暴力的傾向などの個人的事情が，特定の犯罪についてのみ責任能力を失わせると考えられる場合には，両者の差が表面化する。行為責任を基礎に据える以上は，責任要素説に基づき，部分的責任能力をも肯定するのが妥当であろう。

4.2.2 責任無能力・限定責任能力

(1) 責任能力の意義

　責任能力は，刑法上，39条と41条がこれに関する規定であると理解されている。いずれも，責任能力はとくに事情がない限り存在するという前提で，責任能力のない場合（**責任無能力**）にあたる特別な事情を規定したものである。

　39条1項は，心神喪失者の行為は「罰しない」としている。心神喪失者とは，責任無能力者を意味し，責任能力がない以上は責任を問うことができないから不処罰（犯罪不成立）になる，という趣旨に理解されている。同条2項は，心神耗弱者の行為について，必要的な刑の減軽を定めている。心神耗弱者とは，限定責任能力者を意味し，責任能力が減退しているために責任の程度が軽くなるので，それに応じて刑が減軽されるのである。

　41条は，刑事未成年者に関する規定である。刑事責任年齢を満14年に設定し，それに満たない者は責任能力がないために処罰されない。刑事責任年齢がほかならぬ14歳とされる，その数字に絶対的な根拠を見出すのは難しいが，人間の成熟過程などを考慮して，是非善悪の区別をつけ，それに基づいて行動する能力を基礎に，年少の行為者が発達途上段階にあることをも考慮して，刑事責任を負わせることの妥当性をも勘案した結果であるといえるであろう[5]。

　責任能力の定義あるいは概念規定，したがってその有無の判断方法については，伝統的に，生物学的方法・心理学的方法が採られている。生物学的方法とは，精神障害の有無の判断による方法で，医学的・生物学的な人間の精神活動の状況に関する判断である。精神状態の（病的）異常性が存在するときには責任無能力となる。心理学的方法とは，認知・行動統制能力の有無の判断によって行う方法で，自由な意思決定が不可能であるときが責任無能力である。こちらは，より行動に即した精神機能の状況に関する判断である。両者を截然と区別することは難しいところもあり，日本の通説・判例は，混合的方法（上記両者の併用）を採用している。すなわち，行為者の精神機能の障害（精神病，酩酊・中毒等）の有無と，行為の是非・善悪を区別する能力またはその区別に

---

[5] なお，少年法は，少年の刑事事件についての特則をおいており，とくに犯行時18歳に満たない者については死刑を科さないこと（少年法51条1項）や，相対的不定期刑の言い渡し（同52条）などの点は，少年の成長可能性や人格の可塑性に対する考慮の表れといえる規定である。

基づく行動制御能力の有無とを合わせて判断するのである。判例の定義では，たとえば，「精神の障礙に因り事物の理非善悪を弁識するの能力なく又は此の弁識に従て行動する能力なき状態（原文はカタカナ）」（大判昭和6・12・3刑集10巻682頁）だという。その能力が著しく減退している場合が限定責任能力である。

（2）責任能力の判断者

　責任能力は，混合的方法で判断される法的概念であるから，裁判所が法的判断としてその有無を決定する。専門的知見に基づく事実状態の判断と法的概念の該当性判断とは異なる。統合失調症[6]患者による行為について，行為当時に行為者の精神疾患がどのように影響したかが問題となった事案で，最高裁は，犯人が精神疾患の影響下にあったものの，普通に社会生活を営んでいたので，責任能力は失われていなかった（減退していた＝限定責任能力）とした（最決昭和59・7・3刑集38巻8号2783頁）。このとき，精神鑑定を行った専門家が鑑定人として病名と症状，責任能力に関する意見を提示したとしても，裁判所はそれに拘束されることはないのである。

　もっとも，最高裁判所は，次のような判断も示している。すなわち，責任能力判断の前提となる生物学的要素・心理学的要素について，専門家の意見が鑑定等として証拠となっている場合には，鑑定人の公正さや能力に疑いが生じたり，鑑定の前提条件に問題があったりするなど，これを採用し得ない合理的な事情が認められるのでない限り，裁判所は，その意見を十分に尊重して認定すべきであるとする。そして，具体的事案との関係では，統合失調症の幻覚妄想の強い影響下で行われた行為が犯罪であることを認識し，後に自首しているなど一般には正常な判断能力を備えていたことをうかがわせる事情があることのみによって，その行為当時，被告人が心神喪失ではなく心神耗弱にとどまっていたと認めることは困難である，と結論したのである（最判平成20・4・25刑集62巻5号1559頁）。

　たしかに，責任能力が法的概念であり，さらにあえていえば，責任能力を要

---

[6] 統合失調症は，典型的には幻覚や妄想等の症状が特徴の疾患である。仮に「人が化物に見え，その化物が自分を殺しに来た」と思っているとすれば，規範に従った行動制御を困難にすることが想像される。

求することは法的「制度」であるという側面が認められることも否定できない。ただし，この概念は，事実状態そのものに与えられる性質に関わるものであるから，医学・心理学等の専門的知見に基づいて得られる認識が土台にならなければならない。いかに「法的」独自性を主張しても，事実認識に矛盾するような評価は不可能である。他方，責任能力に関する専門家の所見は，責任能力の意義を理解した上でその判断に役立つ要素を記述するものであることが期待されるというべきであろう[7]。

4.2.3　原因において自由な行為

（1）行為と責任の同時存在原則

　責任無能力状態の行動は，責任がないために犯罪を構成しない。いいかえれば，行為を規範的に制御する能力である責任能力が，行為のときに存在する必要がある。これは，「行為と責任の同時存在」の原則と表現されている。責任が特定の行為について論じられるものであることからの帰結である。

　しかし，責任無能力状態における行動から犯罪的結果が生じた場合であっても，責任無能力状態に陥る原因に行為者自身が相当程度関与しているとみられるときには，行為者を無罪とすることが妥当でないと思われることがある。たとえば，故意による例として，飲酒酩酊すると暴力的になる性癖をもち，本人もその自覚を有する者が，自己の飲酒酩酊状態で他人を殺害しようと意図して飲酒し，責任無能力の酩酊状態で人を殺害したという場合を挙げることができる。過失による例としては，乳児に乳房を含ませて授乳中に，不注意にも眠ってしまったため，乳児を窒息死させた，というような場合が挙げられる。これらの場合，心神喪失状態に陥る原因である飲酒・睡眠が行為者に帰すべき事情といえるので，責任無能力状態の行為だけを取り出すことに違和感が残るのであろう。

---

[7]　最決平成21・12・8刑集63巻11号2829頁では，責任能力判断が法律的判断として裁判所に委ねられ，そこには，前提となる生物学的・心理学的要素についての評価が含まれる旨を確認した上で，鑑定等が証拠となっている場合，鑑定の前提条件や推論過程などに問題があるときには，鑑定意見を採用せず別の認定をしても誤りではないとしている。

（2）「原因において自由な行為」の法理

　このような事例において責任を問おうとする法理論が，「原因において**自由な行為**」の法理である[8]。この法理は，「原因行為（責任無能力に陥る行為）の時点で自由な意思決定ができた（責任能力がある）場合には，現実的加害行為（結果そのものではないが，便宜上，これを「**結果行為**」ということも多い）の際に責任無能力であっても，全体として完全な責任を問いうる」という考え方を提示するものである。仮にこのような結論が求められるのであれば，もちろん，その理由を示さなければならない。この法理が成り立つ根拠があるか，根拠があるとして限界は何か，という点こそが問題である。そのような結論を妥当とするか，処罰の範囲をどこまで認めるかに関しても見解は分かれる。そこで，「原因において自由な行為」という用語は，それとして処罰可能な類型を直接に指す場合だけでなく，責任無能力状態の行為について罪責を問う必要が論じられる「犯罪遂行の態様」の意味で使われる場合もしばしばある。この場合には，「原因において自由な行為」という事例群について，その可罰性，処罰範囲が論じられることになる。

　問題領域としての「原因において自由な行為」については，不可罰説もある。つまり，可罰説の主張する根拠が不十分であるとしてこの法理を否定し，責任無能力下の行為に責任を問うことはできない，という原則どおりの処理をすべきものと考えるのである。この結論自体は，もともと理論が示すものであって，理論内在的には何ら異議をさしはさむことはできない。しかし，上に挙げた例のような場合には，まさに行為者のせいで責任無能力（さらに法益侵害）が実現しているので，単純な理論枠組に形式的に従うだけでは，実質的に重要な考慮因子がこぼれ落ちてしまうように思われる。多くの学説が，「原因において自由な行為」の類型の中にはやはり可罰的なものがあるとしていることには理由があるといわなければならない。したがって，「原因において自由な行為」の処罰可能性自体は前提としつつ，いかなる根拠で，いかなる範囲で処罰が合理性をもつかが課題となる。この合理性は，結局，原因において自由な行為は，行為と責任の同時存在原則を充足するものである旨を主張することによって与えられるであろう。それには，大別して「構成要件モデル」と「例外モデル」

---

[8] ラテン語で，actio libera in causa といわれる。a.l.i.c. または alic と略記されることもある。

がある。

(3) 構成要件モデル

構成要件モデルは，原因行為（有責行為）を構成要件該当行為（実行行為）とする考え方である。自由な意思決定が可能な段階の行為に構成要件該当性が認められるので，構成要件自体が有責に実現されたことになる。原因行為説という言い方もできる。犯罪として罪責を問われる実行行為は原因行為にほかならず，その時点で責任能力が存在すれば「行為と責任の同時存在」原則を充足する，と主張するものである。

このモデルに属する代表的な理論が，間接正犯類似説である。詳しくは正犯と共犯の章で述べるが，間接正犯とは，形式的実行行為を担当する他人を道具として利用する形で間接的に構成要件を実現する正犯形態である。原因において自由な行為は，責任能力のある自己が，責任無能力状態の自己を通じて犯罪事実を実現する間接正犯になぞらえることができる。間接正犯においては，道具の誘致・利用行為が正犯の行為（実行行為）だと解されているので，原因において自由な行為においても，原因行為が実行行為であって，結果行為は，その実行行為の因果的発展にすぎないと理解することが可能になる。こうして，原因において自由な行為は，実行行為の際に完全な責任能力があることになるのである。

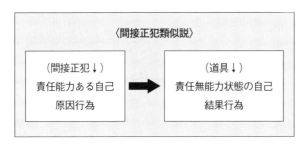

この理論では，次のような点を吟味する必要がある。第一に，原因行為の実行行為性である。間接正犯論における問題は，この理論においても同様に問題である。すなわち，結果発生にとって直接的な危険を惹起する行為は結果行為だと思われるにもかかわらず，原因行為の方が実行行為であるとする根拠が問われることになる。伝統的な間接正犯論においては，背後者の行為の実行行為

性は，上述のように，行為媒介者の道具性と裏腹の関係にある。間接正犯の場合には，利用されるのが他人であり，とくに故意のない他人を利用するような場合には，その道具性を認めやすい。媒介者が道具であるからこそ，すべては背後の者によって行われたことの因果的発展だといえるのである。

しかし，その図式は，もともと間接正犯にあってすら自明のことではないであろう。そうであれば，責任無能力状態とはいえ原因行為を行う者と同一の人格を道具として把握することには，なおさらのこと疑問がある。さらに，原因行為自体の評価としても，そこに行為の定型性が乏しいことを問題としうるほか，それ以上に，原因行為から結果が発生する現実的危険性が認められるか疑問をさしはさみうる。たとえば，先の例で，飲酒行為が人の死の結果を惹起する危険を含むといえるかは微妙であろう。逆にいえば，この見解から故意の原因において自由な行為として処罰可能とされるのは，そのような危険性を肯定することのできる限られた場合にとどまることにならざるをえない。他方で，いずれにせよ，実行の着手時期（未遂犯の成立時期）が早くなりすぎるという問題は残る。

なお，この理論構成では，結果行為も実行行為の因果的発展として構成要件該当事実の一部をなすと考えることになるので，故意犯の成立を認めるためには，実行行為である原因行為が故意で行われることはもちろん，結果行為も故意犯に相当することが必要なはずであるから，原因行為の故意と結果行為の故意とが要求される。責任無能力状態に陥ることについての認識・認容と，結果惹起についての認識・認容という，いわゆる二重の故意が要求されることになるはずなのである。この点は，間接正犯と異なる。

第二に，過失による「原因において自由な行為」の類型の扱いである。原因行為を実行行為として把握する際，それが過失犯であるときは，過失犯の実行行為が元来不定形であることから，間接正犯類似の構造をもつ原因において自由な行為とするまでもなく，原因行為を実行行為とする通常の過失犯として処理すれば足りる場合が多くなる。逆に，故意による場合には処罰対象とならない場合が多くなる。

第三は，結果行為の際に限定責任能力状態（心神耗弱）であった場合である。心神耗弱状態になっただけである場合には，原因行為者と同一人格が維持されており，かつ，限定されているとはいえ行為時点で有責な意思決定が可能であ

るから，限定責任能力状態の自己は道具ではないと考えられる。これを前提にすると，間接正犯のアナロジーで「原因において自由な行為」の可罰性を基礎づけることはできない。

　ここで，2つの可能性がある。ひとつは，原則どおり39条2項に従って刑を減軽するという処理である。もうひとつは，心神耗弱状態の自己は「故意ある道具」であるとして，この場合にも間接正犯になぞらえた原因において自由な行為の類型に該当するとし，完全な責任を問うという見解である。しかし，わたくしの考えでは，故意とは構成要件的故意たる事実的故意に尽き，心神喪失・心神耗弱のいずれにおいても故意は観念できる（責任無能力者にも構成要件的故意は観念しうる）のであって，心神耗弱の場合だけ「道具の故意」を考慮するのは合理的でない。それを措いても，一般論として，心神耗弱状態の自己を故意ある道具に類比することが妥当かには疑問があろう。心神耗弱状態の自己は，道具，すなわち無機的行動機械になぞらえられるものではなく，限定責任能力で減退した規範意識状態ながら，原因行為を行う自己と同一性を維持した人格だというべきである。そうすると，心神耗弱状態に陥った場合は，「原因において自由な行為の法理」が妥当する類型ではなく，原則通り，結果行為そのものを限定責任能力下の行為として扱わなければならない。

　ただし，そうすると，原因行為により行為者が心身喪失に陥れば，結果行為による構成要件該当結果について完全な責任能力を問い，心神耗弱にとどまれば限定責任能力下の行為として刑が減軽されることになり，これはこれとして批判がある。結果行為時にどの状態になるかは偶然であるともいえるし，原因行為を行う者と同一人格である以上，とりわけ故意犯のときには，心神耗弱状態の実行の方が心神喪失状態のときより結果発生に至る確実さが高いともいえる。この扱いは均衡を失するとされるのである。

　第四は，第三の問題とも関係するが，実行行為の途中から責任無能力・限定責任能力状態に陥った場合の扱いである。責任能力を有する時点から既に実行行為が開始されていると考える間接正犯類似説では，この類型でも（全部ではないものの）実行行為と責任は同時に存在するので，原因行為から結果行為に至る一連の行為が，実行行為として一体性を有する場合には，責任能力下の行為として責任を問うことができそうである。ただし，逆に実行行為の一部が責任能力をもって行われれば足りるとする理論的根拠は薄弱であろう。また，

「行為の一体性」の判断は，やはり諸事情を考慮した実質的評価だというほかはない（このような事件に関する判断として，東京高判昭和 54・5・15 判時 937 号 123 頁，長崎地判平成 4・1・14 判時 1415 号 142 頁）ので，不明確であるとの批判を免れない。

以上の問題点は，とりわけ故意の原因行為において，原因行為の実行行為性の評価が重要となり，原因において自由な行為の類型の処罰範囲を限定することを帰結するといえるであろう。

構成要件モデルに位置づけられる学説には，「構成要件該当行為の遡及モデル」とでもいうべき「遡及禁止論」に基づく考え方がある。**遡及禁止論**とは，構成要件該当行為とされるべき行為は，構成要件的結果を帰属させるべき行為であって，それは結果から因果経過を遡及して判断することになるが，因果経過の途中で自律的決定に基づく行為に到達したならばそれ以前に遡及して帰属させることはできない（到達した自律的決定に基づく行為が帰属先＝構成要件該当行為である），とするものである。原因において自由な行為の事例においては，原因行為に結果に至る相当因果関係的危険があり，この危険が結果行為により実現された場合，結果行為が有責に行われていない以上，発生した結果が帰属させられるべきは原因行為である（原因行為にまで結果の帰属関係が遡及する）。そこで，原因行為の時点で行われた自律的決定について責任が問われ（遡及はここまでで停止しそれ以降の遡及は禁止される），有責な行為として可罰的になるのである。この考え方は，それ自体としては一貫した理論であるが，わたくしとしては，前提となる遡及禁止論に疑問がある[9]。

（4）例外モデル

例外モデルは，結果行為が実行行為であると把握し，他方，原因行為のときに責任能力があれば足りるという「同時存在原則」の例外を認め，あるいは，その原則を緩和する見解である。結果行為を実行行為とする点で，結果行為説

---

[9] 行為無価値を考慮する立場からは，結果からの遡及によって有責行為・不法結果の帰属先が決定すると考えるのではなく，行われた行為自体が法の許容しない禁止された不法であり，それが構成要件的結果を形成したと考えられる。いわば，行為時における判断として，行為者に禁止規範が与えられており，これに反する行動に出ることがその行為の構成要件該当性を基礎づけるはずなのである。

というまとめ方もできる。この見解においては，もちろん，なぜ例外が許容されるのかが問題である。これに関する基本的な考え方は，結果に至る行為は，実質的には連続して行われる一連のものとみることができる場合があり，逆にそのような場合に限っては，1個の意思決定によって貫かれた「行為」の開始時（意思決定時）に責任能力があれば足りる，というものである[10]。しかし，善悪弁職能力によって結果に至る行為に出るという当初の決意が自由に行われているといえても，責任能力概念において考慮されるべき行動制御能力の側面を考えれば，それだけで全行為の責任を問うことができるか疑問である。すなわち，責任能力には意思決定面と行動制御面とがあり，このうち，行為の同時的コントロール能力の面が等閑視されているきらいがある。また，この説明からは，行為者が原因行為の時点では結果発生の意思がなく，結果行為時点で故意が生じた場合には，原因行為の意思決定で責任を問うことができない以上，原因において自由な行為としての可罰性は基礎づけられなくなるとも指摘されている。

例外モデルは，原則を修正するので，「原因において自由な行為」の可罰性根拠の合理化に困難があることは否めない。また，例外が認められる限界についても合理的な線を引きにくい。

例外モデルを採用する消極的な理由としては，構成要件モデルにより原因行為を実行行為とすると実行の着手時期（未遂犯の成立時期）が早くなりすぎるという問題が挙げられるが，この点に限っていえば，実行行為の開始時期と実行の着手時期とを切り離すという解決も考えられる。実行行為とすべき危険性と未遂犯の成立の前提となる危険性とは異なるという思考に立脚する考え方である。結果無価値論的には，そもそも未遂犯に必要な危険は，法益侵害の危険が現実のものとなるという「危険結果」の実現として把握されるので，そのような結果危険の惹起に至って未遂犯が肯定されるともいえよう。原因行為が実行行為であるからその時点の責任で結果行為を含めた全体について責任を問うことができる一方，実行の着手は，結果行為により直接的に法益侵害の危険が現実化した時点であるということになる。これは，わたくしも有望な考え方であ

---

[10] 当然ながら，このような事情がある限りで「同時存在原則」が維持されているという主張でもある。

ると思うが，行為無価値を重視する立場から，実行行為の開始と実行の着手時期との乖離を説得的に主張することができるかには，より立ち入った吟味が必要であるように思われる。

(5) 間接正犯との異同

このようにみてくると，確かに，原因において自由な行為は，規範的評価を異にしうる二段階の構成要件実現過程が存在するので，間接正犯との類比に意味がないとはいえないものの，同一人格の意思実現過程である以上，他者が介在する間接正犯の場合とは異なる。この限りで，原因において自由な行為は通常の（1人だけによる）構成要件実現過程と同様の因果的結果実現にほかならない。

ところで，そもそも間接正犯も，媒介者が道具であることの反射的効果として正犯とされるわけではない。媒介者を通じて実現される事実全体について支配を有することが正犯性の根拠である[11]。そこで，原因において自由な行為においても，実現される事実について行為者が支配を有するか否かという観点から考えることが有益であろう。原因行為時の行為者に「結果行為を通じた構成要件該当事実の実現」について行為支配が肯定されるならば，その行為は，構成要件実現行為として実行行為性を認めることができる[12]。そして，この時点で責任能力があれば全体に対する完全な責任を問うことが可能である。いいかえれば，仮に，実行行為性自体は結果行為において認められるだけだとしても，「責任との同時存在」が必要なのは実行行為ではなく，支配を基礎づける因果的寄与，すなわち正犯行為であろう。

つまり，「責任との同時存在」が問題とされるのは，実行行為ではなくこの意味の正犯行為であると考えられる。行為支配とは，結果行為を介した結果実

---

[11] この説明は，正犯性の根拠を「行為支配」に求める説に基づくものであるが，「支配」の概念を用いなくても，間接正犯の正犯性は，媒介者が「道具」とみなされ，背後者が道具を利用して犯罪事実を実現したという点において認められるはずである。

[12] 本文で述べるとおり，正確に言えば，行為支配が「正犯」性の根拠であるから，単独正犯の正犯となるためには，構成要件該当事実の実現者として全体に対する支配を有することが求められるのであり，実行行為そのものを有責に行わなくとも，「正犯行為」が有責に行われればよいということである。ただし，単独正犯者である以上，構成要件該当事実にほかならない自身の行為そのものを支配している必要がある。

4.2 責任能力

現までの事象経過を掌握し左右することができることを意味し，原因行為から高い蓋然性をもって結果発生に至らせるとき，すなわち，原因行為を行うことによって結果発生に至る事象として継起させるに足りる行為を，それを実現する意思で行う場合に認められよう。

判例は，「原因において自由な行為」を正面から問題にして一般論から演繹するというより，個別事案を実質的にみて39条1項・2項の適用を認めることが妥当か否かという姿勢で判断しているように思われる。

たとえば，生来の遺伝的素質により飲酒により精神病の症状が悪化することがあった被告人が，多量に飲酒した後，殺意を生じて被害者を包丁で刺して死亡させたが，犯行時には心神喪失状態であった，という事件で，このような素質を自覚している被告人には，飲酒を抑制して他者に対する危険発生を未然に防止すべき義務があったとして，過失致死罪の成立が認められた（最大判昭和26・1・17刑集5巻1号20頁）。原因行為の危険性を前提に，飲酒行為自体に注意義務違反，すなわち過失犯の実行行為性を認めた形になっている（ほかに，故意犯に関係する事例として，大阪地判昭和51・3・4判時822号109頁参照）。また，飲酒した後に，駐車中の自動車を窃取して，病的酩酊のため正常な運転ができない状態でその自動車を運転したが，運転時には心神耗弱状態であったという事件では，飲酒行為の時点で酒酔い運転の故意があったことを認定した上，そうである以上は，39条2項により刑を減軽すべきではないとした例もある（最決昭和43・2・27刑集22巻2号67頁）。こちらは，理論構成は必ずしも明らかではないものの，心神耗弱（限定責任能力）状態の行為についても原因において自由な行為として完全な責任能力下の行為として責任を負うとする見解と一致する結論である。

故意の原因において自由な行為の例としては，飲酒すると他人に暴行する習癖があり，過去の経験などから自己のそのような習癖を認識しつつ，飲酒の上心神喪失となり，その状態で強盗を行った事例で，暴行脅迫に出ることについては未必の故意があると認めて，示凶器暴行脅迫罪（暴力取締法1条）の成立を認めたものがある。これは，前提として，間接正犯類似説と共通する立場から，いわゆる二重の故意を要求するものといえる。

4.3 故意・過失

　故意・過失という心理状態は，内心の事実的要素である。それは，わたくしの見解では，構成要件的故意・構成要件的過失として，違法要素（構成要件要素）に属する。ただし，故意・過失という心理的事実は，次に述べるような意味において，心理的責任要素として（も）把握される。
　構成要件的故意（事実的故意）については，その心理状態，すなわち構成要件に該当する事実の実現を認識・認容していたという事態を，そのような構成要件実現意思の形成という面から評価する判断次元が考えられる。これが責任判断の次元である。この次元では，類型的違法事実を実現しようとする意思を形成した，すなわち，行為の際に類型的禁止規範に反する事実の実現意思を有していた，という意味において非難の対象となる心理状態であると把握されるのである。
　構成要件的過失も同様であるはずだが，客観的注意義務違反という心理的事実は，その行為が類型的違法事実実現であることを根拠づけるものの，不法実現への決意を必ずしも内包しないので，それ自体を責任非難の対象とすることはできない。しかし，客観的注意義務違反に加えて，行為者個人の主観的注意違反，すなわち主観的予見可能性・主観的結果回避可能性を考慮するときには，行為態様の類型的評価ではなく，そのときの個人が注意すべきであったことを怠ったという注意義務違反が問題とされているのであって，それは行為者の内心における非難が与えられて然るべき事実であろう。こうして，責任要素としての過失は，主観的注意義務違反だということになる。ただし，わたくしの考えでは，構成要件的過失に関して述べたように，主観的注意義務違反とは，客観的注意義務違反状況において注意を欠いた行為に出るという行為者人格に対する非難の契機を意味する。実体として客観的注意義務違反に付加されて必要となる別の要素が想定されるわけではない。つまり，客観的注意義務違反があるとき，ほかならぬ，そのような注意義務違反の態度をとる意思決定について，主観的注意義務違反としての非難が向けられる（非難される可能性がある）という構図で理解されるべきである[13]。
　なお，違法性の意識（の可能性）も，非難に値する心理的事実である。すな

わち，規範に反するとの意識に基づき反対動機の形成が可能であり，違法行為に出ることを押しとどめる「規範の壁」が存在した（しえた）にもかかわらず，違法行為を行うという意思決定を行ったことが非難の対象である。ただし，この要素は，既に何度か言及してきたように，故意の場合だけでなく過失にも共通するものであるから，故意・過失という概念の内部で論じることは適切でなく，故意・過失と並ぶ独立した責任要素（違法性の意識の可能性）として論じるべきである。これについては，次に改めて詳述する。

4.4　違法性の意識の可能性

4.4.1　違法性の意識と故意

規範的責任論の考え方によれば，責任を問えるのは「適法行為の決意可能性」があるときに限られる。ここから，規範に従った判断の基礎として「**違法性の意識の可能性**」が必要だとされるのである。さて，違法行為を行うに際し，その行為について違法性の意識があるときには，違法行為をあえて行うという決意が背景になっているはずであるから，明確な反規範的態度をみてとることができる。これに対し，過失犯の場合には，そのような規範違反の意識はないというべきである。そうすると，故意責任と過失責任とを分けるのは違法性の意識であって，違法性の意識こそが故意責任の核心であるという考え方に導かれる。ここに，違法性の意識は故意を認めるために必要（故意の要素）であるか，という問題が浮かび上がる。

違法性の意識と故意との関係についての学説は，違法性の意識不要説，故意説（故意の要素として把握する），責任説（故意とは別の責任要素として把握する）などに分類される。

---

[13] 結論的には，客観的注意違反の心理状態であった（陥った）ことに対する非難可能性として，故意犯の場合と並行的な構成になる。したがって，主観的注意義務違反が責任の要素として固有の内容をもつとはいえない。なお，客観的注意義務そのものが，実は，行為者の立場に行為者と同様の条件で存在する者に課される注意義務として，ある程度個別的に考慮されることにも注意すべきである。

(1) 違法性の意識不要説

故意犯の成立に違法性の意識(の可能性)は不要だとする立場で,伝統的に,判例の基本的態度だとされている(最判昭和 25・11・28 刑集 4 巻 12 号 2643 頁)。違法性の意識の有無にかかわらず,責任非難の前提としての故意が認められることになる。しかし,上に述べたように,違法性の意識こそが規範的責任の核心であると思われるので,この説に対しては,規範的責任論から帰結する期待可能性の思想に合致せず,ひいては責任主義に反するとの批判があたるであろう[14]。

(2) 故 意 説

違法性の意識(の可能性)が故意の要素であるとする考え方は,**故意説**とよばれる。つまり,この説からは,違法性の意識(の可能性)が存在しない場合には故意が否定される。故意説は,違法性の意識を故意の要素とするか,違法性の意識の可能性を故意の要素とするかによって,2 つに分かれる。

厳格故意説は,「違法性の意識」が故意の要素であるとするもので,故意責任の根拠として,反対動機の形成可能性を重視する見解である。しかし,この説に対しては次のような批判がある。すなわち,常習犯・確信犯などは,違法性の意識が鈍磨し,あるいは違法性の意識を欠いているため,故意がないか,責任が軽減することになり,処罰が軽くなるという帰結が得られるはずであるところ,刑法は,確信犯を免責するとは考え難いし,常習犯はむしろ加重処罰される類型とされているので,これらを説明することができない。ここで,確信犯の場合にも違法性の意識があると解することもできなくはない。ただ,法自体の妥当性を否定している確信犯人に違法性の意識を認めるとすれば,前法的な,国家・社会倫理規範違反のレベルでの違法性の意識で足りるとせざるをえないであろう。しかし,法秩序違背性が故意の本質的要素であるとする考え方に基づく限り,行為者には「法」違背の意識が必要なはずである。法的責任の根拠が一般的反社会性の認識で足りるとすることはできない,と批判されるのである。

---

[14] このほか,故意とは,一般人が犯罪の違法性(不法・責任内容)を認識できるだけの事実認識を意味すると定義し,故意の認定によって違法性の意識を擬制する実質的故意論(前田雅英「故意と違法性の意識の可能性」『現代社会と実質的犯罪論』(1992,東京大学出版会) 220 頁以下)もあるが,これも構造としては違法性の意識を不要とする立場になるであろう。

制限故意説は，「違法性の意識の可能性」が故意の要素であるとするものである。構成要件該当の犯罪事実の認識がある以上は，規範に直面しており反対動機の形成は可能であって，それを前提に違法行為に出るときには，そこに直接的な反規範的人格態度が認められる。このとき，違法性の意識の可能性があれば，法規範を知り適法行為に出る期待可能性があるという意味の規範的責任非難の根拠は与えられるのだから，「違法性の意識」があるか「違法性の意識の可能性」があるかには質的な差異はなく，「違法性の意識の可能性」があれば故意責任を問うことが可能だというのである。この説に対しては，一般人の見地からみた違法性の意識の「可能性」で行為者の故意の有無が決定される結果になり，個人の内心の意思決定に対する非難である責任の判断とは異なってしまうという批判がある。また，違法性の意識の可能性があるが過失により違法性の意識を欠いた場合にも，可能性がある以上故意が認められるので，いわば違法性の意識についての過失は故意とされることになる。これが，他方で，事実についての過失（認識すべきだが認識しなかった）が故意ではないことと整合する扱いであるかについて疑問が出されている。

　最近の判例にも制限故意説に親和的な傾向がみられる。たとえば，上映した映画が刑法上のわいせつ図画にあたるものであったが，事前に映画倫理管理委員会の審査を通過していたため上映は法律上許されると誤解していたという事件で，犯人がそのように信ずることにつき相当の理由があるとして故意を欠くとしたもの（東京高判昭和44・9・17高刑集22巻4号595頁，黒い雪事件）がある。最高裁判所の事例では，自己の経営する飲食店の宣伝として，日本銀行券の100円札に類似したサービス券を製造し，警察署に持参したところ，警察官が格別の注意や警告を与えず同僚の警察官等に配布したという事情があったので，このようなサービス券を製造しても許されるものと考えて作成したが，通貨及証券模造取締法違反として起訴されたという事件で，これだけでは違法性の意識を欠いたことに相当の理由があるとはいえないとして故意を否定しなかった（最決昭和62・7・16刑集41巻5号237頁，百円札模造事件）。この事件では故意の存在を認めているが，たとえば，独自に調査あるいは関係機関に照会して確認することまで行っていれば，違法性の意識を欠いたことに相当な理由があるとされ，故意が否定される可能性があることが前提となっているといえる。ここに表れている考え方は，「相当な理由があるときには，違法性の意識をもつ可能

性がない」とすることとほぼ同様といえるから，違法性の意識の可能性を故意の要素とする制限故意説の考え方と共通するのである。

(3) 責任説

故意説に対し，違法性の意識の可能性は，故意の要素ではなく，独自の責任要素であるとする見解が**責任説**である。違法性の意識の可能性は，故意犯・過失犯に共通の責任要素であると考えるのである。そこで，構成要件的故意が存在し，構成要件該当事実の認識（認容）があれば犯罪論上故意の存在は確定するのであって，その事実が違法であるかどうかという法的評価に関する意識は故意の存否とは無関係である。いいかえれば，事実の法的評価の点における錯誤，すなわち違法性の錯誤は，故意の成否とは無関係である（違法性の錯誤があっても故意犯である）。

他方，故意犯の構成要件該当性があって（故意が認められ），しかし違法性の意識を欠く場合については，違法性の意識の可能性がないときには責任が阻却され（犯罪不成立），違法性の意識の可能性があるときには責任阻却はされないが，現実に違法性の意識がない場合に比して責任は減少すると考えられる。つまり，違法性の錯誤が回避不可能なら責任阻却（犯罪不成立）となり，回避可能なら責任減少（故意犯成立）となるのである。

責任説の内部では，事実認識と事実の法的評価との区別をどこで行うかという点で見解の相違がある。違法性阻却事由は，文字通り違法評価に関するものであるが，分析すれば，違法性阻却事由の前提となる事実と，違法性阻却という評価そのものに関わる部分とを区別することができる。たとえば，正当防衛という違法性阻却事由の場合，急迫不正の侵害の存在は違法性阻却を基礎づける事実である。

これに対して，そのような事実が違法性阻却を基礎づけるかどうかは法的評価の問題である。急迫不正の侵害がないのにあると思って防衛行為に出る場合（いわゆる誤想防衛）は，違法性阻却事由を基礎づける事実についての錯誤であるが，急迫不正の侵害にはあたらない事実を正しく認識した上で，しかしこれも法的に許容された行為だと思って行為に出る場合（少々稚拙な例だが，殴られたら殴り返すことも許されると思っていたような場合）は，行為の違法評価の誤りであるから違法性の錯誤である。

このうち，後者が違法性の錯誤であって故意の成立とは関係しないことは，責任説の共通了解である。これに対し，前者は，類型的事実についての認識の誤りとして構成要件的故意と共通すること，違法性阻却事由とされるか構成要件該当性が否定されるかは相対的で質的な差がない（たとえば，被害者の同意が構成要件該当性を否定する場合と違法性を阻却する場合とがあることを考えよ）といえること，許されると思って行為する人間には禁止規範が与えられているとはいえないから規範的責任を問うことができないはずであり，違法性阻却事由を基礎づける事実についての錯誤がある場合には故意を否定すべきである，などといった主張がなされる。前者が厳格責任説，後者が制限責任説とよばれる見解である[15]。

制限責任説は，違法性阻却事由に関する錯誤は事実の錯誤で，故意が否定されるとするものである。このとき否定される故意は，構成要件的故意であるとするのが本来の考え方であろう。事実の錯誤で問題となっているのは，典型的には構成要件該当事実の錯誤であり，それにより構成要件的故意が否定されるはずだからである。ただし，こう解するときは，構成要件要素と違法性阻却事由とに区別がなくなることになる[16]。そこで，構成要件的故意と並んで（あるいはそれに付加されるものとして責任要素としての）責任故意を考え，構成要件的故意は構成要件該当事実の認識・認容によって認められるが，違法性阻却事由に関する事実の認識を欠くことによって責任故意が否定される結果，行為者に故意責任を問うことができなくなるのだ，という考え方もある[17]。

厳格責任説は，違法性阻却事由に関する錯誤は違法性の錯誤であって，故意の成否とは無関係だと考える。構成要件は類型的な判断であり，違法性阻却事由は非定型的な実質的違法性判断であって，両者は質的に異なるとする思考が背景となっている。故意は，類型的違法についての認識を前提とするものであ

---

[15] 故意説内部の「厳格故意説」と「制限故意説」とが，故意の要素を違法性の意識そのものとするか違法性の意識の可能性とするかの相違によるものであったのに対し，責任説内部の「厳格責任説」と「制限責任説」とは，事実の錯誤と違法性の錯誤との限界づけの相違であって，用語は共通だが異なる次元の問題である。

[16] 理論的に厳密にいえば，違法性阻却事由は，その存在によって構成要件該当性を阻却すべき要素（消極的構成要件要素）だと把握することになるべきであり，それはそれとして一貫する。

[17] ただし，後述のとおり，構成要件的故意と責任故意との関係に不分明なところが残るうらみがある。

るから、違法性阻却事由に関する錯誤の如何によって左右されるものではないというのである。もっとも、違法性阻却事由に関する錯誤の場合にも故意犯が成立し、構成要件の次元では同じく故意犯であるとしても、責任については別途評価されるのであって、故意犯の構成要件に該当し、違法性が認められた上で、さらに責任減少・阻却の余地が論じられることになる。

わたくしは、体系的一貫性の観点から、責任説、なかんずく厳格責任説が妥当であると考える。故意（構成要件的故意）は、類型的違法性の徴表である構成要件の要素であって、類型的違法性の認識に基づいて規定されるものである。したがって、自己の現実的具体的な行為が法によって許容されておらず、現実に処罰の対象であることの認識は、このように把握された故意の成否に関係しないと考えるべきである。

繰り返し述べてきたように、「違法性の意識（の可能性）」は、故意とは独立し、むしろ故意・過失に共通して規範的責任を問うための要件であり、別個の責任要素として位置づけることがふさわしい。また、構成要件論を基礎とする犯罪論体系のもとでは、構成要件要素事実に関する類型的違法についての錯誤と、それ以外の事実についての錯誤との区別が帰結されるはずである。故意は主観的違法要素として、類型的事実の認識に関わるが、責任阻却事由は、そのような類型的違法性のある行為事実についての法的評価そのものだというべきであろう。このような理解に基づき、厳格責任説の立場からは、錯誤に関する議論においても構成要件の錯誤と違法性の錯誤（禁止の錯誤）という区分を用いるのである。

4.4.2 違法性の錯誤（法律の錯誤）

(1) 責任説による処理

違法性の意識の可能性が故意の要素でないとする責任説の立場からは、「行為の違法性（法的に禁止されていること）」に関する錯誤は、違法性の意識を欠くことに帰着するが、故意を否定するものではない。「違法性の錯誤」は、故意を否定する根拠となる事実の錯誤との対比で「法律の錯誤」といわれることも多い。一方、厳格責任説は、当該行為が禁止されていることについての錯誤を禁止の錯誤[18]とよび、これと構成要件の錯誤とを対比させた。つまり、構成要

件該当事実についての錯誤があれば故意は否定されるが，違法性についての錯誤の場合には故意は否定されない。これは次のような思考に基づくものである。すなわち，心理的事実としての故意は，法益侵害・規範違反の態度が直接的であることの根拠であるから，構成要件として類型的に禁止されている事実であることの認識があれば足りる。これに対して，違法性の意識の可能性という問題は，規範的責任としての非難可能性に関わり，人格の反規範的態度の直接性に加えて，反対動機の形成可能性があったという基盤を提示するものである。

日本刑法の38条3項本文は，「法の不知」を許さず，という外形をしているが，責任説は，これを個々の法規を知らず，自分の行為の具体的条項へのあてはめ，つまり構成要件該当性についての判断が誤っているときでも故意は否定されないという趣旨に解し，いわば「あてはめの錯誤は故意を否定しない」という意味に解釈する。

また，同項ただし書は，違法性の意識の可能性はあるが（現実の）違法性の意識を欠いたという場合は，違法性の意識の可能性がある以上，責任非難の可能性は存在するので責任阻却は認められないが，現実の違法性の意識がある場合より責任が軽くなると考えられることから，刑を減軽しうる旨を定めたものだと解釈される[19]。したがって，違法性の錯誤が避けられたというのは，違法性の意識の可能性があったことを意味するから，責任は阻却されないが，違法性の意識を欠いた以上責任非難の程度が低くなるから刑が減軽される。これに対し，違法性の錯誤が避けられなかった場合には，違法性の意識の可能性がなかったということになる（責任要素である違法性の意識の可能性が欠ける）から，（故意犯の構成要件に該当し，違法であっても）責任が阻却される。

(2) 意識される「違法性」

通説によると，「違法性」とは「法律上許されない」ことであり，したがって，「法律上許されていないという状況」の認識可能性が違法性の意識の可能

---

[18] ドイツ刑法では，責任説の主張に沿う形で，禁止の錯誤は故意を否定しないという規定（ドイツ刑法典17条）が置かれた。この条文の見出は「禁止の錯誤（Verbotsirrtum）」となっている。

[19] 38条3項本文を文字通りに「法の不知は許さず」，すなわち，自己の行う行為が違法とされていることを知らなくても故意は否定されないと解するのが違法性の意識不要説である（最判昭和32・10・18刑集11巻10号266頁参照）が，既述のとおり，反規範的意思のない場合にも端的に故意責任を問うことになる点で，受け入れがたいと思われる。

性であるといわれてきた。これに対し，刑法上，違法性が問題とされるときには，前法的な反社会性の意味では足りないであろうし，一般的違法性の認識があっても処罰されるような違法ではないと思っていたような場合には刑事責任を追及することはできないはずであるから，違法性の意識の可能性とは，可罰的な違法性（刑法違反）の認識可能性の意味に解されるべきだという主張が有力になっている。すなわち，構成要件に該当し（刑法上）違法な行為であることの認識である。

　殺人，窃盗などの行為が「法律上許されない」とは可罰的であることを合わせて意味するといえるが，行政法などでは必ずしも違法が処罰と結びつかないこともあり，行政刑法の分野では，違法認識と可罰性認識とを区別する意味があろう。したがって，違法性の意識とは可罰的違法性の意識であると解することには説得力があるように思われる。ただし，個別具体的な可罰性（たとえば処罰条件を含む）の意識を国民一般という規範名宛人に要求するのはそもそも過大にすぎる。刑法（処罰法規）上の違法性を意識することを要求すべきであり，また，それで足りると考える。

　違法性の意識の可能性を責任要素とする責任説の立場からは，違法性の錯誤があっても，責任は阻却されないが，錯誤につき「相当の理由」があった場合には責任がないとされることになる（これは，同様に「可能性」を問題にする制限故意説でも同様である）。たとえば，刑罰法規による処罰に疑義がある場合，処罰規定が不明確または複雑である場合，解釈により処罰可能性が一定しない場合などは（もちろん必ず「相当の理由」とされるわけではないが），相当の理由として考慮されうる事情であるといえよう。ただし，上で示した例のように，法的知識のある人に確認した，関連資料を調査した，などの具体的事情が「相当の理由」となるかは，諸事情を総合して実質的に判断するほかはない。

（3）事実の錯誤と違法性の錯誤との区別

　事実の錯誤は構成要件的故意を否定する根拠となるが，違法性の錯誤は故意の存否判断に関わらない。そうすると，ある錯誤がいずれの錯誤であるかは，法律効果に無視できない差を生じさせる重要な区別となる。他方，違法性の評価は，その行為自体に与えられるものであって，事実とその評価とは密接不可分とさえいえるであろう。したがって，両者の区別は容易ではない。わたくし

は，事実の錯誤と違法性の錯誤とを，構成要件の錯誤と禁止（違法性）の錯誤という観点から区別する者であるが，そう考えたからといって，実際の判断が容易になるわけでもない。

1．「たぬき・むじな事件」と「むささび・もま事件」

　判例は，違法性の意識不要説の立場に立つとされてきたことは既に述べたとおりであるが，判例のこのような態度には，違法性の意識を故意の有無判断とは独立させることによって，故意を阻却すべき錯誤（事実の錯誤）と故意を阻却すべきでない錯誤（法律の錯誤）を適宜判断する形の処理を可能にし，具体的事案の解決において妥当な結論を導く意味があるのではないかと思う。つまり，責任説ないし制限故意説が，違法性の錯誤について「相当の理由」のある場合は，故意を阻却する錯誤（事実の錯誤）であると評価するのと同様の結論を導くことになっていると思われるのである。実際，違法性の意識不要説に基づくと目される判例を明示的に変更することなく，錯誤の「相当の理由」を考慮する判例が現れていることも，従前の判断枠組との不合理な矛盾を生じないからこそだといえるのではないか。

　事実の錯誤か法律の錯誤かをめぐる事件に関しては，大正末に特徴的な判例が比較的短い間に連続し，著名判例となっている。いずれも，狩猟法違反の捕獲客体についての認識に錯誤があったと考えられる事例であるが，一方では故意が肯定され，他方では故意が阻却されるという結論の相違が生じた。ひとつは，「むささび・もま事件」として有名な判例（大判大正13・4・25刑集3巻364頁）で，行為者は，狩猟禁止獣である「むささび」を捕獲したが，これは，行為者の住む地方では「もま」と称される獣で，行為者はこれを「むささび」とは異なるものだと認識していた。もうひとつは，「たぬき・むじな事件」（大判大正14・6・9刑集4巻378頁）で，禁止獣である「たぬき」を捕獲したが，行為者はこれを「十文字狢(じゅうもんじむじな)」であって「たぬき」とは別の獣であると認識していたというのである。大審院は，「むささび・もま事件」では，この錯誤は，法律の錯誤にすぎず故意は否定されないとし，「たぬき・むじな事件」では，この錯誤は，事実の錯誤であって，故意を阻却するとした。

　この2つの判例は，類似した事案について相互に矛盾する結論を導いたようにみえるために，種々の議論を引き起こした。これらは，いずれも，行為者が念頭においている客体の名称と客観的真実とされる名称とが齟齬を生じていた

事案である。上述の各判決の論理は，次のように整理することができる。まず，「むささび・もま事件」では，行為者は，「むささび」を見て，事実，ほかならぬ「むささび」を対象として認識しているが，その種の動物は「もま」という名でよばれる獣だと思っている。これは，いわば，あてはめの錯誤にすぎず，事実の錯誤ではないから，故意を阻却しない。「捕獲禁止客体の属性」という事実（客観的事態）については正しく認識しているからである。これに対して，「たぬき・むじな事件」では，行為者は，「たぬき」を見て，その実体は認識しているが，それは「十文字狢」という名の獣だと思っている。行為者は，認識対象が「たぬき」とは別の獣であると考えている，すなわち事実の認識についての錯誤であって，故意を阻却すると判断されたのである。

2．故意阻却の前提としての事実認識の誤り

わたくしは，次のような考え方が妥当であり，判例においてもその根底において同様の思考が働いていたのではないかと思う。すなわち，上述のように，この2事案は，図式としては，いずれも客体の事実的側面において認識の誤りはなく，したがって，いずれも事実の錯誤ではなく，違法性の錯誤としての処理が妥当な事例であったといえよう。そうすると，その錯誤が相当の理由に基づく，やむをえないものであったか否か，その錯誤が回避可能であったか否かによって，責任の有無が判断されるべきである。判例の結論の差も，その点に起因するように思われる。

つまり，「たぬき」と「むじな」との関係では，これらの名称は，たとえば「狸寝入り」とか「同じ穴の狢」などという成句にもみられるように，両方とも日常生活上広く並立して用いられている。「たぬき」と「むじな」との同一性は必ずしも意識されない事情があったといえるのではないか。しかも，実際の行為者の知識では，それは「十文字狢」であるから，なおさら別種の名称のように思われたことにも無理からぬところがあるように思われる。したがって，「たぬき」と「むじな」とを区別するのは容易でないとの評価があたるであろう。これに対し，「むささび」と「もま」との関係では，「むささび」という名称が一般的・普遍的であり，「もま」は限定された地域における特殊な呼び名だと考えられる。これを前提にすれば，より普及した呼び名であればそれを知ることは比較的容易だといえるので，行為者が，「もま」と「むささび」との同一性を認識すること（自分は「もま」と言っているがそれは方言で，一般には「む

ささび」という動物だという認識）は，可能であったというべきであろう。したがって，この場合に，当該客体を認識しつつ，それは「もま」であって「むさび」ではなく，したがって捕獲は禁止されていないと判断したことは，回避可能な違法性の錯誤であったということになる。

3．無鑑札犬撲殺事件

このように，基本的には，即物的な事実の認識として誤りがない以上は，事実の錯誤でなく違法性の錯誤とすべきであり，これにより妥当な結論に導かれるものと思われるが，そうだとしても両者の区別が容易でない例はほかにもある。無鑑札の犬は無主犬とみなすという規定があることを知って無鑑札犬を撲殺した事件（最判昭和26・8・17刑集9巻1798頁）では，犬が無鑑札であることは正しく認識されており，その意味では，違法性の錯誤の場合になるはずである。しかし，法令は飼犬を無主犬として扱う趣旨ではないのであるから，無鑑札の外観を示す犬はすべて「当該法的概念としての無鑑札犬」であると認識したことは，事実認識自体の誤りとも解される場合であった。

通説的見解は，こうした法令の誤解をさらに分けて考えているものといえる。まず，法令の意味を誤解し，誤解した法令にあてはめる場合である。無鑑札犬撲殺事件でいえば，誤解に基づく「無鑑札なら飼犬も無主犬である」という規範にあてはめ，無鑑札犬はすなわち無主犬であって「他人の動物」ではないから，器物損壊罪の客体にあたらないと認識した場合は，器物損壊罪にあたる事実の認識を誤っているので事実の錯誤として故意を阻却する。他方，事実認識は正しいが，法令を誤解して行為に及んだ場合は，違法性の錯誤であって故意の問題ではない。たとえば，無鑑札であるが他人の飼犬であるという事実を正しく認識した上で，無鑑札なら飼犬であっても撲殺してよいと誤解して撲殺したときには，故意を阻却しないということになる。しかし，このような区別は，いずれも法令の意味・内容に関する誤解がある場合であって，それが客体の属性そのものの点にあるか，その客体に対して許される行為の点にあるかの差があるにすぎない。両者に決定的な相違を見出すことができるかは疑問であるし，実際に両者を区別するのは困難であろう。結局，器物損壊罪の客体認識としては，「他人（誰か）の飼犬（管理下に置かれている犬）」との認識で足りると考えられるので，その点について誤りがない限り事実の錯誤ではなく，違法性の錯誤として処理すべきであるように思われる。

比較的近時の最高裁判所の判例として，被告人が実父の公衆浴場を会社で引き継ぎ，会社代表者として営業していたところ，法改正によりその場での営業が認められなくなったため無許可営業の状態となっていたにもかかわらず，当初の営業許可申請者を実父から会社に変更する旨の公衆浴場業営業許可申請事項変更届を県知事あてに提出・受理された旨の連絡を受け，会社に対する営業許可があったものとの認識でいたという事例で，公衆浴場法上の無許可営業罪の故意は認められないとしたもの（最判平成元・7・18刑集43巻7号752頁，公衆浴場事件）がある。これも，無許可営業とされる事実状態は認識していた場合であるといえるので，故意はあり，違法性の錯誤の問題として論じられる事例であると思われる。

(4) 違法性阻却事由の錯誤

　たとえば，正当防衛に関する錯誤は，急迫不正の侵害の存在といった正当防衛の要件となる事実と，その事実に基づいて当該行為の違法性が阻却されるという判断の側面をもつ。違法性阻却事由の錯誤のうち，違法性阻却事由の要素に関する事実認識に誤りがなく違法性評価の方が誤っている場合は，当然，違法性の錯誤である。違法性阻却を基礎づける事実についての認識の誤りが，事実の錯誤なのか違法性の錯誤なのかが問題である。

　一方では，違法性阻却事由の錯誤は，事実の錯誤であって，故意を阻却するという見解がある。この場合には，当該行為が故意犯ではないとされるのであるが，過失犯は成立しうる。こう解する主な理由は，違法性阻却事由に関する事実の錯誤は，違法性を基礎づける事実の錯誤であって，類型的な構成要件該当事実の錯誤と本質的な違いはなく，むしろ事実の法的評価に関する錯誤とは明確な相違があるということである。

　厳格故意説は，違法性の意識がない場合は故意を阻却すると解するから，違法性阻却事由に関する錯誤によって故意が否定される。また，制限責任説は，違法性阻却事由に関する錯誤を事実の錯誤と解する点で厳格責任説と区別される見解である。違法性の意識の可能性があれば責任を肯定する一方，違法性阻却事由に関する錯誤が事実の錯誤であると解し，構成要件的故意が否定されると考える。

　制限故意説は，たとえば，違法性の意識の可能性に関わる故意を責任故意と

よび，違法性阻却事由に関する錯誤によって構成要件的故意は阻却されないが，責任故意が阻却されると説いて，結局故意犯の成立が否定される（過失犯の余地はある）と解する。ただし，制限故意説は，犯罪論の論理上は，責任故意が欠けることによって構成要件段階では，故意犯の構成要件該当性が肯定された後に故意責任が否定され，（論理的に）遡って過失犯の構成要件該当性が肯定されうること（いわゆる「ブーメラン現象」）を含意するので，その間の矛盾が指摘される。

他方，違法性阻却事由の錯誤は，違法性の錯誤（法律の錯誤）であって，故意を阻却しないという見解もある。たとえば，厳格責任説によれば，違法性阻却事由の錯誤があっても故意犯である。そして，その錯誤が避けられなかったときには責任（だけ）が阻却されるのであって，過失犯が成立する余地はない。錯誤が避けられた場合には，違法性の意識の可能性という責任要素の存在は否定されないから，責任阻却は認められないが，責任の程度が減少する（38条3項ただし書の場合である）。これは，構成要件の錯誤と違法性の錯誤という区別に基づくもので，類型的な原則判断と，実質的な例外判断とを同列に置くことはできず，類型的反対動機形成可能性があれば構成要件的故意は肯定され，違法性阻却事由に関する錯誤は，非定型的な評価の次元の錯誤として扱われるべきだとする見解である。確かに，構成要件該当性と実質的違法性とは相互浸透的なところもあるが，立法者が構成要件化したものか否かは，実定法解釈の上で扱いに差があって然るべきであると思われる。わたくしが厳格責任説を支持することは上述した。

そこで，誤想防衛・誤想非難は，違法性阻却を基礎づける事実についての認識に誤りがある場合であるが，構成要件該当事実についての錯誤ではないので，事実の錯誤ではなく違法性の錯誤として扱われる。すなわち，構成要件的故意は否定されない。そのような認識の誤りが生じることがやむをえないと判断される（違法性の錯誤が避けられなかった）ときには，故意犯の構成要件に該当し，違法であるが，責任が阻却されることで無罪となる。錯誤が避けられるものであった場合には，違法性の錯誤により違法性の意識を欠いたことで責任が減少するので，39条3項ただし書によって刑の減軽が認められる。

暴行・傷害の前科がある者が自宅に押しかけ，撃ち殺すなどと怒鳴りつつ，ポケットに手を入れたため，実際は手のけがを隠しただけであるのに凶器を取

り出して襲われるものと誤信した行為者が，木刀で相手の手首などを殴打して傷害を与えた事件で，そのような錯誤に陥ったことにつき過失は認められないので，「錯誤により犯罪の消極的構成要件事実即ち正当防衛を認識したものであって，故意の内容たる犯罪事実の認識を欠くことになり，従って犯罪の成立が阻却される」とされた裁判例がある（広島高判昭和35・6・9高刑集13巻5号399頁）。これは消極的構成要件（その存在によって構成要件該当性が否定されるような要素）という特徴的な考え方を援用しているので，故意がないというのは，構成要件的故意を否定したという意味であると解される。結論において，制限責任説の思考に共通する。もっとも，ここにいう「過失」とは，錯誤に陥らないようにすべき注意義務に違反したという意味であると思われるが，「故意が存在するために（違法性に関する事実認識についての）過失が前提となる」という論理には必然性が乏しいので，錯誤の回避可能性についての表現として考えるならば，必ずしも妥当でない。

　誤想過剰防衛は，急迫不正の侵害について誤想があり，それを前提に行われた防衛行為が誤想事実に対して（も）過剰であった場合である。この類型のうち，相当性を超えるとの認識があった場合には，いずれにせよ正当防衛とはならない違法事実の認識があったことになるから，客観的に急迫不正の侵害が実在し，相当な防衛のつもりで行為して防衛の程度を超えてしまった場合（過剰防衛）より有利な扱いをすることはできないであろう。そこで，36条2項を準用して，過剰防衛に準じた扱いをするのが妥当だと思われる。他方，防衛として行う行為が相当性の範囲内との認識であった場合には，いわば，前提事実と防衛行為との両方に錯誤があり，違法性阻却事由にあたる事実をすべて誤想しているので，違法性阻却事由の錯誤（誤想防衛）として扱うのが妥当であろう。厳格責任説の立場からは，誤想防衛も故意犯であって，あとは責任阻却如何の問題とされることになる。

　自己の息子が一方的に攻撃を受けていると誤信し，過剰な防衛行為を行って相手を負傷させた事件で，殺人未遂罪の成立を肯定した上，刑を減軽した原審判断につき，「誤想防衛であるがその防衛の程度を超えたものであるとし，刑法36条2項により処断したのは相当である」と述べてこれを是認した判例（最決昭和41・7・7刑集20巻6号554頁）がある。殺人の故意が否定されていないので，事実の錯誤ではなく違法性の錯誤とされたものと考えられる。このほか，

勘違い騎士道事件（最決昭和62・3・26刑集41巻2号182頁）も，誤想過剰防衛の場合にあたる事案であるが，故意は否定されず，傷害致死罪の成立が認められた。

4.5 期待可能性

4.5.1 規範的責任の限界としての期待可能性

　規範的責任が認められるか否かの分水嶺は，行為者が規範に適う行為をなしえたか，すなわち，適法行為の期待可能性である。規範的責任論における責任非難の限界がこの意味の期待可能性にあることは，故意・過失があってもなお責任を阻却するのが妥当だと考えられる事例で明らかになる[20]。

　期待可能性の考え方は，日本の判例上でも考慮されている。たとえば，定員超過状態で運航していた船の船長が，これを避けるように船主に再三申し入れたのに聞き入れられず，かといって戦後の混乱状態の中で辞めて転職することもままならないので，やむなく定員の5倍を超える乗客を乗せて運行していたところ，船が転覆・沈没し多数の死傷者を出した，という事件で，実質的に期待可能性の考え方に基づき，責任が減少するとして，船長に罰金刑（原審は禁錮6月）を科した（大判昭和8・11・21刑集12巻2072頁，第五柏島丸事件）。最高裁判所の例では，従業員の賃金から控除した保険料を県労働部に納付する職務に従事していた者が期日までの保険料を納付しなかったことにつき，失業保険法違反で起訴された事件で，戦後の社会・経済の情勢により会社の経理状況が悪化し，会社の本店からの送金が遅れていて，被告人に手元資金も独自の権限で融資を受けるすべもない状態であったときには，「納付をしなかった場合」にあたらず，構成要件に該当しないので失業保険法違反の罪は成立しないと判断

---

[20] 期待可能性の理論は，ドイツにおいて「あばれ馬事件」（RGSt. 30, 25）をきっかけに議論されるようになった。馬車馬として使われていた馬が手綱に尻尾をからめる癖があったため，御者が馬を変えるように雇主に懇願したが聞き入れられないままその馬を使っていたところ，馬車を暴走させて死傷結果を生じさせた，という事件で，御者に解雇により家族を路頭に迷わせる危険を侵してまでも雇主の命を拒否することを期待することはできないとして，刑事責任を問わなかったのである。

したもの（最判昭和33・7・10刑集12巻11号2471頁）がある。最高裁判所は，期待可能性を明言していないが，実質的には期待可能性が欠ける場合が考慮されたものと理解されている。下級審の裁判例では，期待可能性に言及するもの（たとえば，東京高判昭和25・10・28判特13号20頁）もある。

上述のとおり，期待可能性がない場合には責任が阻却されるというのが通説といえるが，最高裁判例は期待可能性の不存在と責任阻却の関係を確定していない。最判昭和31・12・11刑集10巻12号1605頁が，期待可能性の不存在が超法規的責任阻却事由であるとしているが，傍論にすぎないともいわれ，他方，前出の昭和33・7・10判決では，判例は期待可能性の理論を肯定も否定もしていないとの判示があり，さらに，最判昭和33・11・4刑集12巻15号3439頁では，「刑法における期待可能性の理論は種々の立場から主張されていて帰一するところを知らない有様であるが，仮に期待可能性の理論を認めるとしても，被告人らの行為が苟くも犯罪構成要件に該当し，違法であり且つ被告人らに責任能力及び故意，過失があつて法の認める責任阻却事由がない限りは，その罪責を否定するには首肯するに足りる論拠を示さなければならないことはいうまでもない。」として，期待可能性の枠組をいわば留保した上で，実質的な責任阻却の根拠を考察している。

4.5.2 期待可能性の標準

期待可能性の判断において「期待」の標準をどこに置くかが問題となる。**行為者標準説**は，期待可能性が具体的個人の非難可能性という責任の問題であることから，行為者の立場で適法行為が期待できるかを判断すべきであるとする。そうすると，たとえば行為者の性格の弱さも考慮されることになる。**平均人標準説**は，規範の名宛人である一般的国民（平均人）に対して適法行為を期待することが可能かという基準で判断すべきであるとするもので，通説といえる（裁判例として，東京高判昭和23・10・16高刑集1巻追録18頁）。**国家標準説**は，国家の利害や全体としての法秩序の観点から期待可能性を判断すべきであるとする立場である。それぞれに根拠とすべき理由はあるが，行為者標準説は，事実上，行為者のできなかったことは期待可能性がなかったのだと判断することになるおそれがあり，非難可能性の標準になりにくい面がある。平均人標準説は，平

均人の概念があいまいであることは否めないものの，行為者の個人的事情と法規範の禁止との両面から判断するもので，一般に妥当と考えられている。

　しかし，わたくしは，期待する主体は「法（規範）」であり，その限りで標準は「国家」であることは否めないと思う。むしろ国民主権に基づく正統性を有する法規範は，既にして規範の名宛人に対する期待可能性を考慮して規範化されたものだと理解すべきである。規範的責任論の観点からは，国家標準説をこのような法規範標準説というべきものとして理解した上で，この考え方に従うのが論理的であろう。法が期待するものは期待可能である，逆に，期待できないものは法がそもそも期待しない，という事情を認める立場である。ただ，立法も解釈も「法が期待するものは期待不可能なものであってはならない」という制約を受けるので，この説によっても，実質上は平均人標準説に近い結論になる。

4.5.3　期待可能性の体系的地位

　期待可能性が故意・過失の構成要素であるのか，期待可能性は，故意・過失，違法性の意識の可能性，と並ぶ責任要素であるのか，期待可能性の不存在が（超法規的）責任阻却事由であるのか，という問題がある。通説は，先に述べたように期待可能性の不存在を責任阻却事由であると位置づけている。期待可能性を責任要素と考えることと期待可能性の不存在を責任阻却事由と考えることに本質的な差はないが，通常，期待可能性の存在を想定してよいとするなら，阻却事由とすることに少なくとも思考経済上の利点はある。いわば「要素」というより責任の限界として把握するわけである。また，責任阻却事由としての期待可能性には，故意・過失に共通の一般的責任阻却事由として考える立場から，超法規的な責任阻却がありうることが容易に含意される面があろう。抗拒不能の強制による行為，上官の違法拘束命令に従った部下の行為などが，超法規的責任阻却事由となりうることは，一般に認めてよいであろう。

　なお，刑法典の中には，期待可能性の不存在に基づく責任阻却を規定したと解される条項がある。たとえば，過剰防衛（36条2項）や過剰避難（37条1項ただし書），盗犯等防止法1条2項の誤想防衛などがそうである。刑の減軽は，期待可能性の低下に基づく責任減少とみるべきであろう。その他にも，たとえば，

他人の刑事事件に関する証拠隠滅のみが構成要件該当とされる（104条）のは，期待可能性の思想を考慮したと考えられる。この場合には，期待可能性の不存在が類型的に規定されており，構成要件外の責任要素であることを超えて例外的に構成要件に該当しないことになる。

なお，期待可能性の不存在が責任阻却事由だとするときには，期待可能性に関する錯誤，つまり，期待可能性を否定するに足りる事実に関する錯誤は，故意とは無関係に，独立した責任の問題として論じることになる。本来的には，期待可能性の有無は認識の対象ではなく，端的に適法行為の期待可能性があるかを判断すべきであろう。期待可能性の不存在を信じたときにも，そのような誤信が回避可能であって，法規範の側からはなお適法行為を期待できる場合であると判断されるときには，責任を肯定すべきであるが，期待可能性についての錯誤が避けられず，このような状態の行為者に適法行為をなお期待することができないと判断されるときには，責任阻却を肯定してよいであろう。

第 5 章

未 遂 犯

5.1　未遂犯とその処罰の意義

　刑法は,「犯罪の実行に着手してこれを遂げなかった者」(43条本文)を,「各本条で定める」場合に処罰すること(44条),および,その場合に刑を任意的に減軽すること(43条本文)を認めている。この規定に基づき処罰されるのが**未遂犯**である。犯罪が法益侵害という不法を核とするものである以上,法益侵害事実(結果)を要素としない行為の処罰は,例外と考えるべきであり,44条の規定もそのような考え方を反映しているといえる。すなわち,未遂の処罰は,法益侵害が生じる前の段階から既に,法益侵害に向けられた行為を刑罰威嚇の対象とすることによって法益を厚く保護しようとするものであるが,刑罰介入を早期に遡らせると,国民の自由を無用に制限する可能性も高くなるので,これをすべての犯罪類型において行うことは妥当でない。そこで,重要な法益を対象とする場合に限り,「各本条で」規定することとされるのである。もっとも,個人的法益では,生命・自由・財産などに対する主要な犯罪類型において未遂が処罰されるほか,国家・社会法益についてもかなりの犯罪類型に未遂犯規定がある。

　犯罪としては,結果を構成要件要素とする**結果犯**が大多数を占めている。結果犯の未遂犯は,法益侵害に向けられた行為(実行行為)は行われたものの,構成要件的結果が実現しなかった場合である。そこで,以下,典型的である結果犯を念頭に置きつつ,未遂犯の構造とその処罰根拠とを考察する。

　犯罪実現の過程を段階的にみよう。法益侵害という結果を生じたときに既遂となり**既遂罪**として処罰される。**未遂罪**は,「実行の着手」を契機として,既

遂に至らない段階の行為までを処罰するものである。実行の着手以前の準備行為についても、殺人・強盗・放火などの重大犯罪については処罰規定があり、これらは**予備罪**とよばれる。予備の処罰には、上述した未遂処罰の弊害と同様の問題があるので、未遂犯に比して格段に数が少ない。さらに、78条、88条のような規定には、**陰謀罪**が含まれる。陰謀とは、予備以前の精神的・無形的準備行為であると解されているが、その処罰はまさに例外中の例外である[1]。

未遂犯を定める「X条の未遂は、罰する」という規定は、既遂結果を含む不法について処罰する基本構成要件（X条の構成要件）を修正し、構成要件該当結果発生の「危険の惹起」の段階での処罰を規定するものである。この意味で、43条は、基本構成要件の修正方法を定める規定だと理解することができる。そこで、未遂犯規定は構成要件の「修正形式」であるといわれる。同様に、予備罪は、「X条の罪を犯す目的で、その予備をした者」という形で規定されることが多いので、予備罪規定も構成要件の修正形式のひとつになる。ただし、予備罪には、このように基本構成要件から派生する形で修正形式として規定されるものだけでなく、予備段階の行為態様を直接に記述して構成要件該当行為としているもの（たとえば、153条の通貨偽造等準備罪）がある。準備行為が構成要件的定型として独自に規定されている予備罪は、修正形式としての予備罪に対し「独立罪としての予備罪」とよばれることがある。

法益侵害以前の処罰は、法益侵害の「危険」を引き起こしたという限りにおいて、法益保護と結びつけられるので、未遂犯の処罰にとっては、何らかの意味で法益侵害の危険が生じていることが根拠とされるべきである。

---

[1] 陰謀があっても純粋に内心の事実にとどまっていれば処罰不可能であるから、外形的事実が伴っている必要がある。なお、陰謀そのものの処罰は、このように心情を処罰することと隣り合わせになるので、行為刑法の原則から、立法論的にも慎重でなければならない。ただし、陰謀に相当する事実が、その後実行の着手に至った犯罪についての共謀として、共犯の成立如何に対して何らかの意味をもつことはある。

5.2 未遂犯の要件

5.2.1 実行の着手

43条の規定によれば，未遂犯の成立要件としては，まず「実行に着手する」ことが必要である。ここにいう「**実行の着手**」をどう概念規定するかについて，主観説と客観説との対立があった。**主観説**は，近代学派刑法学（主観主義）の考えに基づき行為者の危険性を重視する見解である。すなわち，行為者の主観において犯行を開始する意図があり，これが外部に表れたときに，実行の着手があるとする。その時点で行為者の危険性が明らかになるからである。しかし，主観の外部への表れ自体は，相当に早い段階で認められるので，結果までは遠い時点で実行の着手があることになり，その時期が早くなりすぎるという問題がある。そもそも土台となる近代学派刑法学自体が衰退したため，現在ではほとんど支持されていない。

他方，**客観説**は，いわば，客観的事実として実行の着手を把握しようとする見解であるが，これにも大別して2つの立場がある。

ひとつは，**形式的客観説**で，構成要件に該当する行為（の一部）を開始することが実行の着手だとするものである。この説によると，たとえば，銃による殺人の実行の着手が問題になる場面で，形式的には「引き金を引く」行為が構成要件該当行為であるから，狙撃者が客体の人物に狙いをつけ，まさに引き金を引くばかりになっていても，「引き金を引く」行為自体が開始されない限り，依然として実行の着手には至らず，殺人未遂罪にはならない。しかし，財産侵害などの場合に客体の財物に手を伸ばすところまで待たないと実行の着手が認められないとするのは，着手時期が遅すぎて現実に合致しない場合が多くなるであろう。実際には，形式的客観説は，構成要件該当行為に「直接に密接する行為」の遂行，「構成要件該当事実の全部もしくは一部の事実またはそれに密接した事実の実現」をもって実行の着手とすることが多い。いわば，形式的判断をできるだけ維持しつつ修正するわけである。判例も，窃盗罪の着手時期に関し同様の趣旨の判断をしている（大判昭和9・10・19刑集13巻1473頁，スリに関する最決昭和29・5・6刑集8巻5号634頁などを参照）[2]。

もうひとつは、**実質的客観説**で、既遂結果発生の現実的・実質的危険を惹起したことで実行の着手とする見解である。実質的客観説に分類できる学説にも、さらに2つの傾向を指摘することができる。第一の立場は、実行行為（＝構成要件該当行為）によってその危険が惹起されることから、行為の危険を重視し、結果発生の現実的危険を含む行為を実行行為とした上で、実行行為の開始時期が実行の着手時期であるとする。これに対し、第二の立場は、客観的な結果発生の危険性が惹起されたことで実行の着手を認める。違法評価の対象である結果は、未遂犯においては、このような「危険結果」、すなわち「危険な状態という結果」が惹起されていると解するのである。ある段階で、時間的・空間的に結果発生が「切迫した」ときに、その危険結果が生じたものと判断するものといえる。いうまでもなく、第一がいわゆる行為無価値論、第二が結果無価値論に親和的な考え方である。

実は、形式的客観説が実行の着手の画期を「密接行為」にまで拡張するときにも、実質的客観説と同様の「危険」に関する考慮が暗黙のうちに行われている[3]。実際、実行の着手時期の判断において、端的に危険に着目する判例も少なくない。たとえば、強姦するつもりで被害者を自己の運転するダンプカーの運転席に引きずり込み、その際に被害者に傷害結果が生じ、6000メートル弱はなれた場所まで行って運転席内で被害者を強姦したという事案で、強姦致傷罪の成立を認めた判例（最決昭和45・7・28刑集24巻7号585頁）では、被告人が被害者をダンプカーの運転席に引きずり込もうとした段階において既に強姦に至る客観的な危険性が明らかに認められるから、この時点で強姦行為の着手があるとされた。また、「クロロホルム事件」（最決平成16・3・22刑集58巻3号187頁）でも、殺人罪の実行の着手を認めるにあたり、「殺人に至る客観的な危険性」が根拠とされている。

他方、実質的客観説といっても、法の文言が「実行」の着手である限り、実行行為ないし構成要件該当行為との関連は維持されなければならない。上の実質的客観説における第一の立場は、実行行為概念を「構成要件的結果発生の現

---

[2] なお、土蔵の内容物については、そこに侵入した時点で窃盗の着手があるとした下級審裁判例がある（名古屋高判昭和25・11・14高刑集3巻4号748頁）。

[3] 事後強盗罪の前提となる窃盗行為に関する最決昭和40・3・9刑集19巻2号69頁は、金目の物がありそうなたばこ売場の方に「行きかけた」段階で着手を認めている。

実的危険を有する行為」として実質化しているので，実質的に，形式的意味の実行行為に密接し一体をなす行為までを含めて実行行為とするものであるといえるであろう。実行行為を可能な限り類型的に把握することは，罪刑法定原則にとって重要であるが，現実の行為態様・行為状況の多様なあり方を純粋に形式的に捉えるには限界がある。法益侵害の危険を考慮する判断をすることは，構成要件該当性判断において避けられず，また妥当なことといわなければならない。こうして，行為無価値を考慮するわたくしの立場からは，第一の説が支持されるべきである。これに対し，第二の立場は，究極的には「実行行為」概念とは独立した構成要件該当性判断をし，「実行の着手」時期を画することになる点で，「実行の着手」を「未遂処罰の限界」として捉え直していることに注意が必要である。

5.2.2　間接正犯における実行の着手

　間接正犯や離隔犯の場合には，行為開始から結果発生までの間に相当の時間的・空間的過程があり，それは行為が作り出す結果発生の危険性についての判断にも影響するので，これらの類型における「実行の着手」については議論がある。大別すると，間接正犯自身（媒介者を利用する者）の行為について実行の着手を肯定する**利用者標準説**と，間接正犯に利用される媒介者の行為について実行の着手を認める**被利用者標準説**とがある。単純な離隔犯でいえば，それぞれ**発送主義**と**到達主義**と表現することもできる。判例は，古くから到達主義を基本的態度としていると解される（大判大正7・11・16刑録24輯1352頁）。したがって，間接正犯についても被利用者標準説に親近性があると思われる。さらに，学説には，判断標準からすれば両方の場合があるとする**個別化説**がある。これは，利用行為から結果発生に至る事象の自動性・確実性などを考慮して，利用行為時点で結果に至る危険性が認められるときにはその時点で実行の着手があり，十分な確実性がない場合には被利用者の行為ないし効果の到達段階で実行の着手があるとするものである。

　行為無価値型思考では，正犯行為が構成要件該当行為であると解するので，間接正犯者の行為について実行の着手が論じられるべきである。したがって，原則として間接正犯者が道具たる媒介者を「利用・誘致」する行為が実行行為

であり，この行為の開始時点で，構成要件的結果発生の危険性が認められるか否かによって判断されることになる。当該行為の開始時点で，構成要件該当結果の発生が自動的（障害なく因果系列が進行する）であり，確実である（結果発生に至る蓋然性が高い）ときには，その行為自体が危険を内包する行為であると判断され，この時点で実行の着手が認められる。これに対し，結果無価値型思考では，結果発生の危険は，それ自体即物的に，結果への接近の程度，切迫性として判断されることになる。したがって，何らかの行為（いわゆる実行行為）の開始時期と実行の着手時期とが必然的な結びつきをもつわけではなく，空間的な表現をすれば，法益侵害に向かう作用・効果と結果との間の「距離」によって決まると表現することができるであろう。行為の作用が客体に接近することにより，結果発生の危険はより現実化するという量的な把握をし，それがある段階に至れば十分に現実的な危険となると解するのであって，その結果発生の「切迫性」が決定的である。

　個別化説は，明確性を断念して実質判断に委ねる分，場合に応じた柔軟性があり，その限り，妥当な結論を導きうるが，当然ながら反面として明確な判断基準を提示しがたいという弱点がある。しかし，形式的に利用者標準をとるときには実行の着手時期が早すぎると感じられることがあり，他方，行為自体が十分に危険性を有すると考えられることもあるということ自体は，否定できないように思われる。「早すぎる」のは，その時点ではその後の事態の推移が流動的であるということであろうし，逆に，成り行きが確定的になればその時点で危険惹起の実体が認められるということであろう。したがって，実行の着手の判断は，行為から結果に至る自動性・確実性の如何によって決まるといわなければならない。

　結局，いずれかの図式で形式的に処理すること自体が妥当でない。わたくしとしては，さしあたり個別化説を支持する[4]。結論において，どの段階で結果発生の危険惹起と判断されるかは個別的に判断されるほかはないが，実行行為そのものについて結果惹起の危険性を判断するものであるので，原則は利用者

---

[4] 実行の着手を「実質的に把握された実行行為の開始時期」と解するわたくしの立場からは，問題となる行為が実行行為であることと，実行の着手がその行為の開始時期であることとは，論理的に結合する。したがって，それが実行行為であることから，間接正犯における背後者の間接正犯性が同時に認められるという関係になる。

の行為で判断される。

　なお,「原因において自由な行為」についても, 原因行為時に実行の着手が認められるか, それとも, 結果行為に至って実行の着手となるか, が問題となるが, 原因において自由な行為を「構成要件モデル」(間接正犯的構造のものとして理解するのがその典型である) で理解する場合には, 原因行為について実行の着手を論ずることになる。

5.2.3　犯罪の未完成 (=未遂)

　未遂犯となるための要件には, 客観的事態としては, 犯罪を遂げなかった (文字通り「未遂」である) こと, すなわち, 構成要件該当事実としては未完成に終わったこと, が含まれる。犯罪が完成していれば既遂であるから, 犯罪が未完成にとどまることが当然ながら未遂犯の本質的要素である。

　未遂事実, いいかえれば犯罪が未完成に終わっている状態には, 実行行為の終了如何の観点からする区別ができる。**着手未遂**(未終了未遂)は, 実行に着手したものの, 実行行為自体が終了する以前の段階にとどまり, 結果が不発生だった場合である。これに対し, **実行未遂**(終了未遂)は, 実行行為自体は終了に至ったものの, 結果が発生せず, 犯罪の完成に至らなかった場合である[5]。なお, 実行行為を法益侵害の危険惹起として実質的に捉える場合には, 実行行為終了もその観点からする実質的考慮による。

　未遂に終わった理由が自己の意思である場合は, **中止未遂**として別の扱いが規定されている (中止犯 (43条ただし書))。中止未遂は, 要するに自らの意思で犯罪を完成させなかった場合である。これに対してそれ以外の一般的未遂犯は, 障害未遂とよばれ, 行為者の意思とは直接関係なく, 外的要因で犯罪が完成しなかった場合である。中止犯については節を改めて扱う。

---

[5] 用語が錯綜するが, 一方の用語例では, 着手だけである (実行が終了していない) 場合が「着手未遂」, 実行が終わっている場合が「実行未遂」とよばれている。他方, 同じことが, 実行行為の終了如何の観点から, 実行行為が終了していないものが「未終了未遂 (unbeendeter Versuch)」, 実行行為が終了しているものが「終了未遂 (beendeter Versuch)」と名づけられている。念のために付け加えれば, いずれも未遂犯として効果は変わらないので, 未遂犯の要件の次元では, この区別に意味はない。ただし, 次に扱う中止犯の成立判断の基準として実行行為の終了時期が議論されてきた。

5.3 中止犯

5.3.1 中止犯の意義とその効果の根拠

　未遂犯のうち「行為者が自己の意思により止めた」場合は，43条ただし書により，本文の定める未遂犯（障害未遂）に比べて行為者にとって有利な法律効果が定められている。すなわち，刑の必要的減免（刑の減軽・免除のいずれかは必ず）が認められる。この場合を中止未遂，中止未遂犯を一般に**中止犯**という。

　中止未遂につき障害未遂に比して有利な扱いをすることの根拠としては，政策説と法律説とが主張されてきた。**政策説**は，行為者に「後戻りのための黄金の橋」を架けるものだと表現されたりするように，実行の着手をした後の行為者に，そのまま進むよりは中止した方が有利となるような扱いを示して結果発生防止に誘導するという，政策的目的を考慮する見解である。裏から言えば，刑の減免の根拠は，法律論の内部で説明することはできないという考え方でもある。

　しかし，政策は，現実に人を動かすことを目的とするのであって，事後になって有利な扱いを受けた行為者に単純な幸運の念を抱かせるだけに終わっては意味がないので，褒賞は，事前に行為者に認識されていなければならない。ところが，「刑法43条ただし書の内容」を国民が知って，この恩恵に与るために着手した犯罪を中止することを期待するという想定は，現実的ではないであろう。さらに，43条ただし書は，刑の免除だけでなく刑の減軽という処分を定めている。刑の減軽にとどまることもあるとすれば，任意的減軽を認めている障害未遂の場合に比べて決定的に有利とはいえないので，誘導の効果は限定的であるといわなければならない。たとえ橋がかかっていたとしても，それは「黄金」ではなさそうである。確かに，国民が処罰を免れた例に事後的に接することによる一般的な誘導効果や，漠然と有利な扱いが認識される想定までを無理とはいえないとしても，政策説のみによって，現行刑法の中止犯規定を説明することは難しい。

　一方の**法律説**は，中止犯は法律上の犯罪成立要件に影響するために刑の減免

が認められるのだとする説で，**違法性減少（消滅）説**と**責任減少（消滅）説**とが説かれる。しかし，法律説には十分な説得力がないとされてきた。まず，違法性に関係させる説に対しては，既に生じた結果が着手後の中止行為によって遡って減少・消滅するということは考えられないと批判される。たとえば，窃盗犯人が後に盗品を被害者に返却したり損害を賠償したりしても，あるいは，盗まれた後になって被害者が侵害に同意を与えたりしても（手続上それなりの処理がなされることはあるにせよ理論的には），既に行われた犯罪の成立には影響しない。一般に，刑法は，既に生じた不法の事後的補填や追認のような効果を否定するはずなのである。また，責任に関連させる説に対しては，非難可能性を減少させるのなら「改心」「悔悟」のような主観的要素が中止犯成立要件とならなければならないはずであるのに，現行法の規定はそのような要件を定めていないことが指摘される。だからといって，主観的要件を付加するなら，中止犯として有利な扱いを受ける範囲が限定されることになり，被告人に不利な解釈のように思われる[6]。

このようなわけで，通説は，政策説と法律説とを合わせて二元的に説明する**二元説**を支持してきた。政策的誘導と，既に生じた不法を増加させず，あるいは減少させようとしたという限りにおいて，最低限の規範適合的態度が認められることが中止犯の有利な処分の根拠と考えられているのである。わたくしは，「政策」としては，量刑的な事情を実体法上の効果として考慮する面が大きいと考える。

なお，中止犯が成立する場合に，中止以前の行為だけで何らかの別の構成要件に該当するときでも，当該行為をその構成要件該当行為として評価してはならない。中止犯は，そのような場合をもあらかじめ包摂すると解されるからである。たとえば，強盗罪に着手して暴行を行ったところで中止した場合，それまでに行われた暴行が暴行罪に該当しうるとしても，これを暴行罪として処罰するのではなく，強盗罪の中止犯として評価すべきである。また，殺人するつもりで，刃物で数回刺してけがをさせた後に中止した場合，傷害罪として扱うのではなく，殺人罪の中止犯として評価すべきである。

---

[6] もっとも，本来は，法律効果の差である以上，法律説によって説明可能でなければならない。違法・責任の軽減効果をいかに合理的に根拠づけることができるかが理論的課題であるといえよう。

5.3.2 中止犯の要件

(1)「自己の意思により」(任意性)

　中止犯とされるためには,「自己の意思により」やめる必要がある。「自己の意思により」とは,外的要因(障害)によるのではなく,内発的な意思によることと解され,**「任意性」の要件**とよばれる。任意性の判断方法については,**客観説**は,行為者の認識している客観事情が,経験上一般に継続の障害になる場合は非任意であるとし,**主観説**は,行為者の主観において,「できるのにやめた」(任意)か「できないからやめた」(非任意)かによって判断すべきであるとし,**限定主観説**は,広義の悔悟・後悔による場合に任意とすべきであるとする。

　客観説では,結局,行為者の内部的動機の判断を客観的事情により擬制することになり,本来の意味での任意性判断とはいえない。「自己の意思により」か否かを判断する以上,主観的要素を基礎にするべきである。ただし,中止についての意思決定が内発的であればよいのであって,その意思決定が外部の事情によって動機づけられていてもさしつかえない。殺害行為に着手したが被害者が苦しむ状況を見たり,助命を請うのを見たりしたことで,反省し中止するつもりになった場合でも,殺害行為の続行が可能であると認識しつつやめたのであれば,外的要因によりやむなく中止したのではなく,任意性を認めてよい。

　限定主観説は,悔悟により行為者の非難可能性が低下することから,中止犯を責任減少の場合だと解する立場と整合するが,任意性を倫理性の意味に解することになるきらいがあるのは妥当ではないであろう。条文がそのような限定なしに中止犯としていることは,前に述べたとおりである。

　そこで,基本的には行為者主観に即して判断するが,行為者の固有の心理などにより偏った判断になっているような場合にまで,中止未遂の効果を認める前提としての任意性を肯定すべきではないので,行為者の主観的判断が内心の過程として客観的にみて相当である場合に任意性を認めるのが妥当であろう。

　任意性判断に関する判例の態度は必ずしも明確ではない。古く,殺人のつもりで人の胸部を短刀で突き刺したが「流血の迸るを見て,翻然之を止めたるときは,障碍未遂にして,中止犯とならざるものとす。」と述べたもの(大判昭和12・3・6刑集16巻272頁)があり,その理由は,流血のほとばしるのを見て

止めるのは意外の障碍にほかならないからであるとしている。また，殺害するつもりで就寝中の母親の頭部を野球用バットで殴打し，死亡したものと思って隣室に入ったが，母親が自分の名をよぶのを聞いて母親の寝室に戻り，母親が頭から血を流して苦しんでいるのを見て，事の重大性に驚愕恐怖し，自己の当初の意図どおりに実母殺害の実行完遂ができないことを知り，これらのため殺害行為続行の意力を抑圧されて，殺害に至らなかったという事例で，「犯罪の完成を妨害するに足る性質の障がいに基くものと認むべき」であるとした（最決昭和32・9・10刑集11巻9号2202頁）。これらは，行為者の認識した事情が行為者の主観に対し犯行を続行することができないほどの影響を与える場合が非任意であり，一般的には続行可能と判断される場合が任意であるとするものといえるから，客観説的な傾向もみえる。

　任意性は行為者の内心の問題ではあるが，事実から推認する以上，客観的に合理的な判断として内発的動機に基づく中止行為であると認められるか否かが考慮されざるをえない。裁判所の説明に主観説の思考過程が明確に表れているわけではないが，これらの例は，外的要因が行為者の内心に大きな影響を及ぼし，精神的にもはや犯行を続行することができない状態になっていたとすれば，「できないことを知ってやめた」という非任意の場合だと判断されているものと解することができるであろう。

　もっとも，その後の下級審裁判例では，客観説的な思考と合わせて，広義の悔悟等を重視する限定主観説に親近性のある判断が行われていることが指摘されている。たとえば，未必的殺意をもって被害者の頸部を果物ナイフで1回突き刺したところ，被害者が口から多量の血を吐き出し，呼吸のたびに血が流れ出るのを見て，驚愕すると同時に大変なことをしたと思い，直ちにタオルを頸部に当てて血が吹き出ないようにし，消防署に電話して傷害事件を起こした旨を告げて救急車の派遣と警察署への通報を依頼し，救急車が到着すると消防署員と共に被害者を救急車に運び込むなどし，駆けつけた警察官に犯行を告げて現行犯逮捕されたという事例で，「流血という外部的事実の表象を契機としつつも，犯行に対する反省，悔悟の情などから」任意性を肯定した（福岡高判昭和61・3・6高刑集39巻1号1頁）。具体的事例において，反省・悔悟等の心情は，やむをえず中止したのではなく，自己の決断において中止したことをうかがわせる事情として考慮しうるとはいえるが，上述のとおり，これを要件とするこ

とは疑問である。

(2) 中　止

　中止犯となるためには，着手した犯罪を「中止する」ことが必要である。中止が違法・責任の減少に影響する（少なくともその側面がある）とすれば，中止行為自体が「**中止意思（中止行為であることの認識）**」に基づくものであることも要求される。

　中止行為となりうる行為（態度）がどのようなものかについては，着手未遂と実行未遂とで相違があるとされ，着手未遂の場合には単に実行行為をそれ以上継続しないという不作為で足りるが，実行未遂の場合には，結果発生を積極的に防止する作為が必要だという議論が行われてきた。

　よく挙げられる例でいえば，殺害の意思で，狙いをつけた拳銃の引き金に指をかけた者が，思い直して引き金を引かなかった場合，実行行為が終了していない着手未遂であるから，その後，引き金を引く行為まで続行しなかったという不作為が中止行為になりうる。

　これに対して，引き金を引いて弾丸が発射されて命中し，相手に傷害を与えたが死亡しなかったという例では，実行行為が終了した実行未遂の場合であるから，積極的な中止行為が行われる必要があり，この例では，適切な救助措置が行われることが中止行為となる。後者の場合に，行為者が中止意思はもっていたもののとくに作為に出ないでいたところ，通りがかりの人が救急車をよび，被害者が病院に搬送されて命をとりとめたというような場合には，行為者自身の積極的な中止行為が行われなかった以上，中止未遂にはならない（東京高判昭和62・7・16判時1247号140頁参照）。

　このような実行行為の終了を基準とする判断枠組においては，中止行為の要件と関連して実行行為の終了時期如何が重要になる。この点について，（実行行為の終了に関する）**主観説**は，行為者の主観により，行為者自身が実行行為は終了したと考えていたか否かによるとする[7]。**客観説**は，結果発生の可能性が現実化しているか否かにより，既に現実に結果発生に至る可能性が生じること

---

[7] 俗な言い方をすれば，「もうこれで終わりだ」あるいは，「これで予定したことはすべて行った」と考えていたなら，実行行為は終了していることになる。

で実行行為は終了となるとする。**折衷説**は，客観的な結果発生の危険性と行為者意思の両者を考慮し，結果発生の可能性があり，行為者がそれ以上の行為を行うつもりがない場合に実行行為は終了していると認める。

しばしば挙げられるのが，弾丸を2発発射して殺害する計画のもとで，1発発射して客体に命中せず，2発目を撃たずに終わったという事例である。主観説によれば，行為者が2発撃つつもりであった以上，1発だけ発射した時点では実行行為は終了していない。客観説によれば，1発撃って結果発生の可能性が現実化した以上，実行行為は終了している。この例で，行為者が当初から1発だけ発射するつもりであった場合には，主観説によっても実行行為は終了したことになる。

このとき，行為者が2発目を撃つことができると考えていたならば，その2発目を撃たないことに中止の意味を認めることも可能である。しかし，行為者が拳銃には弾丸が1発しか装塡されていないと考えていたならば，「2発目を撃つことはできないという認識で2発目を撃たない」だけであって，「やろうと思ってもできない」場合に近い。これは，中止未遂として有利な扱いをすべき特段の理由にはならないというべきであろう。また，客観説が1発の弾丸が発射されただけで実行行為は終了したというのであれば，その1発が外れて被害者が無傷であるとき，行うべき作為の中止行為として何を期待することができるであろうか。

(3) 中止行為の必要性

このように，主観説・客観説とも，十分な判断基準にはならないように思われる。実行行為の終了時期は，逆に，むしろ**「中止行為」の必要性**との相関関係で決まるという方が正しい。そして，中止未遂とすべきか否かは，客観的な中止行為だけではなく，その作為・不作為が行為者のいかなる主観に担われたものかにもよるといわなければならない。客観的に作為に出ることが必要な状況なら，中止行為として作為が要求されるが，作為に出なくても法益侵害に至らないなら，中止行為は不作為で足りる。そして，その中止行為が中止意思に基づくときに中止犯の成立が認められるべきであろう。こうして，結論としては，折衷説の立場が妥当だということになる。さらにいえば，そもそも中止行為を実行行為の終了時期の問題と関係させることの不都合も明らかになる。

現在では，上述のように，中止行為が問題となる時点において，積極的な介入がなければ結果が発生する状況であれば作為の中止行為が要求され，単純な不作為で結果発生を回避することができる状況であれば，不作為による中止犯の成立を認めうるというのが有力な考え方となっている。中止が問題となる時点以前の（未遂）行為によって実現された危険の程度によるということである。ただし，中止行為の存否が問題となる時点で結果発生の危険がないのであれば，それ以前の行為として未遂行為があり，それにより類型的な危険が生じたので未遂犯は成立する一方，もともと存在しない危険を除去することはありえず，危険を除去したことによる有利な取り扱いである中止犯となる余地はない（前提が欠ける）ことになる。また，中止行為を行うことによって結果を回避することができない状況であれば，そもそも中止といえるような行為はありえないことになるから，この場合にも事実上，中止犯は成立しない。

そうすると，中止行為が要求される時点における状況としては，結果発生に至る因果事象が進行を始めているため，その経過に介入して結果に至る因果を遮断する必要がある場合，結果発生に至る因果事象が未だ自動的進行の段階に至っていないため，それ以上因果経過を進行させる作用を与えなければ結果発生には至らないと判断される場合，さらに，既遂結果発生に至る因果事象が実現する可能性がない場合が想定される。

殺害の意思で弾丸を発射して命中させ重傷を負った被害者がいるという状況は，救助行為による積極的介入が必要な場合である（たとえば，福岡高判平成11・9・7判時1691号156頁参照）。弾丸が外れて，被害者が無傷であるという状況は，被害者の死亡に向かう因果事象を自動的に進行させるようなそれ以上の介入をしないという不作為でも中止行為になりうる場合である。この場合に，客観的にそれ以上の介入が可能であり，主観的にも行為者が介入可能であると認識している状況で，当該介入をしないという不作為は，中止行為としてよいであろう。しかし，客観的にそれ以上の介入が不可能な場合（たとえば，弾丸が1発しかない）ときには，ことさらに有利な効果を認める前提はなく，中止犯はありえないと考えられる。

（4）真摯な努力・中止行為と結果不発生との因果関係

なお，中止行為としては，結果発生を回避するための「真摯な努力」が重要

であるとされる。「真摯」と言っても倫理的主観を要求するものでないことは，任意性の場合と同じである。結果不発生に導く効果的な行為を，より確実性の高い形で（十分確実な推移が見込まれる段階までは自己の手によって）行うことが要求されると解するべきである。

　判例には，家屋に放火したが炎の燃え上がるのを見て怖くなった行為者が，隣人に「放火したのでよろしく頼む」と叫びながらその場から走り去ったところ，その隣人らの消火行為により家屋の焼損に至らなかったという事件で，結果発生防止は必ずしも犯人単独で行う必要はないが，犯人自ら行わない場合は少なくとも犯人自身がその防止に当たったと同視するに足るべき程度の努力を払う必要があるとして，この事例の被告人の行為はそれに当たらないとしたもの（大判昭和12・6・25刑集16巻998頁）がある。確実に結果発生を阻止するに足りる措置を自ら行うことまでは要求されないが，自分で阻止するための行為をしたと同視できる努力が必要である。たしかに，たとえば，被害者の治療行為を素人の行為者に期待するようなことはできない。しかし，実際に結果防止のために当該状況において必要とされる「中止的介入」がどのようなものであるかの判断はむずかしい。具体的状況に応じて実質的に行うほかはない（大阪高判昭和44・10・17判タ244号290頁，東京高判平成13・4・9高刑速報3132号50頁など参照）。

　中止犯は，43条本文を前提とするさらなる修正であると解されるから，それ自体未遂でなければならず，「結果不発生」が要件となる。ただし，現実の結果不発生と当該中止行為との間に因果関係が存在することは不要だとするのが通説である（責任減少説からは，真摯な中止行為があれば足りるので，因果性はもとより不要だと解されるであろう）。未遂犯一般において，外在的事情によって結果不発生に終わった場合にも未遂犯が成立しうるのと同様に，中止行為とは別の理由で結果発生に至らなかった場合（たとえば救急車をよんで病院に搬送してもらい，「医師の措置により」救命された場合を考えよ）でも中止犯の成立を肯定すべきであると考えられるからである。ただし，古いものながら判例（大判昭和4・9・17刑集8巻446頁）は，家屋に放火するつもりで発火装置に点火した後，後悔してその火をもみ消したものの，完全には消えなかったことから家屋の床板などが焦げ始めたが，他人が発見して直ちに消し止めたため焼損に至らなかった事例で，「犯人自ら犯罪の完成を現実に妨害したる事実の存することを

必要とすべく」と述べて，因果関係を必要とする態度を示している。

5.3.3　予備の中止

　予備行為を行ったが自己の意思により実行に着手しない場合，いわば**予備の中止**には，文言上「実行に着手」することを要件とする43条を適用することはできない。そう解釈しても，殺人予備罪（201条），放火予備罪（113条）などの場合には，情状による刑の免除が規定されており，予備段階における中止を情状として評価できるので大きな問題はない。しかし，強盗予備罪（237条）の規定は，情状による刑の免除を認めていない。

　そうすると，強盗罪の実行に着手した後に中止すれば中止犯の恩恵を受けられる（有罪ではあるが刑の免除の可能性がある）のに，実行着手前に止めた場合には，予備罪自体は成立しており必ず予備罪で処罰されることになる。強盗罪の中止犯の方が強盗予備罪より有利とは必ずしもいえないし，中止犯でも刑の減軽にとどまる場合もあり，不均衡とはいえないかもしれない（「予備罪には中止未遂の観念を容れる余地のないものである」とする最大判昭和29・1・20刑集8巻1号41頁参照）。しかし，中止の場合に刑の免除となることが想定される場合との比較においては，やや不均衡であることは否めない。多数説は，予備の中止の場合にも中止犯規定の準用（あるいは類推適用）を認める。

　予備罪に中止犯規定の準用を認めた場合，基準となる刑は既遂犯の法定刑とし，それを減軽または免除すると解する見解が多数である。ただし，予備罪について定めた刑より重い刑になっては準用を認めた意味がないので，そのときには予備罪の刑で処断すべきだとされる。たとえば強盗予備罪（237条）に中止犯規定の準用をした場合，刑の減軽を行う際には，強盗罪（236条）の法定刑を基準として68条に従って行うが，236条が5年以上の有期懲役，237条が2年以下の懲役を定めていることから，法定刑の上限・下限ともに強盗予備罪の刑によるという結論になる。また，このとき，予備罪は既に既遂犯の刑罰を減軽した類型であるから，これについてさらに減軽することはできない（68条の趣旨から法律上の減軽は1回限りと解される）ので，中止犯規定の準用により免除のみが認められるとの考え方もある。いずれにせよ，予備罪に中止犯規定の準用を認める意義は，現実的には，刑の減軽効果より，刑の免除が規定されて

いない予備罪における中止について刑の免除の可能性が生じる点にあるといえよう。

5.4 不能犯

5.4.1 不能犯の意義

　何らかの行為が行われたが，その行為によって構成要件が実現する可能性がない場合には，当然ながら構成要件不該当となる。これは，通常，実行行為が存在しないことを意味するから，実行の着手を論じる前提がないのであって，未遂犯も成立しない（未遂犯の構成要件に該当しない）。この場合を**不能犯**という。不能犯は，その名に反して犯罪ではなく，構成要件に不該当となる場合のひとつである。したがって，不能犯として議論の対象になる範囲は相対的なところがある。

　たとえば，息を吹きかけて人を傷害しようとしても結果発生に至る可能性はないというべきであろうが，息を吹きかける行為は，端的に暴行等の傷害罪の実行行為に当たらないというのが通常であり，これが傷害罪の不能犯であると論じられることはない。何らかの観点から法益侵害の危険性が含まれるようにみえて，その実は，結果発生の可能性をもたないような場合が不能犯として取り上げられる類型である。他方，法益侵害結果発生の可能性が存在するが極めて低い行為については，不能犯とは言われないままに，結果発生の現実的危険がないことを理由に実行行為性が否定されることが多い。

　不能犯は構成要件を充足しない場合であるから，欠けている構成要件要素の観点から分類することができる。まず，行為主体が欠けている場合が**主体の不能**である。身分犯において，身分のない者が身分者であると誤信して行為するような場合である。**客体の不能**は，客体が存在しないために構成要件的結果が発生しえない場合である。すりが他人のポケットから財布を抜き取ろうとしたが財布が入っていなかったという「空ポケット事例」，就寝中の人を殺そうとしてベッドにナイフを刺したがベッドの上には誰もいなかったという「空ベッド事例」などが論じられる。**方法の不能**は，採用された手段が結果発生の

危険を含まなかった場合で，殺害するつもりでピストルの引き金を引いたが銃弾が込められていなかったという「空ピストル事例」が代表的なものである。この分類にもみられるように，不能犯は，行為者の認識においては構成要件該当事実であるが，客観的にはその事実が存在しない場合だという見方ができ，事実の錯誤の性質を有する。なお，存在しない犯罪類型を想定して行為者が犯罪だと考えているにすぎない場合は，**幻覚犯**と言われるが，もちろん何ら犯罪を構成しない。

このほか，以前には事実の欠缺（欠如）が論じられた。行為者は事実が存在すると認識しているものの客観的には構成要件該当事実（の一部）が存在していないために不可罰となる場合である。たとえば，身分犯における主体となる前提事実が存在しなければ，行為の主体という事実が欠如することをもって，不能犯を論じるまでもなく不可罰であるとされる。しかし，事実の欠缺の場合も現象としては不能犯にほかならない一方，以下に述べるように，事実の欠如が形式的に可罰性を否定する根拠とはならないと考えられるため，事実の欠缺論は独自の意義をもたないというべきである。

5.4.2 危険性の判断

(1) 未遂犯と不能犯

何らかの行為があり，結果が不発生であった事例において，その中に可罰的な場合と不可罰の場合を認める以上，可罰的な未遂犯と可罰的でない不能犯とを区別することが重要になる。可罰性を画するのであるから，議論の土台は未遂犯の処罰根拠であり，したがって，究極的には違法性に関する基本的理解を反映する。現実の法益侵害結果を欠く未遂犯においては，本来的な結果不法を評価することはできないから，行われた行為が結果発生の危険性を有すること，あるいは，結果発生の危険という事態を惹起したことが違法評価の対象となる。不能犯論の核心は，このような危険の内実と，その判断である。

危険といっても，判断基礎になる事情によって危険の有無の判断は異なる。たとえば，人の左胸をナイフで刺す行為は，人の死を引き起こす大きな危険を有するであろう。しかし，刺そうとする左胸が頑丈な金属で保護されているならば，ナイフを刺す行為によって死亡する危険は，ほとんどないであろう。

もっとも，保護されていることが外見からはわからないときには，行為者も，それを見る第三者も，刺された人間が死亡する危険があると判断するにちがいない。つまり，(行為時に) 認識された事情を基礎にすれば，危険がある。(行為後に明らかになったものも含めて) 存在するすべての事情を考慮すれば，危険ではない。

(2) 危険性判断の方法

　危険性判断については，客観的危険説と具体的危険説とが現在の対立軸になっている。客観的危険説に対応する主観的危険説は，具体的危険説に対応する抽象的危険説と同じことに帰する。これは，実在するか否かにかかわらず行為者の認識事情のみに基づいて，結果を発生させる可能性が肯定されるときに，可罰的な未遂であるとするもので，具体的には結果実現に至る危険がない場合であっても，行為者の行為により抽象的には危険だったとされ，未遂犯の成立が認められることになる。しかし，実行行為を行為者性格の危険性の徴表とみる実行の着手に関する主観説と同様，物理的な法益侵害の危険と無関係な危険判断は妥当でないと考えられるので，支持しがたい。

(3) 客観的危険説

　客観的危険説は，古くは，客観的に危険がない場合を「絶対的不能」と「相対的不能」とに区別し，「絶対的不能」であれば不能犯であり，「相対的不能」の場合は可罰的な未遂犯であるとした。相対的不能とは当該事案で偶然に結果発生の危険がなかったにすぎない場合をいい，このような事例は未遂犯だというのが基本的な考え方になっている。しかし，これに対しては，絶対的不能と相対的不能との区別は不明確であるとの批判が強い。

　現在主張されている客観的危険説は，行為者や一般人の認識・認識可能性の如何によらず，行為後に明らかになった事情を含めて，行為当時に客観的に危険があったと認められれば可罰的だとするもので，後述の具体的危険説と対比すれば，客観的危険説は，裁判時 (事後) 判断であることに特徴がある。ただし，この見解を純粋に貫くと，現に未遂に終わっている事実を前提にする以上，事象が法則的・必然的に推移する限り，行為時において既に事象が未遂に終わることを必然とする事情があったとせざるをえない。すなわち，何ら危険は生

じていなかったと判断されることになってしまう。あらゆる未遂犯が不能犯とされるのではないかということである。もちろん，このような結論を受け入れることはできない。

　そこで，危険の有無が問題となる時点が行為時である限りにおいて，科学的不確実性が残ることを指摘する見解がある。銃による射殺の例でいえば，銃の引き金に指をかけたとき，引き金を現実に引き，弾丸が発射され，客体に向かって飛び，客体にあたる（実際には外れた場合を問題にするのであるが）まで，銃口の向き，風などの環境，被害者の状況などの不確定要因が残るので，結果発生は科学的に不確実であるから，客観的判断として可罰的な未遂になるとされるのである。しかし，判断が問題となる時点を「弾丸の発射された時点」ではなく「引き金に指をかけた時点」に設定することは，そこに実行の着手を認める見解からはむしろ当然のことになるとしても，純粋に結果無価値一元的思考をとる場合には必然ではないように思われる。また，不確実であることを「危険あり」と評価する形になるのが，刑事法の鉄則である「疑わしきは被告人の利益に」の原則に反するとの批判も避けられないであろう。

　もうひとつの有力な見解は，修正された客観的危険説と称するもので，未遂に終わった事象経過の中で，結果発生のために必要であったが実際には存在しなかった「仮定的事実」の存在可能性を，科学的一般人を基準として事後的に判断し，「仮定的事実」の存在が十分ありえたと判断されるときには，可罰的な未遂犯になるというのである。ただし，前提として客観的・科学的に危険性を判断した上で，「仮定的事実」の存在可能性については客観的・科学的な基準を用いないことになっているとすれば，この点で一貫性が欠けるだけでなく，実質的には具体的危険説を採用することとの違いがなくなるように思われる。

（4）具体的危険説

　これに対して，**具体的危険説**は，行為の一般的危険を規準にする。行為時（事前）判断である点で，客観的危険説と対照的である。具体的危険説は，行為当時に一般人が認識可能な事情と，それ以外に行為者がとくに認識していた事情（誤信しているものは除く）を判断の基礎事情とする。事前判断と事後判断との相違は，事後になって判明する事情による。たとえば，ベッドに横たわる人を殺そうとして心臓付近をナイフで刺したが，その当時には行為者にも一般

通常人にも認識不可能であったものの，実は行為の数時間前に既にその人は病気で死亡していたことが事後に明らかになったとする。行為時の客観的事実は死体にナイフを刺しただけであるから，結局，殺人罪の構成要件的結果は生じなかった。この場合，事前判断では，事後に判明した事情は考慮されないから，人の死の危険が生じたという判断になるであろうが，事後判断では，およそ人の死を引き起こすことはありえない（客体の不能）ということになるであろう。

　わたくしは，具体的危険説が妥当であると考える。結果無価値が存在しない未遂犯の場合には，行為無価値による違法評価が決定的である。一般の国民を名宛人とした行為規範に対する違背を違法性の実質と解する立場からは，事後的にみた危険性の有無よりも，行為時点の一般国民に与えられた規範内容が重要であり，それで十分だということになる。また，このときに，一般国民が通例知り得ない事情は判断の材料として考慮される事実に含められないが，行為者がとくに知っていた実在事実は，行為者に与えられる規範にとって意味がある事実である以上，含まれるとするのが合理的であろう。

(5) 判　　例

　判例は，先に触れたように，伝統的には「古い客観的危険説」の「絶対的不能・相対的不能」の概念を用いるものがあり，基本的には結果発生の客観的可能性によって判断する態度がみられる（最判昭和 25・8・31 刑集 4 巻 9 号 1593 頁，ほか，後出の「硫黄事件」・「空気注射事件」参照）。

　ただし，客体の不能の例では，判例も客観的危険説の考え方を採るとはいえない（被害者の懐中物を取ろうとしたが懐中物を持っていなかった事例で，通行人が懐中物を所持することは普通予想しうべき事実であることを理由に未遂犯とした，大判大正 3・7・24 刑録 20 輯 1546 頁）。高裁の裁判例には，殺害行為の時点で既に死亡していたという客体の不能の事例で，客体の「生死については専門家の間においても見解が岐れる程医学的にも生死の限界が微妙な案件」であって，「被告人が加害当時被害者の生存を信じていたというだけでなく，一般人も当時その死亡を知りえなかったであろうし，したがって，被害者が死亡するであろうとの危険を感ずるであろうこと」を根拠にして未遂犯の成立を認めたもの（広島高判昭和 36・7・10 高刑集 14 巻 5 号 310 頁）がある。これは，より具体的危険説に接近した判断だといえる。

方法の不能の例でも，高裁裁判例には，巡査の携行する拳銃を奪取してその巡査のわき腹に銃口を当てて引き金を引いたが，たまたまそのときには実弾が装着されていなかったため殺害に至らなかった事件で，制服を着た警察官が勤務中に右腰に装着していた拳銃に，常時弾が装填されているべきことは一般社会に認められているとの理由で，未遂犯の成立を認めたものがある（福岡高判昭和28・11・10判特26号58頁）。

（6）危険性判断の基準

　具体的危険説は，一般通常人の見地からの判断を主張するので，危険性判断は純粋に科学的な基準によるわけではなく，一般人の知識に基づくことになりそうである。しかし，規範の名宛人である国民の判断も，因果的法則に関する知識に基づいて行われる。現代社会で，結果発生に至る事象の成り行きを予測するために用いられる法則は，自然科学が与える知識にほかならない。ただ，それが，最先端の，あるいは詳細な測定・分析を経て計算された予測でないだけである。たとえば，人の心臓を刺せば死ぬ可能性が高いということも，「丑の刻参り」では人は死なない（このような場合を迷信犯ということがある）ということも，科学的知識に裏打ちされた因果法則に基づく判断である。

　科学的知識は，時を経て変わる。不明であったことが明らかにされ，知識が増えるということもあるし，以前には正しいと考えられていたことが否定される（あるいはその逆の）例は珍しくないであろう。既に明らかになっている科学的知識であっても，広く一般国民に知られるに至らない，あるいは旧来の知識の誤りが未だ訂正されていない，ということも多いはずである。さらに，教育や従事する仕事の内容によっても，人の有する知識の質・量が異なる。

　このように，判断の基準となる知識は，判断の基礎事情とは別に考慮する意味がある。具体的危険説からは，一般通常人の知識を基準とすべきであると解されているものと思われるが，上述のとおり一般通常人には幅があり，こう言っただけではあまり意味がない。義務教育修了程度というのが国民の知識基盤として制度的基準になりうるかもしれないが，現実を反映しない面がある。一般人の知識水準を定めることは困難であろう。

　他方，科学的知識の程度によって判断が揺れ動くことは避けるべきであるから，あまり低い程度を標準とすることは妥当ではない。「科学的一般人」とい

う標準も主張されるが，その意味するところは不明確である。

そこで，具体的危険説の立場に立ちつつ，判断の基準となる知識は，純粋に科学的知見であるとする見解が有力となり，わたくしもそれが妥当だと考える[8]。具体的危険説の意義は，基準が一般人であることではなく，行為時の事前判断としての危険性判断である点に求められることになる。裁判例にもこのような考え方を見て取ることができるであろう。

たとえば，イオウの粉末を飲食物等に混入し，服用させて人を殺害しようとした事件で，そのような手段では人の死の結果が発生する可能性が絶対にない（絶対的不能）として殺人の不能犯であるとした判例（大判大正6・9・10刑録23輯999頁，硫黄事件）や，注射器で静脈内に空気を注射して殺害しようとした事件で，実際に注射された空気が致死量以下であったとしても，注射された人の身体的条件その他の事情によっては，死の結果発生の危険が絶対的にないとはいえない（相対的不能）として殺人の未遂犯とした判例（東京高判昭和36・7・18高刑集14巻4号250頁，最判昭和37・3・23刑集16巻3号305頁，空気注射事件）がある。これらの判断は，行為者がそうであったように，当時の一般通常人の認識では人の死を惹起しかねないと考えられていたかもしれないという事情を前提としつつ，科学的判断に従って結論したものと解することができる。

目張りした部屋に都市ガスを充満させて一家心中しようとしたが，訪問した友人に発見されて遂げなかった一方，都市ガスは天然ガスであって，これによる中毒死の可能性はなかったという事件で，一般人は都市ガスを漏出させることは，その室内に寝ている者を死に致すに足りる極めて危険な行為であると認識しているものと認められるとして，未遂犯の成立を認めた地裁の裁判例（岐阜地判昭和62・10・15判夕654号261頁）があるが，ガスそのものによる中毒死の

---

[8] なお，客体の不能の事例で，最初から客体が不存在である場合には，行為に科学法則に基づく結果発生の危険性がないという以前に結果が生じる場である客体が存在しないのであって，その意味では論理的不能ともいうべきものであると考えられる。科学法則は，存在する事実についての知識であって，科学の知識によって客体の存在可能性を問うのは不合理であるからである。ただし，たとえば，客体である人が死亡していた場合のように，物体としての客体が存在しその法的に意味のある属性が問題となる事例では，事実状態の変化過程の問題であるから，判断基底を事前の一般人認識に限る以上，科学法則の知識に基づいても，客体が生存していたと判断されることはありうるであろう。このような場合には，生存していた者が死亡する結果発生の危険性が肯定される場合がある。

危険性以外にも，電気器具などから引火するガス爆発や酸素欠乏による窒息死などの危険（客観的危険ないし科学的危険）を合わせて考慮している。

■第 6 章■
正犯と共犯

6.1 構成要件実現形態としての正犯と共犯

6.1.1 広義の共犯と狭義の共犯

　刑法11章は「共犯」と題され，60条以下に共同正犯・教唆犯・従犯などの規定を置いている。これは，2人以上が同一の犯罪の遂行に関与する場合の扱いを定めるものである。共犯の章に規定されている複数人の関与する構成要件実現形態，またはそのような形態での関与者を**広義の共犯**という。すなわち共同正犯，教唆犯，従犯の3つである。

　立法上，犯罪関与形式による区別をしない場合もある（統一的正犯）し，解釈論上，広義の共犯相互に質的な差を認めず，因果性の強弱という量的な差として理解する立場（拡張的共犯）もあるが，わたくしは，60条の共同正犯は，その名のとおり正犯であって共犯とは区別されるものと理解している。この立場からは，「共犯」の章に規定される犯罪実現形式の中には，概念上，正犯と共犯との両方が含まれることになる。正犯である共同正犯以外の，**教唆犯・従犯**を**狭義の共犯**という。

6.1.2 正犯と共犯

　刑法には，正犯一般の定義規定はなく，60条が「2人以上共同して犯罪を実行した者は，すべて正犯とする」とされているほか，61条・62条・63条に「正犯」の存在が前提されているにとどまる。そこで，端的な「正犯論」は解

釈論において主題化されにくい面がある。一方では間接正犯の問題が議論され，他方では，共同正犯概念が，とくに狭義の共犯との区別の観点から議論される傾向があったのである。

　しかし，実定法が正犯を当然の処罰対象として前提しており，それに付加される形でとくに共犯の処分について規定している以上，第一次的処罰対象である正犯と，それ以外に処罰対象を拡張する共犯が位置する，という構造があることは明らかである。軽い罪については教唆犯・幇助犯が処罰されない（64条）こともそれを裏打ちするであろう。したがって，犯罪理論上は，正犯概念を基本とし，それとの対比で（狭義の）共犯概念を論じるべきである。そこで，まず正犯とは何か（正犯概念）を明らかにした上で，正犯の諸形態（後述するように，単独正犯・間接正犯・共同正犯がある）を論じ，正犯概念を核心として正犯と共犯との区別，共犯として処罰される限界（共犯の処罰根拠等）等を論じるのが妥当である。

　以下では，このように理解された「正犯」と「共犯」とを前提にするので，とくに理由のあるときは別として，単に「共犯」というときには，「正犯」である共同正犯を除外した狭義の共犯を意味する。

6.1.3　必要的共犯と任意的共犯

　刑法典11章の共犯のほか，各則の構成要件自体が複数人の関与を予定している類型がある。これを**必要的共犯**という。必要的共犯には，たとえば，内乱罪（77条）・騒乱罪（106条）など，多数の者が集合して行う行為を犯罪とする類型がある。このように法益侵害の効果が同一方向に向かう行為者が複数存在することを想定するものを**集合犯**（集団犯・多衆犯）という。また，たとえば，賄賂罪（197条以下）における贈賄罪（198条）と収賄罪とは，贈賄者と収賄者という複数の関与者を予定する類型であって，2つの類型が必要的共犯の関係になっている。こちらは，それぞれの行為がいわば対向的関係にある。この類型を**対向犯**という[1]。

---

[1] なお，対向犯となる行為のうち一方の処罰規定があり他方の処罰規定が存在しないとき（片面的対向犯）には，処罰規定を欠く行為は共犯としても処罰されない趣旨であると考えられる（最判昭和43・12・24刑集22巻13号1625頁）。

必要的共犯に対して，それ以外の，単独犯による実現が可能な構成要件を共犯の形で実現する場合の共犯を明示する際には，これを**任意的共犯**という。必要的共犯をめぐる議論は，必要的共犯たる個別の構成要件の解釈論に帰着するので，総論の課題は，60条以下の総則規定の解釈論としての（必要的共犯に対する任意的共犯の問題なども含め）任意的共犯が中心となる。

刑法各則（第2編「罪」）の構成要件のほとんどは，単独の行為者による実現が可能であるだけでなく，むしろ単独行為者を前提としている。だからこそ，とくに共犯についての規定が設けられているのだと解される。そこで，任意的共犯は，共犯の規定によって基本構成要件を修正し，各則の構成要件そのものを実現する者以外を処罰するものであることになる。たとえば，「人を殺す」のではなく，「『人を殺す』ように他人をそそのかす」行為が処罰対象となる。いいかえれば，各則の基本構成要件が総則の共犯規定によって修正されて共犯構成要件となり，その修正された構成要件に該当するときに共犯となるという構造になっている。この意味で，共犯規定は，構成要件の修正形式であるといわれる（未遂犯規定も構成要件の修正形式であった）。

単独正犯を基準にしたとき，共犯は処罰行為の類型を拡張した構成要件を形成するものといえる。したがって，正犯となるか共犯となるか，あるいは共同正犯が成立するかなどの問題は，犯罪論上は，構成要件該当性の問題である。

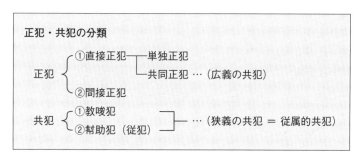

6.2 正犯概念

6.2.1 正犯の諸形態

　正犯概念は，正犯と共犯との区別の基準を与えるものであるが，理論的には区別そのものに関心があるのではなく，各則の構成要件が当然に処罰を予定している者を典型とする第一次的処罰対象者の概念が重要である。すなわち，その範囲と第一次的処罰対象者とされる根拠とを明らかにすることが課題である。ここでは，こうした問題意識から正犯概念を画する理論を「正犯理論」とよんでおく。

　ただ，一方で，正犯とされるべき構成要件実現形態には既に共通了解があり，正犯概念は，単独直接正犯・間接正犯・共同正犯の3態様を包括する必要がある[2]。つまり，正犯概念の「外延」は事実上確定しており，正犯理論にはそれを過不足なく基礎づけることが要請されているのである。そこで，まず，これら3態様の意義を確認しておこう。

　正犯形式は，まず，直接正犯と間接正犯という観点から分類することができる。**直接正犯**とは，構成要件を行為者の直接的寄与とその作用とによって実現する形態である。たとえば，「人を殺す」という構成要件的行為を自ら行う者は，構成要件該当事実を自らの実行によって直接に実現する者であるから，殺人罪の直接正犯である。

　次に，刑法解釈学は，ほぼ一致して，直接正犯だけでなく**間接正犯**という正犯形式があることを承認している。間接正犯とは，自ら直接の寄与・効果によって構成要件を実現するのではなく，他人を介して間接的にこれを実現するものである。間接正犯は，犯罪遂行過程で複数の関与者が存在する形態であるが，正犯自体は単独の場合であって，他の関与者は「共犯」ではない（間接正犯自体は正犯概念の問題である）。たとえば，事情を知らない第三者に，毒を投与

---

[2] 間接正犯は，他人の行為を通じてではあるものの各則の基本構成要件を単独で実現する場合である。すなわち，単独正犯における犯罪遂行の一形態にほかならない。共同正犯を「正犯」に含めない理解からは，正犯概念は直接正犯と間接正犯とを包摂するものとして構成されるので，このように理解した場合，正犯とは単独正犯（のみ）であるという結論になる。

して殺す行為を行わせることによって，全体として意図的に人を殺したとみられる者は，殺人罪の間接正犯となる。

そして最後に，複数が関与する正犯形式として，共同正犯が位置づけられる。60条にいう「二人以上共同して」構成要件該当事実を実現する形態である。共同正犯は直接正犯である[3]。

なお，単独正犯は，関与者が単一である以上，その者自身が構成要件該当事実を直接に実現するほかはないので，必然的に直接正犯でもある（だからこそ，間接正犯という形態が特別に論じられる意味がある）。こうして，論ずべき正犯形式は，単独（直接）正犯・間接正犯・共同正犯（直接正犯の一種）であることになる。

6.2.2　正犯理論の諸相

正犯理論は，上述の3形態をすべて，等しく「正犯」であると位置づける根拠を提供しなければならない。行為者の主観に重点を置くものから客観的事情に基づくものまで，種々の理論が主張されてきた。

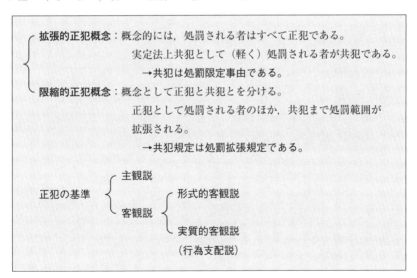

---

[3] 間接正犯が複数存在してそれが共同正犯として遂行されることもありうるが，この場合には，間接的関与者の共同正犯，すなわち，間接的関与者に（直接正犯としての）共同正犯論が適用されることになる。

（1）拡張的正犯概念と限縮的正犯概念

　そもそも正犯と共犯とを区別しない方法論もありうる。実際，犯罪行為への因果的関与者を区別なく正犯とすることは，行政刑法など形式的処理がふさわしい分野では，相応の合理性をもつ。また，単純・軽微な法益侵害においては，正犯・共犯の区別が実質上困難であったり，無意味だったりすることもあろう。

　犯罪実現に対して因果的に関与した者はすべて正犯であるという正犯概念を**拡張的正犯概念**という。これを正犯理論として主張する見解を**拡張的正犯説**とよぶことができる。狭義の共犯を含め，普通に共犯といわれているものは，概念上，すべて正犯であると考えるのである。やや極端な印象を与えるが，このように考えるならば，間接正犯の正犯性は容易に説明される。間接正犯の行為は，外形的には狭義の共犯の一種である教唆犯の行為ともみられる。しかし，拡張的正犯概念によれば，このような行為を行う者も含め，概念上（もともと），すべての関与者が正犯になるのである。間接正犯だけでなく，教唆犯も正犯の中に含まれる。その上で，共犯規定があることによって，概念上の正犯であるもののうち，共犯類型にあてはまるものについては共犯として軽い処罰をすることになるのである。一般に，正犯だけでなく共犯が処罰されるのは，共犯規定による処罰範囲の拡張であると理解されるのに対し，拡張的正犯説では，原則と例外とが逆転し，共犯規定は，本来は正犯的な処罰対象を軽く処罰するという刑罰制限事由に位置づけられる。

　拡張的正犯説は，少なくとも立法論としては可能な構成である。いわゆる「統一的正犯体系」を採用し，複数関与者の関与態様によって犯罪論上の区別をせず，個別の減軽事由や量刑の次元で妥当な処分を実現するという立法例も，実際にある。しかし，日本の現行刑法を前提に，これを解釈論として主張することには無理があるといわざるをえない。共犯規定が刑罰拡張事由と解される形で存在するところで拡張的正犯概念を採用するのは，いかにも概念操作によるつじつまあわせの観を呈するというべきであろう。しかも，行為態様が行為の違法性に影響すると考える行為無価値論の立場からは，関与形式によって正犯と共犯との類型的区別が生じると考えられるのである。他方，そもそも，間接正犯も，それ自体の実体に即して正犯性が基礎づけられるべきであって，形式的な概念操作で正犯とされれば足りるというものではない。

　これに対し，因果的関与者のうちに，本来的第一次的処罰対象者である正犯

と，それよりは低いものの当罰性が認められ，第二次的な処罰対象者とされる共犯とを想定する場合，その正犯概念は限定的に画されているので，**限縮的正犯概念**（制限的正犯概念）とよばれる。上に述べたように，現行刑法の解釈論としては，限縮的正犯概念を基本とすべきである。そこで，限縮的正犯概念を採用しつつ，いかなる観点から正犯概念を画するべきかが課題となる。

(2) 主観説

主観説は，行為者の主観的認識・自己意識に基づいて正犯概念を画する理論である。たとえば，行為者に正犯者の意思，自分は正犯であるという自覚がある場合が正犯であるとする。しかし，概念規定の際にその概念をもって定義するのは論理的破綻であって，「正犯」であるとの自己認識によって正犯概念を規定することはできない。そこで，犯罪遂行から（経済的・非経済的なものを含め）利益を得る意思によって正犯性を基礎づける見解（これを利益説とよぶこともある）や，積極的に中核的存在として犯罪遂行に関わる意思があるときに正犯とする見解などがある。これらも，事実認定上，客観的事情が考慮されるとしても，いずれにしても行為者主観の認定が決定的である限り，いいかえれば正犯概念を規定する要素が行為者の主観である限り，主観説に分類することができる。

主観説は，正犯意思・正犯者の意思などといわれる要素によって正犯概念を規定することになるが，まず，行為者の内心状態を認定し評価することの難しさがあることと，外形としては構成要件該当性に疑いがないときでも，行為者が正犯意思を有していない限り正犯とされない点が不都合だと批判される。たとえば，雇われガンマンが他人の要請に応じて銃を発射して弾丸を命中させて人を殺したとき，行為者に（その実質的内容はもちろん問題だが）正犯意思がないとされれば，その狙撃者を殺人罪の正犯とすることはできないはずである[4]。

理論的には，正犯概念は，構成要件該当事実の実現主体を意味するものであ

---

[4] ドイツの裁判所は伝統的に主観説の立場に立っていたが，戦前の「浴槽事件」(Badewannenfall, RGSt. 74, 84) をはじめ，妥当性を欠く結論となる場合があり，学説からの批判の対象となった。「浴槽事件」とは，私生児を産んだ妹のために嬰児を浴槽に沈めて殺害した姉について，正犯意思が欠けることをもって，その正犯性を否定した事例である。1975 年に客観的要素に基礎を置く正犯定義規定が置かれて以降は，純粋な主観説は採用されなくなっている。

ろう。基本構成要件を単独直接正犯として充足する場合はもちろん、修正された構成要件を充足する場合を含めて、正犯は構成要件該当性と直接の連関を有する概念である。いいかえれば、単独正犯となるかどうかは、構成要件を充足するかの問題であり、共同正犯となるかどうかは、修正された構成要件に該当するかどうかの問題である。したがって客観的要素を根拠としない正犯概念は成り立たないといわなければならない[5]。

（3）形式的客観説

　形式的客観説は、構成要件該当行為を自ら遂行する者が正犯であると定義する理論である。単独直接正犯は基本構成要件に該当する構成要件該当行為（＝実行行為）を自ら行う者であり、その正犯性は疑う余地はないから、その限りで実行行為を行うことを正犯性の根拠とするのは当然のことと思われる。正犯性の根拠を構成要件に関係させる点で構成要件論に基礎を置く犯罪論に整合する正犯理論だといえる。日本では、共同正犯を念頭に、実行行為の全部または一部を行う者が正犯であると説かれることが多かった[6]。

　形式的客観説によると、共犯は、基本構成要件を修正した共犯構成要件に該当するもので、その修正により実行行為（各則の構成要件に該当する行為）以外の行為を行う者として（それゆえに正犯でなく）共犯となる、という説明が可能である。正犯と共犯という概念上の区別が実定法に対応して行われる限縮的正犯概念（制限的正犯概念）を基礎づける理論としても自然な解釈であり、構成要件を重視する犯罪論として一貫している。罪刑法定主義の見地からも明確であって妥当である。

　しかし、間接正犯については、それが実行行為を行う者であることが外形上自明ではないので、本説によって間接正犯の正犯性を根拠づけられるかは問題

---

[5] なお、後述するように、日本の裁判所は、「自己の犯罪として行う意思」のような形で行為者の意思を重視していると考えられるが、わたくしの考えでは、確かに主観説的な判断構図を示しているものの、あえて標語的に言えば「自己の犯罪として行う意思で自己の犯罪として行う」ことが求められている。したがって、主観を重視するものの犯罪の行い方という客観面をも考慮するのであって、主観説の枠組に完全に収まるわけではない。

[6] 必然的に、共同正犯は、実行行為の一部を分担する者でなければならないとされる。したがって、この説によれば、後述の共謀共同正犯は実行行為を行わない者を正犯とするものである（教唆犯または幇助犯とすべきである）として批判されることになる。

である。形式的客観説にとっては，構成要件該当行為を形式的に理解することによって構成要件論の明確性に資する意義が重要視されることから，そのような形式的意味の実行行為を行う者ではない間接正犯を正犯概念に包含することが難しくなる。学説史上は，制限的正犯概念のこの不都合を回避することとの関係で拡張的正犯概念が論じられた経緯があることは既に触れたとおりである。間接正犯を正犯とする限り，正犯概念は，純粋に形式的に把握された構成要件該当行為によって基礎づけられると考えることはできないであろう。

(4) 実質的客観説

形式的客観説には上述のような難点があるので，正犯理論としては，**実質的客観説**が妥当である。実質的客観説とは，正犯性の根拠を何らかの形式的メルクマールに求めるのではなく，犯罪遂行形態の実体に即して実質的に提示しようとする説である。

広義の実質的客観説に分類される学説には，実際上大差のない結論になるものの，いくつかの傾向のものが含まれる。ひとつは，遂行される行為の（作り出す）危険という観点からの実質的考慮である。実行行為とは結果発生の現実的危険性を有する行為であり，これを自ら行う者が正犯である，とするのがそれである。この中にも，行為そのものではなく結果発生の蓋然性や切迫性に重点を置いて「危険」を考慮する結果無価値志向の見解と，行為自体の創出する「危険」という観点から結果発生の危険をみる行為無価値志向の見解とがある。もうひとつは，形式的客観説が「自ら，あるいは，直接に実行行為を遂行する」ことを要求する部分を実質化するものである。構成要件該当性という法的判断において（規範的にみて）自ら構成要件該当事実を実現したと認められる場合にも，正犯性は肯定されるという見解である。

(5) 因果関係と正犯性

既に述べたように，因果関係（法的結果帰属関係）は，危険創出とその危険の実現という関係として理解されるものである。そうすると，行為の危険性に基づく実質的客観説は，因果関係の存否と正犯性という理論的問題に突き当たらざるをえない。上の意味の因果関係（帰属関係）があるときには危険実現者として正犯性が認められると考えるのであれば，正犯性とは法的因果性にほかな

らないことになろう。
　これに関しては，まず，因果関係で問題とされる危険と正犯性において問題とされる危険とは異なるという理解がありうる。ただし，他方では，危険に基づく正犯理論が法的結果帰属関係論に帰着することも否定できない。したがって，こう考える場合には正犯と共犯とに量的差異しか認めないとしなければならない。そのことに内在的矛盾はないが，制限的正犯概念が正犯概念をそれとして画する姿勢とは整合しにくい。仮に，因果関係と正犯性とを「因果関係の次元では最低限の危険性が問題となり，正犯的危険性はより重大な危険性である」とする理解が可能であっても，実際問題として，間接正犯の類型には，結果発生に至る物理的危険性の点で教唆犯と異ならないと思われる場合が含まれるといわざるをえず，このような場合には採用できない思考枠組であろう。だからといって，両者で考慮される危険性が質的に異なるという議論をしようとすれば，危険性とは別の基準により正犯性を判断することになってしまう。
　このように，実質的客観説においても，単純な因果思考に尽きることのない，行為者の関与形態に着目する実質判断が必要である。すなわち，形式的客観説が想定しているような実行行為ではないものの，正犯的行為態様において構成要件該当事実実現に関与する者を正犯とするのが妥当である。今，便宜的に「正犯的態様の関与行為」を正犯行為とよぶことにすれば，実質的客観説は正犯行為を行う者が正犯であるとする形で限縮的正犯概念を画するのである。

(6) 行為支配説

　実質的客観説に分類できる見解の中でも，上述の観点からみて，**行為支配説**(Tatherrschaftslehre) が支持される。これは，構成要件該当事実の実現を支配する者が正犯であるとする見解である。「行為支配」とは，さしあたり，犯罪事象（の基本的部分）をその意思に基づいて左右できる「地位・立場」と把握することができる。ここから，構成要件該当行為の直接の遂行に限らず，上のような事象実現への関係を基礎づける何らかの正犯的寄与がなされたときには，その事象に対し行為支配を有すると認められる。
　「支配」の語は，その語感ほどに強力な作用を及ぼすことを想定するものではなく，構成要件該当事実の実現過程における主導性，あるいは中心性を意味する。この際，構成要件要素として主観的要素を考慮する立場からは，故意が

正犯性にとっても重要な意味をもつ。「支配」は，事象経過の核心的部分を変動させうる立場のことをいうのだから，構成要件該当事実を認識していないとき，とくに結果発生についての認識を欠く者には，その構成要件該当事実・結果実現を変更する可能性はないはずだからである。つまり，行為支配の事実と行為支配の意思（実現意思としての故意）とが，正犯性の根拠である。

以下では，基本的な立場として行為支配説を前提にした上で，正犯の諸形式ごとに行為支配のあり方を検討し，それぞれがどのように根拠づけられ，限界づけられるかを考察する。

6.2.3　単独正犯

単独正犯は，他者が関与しないのであるから，自ら構成要件該当事実を実現することによってのみ構成要件該当性が認められる正犯である。上述のとおり，行為支配を持ち出すまでもなく正犯性は自明であると考えられるが，行為支配説によると，単独正犯の正犯性の淵源は，実行行為の自己の手による遂行にあるのではなく，自ら実行行為を行うことによって構成要件該当事実の実現を支配していることにある。単独正犯は，「構成要件該当行為を行うことによる行為支配（事象支配）」がある場合である。

6.2.4　間接正犯

（1）間接正犯の意義

間接正犯は，他人の行う行為を利用して，自己の想定する犯罪を実現する場合である。たとえば，主治医が患者を殺害する意思で事情を知らない研修医に有毒な薬物を患者に投与することを指示し，研修医が指示されたとおりにして，毒を服用した患者が死亡したとき，研修医は殺人罪に該当する事実の認識がないので殺人罪の構成要件該当性は否定される。主治医は，研修医が自己の指示どおりに行動することが高い確率をもって期待される状況である限り，殺人罪の間接正犯とされる。

間接正犯は，直接的な構成要件該当行為の遂行によらず，間接的な寄与によって構成要件を実現する場合であるが，その寄与により構成要件該当事実の

実現についての支配が認められるとき，かつ，その限りにおいて，正犯性が認められる。単独直接正犯の場合に，構成要件該当事実が支配対象であったのと同じく，間接正犯における行為支配は，「道具」たる他人に対する支配ではなく「構成要件該当事実」に対する支配のことである。間接正犯は，(媒介者の道具性，あるいは拡張的正犯概念に基づいてではなく) 背後者の犯罪実現に対する独自の実質的主導性に基づく正犯形態として理解される。もっとも，「支配」は，行為者と媒介者との関係や，その意思内容，具体的な寄与の実体などの相互関係によって認められるものであることも事実である。先の例では，主治医は，媒介者 (いわゆる「道具」) を利用して，そのような因果経過による殺害事象の実現如何を変更することのできる立場にあるので，構成要件該当事実の実現を支配していると判断され，正犯性が認められるのである。

(2) 間接正犯における行為支配 ――「意思における支配」

間接正犯における行為支配は，「背後者の (媒介者に対する知識優越に基づく) 意思的側面における事象支配」として表れるといえよう。もちろん，媒介者を意のままに動かせるとき，つまり文字通り道具のようにコントロールすることができる場合には，媒介者を利用する構成要件実現に対する支配も肯定できる。しかし，直接行為者がその犯罪性の根拠となる部分について知識・認識を欠いているが，背後者はそれを有しているとき，社会的事象として犯罪性を帯びる事象 (構成要件に該当する事実) を実現することに対する支配は，背後者にあると考えられる。確かに，直接行為者は，事象を物理的に支配しているという余地はある (自己の行為でまさにそのような事実を実現している) が，構成要件に該当する事実であることを知らない，あるいは，当該行為の違法性を知らないために，違法と無関係な中立的事実として機械的に事実実現の因果を進行させるだけであり，事情を知る背後者の方が事象経過の変更可能性を有しているといえるであろう。結局，犯罪事実を「犯罪」として実現したのは背後者であり，したがって，背後者が正犯とされるのである。

なお，「意思における優越」に基づいて事象支配が認められる限り，媒介者が行為者・被害者以外の第三者ではなく，被害者自身である (被害者の行動を利用する) 場合においても，背後者の間接正犯性は肯定される。いわゆる原因において自由な行為についても，原因行為時の自己の支配が結果行為時に実現さ

れる事実にまで及んでいるならば，事象全体に対する支配者として責任を問うことができるであろう。また，間接正犯は，媒介者の「道具性」の反射的効果として正犯になるというわけではないので，一般論としては，媒介者自身の正犯性が肯定されるときにも背後者が事象支配を失わないならばその正犯性は否定されない（「正犯の背後の正犯」）。媒介者と背後者との両方が同一事実についての正犯とされるのである。もっとも，媒介者が事象支配を有して正犯であるときには，その半面として背後者の支配は排除されることが通常であって，このように同一事実について重畳的支配があるとすれば，意思連絡に基づく共同支配が認められ，間接正犯というよりは共同正犯とされる場合が多いであろう。

事実実現への物理的支配	事実実現への意思的支配
直接行為者	背後者
（構成要件該当または違法との事情を不知）	（構成要件該当・違法であるとの事情を認識）

(3) 強制に基づく間接正犯

「意思における優越」は，広義の「強制」がある場合と，広義の「錯誤」がある場合に認められる。

　広義の「強制」に基づく場合としては，まず，もはや自由な意思決定ないし行動の自由が失われ，外見上は他人の身体活動であっても刑法上独自の行為性が否定されるような行為，あるいは，抵抗が著しく困難な状況における行為が媒介となる場合がある。背後者は媒介者の意思に左右される障害なしに犯罪事実の実現を支配していたといえる。

　次に，それほどに強力な拘束がない場合にも，身体的・精神的・人間関係的優越に基づく意思の抑圧が認められるときには，行為支配があったということができる。伝統的に，未成年者や精神障碍者を利用する場合が間接正犯の類型として挙げられてきたが，単純に，媒介者が責任無能力者だから「道具」となるという理由では，間接正犯を認めることはできず，そのような事情も一要素としつつ，間接正犯たるべき者自身について，媒介者に優越する意思，媒介者意思の抑圧が認められることが必要である。強制を「広義」で捉えるのは，未成年者や精神障碍者を利用する場合には，それらの者が文字通りの強制・意思

抑圧を受けていなくとも，基礎となる人間関係や媒介者の特殊の属性・性格によって，背後者の意思優越による構成要件該当事実の支配が可能な場合が少なくないからである。なお，被害者に強制したり，被害者の意思を抑圧したりして自傷的行為をさせる場合にも間接正犯となりうる。

判例では，古く，満10歳に達しない被害者の息子に借用証書を持って来させることにより窃取の目的を達したという事例で，行為者は，是非の弁別なき者を機械となして証書を窃取したのであって，教唆者でなく実行正犯であるとしたもの（大判明治37・12・20刑録10輯2415頁）があるが，責任能力がないことに注目するのではなく，ことがらの意味を理解せず，故意を有しない者を利用したということもできるであろうし，少なくとも，相手方に対し意思優越があったことを根拠として間接正犯とすべき事例である。その後の，12歳の養女に窃盗を命じた被告人につき，「日頃被告人の言動に逆らう素振りを見せる都度顔面にタバコの火を押しつけたりドライバーで顔をこすったりするなどの暴行を加えて自己の意にままに従わせていた」ことをもって「被告人が，自己の日頃の言動に畏怖し意思を抑圧されている同女を利用して」窃盗を行ったと認め，被告人を窃盗の間接正犯としたもの（最決昭和58・9・21刑集37巻7号1070頁）にみられるように，判例においても，意思抑圧の点が合わせて認定されることが通常であり，むしろ，その点にこそ間接正犯を基礎づける事情が見出されるというべきである。

被害者自身の行為を利用するものとしては，厳冬期に被害者を3人で取り囲み，脅しながら護岸際まで追い詰め，垂木で殴りかかる態度を示すなどして，被害者を護岸上から約3メートル下の川に転落させ，さらに長さ3，4メートルの垂木で水面を突いたり叩いたりして溺死させた事例で，殺人の実行行為としたもの（最決昭和59・3・27刑集38巻5号2064頁）がある。これも，被害者に対し，そのような行為をせざるをえない状況に追い込んだという，強制・意思抑圧の場合に分類できる。

間接正犯の成立を否定して共同正犯とした判例がある。12歳10か月の長男に覆面をしてエアーガンを突きつけて脅迫するなどの方法を指示して強盗を行わせた事例に関し，長男には是非弁別の能力があり，母親の指示命令は長男の意思を抑圧するに足りる程度のものではなく，長男は自らの意思により強盗の実行を決意した上，臨機応変に対処して本件強盗を完遂したことなどが明らか

であるとして，母親が強盗の間接正犯にはならず，かつ，母親が教唆にもならないとして，強盗の共同正犯が成立すると判断した（最決平成13・10・25刑集55巻6号519頁）。ここでは，間接正犯が，本来的に単独犯（犯行遂行過程で他人を利用するのみ）であることから，まず間接正犯の成否を検討し，被利用者の自立性が強く，母親が単独で構成要件該当事実の実現過程を支配していたとはいえないとしてこれを否定し，母親と長男とが共同して支配した事実であると評価されたのだと考えられる。

（4）錯誤に基づく間接正犯

広義の「錯誤」に基づく場合には，被利用者の構成要件不該当行為を利用する場合がある。意思優越による支配は，意思優越の状態またはその利用自体を意味するので，錯誤を自ら惹起する必要はない。

まず，いわゆる「故意のない道具」を利用する場合がある。客体に対し自己が処分権を有するかのように装ってほしいままに情を知らない他人に売却したという事例が，窃盗罪の間接正犯とされる（最決昭和31・7・3刑集10巻7号955頁）のがその典型である。被害者の無知や錯誤を利用する場合もある。被害者をだまして死亡の危険のある行為をさせるような場合，殺人罪の間接正犯となりうる。

被利用者に責任が欠ける場合も間接正犯の例とされてきた。確かに，たとえば，違法性の意識がない行為者を利用する場合は，媒介者にその行為に出ないことを命令する規範の障碍がないことから，利用者の意思が実現する自動性を肯定することもできそうである。しかし，被利用者が，自己の主体的意思決定によって行為している以上，そこから形成される事実は背後者の支配下にあるとはいえないであろうし，構成要件的故意を有し，構成要件に該当する行為を行っている限り，構成要件該当事実の認識によって類型的な違法の認識に伴う規範的障碍があるというべきである。したがって，被利用者が責任能力を欠くというだけで背後者の間接正犯性を認めることはできない。

ただ，このような場合には，被利用者が，自己の行う行為そのもの，あるいはその社会的意味について十分な知識を欠き，それらの根拠とあいまって，全体として背後者に意思における優越が認められることが多いとは考えられる。逆に，そのような総合的評価を経なければ責任を欠く者を利用する間接正犯を

認めるべきではない。

　なお，このように事実的故意の有無が広義の「錯誤」類型の判断にとって重要であるとすると，適法行為者を利用する類型（たとえば，被利用者に正当防衛または緊急避難が成立する場合，それらの違法性が阻却される行為を利用する類型）についても，媒介者に構成要件的故意がある以上，被利用者が責任を欠く場合と同様，それだけでは背後者を間接正犯とすることはできない。被利用者を正当防衛による攻撃が不可避の状況に追い込むなどの事情が付け加われば，それ自体が広義の「強制」に基づく事実支配と判断されることもありうる。

(5)「故意ある道具」と行為支配

　このように，「故意ある道具」を利用する場合は，「道具」たる人物の方に事実についての支配があるのが通常であって，背後者に自然的意味の事実形成についての支配を論じることはむずかしい。それにもかかわらず，目的犯において「目的のない故意ある道具」を介して構成要件を実現する場合，身分犯において「身分のない故意ある道具」を介して構成要件を実現する場合にも，背後者に間接正犯を認めるのが多数説である。そのような場合には，「道具」が構成要件要素を欠くために構成要件該当事実の実現者ではなくなり，背後者がその不足する要素を充足するために構成要件該当事実実現の張本人とされるのである。行為支配の観点からは，次のように理解されるであろう。これらの例における「目的」や「身分」は，当該構成要件の不法内容の核心をなす要素であり，それを備える者こそが実質的な不法実現者とみなされる資格をもっている。たとえば，行使の目的をもたない者に通貨偽造行為をさせる背後者が，その行為によって偽造された通貨を行使する目的を有しているとき，規範的には，背後者こそが行使により通貨に対する信用を害する危険を作り出す者だと評価することができる。あるいは，公務員の身分を欠く者に収賄行為をさせる公務員は，その身分によってこそ公務の公正に疑いを生じさせている者だといえる。その意味で，当該構成要件の「不法内容」実現という事実を支配しているのである。こうして，「目的のない道具」「身分のない道具」利用の類型も，意思の優越による支配に包含することが可能であろう。

　議論が多いのは，「故意のある幇助的道具」を利用する事例である。媒介者が故意を有し（違法な行為を有責に遂行する）ときにも，媒介者が幇助的に関わ

るのみで正犯でなく，背後者が正犯（間接正犯）とされる場合があるかという問題である。「故意のある幇助的道具」を介する間接正犯は，正犯理論における主観説と表裏の関係にあるといえる。すなわち，間接正犯事例では，「道具」は，客観的側面だけを見れば正犯行為を行う者にほかならないので，それにもかかわらず「道具」を幇助犯とし，背後者を正犯とするなら，その根拠は，行為者の主観に求めるほかはない。たとえば，正犯者の意思で行えば，行為自体は間接的なものであっても正犯であり，共犯者の意思で行えば，直接行為者であっても共犯となる。

　判例として，会社の代表取締役が会社の使用人に命じて米を運搬させたという事例で，それは教唆したのでもなく共謀したのでもなく，使用人がその情を知ると否とにかかわらず，会社取締役の行為が運搬輸送の実行正犯であるとしたものがある（最判昭和25・7・6刑集4巻7号1178頁）[7]。しかし，客観説の立場からは，この類型における媒介者は正犯であり，したがって，背後者が「道具」を使っていない[8]以上，間接正犯ではないとすべきであろう。具体的事案の事実評価は別として，このように正犯性が否定された背後者は教唆犯とされることもあるし，構成要件該当事実を共同実現したといえるときには間接正犯ではなく共同正犯となりうる[9]ので，実際的な不都合もないと思われる。

(6) 被害者に「自殺」させる場合

　なお，被害者を利用した間接正犯の事例として特徴的な判例がある。保険金を取得する目的で，自動車事故を装うため，被害者自身にその運転する自動車に乗ったまま漁港の岸壁上から海中に飛び込むように暴行・脅迫を交えて執拗に命令し，ついに被害者に海中に飛び込むこと以外の行為を選択することができない精神状態に陥らせ，被害者は，その命令どおりに車ごと海中に飛び込ん

---

[7] この判例をめぐっては，「運搬」行為は，場所を移転することであり，「自動車を運転して荷物を運ぶ」という形式的事実の意味に限られないから，間接正犯の事例だと決めつけることはできないとも指摘される。ただ，後述のように，判例が主観説的な思考を示していることもあって，幇助的道具を使う間接正犯を肯定した判例だとされることが多い。

[8] 簡単にいえば，媒介者は，正犯的に行為しているのであって，「幇助的」（したがって道具）ではない。

[9] 先に「正犯の背後の正犯」という考え方に言及したとおり，間接正犯と媒介者を縦列的な正犯として捉えることも，理論的には排除はされない。

だが，自殺（自己の生命を失わせること）の意思はなく，命令に反してドアのロックをしないなどの措置をとり，水没前に車内から脱出して被害者が死亡しなかったという事件についての判例（最決平成16・1・20刑集58巻1号1頁）である。最高裁は，被告人の行為は殺人罪の実行行為にあたるとした。

　この事件では，被害者は，「自殺（相当）行為」については，意思決定の自由が失われる程度にまで抑圧されていたが，「自殺結果」について自律的にそれを回避しようとする意思がある（死の結果についての認識・認容を欠く）という精神状態であった。これを死への決定に関する被害者の意思抑圧とみるか，それに達しておらず，被害者の（自由な）自殺への関与行為とみるかが問題である。裁判所は，それ自体死亡の現実的危険性のある自殺行為に出させることについての意思制圧があれば，自ら殺害行為を行わないときでも殺人罪の実行行為にあたるとしたことになる。確かに，被害者の行為を利用する殺人の場合にも，それが利用者側からみて客観的に実行行為としての危険性を有することで必要かつ十分であるというべきである。利用者側の行為に実行行為（正犯行為）性を肯定するために，被害者側の死ぬ決意という中間結果（構成要件的結果の受容意思）を生じさせることまでは，必要としないであろう。

6.3　共犯の処罰根拠

6.3.1　因果的共犯論

　刑法が刑罰を法律効果とする以上，正犯が処罰対象であることは論をまたないはずであるが，共犯が修正された構成要件該当として処罰対象となること，すなわち，共犯にまで処罰が拡張されることの根拠は，どこに求められるであろうか。これは，共犯の成立要件を考慮する際にも影響する問題である。

　共犯の処罰根拠は，正犯処罰との関係で，「狭義の共犯」の処罰根拠として論じられるのが通例である。ただし，共同正犯が共犯に先行する第一次的処罰対象者である以上，狭義の共犯について言われることは，「広義の共犯（共同正犯）」の処罰根拠としても妥当するはずである。そもそも，正犯だけでなく狭義の共犯まで処罰範囲が拡張される根拠を考慮する際に，共犯においても正

犯の処罰根拠と共通した事情があるといえて初めて、その処罰が合理化されるはずであるから、この意味でも、共犯の処罰根拠は正犯の処罰根拠論と関連するといわなければならない。

現在、広く共通了解となっている共犯処罰根拠論は、**因果的共犯論**、すなわち、共犯は、正犯により実現される不法に対して因果的に関与することが処罰の根拠だとする考え方である。共犯も不法実現者として処罰対象となるのであって、正犯の場合と基本的に同じである。上述のとおり、だからこそ、これが処罰根拠として通用するともいえる。

因果的共犯論は、責任共犯論と対比される見解である。**責任共犯論**とは、他人を犯罪者として悪へ引き込むことが非難に値することを処罰根拠とするもので、これは、要するに他人を堕落させたことが理由だとするものであるから、**堕落説**ともよばれる。しかし、この考え方は、行為者の行った行為（ないしそこから生じる事実）自体の法益侵害的性質とは別の要素に処罰根拠を求めることになる。不法事実の類型である構成要件の修正形式としての共犯（構成要件該当性の問題としての共犯）という基本的な構造把握とは相容れない。

6.3.2 惹起説

因果的共犯論は、正犯と共犯との処罰根拠に本質的な差はなく、いずれも違法事実を惹起したことが処罰根拠であると考えるものである。共犯の場合には、それが間接的な惹起である点が正犯とは異なると説明することになる。このような論理で因果的共犯論を支える理論を**惹起説**という[10]。惹起説は、その「惹起」する「違法な事態」に関する理解によってさらに分けられる。まず、元来、因果的共犯論が、正犯と共犯との処罰根拠の共通性を基盤とするものであることから、この考え方を徹底する立場がある。**純粋惹起説**とよばれる。純粋惹起説によれば、共犯の処罰のためには、共犯者の立場から事態を把握したときに違法な事態が惹起されることが必要である。しかし、このような要請は、正犯・共犯の処罰根拠の区別を徹底して相対化するものであり、制限的正犯概念、

---

[10] 名称の与え方の問題ではあるが、ここで行った整理では、「因果的共犯論（説）」と「惹起説」とは、実質的に同じものだと言ってよい。なお、以下の本文で述べられる共犯処罰根拠論とその犯罪論上の意義については、井田『理論構造』第21章（313頁以降）を参照。

すなわち共犯が共犯として概念化される理論的必然性自体を失わせることになろう。あらゆる因果的惹起者は，その同じ根拠によって処罰されるのだからである。「共犯」の処罰根拠によって正犯も説明できるとすれば，本来的には，すべて共犯だという（拡張的共犯論と名づけられる）主張になり，あるいは，逆方向から共犯も正犯であるという拡張的正犯論に帰着する議論になり，正犯と共犯との区別が意味をもたなくなるはずである。そこまで根本的に捉え直しを迫らないとしても，純粋惹起説では，法文上の前提と解される「共犯の従属性[11]」を説明することができなくなる（「共犯の独立性」につながる）はずなのである[12]。

修正惹起説は，狭義の共犯において正犯者処罰とは異なる従属性を考慮する。具体的には，共犯からみて他人（正犯）の違法行為自体が不法であり，その不法（他人の違法行為）を惹起すること，すなわち「正犯の視座からみた不法」という事態を惹起することを根拠に共犯が処罰されるのだという議論になる。このような修正惹起説に基づく共犯論を**不法共犯論**という。しかし，このように考えると，惹起の対象について正犯と共犯との間に質的相違を認めることになり，そのような異なる根拠がなぜ共犯の処罰を合理化することになるのかをさらに説明する必要が出てくる。というのは，正犯に行為させることが処罰根拠とされるので，責任共犯論の場合に類似することになり，法益侵害を惹起することを処罰根拠とする正犯との相違が大きくなるからである。つまり，正犯処罰根拠と共犯処罰根拠との質的共通性に基礎を置く惹起説そのものの正当化根拠にも影響してしまうであろう。

そこで，支持されるべきは，**混合惹起説**である。共犯従属性の考え方の基礎には，共犯が正犯不法を間接的に惹起するものであり，「正犯の観点からみた不法」（正犯不法）の惹起が（正犯の処罰根拠であり，同様に）共犯にとっても処

---

[11] 共犯は正犯が成立するときに正犯に従属してその成立が認められるものであること（たとえば，共犯の成立のためには，正犯が犯罪を実行することが前提となること）を共犯の従属性という（詳しくは後述する）。

[12] ただし，破壊活動防止法上の「せん動（煽動）」は，「特定の行為を実行させる目的をもって，文書若しくは図画又は言動により，人に対し，その行為を実行する決意を生ぜしめ又は既に生じている決意を助長させるような勢のある刺激を与えること」（同法4条2項）のように定義されているが，「教唆」「幇助」とは異なり，被煽動者に犯罪の決意を生じさせ，あるいは既存の決意を助長させるという因果的効果は不要とされ，「独立共犯」といわれる。国家公務員法110条1項17号，地方公務員法61条4号等の「あおり」も同様である。しかし，これらと刑法の共犯規定に基づく共犯とは異なる。

罰根拠であるという思考がある。しかし，共犯も，(他人＝正犯に違法行為を行わせたこと等ではない) 正犯と同様の不法の惹起のゆえに処罰されるのでなければならないから，それに加えて，「共犯の観点からみた不法」の惹起であるといえる必要がある。共犯は，共犯不法・正犯不法双方を惹起するから処罰されるということである。

　たとえば，AがBに対し，Aの所有物を破壊するように唆（そそのか）し，Bがそれに応じて自己の所有物を損壊したとする。つまり，Aは，Bに対し物の損壊を「教唆」した。このとき，Aの観点からみると，「他人の財物を損壊する」という器物損壊罪（261条）の想定する不法を惹起している。しかし，器物損壊罪の正犯の地位にあるBの観点からみると，その行為は，器物損壊罪の構成要件に該当しないから，「正犯の観点からみた不法」は存在しない。混合惹起説によれば，この場合（正犯と目される行為の構成要件が否定されるとき）には，共犯不法は惹起しているとしても正犯不法を惹起していないことから，共犯処罰根拠を充足しない（共犯は成立しない）と考える。共犯の成立が正犯不法の惹起に依存すると考えるのであるから，共犯の従属性に処罰根拠論の裏付けが与えられる。このとき，純粋惹起説に従うなら，共犯も，共犯独自の見地からの不法惹起（のみ）によって処罰されると考えるので，この場合にも，器物損壊罪の教唆犯が成立する（処罰の根拠がある）ことになるはずなのである。

6.4　共犯の従属性

6.4.1　共犯従属性の意義

　既に触れたように，実定法上，共犯は正犯に従属するという原則が存在することについては，共通了解がある。これを「**共犯の従属性**」という。混合惹起説は，大枠においてそれと整合するものだといえるが，従属性のあり方についての詳細は，処罰根拠論のみから明らかになるものではない。

6.4.2 実行従属性

　正犯が基本構成要件該当行為を開始することが正犯の存在を基礎づける第一段階であるから，正犯が実行に着手しなければ共犯は成立しない。これを**実行従属性**という。「正犯のない共犯はない」という命題でも表される，従属性の有無というべき問題である。犯罪を行うように唆せば，61条の教唆行為は認められるが，唆された者（正犯）が実行に至らなければ，共犯は成立しない（処罰されない）。つまり，共犯の未遂（教唆の未遂・幇助の未遂）は，共犯的行為を独立して処罰する旨の規定がない限り不可罰である。上述のとおり，純粋惹起説からは，共犯独立性が帰結するはずであり，また，主観主義刑法理論からは，行為者の危険性が表されれば処罰対象としてよいという考え方から共犯の独立性が主張される。しかし，現行法は共犯従属性を前提にするものであり，判例・通説とも共犯従属性説に立脚するといえる。

6.4.3 要素従属性

　要素従属性は，正犯に従属して共犯の成立が認められる際に，正犯が備えるべき犯罪要素の問題である。「従属の程度」ということもできる。正犯の犯罪が完成し処罰されるものであるときに初めて，共犯の成立が認められるのか，正犯に犯罪を構成する要素のうち特定の程度までが充足されれば（犯罪が成立しない場合であっても），共犯の成立は認められるのかが論じられる。正犯の犯罪論上の要素を判断の基準として，次のような区分がなされる。

正犯が備えている犯罪成立要件			
誇張従属形式： 構成要件該当性	違法性	責任	客観的処罰条件
極端従属形式： 構成要件該当性	違法性	責任	
制限従属形式： 構成要件該当性	違法性		
最小限従属形式：構成要件該当性			

　この分類に基づき，たとえば，要素従属性のあり方として制限従属形式を妥当とする見解は制限従属性説，極端従属形式を妥当とする見解は極端従属性説

とよばれる。

　そもそも「犯罪」を実行させることが教唆犯の成立要件だとすると，正犯は「犯罪」として成立していなければならないと解されるので，かつて**極端従属性説**が通説的地位を占めていた。この説に従うと，責任要素としての故意を欠く者や責任無能力者に対し犯罪を行うように唆しても，正犯について犯罪不成立である以上，教唆犯は不成立となる。しかし，このような類型でも，教唆者を正犯として処罰する必要があるとも考えられ，間接正犯という正犯形式が論じられることとなった。

　今日では，**制限従属性説**が通説であるといってよい[13]。この見解は，正犯の犯罪成否の要件と連動して共犯に影響が及ぶべき範囲に，行為者の個人的事情による非難可能性の問題である責任は含まれず，実現された違法な事態は惹起対象として正犯・共犯に共通な要素であって，正犯の惹起した事実の違法性は含まれると解するべきだとする。前述のとおり，混合惹起説はこれと整合するものである。なお，制限従属性説に従うと，間接正犯という正犯形態を認めなくても，責任無能力者などを教唆犯として処罰することはできる[14]が，既に述べたように，間接正犯はそれ自体の正犯性に基づいて正犯とされるのであって，間接正犯概念は，従属性に関する説の如何によって影響されることはない。

　制限従属性説と極端従属性説との対比例を挙げれば，犯罪を教唆したが，その相手が刑事未成年であって，実行はしたものの責任がないという場合，制限従属性説からは，正犯の行為が違法性までを備えていれば，共犯（教唆犯）の成立が認められる。教唆した相手が行った行為が正当行為で違法性がなかった場合には，教唆犯は成立しない。一方，極端従属性説によれば，いずれも教唆犯は成立しないことになる。

---

[13] 共犯者間で違法評価は連帯せず，違法判断が独立して行われることを認める立場から，共犯の従属性においては最小限従属形式を妥当とする説も有力な論者によって支持されている（平野Ⅱ・358頁，西田・395頁）が，違法判断の独立性は要素従属性の如何と必然的に連動するものではない（後述）。

[14] もっとも，故意を構成要件要素と解する立場からは，制限従属性説によっても，「故意のない道具」を利用する典型的間接正犯事例が，正犯が故意がないゆえに構成要件不該当であるという理由で処罰できなくなる。

6.4.4　罪名従属性

罪名従属性とは，共同正犯を含め，共犯は，同じ犯罪（構成要件）について成立する（異なる罪名の共犯はない）という関係があることをいう。狭義の共犯の場合でいえば，正犯の罪名と共犯の罪名が同じになることである。罪名従属性が認められるか否かは，共犯が「共同」するのは何か，に関係する。これについては，「犯罪」を共同にするものだとする**犯罪共同説**と，「行為」を共同にする，あるいは「事実」を共同惹起するものだとする**行為共同説**（事実共同説）とがある。犯罪共同説に従い，共同するものが「犯罪」であれば，共犯の成否が問題となる事実が同一である以上，異なる罪を共同するという事態はありえないのだから，罪名従属性が帰結する。これに対し，行為共同説に従い，「行為」を共同すれば共犯になりうるのであれば，ある行為が別の構成要件にも該当する行為であって，その行為を共同して行うといえるので共犯となるとしても，罪名従属性は認められない。

　上述のとおり，共犯の成否は構成要件該当性の問題であるから，同一構成要件について（少なくとも，現実の遂行過程として共通部分を含む構成要件のうちの当該共通部分について）共同関係が考えられるべきである。したがって，原則として罪名は共犯者間で一致するはずである。実際，罪名従属性を否定するときには，共犯は，それぞれの関与者の意思（故意）に応じた犯罪について，正犯の犯罪とは無関係に共犯とされることになってしまい，結局，犯罪実現に関与（行為）した以上限りは，その寄与のあり方にかかわらず意思どおりの罪の共犯になるという，構成要件の類型性を無視した議論になりかねない。主観的刑法理論では，行為は，関与者の個別的危険性の徴表にすぎないと把握されるので，外在的犯罪を重視しない考え方もありうるが，構成要件論に基礎を置く客観的刑法理論の立場で考える以上，犯罪共同説が支持されるべきであり，したがって，罪名従属性が認めることになるはずなのである[15]。

---

[15] ただし，後述する「部分的犯罪共同説」によるときには，同一事実の一部について別の構成要件に該当すると評価することも可能である。その場合であっても共同正犯となるのは同一罪名が与えられる同一の事実についてであるが，共通の事実の他の部分を含めて各関与者に成立する犯罪の問題としていえば，それらの罪名が異なるということはありうる。犯罪共同説と行為共同説については，共同正犯に関連して，改めて検討する。後述するところ（6.5.1 (2)）を参照。

6.5 共同正犯

6.5.1 共同正犯の意義およびその正犯性

(1) 共同正犯の正犯性・共犯性

　2人以上が共同して犯罪を実行する形態を**共同正犯**という（60条）[16]。共同正犯として犯罪に関与する者（犯人）のことを共同正犯と言うこともある（「Aは，幇助犯ではなく共同正犯である」などという場合がその例である）。既に正犯概念の考察で明らかになったとおり，共同正犯は，概念上，正犯である。共同正犯の正犯性は，わたくしの考えでは，正犯一般がそうであるのと同様，共同して実現される構成要件該当事実に対する行為支配によって根拠づけられる。詳細は，節を改めて検討するが，各関与者は，各々，全体としての犯罪事実を支配する点において，本来的に正犯である。ただし，共同正犯も，複数人が相互に他人の行為に依存する点において，共犯性をも有する。また，共同して実行する際には，共同者間で分業が行われるのが通常であるから，関与者の各行為を単独でみれば基本構成要件に該当するとは限らない。60条は，そのような場合にも各人がみな正犯とされるように，基本構成要件を修正する規定であると位置づけられる。この意味で，共同正犯規定も構成要件の修正形式を定めていると理解することができる。共同正犯は，単独正犯からみれば処罰範囲を拡張する意味をもつ。

　共同正犯の処罰範囲拡張という性格は，とくに，因果関係の拡張，あるいは，「一部実行による全部責任」と言われる効果に表れる。共同正犯は，単独直接正犯のように構成要件該当行為をすべて自ら行う必要はなく，共同者の行為を集結して構成要件該当性が認められれば足りるとするものである。すなわち，一部のみの行為により構成要件該当事実の全体について責任（犯罪論上の責任ではない）を問われる，「一部実行の全部責任」である。このような効果が認められるのは，各関与者の寄与を個別に評価するのではなく，共同現象として全

---

[16] 実務上，共犯現象は，ほとんど共同正犯として処理されているのが実情である。それは，後述するように，共同正犯に関する判例上の特徴的解釈（共謀共同正犯）による部分が大きいと思われる。

体的に把握するからである。

　そこで，いわば，共同正犯における構成要件該当行為はこの「集合的行為」であるということになり，この「集合的行為」と結果との間に因果関係が存在すれば構成要件該当性が認められる。つまり，関与者個々の行為と結果との間の因果関係は不問にされるという意味で，因果関係が拡張される効果が表れるのである。たとえば，X・Yが共同してAに暴行を加えたところ，Aが傷害を負ったという事例で，Xの行為だけが（あるいはYの行為だけが）Aの傷害の原因となったことが証明された場合でも，X・Yともに傷害罪の共同正犯となる。いずれの行為が傷害の原因となったかが不明である場合も同様である。このとき，X・Yの共同（共同正犯）関係が存在しないときには，いわゆる同時犯であって，原則どおり，それぞれの行為と結果との因果関係の存在が証明されなければ，いずれに対しても既遂結果を帰属させることはできない[17]。

（2）犯罪共同説と行為共同説

　60条の文言は，共同正犯を，共同して「犯罪」を実行するものとして規定しているが，共同正犯の成否が（修正された）構成要件該当性の問題であると解するときには，犯罪論上の「犯罪」として完成していることに理論的必然性はない。条文における「犯罪」は，多義的であって，共同正犯が共同するものがどのような内容をもつか，あるいは，そもそも「共同」の意味する内容は何かは，解釈の問題としうるのである。

　これは，現象としては，共同正犯における「罪名従属性」に関係する[18]。共同正犯が「犯罪」を共同にするものだというとき，相対的に各関与者の活動から独立した，間主観的に対象化された犯罪事実が想定され，その遂行に各自が参加するという意味をもつであろう。したがって，各関与者は，一個の同じ事実を共同して実行するのであるから，共同正犯は，同一の罪名について成立することになる。たとえば，Aの殺人罪とBの傷害罪とが共同実行される，とい

---

[17]　もっとも，この事例のような傷害罪に関しては，207条に同時傷害の特例規定がある。しかし，それはまさに特例として，共同正犯でなくとも共同正犯と同様に扱うものである。

[18]　一般に，共同正犯者に成立する犯罪はみな同一罪名になることも「罪名従属性」と言っているが，狭義の共犯の場合とは異なり，一方が他方に従属する関係があるわけではない。本来は，罪名従属如何の問題は，「数人一罪」と「数人数罪」と表現されるのが適切な問題である。

うことはありえない。

　さて、上に述べたように、共同正犯は、「犯罪」を共同にするものだと解する見解が**犯罪共同説**である。共同正犯は同一の罪について論じられることになる。これに対し、共同正犯は、「行為」ないし「事実」を共同実現すれば成立するものだと解するのが**行為共同説**ないし**事実共同説**である。この見解によると、行為を共同しうるものであれば、別罪について共同正犯となりうる。ただし、犯罪共同説も、共同される「犯罪」が複数部分から成っており、犯罪を部分的に共同したと見ることができる場合には、その部分について共同正犯となることを肯定する見解が有力になっている。このような見解を**部分的犯罪共同説**とよぶ。現在では、犯罪共同説は部分的犯罪共同説として主張されているといってよい。これに対して、罪名の一致を厳格に解する犯罪共同説は**完全犯罪共同説**とよばれる[19]。

(3) 完全犯罪共同説

　Xが殺人罪の故意をもって殺害行為を行い、Yが傷害罪の故意をもって傷害行為を行うとき、それらの行為がたとえば被害者を凶器で殴るという行為であれば、これをX・Yが共同して行うことがありうる。完全犯罪共同説によると、別罪について共同正犯を観念することはできないから、この例で、X・Yのいずれが致命傷を負わせたかによって、Xには殺人既遂罪・殺人未遂罪のいずれか、Yには傷害罪・傷害致死罪のいずれかが成立する。ただ、どちらの行為が致命傷を負わせたかが不明である場合には、現実にX・Yの共同行為から死亡結果が発生しているにもかかわらず、いずれの行為にも死の結果を帰属させることはできず、Xには殺人未遂罪、Yには傷害罪が成立するにとどまる。しかし、これは妥当ではないであろう。

(4) 行為共同説

　行為共同説によると、殴打行為が共同されていれば共同正犯となるので、

---

[19] 完全犯罪共同説と部分的犯罪共同説とは、かたい犯罪共同説とやわらかい犯罪共同説として対比されることもある。ただし、両者の思考方法の相違は、実現された事実の一部のみを別途構成要件評価することが可能と考えるか否かにあると考えられるので、部分的犯罪共同説という方がふさわしいであろう。

X・Yを殺人既遂罪と傷害致死罪との共同正犯としうる。もっとも，行為共同説によるときは，犯罪実現に関与する類型としての行為態様は相対的に軽視され，他の関与とあいまって結果が実現した場合であっても結果実現に対する因果的寄与があれば共同正犯とされることになる。とくに，共同されるのが関与者の意思に関わらない（客観的）「事実」だと把握する見解は，片面的共同正犯の是認に至る。

片面的共同正犯とは，相互的な意思連絡がなく，片面的に共同意思・他者の行為の利用意思があるにすぎない場合の共同正犯である。このように考えても内在的論理として筋は通るが，片面的共同正犯にまで共同正犯の成立範囲を拡大することには，「共同」の意味を希薄にしているうらみがある。それだけでなく，少なくとも，ここで前提としている正犯概念とはそもそも相容れない。共同正犯を関与態様の正犯性に基づいて正犯概念の内部に位置づける立場からは，単なる因果的寄与に還元するのではなく，多かれ少なかれ類型的に把握された正犯的関与形態であるか否かを考慮すべきである。

（5）部分的犯罪共同説

したがって，部分的犯罪共同説が支持される。部分的犯罪共同説は，同質的で構成要件的に重なり合う犯罪相互では，その重なり合いの限度で共同が認められると解することになる。たとえば，部分的犯罪共同説からは，殺人罪の構成要件と傷害罪の構成要件とは，同質的であり，傷害致死罪の限度で重なり合うものであるから，その重なり合いの範囲で共同正犯となると解される。殺人罪の構成要件と傷害致死罪の構成要件とは，上記のような共同遂行された行為から死の結果を惹起するものであって，その限りで重なり合う（相違するのは，死についての認識・認容の有無である）と把握するのである。結局，それぞれの故意に応じて，Xには殺人（既遂）罪が成立し，Yには傷害致死罪が成立するが，両者は傷害致死罪の限度で共同正犯となる。共同正犯の部分は，共同遂行事実であるから，XもYも正犯として傷害致死罪の限度では構成要件該当性が認められる。こうして，Xに殺人罪が成立するとき，Yとの共同正犯として同時に成立している傷害致死罪は，殺人（既遂）罪の構成要件評価がこれをも包摂するものであるから，殺人罪評価に吸収される法条競合となると考えられる。

実現された犯罪事実の一部が別罪の構成要件として評価可能である場合，そ

の部分の（その部分に限った）犯罪共同がありうることから，当該の部分に関する限り関与者に意思の合致があって共同正犯となりうる。これが部分的犯罪共同説の考え方である。構成要件の重なり合いがあるということは，それ自体，重なり合う部分について構成要件的評価が符合することを含意するので，この判断は，抽象的事実の錯誤に関連して構成要件的符合が論じられる場合と同様の考慮であるといえる。そこで，抽象的事実の錯誤において故意が認められる場合の「構成要件の重なり合い」のある場合と同様に処理されるとするのが一般的理解である。したがって，そのような重なり合いは，殺人罪と傷害致死罪のように，形式的な包摂関係がある場合には限られない。もっとも，「同質性」や「構成要件の重なり合い」を判断する基準は必ずしも明確ではないことは，否めない（上述，2.7.4参照）。

6.5.2　共同正犯の成立要件

(1) 機能的行為支配

　共同正犯の成立要件は，共同正犯性の根拠から導かれるものであるから，まず，共同正犯が共同正犯とされる根拠を，その法律効果との関係で明らかにする必要がある。つまり，「一部実行の全部責任」，または「因果関係の拡張」効果の根拠である。この問題は，全部責任を負う理由をめぐるものであるから，何らかの意味で「全部実行であるゆえに全部責任」となる旨の説明が求められていることになる。

　わたくしの考え（行為支配説）によれば，共同正犯も行為支配によって正犯性を帯びる。共犯的性質をもつ共同正犯においては，単独正犯や間接正犯とは異なり，関与者ごとに，複数の並列的な行為支配が想定される。しかし，その行為支配は全部責任を根拠づける支配である以上，関与者各々が自ら手を下す関与部分のみの支配（それは通常明らかに認められるであろう）ではなく，共同実現された事実の全体に対して認められる支配でなければならない[20]。

　共同正犯における行為支配は，機能的行為支配[21]である。機能的行為支配と

---

[20] たびたび繰り返しているとおり，行為支配においては構成要件該当事実全体に対する支配という「事実」支配が問題なのであって，ある関与者が他の関与者を支配するという図式が想定されているのではない。

は，関与者が，それぞれ自己の寄与をすることによって，あるいは，自己の寄与を取り除くことによって，犯罪事実全体の実現を左右することができる地位にあり（そのような関与・寄与をし），かつ，そのような機能を果たそうとする意思（支配意思）があるときに認められる。これは，各関与者が，構成要件該当事実の実現にとって核心的・本質的な機能を有することを，犯罪実現に対する支配であると捉える考え方であることから，機能的行為支配といわれるのである。各関与者の寄与が構成要件該当事実の核心部分・本質的部分を変動させる関数的関係にあることともいえる。ここでは，構成要件該当事実全体への本来的影響を及ぼす関係があることが重要である。すなわち，純粋に結果に対する因果的寄与を意味するのではなく，そのように事実変更が可能な寄与を行うという意味における機能が問題とされている。

　機能的行為支配の考え方によると，問題となる犯罪事実実現にとって重要な寄与によって，犯罪事実全体の実現にとって本質的な機能を果たした者が共同正犯である。いいかえれば，共同正犯の要件は，このような重要な寄与によって本質的な役割を担うことである。正犯相応な寄与・機能であるか否かは，行為態様として問題とされるものであって，行為時（事前）において判断される。結果的に（とくに因果論的に）重要な機能を果たしたとはいえないような場合であっても，構成要件該当事実の核心部分を形成するに十分な寄与がなされたならば，正犯的寄与として認められてよい。また，支配意思をもって関与することによって，その寄与によって事象経過が影響される可能性が生じているというべきであるから，このような「機能」は，自らの寄与を通じて構成要件該当事実を実現しようとする意思に担われているときに認められる。ただし，後述するように，わたくしの考えでは，この意思は共同正犯における構成要件的故意にほかならないと解することができる。

（2）共同正犯の客観的要件

　共同正犯の客観面における成立要件は，60条の文言に対応して「共同実行の事実」と言われてきたものに相当するが，もとより実行行為の全部を行う必要がないという点には異論はない。その理由として，自己が行わない部分は，

21　「機能的」の原語は，"funktionell" であるから，日本語でいう「関数的」の意味が含まれる。

他の関与者によって行われる行為を相互に利用・補充し合う関係があることが犯罪全体を負担する根拠とされることが多い。これが妥当するなら，相互利用・補充関係があれば実行行為の一部すら担当する必要もない（実行行為の分担は共同正犯の要件とはならない）はずであり，実際，後に改めて主題的に扱う「共謀共同正犯」は，そのような場合の共同正犯性を肯定するものである。相互利用・補充関係で想定されている「他人の行為の利用」は，利用とはいっても，自律的な判断に基づいて関与する者相互の利用・補充関係であり，間接正犯の場合に「道具」の行為を利用する場合とは異質である。間接正犯の場合なら「道具」の行為を利用するという捉え方にも合理性があるが，共同正犯においては，むしろ，集団犯の合力を頼むという性格が強くなる。そうであれば，間接正犯の場合とは別異の根拠づけが必要であり，共同正犯の「一部実行の全部責任」を，少なくとも「道具理論」的な間接正犯類似の思考で説明しようとするのは無理である。

　60条の「共同して実行する」というときの「実行」とは「実行行為（の一部）を行う」ことであるとして，実行行為の分担を共同正犯とされるための要件とする見解（実行共同正犯論）が長らく通説の地位を占めてきた。共同正犯とされるためには実行行為の「一部」分担で足りるのであれば，「一部実行の全部責任」の根拠を与えようとする限り，その他の部分の責任を負う根拠を補う必要がある。上述のように，共同正犯においてはそれが何らかの形で補われているのだという理解によれば，実行行為を全部他の関与者に委ねても，その不足は補われうることになろう。そして，補われる限りで，実行行為を行わない者についても「一部実行の全部責任」を認めてよいと言わなければならない。ということは，先に述べたとおり，ひるがえって，不足が補われていれば足りるのであって，そもそも，形式的要請として実行行為の分担を必要とすることには，単純な文言解釈以上の理由を見出し難いのである。

（3）正犯的事実的寄与

　こうして，共同正犯の要件としては，実行行為や他の関与者の行為を利用すること以外の正犯的関与，全体支配を基礎づける客観的行為，重要な寄与が求められると考えられる。すなわち，この世界に構成要件該当事実を現出させるに際し，その核心部分を左右する可能性のある事実的寄与が要件となる。ここ

では，実行行為と区別される正犯的寄与[22]が考慮されているのであり，そのような事実的寄与には，実行行為以外のものもありうる。したがって，それ自体構成要件該当行為でない寄与であったとしても犯罪事実の中心部分を実現するために重要な機能を果たす行為を行った者であれば共同正犯の要件を充足し，共同正犯として罪責を負う。実行行為を分担しない者も共同正犯となりうるのである[23]。

ここでいう事実的寄与にとっては，基本的には，構成要件該当事実を外界に形成する事実的な機能を営むことが重要であるが，作為に限らず，不作為であってもよい（不作為の共同正犯も考えられる）。この場合には，現実的な事実形成作用ではなく，因果系列に介入すべき作為義務に反する不作為が，不作為による犯罪的事態を実現するための重要な事実的寄与にほかならないと規範的に評価されることになる[24]。

（4）共同正犯の主観的要件

共同正犯の主観的要件としては，「共同実行の意思」が必要だと説かれてきた。そこで，端的な構成要件的結果実現の認識と並んで，相互利用・補充意思が要素となり，相互的な意思の連絡が要求されることになる。行為支配説からは，その内容は，「行為支配の意思」として理解されることになる[25]。

支配の対象は，共同実現事実である。より詳しくは，自己と他のすべての関与者がなす寄与，それを集合的行為とする構造（計画・構想，および現実の分業関係），集合的行為から帰結する結果に至る因果経過を含む。「行為支配の意

---

[22] 「正犯的寄与」という表現は，説明の便宜上，暫定的に使われているにすぎず，要件そのものの記述としては不適切であることに注意されたい。「正犯とは正犯的寄与を行った者である」という命題がトートロジーにすぎないことはいうまでもない。

[23] 犯罪事実のうち，いわば周辺部分についての支配しか有しない者は，狭義の共犯となる。

[24] 不真正不作為犯が，法的作為義務に基づく保証者的地位によって認められるものである以上，それ自体が規範的な評価の産物である。これは共同正犯に限った問題ではない。ただし，行為支配が構成要件該当事象の物理因果的支配を意味すると解するならば，構成要件該当事象の物理因果的惹起過程ではない不作為犯の正犯性を「行為支配」によって根拠づけることができるかについては議論の余地がある。「作為義務に従った作為によって変更可能であった事象を，変更しないままに推移させたこと」は，せいぜい「潜在的行為支配」にすぎない（現実には支配していない）ということを意味するのである。

[25] 後述のとおり，その内容が「相互利用・補充意思」あるいは「意思連絡」と同じであるという意味ではない。

思」は，こうした集合的実現過程として存在する事実を支配する意思である。これは，集合的行為としての構成要件該当行為を遂行することによる構成要件該当事実の認識ないしその実現意思，すなわち「共同正犯形態で構成要件を実現する意思」にほかならないから，共同正犯における構成要件的故意として理解できるものである。そもそも「行為支配」は，強力な事象統制を意味しないので，支配意思もそれに応じた内容となり，結局，共同正犯における故意に帰着すると考えられる。もっとも，「行為支配の意思」すなわち共同正犯における故意は，共同して実現される事実の実現意思である以上，実現される事実の平板な認識にとどまるものではなく，分業による全体を総合して共同実現することの認識であるから，関与者相互の意思の合致を要素とする。ただ，他の関与者との間で相互利用補充することに重点があるのではなく，全体を総合的に把握し実現しようとする集合的意思であることが重要である。

(5) 片面的共同正犯の否定

いずれにせよ，このような思考からは，片面的共同正犯は否定される。片面的共同正犯とは，関与者間に相互の意思連絡がなく，一方から他方への片面的な加功意思が存する場合である。X・Yの両名が犯行に及ぶ際，XはYとともに共同して実行する意思であるが，YはXの加功事実を認識していないような場合には，Xの一方的（片面的）意思があるだけであって意思の合致に基づく共同意思がないので，X・Yが共同正犯となることはない。共同正犯とは意思的にも2人以上が協力することによって，構成要件該当事実の実現の蓋然性・危険性を高める形態であるから，片面的な加功意思では共同正犯の実体をなさないのである。

因果的思考を徹底するときには，主観面で結合が弱いときにも因果的寄与の大きさによって正犯性を肯定することもできるであろうが，事後判断による因果的寄与が正犯性を決定すると考えるのが妥当でないことについては既に触れた。また，そもそも意思連絡が存在せず，単に，時と場所とが近接した行為が行われたにすぎない場合は，同時犯であり，複数の単独犯が並列的に成立するにすぎない。同時犯は，共同正犯ではないから，それぞれの行為について構成要件該当性判断が行われる。いわゆる「因果関係の拡張」を認める前提としての，実現過程の集合性が存在しないのである。

6.5.3 共謀共同正犯

(1) 共謀に基づく共同正犯

日本の判例上確立した共同正犯概念として，**共謀共同正犯**がある。共謀共同正犯とは，2人以上の者が犯罪を共謀しそのうちの一部の者が実行した場合を共同正犯とするものである。実行行為を担当しない者を，共謀に基づいて共同正犯とする考え方である。

実行行為を担当する者と，実行行為を担当せず共謀に基づいて共同正犯となる者とがあるとき，実行を担当する共同正犯を**実行共同正犯**，非実行共同正犯を**共謀共同正犯**とよぶこともある。60条の解釈において，実行行為の担当が共同正犯の要件となるか否かという観点から，実行共同正犯と共謀共同正犯という対立項として理解されてきたこと，実際に行う行為の性質が大きく異なることから，とくに実務上，この区別には意義がある。しかし，理論的には，共同正犯が定義され，それにあてはまる (60条の場合に該当する) 者が共同正犯となるのであって，実行者・非実行者を問わず，同じ根拠・同じ要件に基づき共同正犯性を帯びるにすぎない。共謀共同正犯を肯定するなら，共同正犯は，共謀共同正犯の意味に解された共同正犯概念に包摂されるのである。

観点を変えると，実行の担当如何は共同正犯の要件には関係しないから，共同正犯は実行を担当する者も含めて，すべて，共謀共同正犯として共同正犯なのだ，と考えられることになる。非実行者も共同正犯となることの根拠として「共謀」を提示するのが共謀共同正犯論であるが，共謀に基づいて実行を担当した者も，共謀に基づく共同正犯であると考えることによって，60条に該当することが統一的に理解される。

共謀共同正犯は，大審院以来の確立した判例で，比較法的にみて日本の独自性が強い処理のしかただといわれる。最初，いわゆる知能犯の場合に認められ始め，後に一般的に共同正犯規定を共謀共同正犯の意味に解釈した判例が登場するに至った。すなわち，およそ共同正犯の本質は，2人以上の者が「一心同体の如く互いに相倚り相援けて各自の犯意を共同的に実現し，以て特定の犯罪を実行する」ことにあり，これがいわゆる「一部実行の全部責任」の理由であるという。その上で，共同実現の手段は一律ではなく，共に手を下して遂行することもあれば，共に謀議を凝らした上，その一部の者がその遂行にあたるこ

ともあるが，その態様が異なっていてもこれらは等しく「協心協力の作用」である点においてその価値は異ならない。したがって，そのいずれの場合においても，共同正犯の関係を認めるべきであるのが原則である。とくに例外を認めるべき犯罪であればもちろん別であるが，一般に共同正犯はこのように理解すべきである，というのである（大連判昭和11・5・28刑集15輯715頁）。

（2）共同意思主体説

この判例は，理論的には，共同意思主体説を土台とするものと理解されている。**共同意思主体説**とは，「共同正犯という犯罪遂行形態は，複数の者が超個人的な犯罪遂行主体である『共同意思主体』を形成し，その活動として個々の関与者が手足となって実行するものだと解し，したがって，『共同意思主体』に参加する者は，実行の有無にかかわらず，全事実について正犯となる」，という見解である[26]。このとき，行われた犯罪が共同意思主体によるものであるならば，その犯罪の効果の帰属先，すなわち処罰の対象も共同意思主体となるはずであるが，共同意思主体説はここで民法の組合理論を援用して，刑事責任を負う主体は各関与者個人であるとする。

共同意思主体説は，共同正犯現象の実態を反映した理論であり，共同正犯の「一部実行の全部責任」という効果にも明確な根拠を与えるものであるが，行為主体と帰責主体との分離は，不可能な考え方ではないとしても，個人責任を大原則とする刑法学の中に置くときには，やはり法理論的に問題を抱えていることが否定できない。超個人的な主体を想定することは行き過ぎであろう。

（3）相互間接正犯類似説

実行を分担しない共同正犯，したがって，非実行者の「全部責任」に基礎を与える考え方として，**相互間接正犯類似説**も主張された。直接実行行為を行わない者も，他人の行為をいわば自己の犯罪遂行の手段として利用して犯罪を行ったといえるから，正犯として全部の責任を負う，というのである[27]。同様の思考は，最高裁判例にも表れている（最大判昭和33・5・28刑集12巻8号1718頁，

---

[26] ただし，共同意思主体説から考えるときに，教唆犯・幇助犯という独自の形態がありうるかは問題である（石井徹哉「共同正犯に関する一考察」『西原春夫先生古稀祝賀論文集・第2巻』（1998，成文堂）367頁）。

練馬事件)。判例が共謀共同正犯の考え方を確立してきた背景には，実行を担当しないが重要な役割を演じた者，とくに主導的な背後の「黒幕」的存在を正犯として処罰する趣旨（黒幕重罰論）が働いていると思われる。しかし，次第に，そのような実質論より共謀に基づく共同正犯という形式が優先し，犯罪全体に対しては小さな働きをしたにとどまる者であっても，共謀に関与すれば共同正犯とされるという判断の問題性が指摘されるようになり，その無限定な拡大に批判が高まっていた。練馬事件判例は，共同意思主体説の基本を維持しつつも，共謀共同正犯の正犯性を改めて意識的に述べた意味があるといえよう。

学説においては，元来，共謀共同正犯は，60条の趣旨を不当に拡張するものだとする見解が支配的であったこともあり，共謀共同正犯そのものは認めた上で，そのあり方を適正なものにするという方向の議論は少なかった。とはいえ，共謀共同正犯の枠組が判例として確立していく状況を前に，学説が単純な全面否定論を展開するだけでは不十分であり，判例を前提に共同正犯の成立範囲を限定することも意識されなかったわけではない[28]。間接正犯類似説は，単純に共謀関与から共同正犯性を帰結するのではなく，共同正犯に相互的な間接正犯として利用・補充する関係が存在することを重視し，それに基づいて妥当な範囲を画する方向を示す意義があった。しかし共同正犯に間接正犯的思考をそのままあてはめるのが妥当でないことは，既に述べたとおりである[29]。

共謀共同正犯の成立範囲を妥当な範囲に限定するという観点からは，むしろ，実行を担当しない者の場合は，実行担当者との関係で，間接正犯的優越性が認められる場合に限り共同正犯性を肯定するという考え方[30]もありうる。しかし，

---

[27] 藤木・284頁。なお，このような思考自体は，むしろ判例が先行して示し，学説の側がこれを展開したものである。

[28] この点を早くから自覚的に主張したものとして，平野Ⅱ・402頁以下。

[29] 共謀共同正犯に対する批判説の代表的論者であった研究者が最高裁判所の裁判官として共謀共同正犯を認める判断に加わった際に，とくにこの間の説明をする「意見」が付された例がある（最決昭和57・7・16刑集36巻6号695頁）。団藤裁判官は，その意見の中で，非実行者が実行者を思うままに動かしたという，間接正犯的行為支配をその共同正犯性を根拠づけるものとして援用している。しかし，この意見では「行為支配」が直接行為者に対する支配として把握されているように思われるので，これには疑問がある。また，事件を離れた一般的理論としては，そのような非実行者に対する支配的関係が共同正犯の根拠となる場合と，端的に間接正犯の根拠となる場合とが，どう区別されるかに説明が必要であろう。逆に，共同正犯が間接正犯のような一方的利用・非利用の関係でないという前提からすれば，このような優越的関係にある非実行者が実行者との対等関係をどう理由づけるかなど，問題は残るのである。

共謀共同正犯が「黒幕重罰」の観点から支持されるとすれば，この考え方で非実行共同正犯とされる範囲は限定されすぎるであろう。

(4) 実質的共同正犯性

　結局，非実行共同正犯も認められる意味はあるが，それを「共謀」を根拠にして共同正犯とすることは妥当でないように思われる。非実行者の正犯性の淵源は，彼が共謀関与者であることではなく，犯罪実現に対する働きの重要性だというべきである。共謀関与すなわち正犯的関与といいうるわけではない。同語反復を承知の上で象徴的表現をすれば，正犯的関与をする者が正犯となるのである。学説においては，非実行共同正犯を共同正犯に包摂する議論においては，このような重要な働き・重要な役割・重要な寄与をもって共同正犯性の根拠とするものが多い。実行行為の分担という形式的徴表ではなく，実質的観点から共同正犯概念を画することになるから，非実行者も共同正犯となる場合にも，共謀がそのまま共同正犯を基礎づけるわけではないのである。また，近時の裁判例などには，このような**実質的共同正犯性**を考慮したとみられるものも少なくない。

　問題は，何をもって正犯的関与とするかである。役割・寄与の重要性に関する実質的判断においては，関与形態として重要な寄与を正犯行為とする傾向と，因果的寄与として重要な機能を有していたことを重視する傾向とがあり，それぞれ，行為無価値論的思考と結果無価値論的思考に対応する。いずれにせよ，共謀が行われるときこれに関与することは，共同性の基盤として必要であるが，共謀への関わりのあり方・程度によって正犯性の判断は異なりうるし，実行段階に至る影響力の有無が重要になる。たとえば，実行段階で実行行為を行うことは，事実実現にとって決定的な重要性を有するといわなければならない。実行段階で直接行為しない場合にも，事前の共謀において主導的役割を演じた効果が継続して実行そのものを左右しうるとみられるときには，重要な役割であるということができる。

　わたくしは，既に正犯概念一般の問題として論じたとおり，行為無価値論的

30　間接正犯類似の関係が存在する場合だけに非実行者の共同正犯性が認められるのであって，共謀に基づく共同正犯を一般に認めておいてから限定するのではない，という考え方である。この場合にも，間接正犯と共同正犯との異同について，不明確なところが残るように思われる。

思考に基づく正犯的寄与，あるいは「重要な役割・機能」は，機能的行為支配として把握されると考えている。このように考えるときには，共同正犯の要件に実行行為の分担は含まれないから，非実行共同正犯をも共同正犯概念の中に包摂することになる。行為支配説は，共謀に基づく共同正犯としての共謀共同正犯を肯定する理論ではないが，共謀関与した非実行者のうち，この意味の機能的行為支配を有する者である限りは共同正犯を認める。

（5）練馬事件判例と共謀

共謀共同正犯に関する判例としては，最高裁判所大法廷判決である練馬事件（前掲・最大判昭和33・5・28）が重要である。上述したように，実行行為を行わない正犯である間接正犯の議論との類似に着目しつつ相互利用補充関係を基礎づけている。また，構成要件要素としての共謀を外部に現れた事実（客観的謀議）として捉えることも指摘している。

しかし，このような客観的謀議の存在は，その後の最高裁判例では重視されていない。たとえば，次のような判例においては，客観的な謀議事実のみならず，主観的な側面からみても意思連絡が希薄とみられる場合に，共同正犯の成立が認められている。すなわち，暴力団組長が，スワットと称するボディガードとともに数台の車に分乗して行動中には，組長は，スワットらが警護のためけん銃等を携行していることを概括的とはいえ確定的に認識・認容しており，スワットらとの間に犯行につき黙示的な意思の連絡が認められる。またスワットらを指揮命令する権限ある地位と，彼らに警護を受けるという被告人の立場を合わせ考えれば，実質的には組長がスワットらに本件けん銃等を所持させていたといいうる。これらを根拠に，けん銃等所持罪の共謀共同正犯が成立するとしたのである（最決平成15・5・1刑集57巻5号507頁，スワット事件）。

もちろん，その他の事情も前提とされるが，独立した「共謀」といえない「意思連絡」であっても，共謀とされているものと考えられる。また，認識の程度についても，共謀を認めるために，実行担当者の行為が構成要件に該当することを確定的に認識している必要はないという判例（最決平成19・11・14刑集61巻8号757頁）がある。ここでは，実際に処理にあたる者らが，廃棄物を不法投棄することを確定的に認識していたわけではないものの，不法投棄に及ぶ可能性を強く認識しながら，それでもやむをえないと考えてその処理を委託した

場合，廃棄物の処理及び清掃に関する法律違反の罪について未必の故意による共謀共同正犯の責任を負うとされた。なお，上記「スワット事件」と同様の事案に関する最高裁判例（最判平成 21・10・19 判時 2063 号 155 頁）で，護衛者のけん銃所持について確定的認識を要することなく，けん銃所持実行者と非実行者との間の共謀を肯定した判例において，外形的な「共謀の事実」の要請が希薄化していることは事実であろう。

　共謀には，複数の関与者が一堂に会するなど一度に行われた場合だけでなく，順次に意思合致が成立していく形態（順次共謀）もありうる（練馬事件判決参照）。さらに，黙示の共謀でも足りるし，実行に際して成立する共謀（現場共謀）もありうる。甲から，場合によっては相手を殺害せよと言われて包丁を受け取った乙が，当初は殺害の意思まではなかったものの，現場で相手からの攻撃を受けるに及んで殺害することもやむをえないとの意思をもつに至った事件で，現場共謀を遂げたとされた例（最決平成 4・6・5 刑集 46 巻 4 号 245 頁，フィリピン・パブ事件）がある。

（6）故意と共謀

　なお，被告人が犯罪組織関係者の指示を受けて日本に入国し，覚せい剤が隠匿された輸入貨物を受け取ったという事例で，「被告人は，輸入貨物に覚せい剤が隠匿されている可能性を認識しながら，犯罪組織関係者から輸入貨物の受取を依頼され，これを引き受け，覚せい剤輸入における重要な行為をして，これに加担することになったということができるのであるから，犯罪組織関係者と共同して覚せい剤を輸入するという意思を暗黙のうちに通じ合っていたものと推認されるのであって，特段の事情がない限り，覚せい剤輸入の故意だけでなく共謀をも認定するのが相当である。」とした判例（最決平成 25・4・16 刑集 67 巻 4 号 549 頁）がある。争点は，故意を認定しつつ共謀は否定することができるかにあり，最高裁判所は，認定の問題として，経験則上，故意があれば共謀も肯定されるとした。わたくしの考えでは，共同正犯における故意と共謀とは実質的に重なる事実であり，結論として最高裁の判断に賛成する。

　他方，公認会計士が，虚偽記載を是正できる立場にあったのに自己の認識を監査意見に反映させることなく，会社の半期報告書の中間財務諸表等に有用意見および適正意見を付すなどしたという事案で，虚偽記載のある半期報告書等

を会社取締役が提出することを認識するとともに，このことについて取締役らと共謀したものとして，公認会計士に虚偽記載半期報告書提出罪および虚偽記載有価証券報告書提出罪の各共同正犯が成立するとしたもの（最決平成22・5・31裁判所時報1508号3頁）などには，主観・客観の両面において，当該構成要件該当事実の中核部分を実現したことを重要視する態度がみられる。

(7) 正犯者の意思

以上のように，判例は，形式的には，意思連絡のもとに共謀関係を認め，共謀者の一部が実行行為を行うことによって共謀関与者全員が共同正犯となることを肯定しているのであるが，実質的には，とくに幇助犯との区別の観点から，「自己の犯罪として遂行する意思」（正犯者の意思）で行うことを要求することが多い[31]。これは共謀関与という形式のみに基づいて共謀共同正犯としているわけではないことを意味する。したがって，判例の認める共謀共同正犯は，文字通りの「共謀」共同正犯ではなく，その他の事情を含めた実質的な正犯性を考慮しているというべきであろう。

「正犯者の意思」は，主観的な側面において，犯罪事実にどこまで関与（コミット）しているかを示すものであるが，それは現実の寄与の如何によって判断される側面がある。考慮事情としては，犯行の際に行った行為の内容，他の共犯者との共謀の有無やその経過・態様，他の共犯者との間の主従関係，犯行動機，犯行に対する積極性，犯罪結果に対する利害関係などがあるといわれている。結局，ここでは，「正犯者の意思」の認定という形で，主観的要素に還元できない事情が考慮されていると思われる。つまり，上述した「実質的共同正犯」と同様の評価過程が存在すると考えられるのである。「正犯者の意思」は，正犯たることの自己認識を意味するものではないのはもちろん，仮に，これを形式的要件に付加される強い犯罪意思のように理解するならば，判例実務における考え方の基本を誤解することになるのではないかと思う。

---

[31] 福岡地判昭和59・8・30判時1152号182頁など，下級審裁判例には，「正犯意思」の用語を用いながらも，それが実質的な正犯性を言い換えたもののように思われる場合がかなりある。

6.5.4 過失犯の共同正犯

(1) 過失共同正犯の意義とその成否

　過失犯を共同実行し，共同正犯となる場合がそもそもあるのか，現象としてはありうるとしても，そのような共同正犯を肯定すべきかについては，議論がある。共同正犯の成立要件としての「共同実行の意思」が，犯罪事実を意図的に分担・分業して全体を実現しようとする意思だとすると，構成要件的結果の発生を認識していない過失犯においては，「共同実行の意思」はありえないことになり，共同正犯は故意犯についてのみ認められることになりそうである。また，過失共同正犯は，故意犯処罰の原則（38条1項）に対する例外を，明文なしに拡張することを意味する点において，罪刑法定主義上の問題があるとも指摘される。あるいは，過失共同正犯は過失同時犯として処理すれば足りるので，議論の実益がない（他の事情を合わせて考慮すれば問題だけが残る）ので否定されるべきだとも主張されるのである[32]。

　実際，過失犯の共同正犯については，かつて，学説上も否定説が多く，判例も否定的な態度であった。しかし，最高裁判所は，過失犯においても共同正犯を肯定する姿勢を示し（最判昭和28・1・23刑集7巻1号30頁，メタノール販売事件），近時の下級審裁判例は，おおむね過失共同正犯を肯定する立場に立っていると解される。高等裁判所の裁判例として，たとえば，溶接工2人が電気溶接機を用いて鋼材の溶接作業を行うにあたり，共同して，作業から発生する輻射熱または火花が溶接箇所周辺にある可燃物に達しないようにあらかじめ遮へい措置を講ずべき業務上の注意義務を認め，業務上失火につき過失の共同正犯が認められた（名古屋高判昭和61・9・30高刑集39巻4号371頁）。地方裁判所の裁判例としては，共同して地下で電話ケーブルの保守・点検を行う際に使用したトーチランプの消火を怠ったため火災を生じた業務上失火につき，共同正犯が認められた（東京地判平成4・1・23判時1419号133頁）。

　過失犯においても，共同正犯の成立要件を充足しうることが示されれば，その要件が充足される限り共同正犯としてよいはずである。そのためには，過失

---

[32] 過失共同正犯に対する否定・肯定の立場を包括的な検討対象とした最近の研究として，内海朋子『過失共同正犯について』（2013, 成文堂），とくに，第2章・第3章を参照。

の共同という現象の実体に即して,「共同実行」の内容が明らかにされなければならない。確かに,上述のように,構成要件的結果惹起の意思という意味の「共同実行の意思」は否定されるが,共同正犯が,複数人の合力により結果発生の危険を創出するものであることから,「共同実行の意思」の内実も吟味される必要があるのではないかと思われる。

(2) 過失共同正犯肯定説

行為共同説によれば,即物的な意味の行為の共同があるときには共同正犯の成立が可能であることになる。これに対し,犯罪共同説の考え方からは,「過失犯の共同」という現象は観念しにくいとされてきた。しかし,犯罪共同説を基礎にしても,いわゆる新過失論は,注意義務違反の行為を過失犯の実行行為と把握するので,このような過失犯の実行行為を共同するときには,過失犯の共同正犯とすべき実体が存在すると考えられる。

すなわち,過失犯においても,実行行為自体は意識的(有意)な行為として行われるのであるから,意思連絡のもとに共同的に行われることがある。確かに,その意思連絡は,構成要件的結果の実現についての共同意思を意味しない。ところが,そもそも,過失犯においては,そのような意識的な行為が,法益侵害の危険を創出するものであることを前提としつつ,その行為が,行為者にとって,注意を尽くしてその法益侵害結果発生を回避すべき態度であるという性質,つまり客観的注意義務に反するという性格を帯びることによって,(過失)実行行為性が認められるのである。

したがって,意識的に行われる共同行為が上述のような注意義務違反の性質をもつならば,過失犯の実行行為の共同であるとすることが妥当である。簡単にいえば,過失実行行為の共同は,客観的行為の共同と,その共同行為の遂行にあたって要求される注意義務の懈怠とによって認められるはずなのである[33]。それ自体が意図的に法益侵害に向けられた行為でなくとも,ある危険性を宿した行為を共同にする意思があり,その行為遂行の際に共同して結果発生を回避すべき注意義務が課されており,かつその注意を尽くさなかった場合には,「不注意行為」を共同にする実体が存在するということである。この「共同義

---

[33] 内田文昭『刑法における過失共働の理論』(1973,成文堂) 260頁。

務の共同懈怠」と表現しうる注意義務違反が，過失犯における共同実行の意思に相当する主観的要素と考えられる。

共同義務は，他人の行為にも気を配ることを含む関与者個人の各別の注意義務に解消できる（解消されるべき）であるという議論もあるが，数人共同しなければ義務を全うすることができない，あるいは各人は分業していて他人の行為にまで注意をすることはできないが，そもそも分業のしかたや作業分担のあり方の点で注意義務違反とみるべき実体が存在する場合もあると思われる。少なくともこのような事例に関する限り，過失犯の共同正犯を論じることには，実益もあり，必要性もあると思う。

(3) 結果的加重犯の共同正犯

判例は，重い結果発生に関して過失を不要とするので，基本犯の共同正犯が成立し，そこから因果関係をもって重い結果が生じた以上は，結果的加重犯の共同正犯が成立することになる（最判昭和26・3・27刑集5巻4号686頁は，共謀された強盗の機会に他の者が行った暴行から生じた致死結果について共同正犯としている）。これに対し，学説の多くは，結果的加重犯の重い結果については過失が必要だとしている。そこで，結果的加重犯の構成要件を共同して実現した場合には，重い結果を発生させる部分に過失共働現象が認められるか，それを根拠に重い結果発生を含めた事実全体について共同正犯が成立するか否かが問題になる。過失共同正犯肯定説を採用するならば，結果的加重犯の共同正犯もほぼ同様に肯定されることになろう。ただし，基本犯の共同によって自動的に加重結果の共同が認められるわけではない。たとえば，強盗の機会において他の関与者によって致死傷結果が生じたような場合には，その致死傷の原因行為自体について過失共同正犯の実質が存在することが必要である。すなわち，原因行為が基本犯の共同実現事実の一部をなすこと，および，その行為の際に重い結果発生を回避すべき「共同義務」が認められ，これを「共同懈怠」している事実が認められなければならない。

6.6 教唆犯

6.6.1 教唆の意義

　教唆犯は，正犯を唆して実行させる関与形式である（61条1項）。教唆犯には，正犯の刑が科せられるが，法定刑が正犯と同じになるという意味であって，実際の宣告刑が正犯と同じである必要はない。教唆犯が正犯に準じて処罰されるのは，教唆行為は，犯罪を行わせるように働きかけるという点において，法益侵害に至る因果経過の発端という性質をもつことが考慮されたからだと考えられる。そこで，教唆行為の核心的要素は，未だ犯罪的意思を有していない者に（原初的に）犯罪意思を生じさせることに求められる。

　もっとも，判例においては，証拠隠滅行為を行うという意思自体は有している者に対し，その具体的な方法を提案し，その方法を採用して実行する決意を確定させた場合を，証拠隠滅罪の教唆犯とした例（最決平成18・11・21刑集60巻9号770頁）がある。教唆者は，教唆者の意向にかかわらず犯罪を遂行するまでの意思を形成していたわけではなく，教唆者がこれを承諾して提案に係る工作の実行を依頼したことによって，その提案どおりに犯罪を遂行しようという意思を確定させたものと認められるからであるという。

　この事例では，漠然とした実行意思がある状態で，具体的な行為遂行の決意としてそれを確定させた点が重視され，その結果，その行為が，それ以前の意思とは質的に異なる意思を形成したという余地があるとはいえるが，限界的事例である。一般には，既に犯行を決意している者の意思をより強固にするような行為を行う場合は，幇助犯とされるべきである。

6.6.2 教唆犯の成立要件

（1）教唆行為

　教唆犯の成立要件は，「正犯を教唆して実行させる」ことである。まず，「教唆する」とは，上述のように特定の犯罪実行の決意を生じさせることをいう。指示・指揮，命令・嘱託，誘導・慫慂，その他，手段には限定がない（最判昭

和26・12・6刑集5巻13号2485頁)。明示的な教唆でなく暗示的な示唆でもよい(大判昭和9・9・29刑集13巻1245頁)。ただし,ただ漠然と犯罪をせよと言うのでは足りず,ある程度特定した犯罪行為を行うように唆すことが必要である(前掲・最判昭和26・12・6)。もっとも,日時・場所等を厳密に指定することまでを要求するのは現実的ではなく,犯罪事実の特定性の程度は問題になる。内在的限界設定はむずかしいので,正犯による実行・結果実現との因果関係などを考慮しつつ判断するほかはないであろう。

(2) 教唆犯の故意

　教唆犯に関し別途特段の規定は存在せず,教唆行為は過失的遂行を通常含意しないと解されるので,教唆犯も故意犯である。過失による教唆(教唆行為が過失で行われる場合)は不可罰である。過失犯に対する教唆(故意で過失犯を実行するように唆す場合)は,教唆の核心が正犯に犯行の決意を生じさせることである以上,意図的に犯罪を行うものではない過失犯にはそのようなことはありえないので,間接正犯となることはあっても教唆犯にはならないとされるのが通例である(東京高判昭和26・11・7判特25号31頁参照)。しかし,結果的加重犯において基本犯の決意を生じさせることは可能であるから,結果的加重犯の教唆はありうる。また,正犯に犯行の決意を生じさせるという要件が充足される限り,正犯側に教唆されていることの認識がない場合,すなわち片面的教唆も認められる。

　主観的には,正犯による構成要件充足を認識・認容していることが必要であると考えられる。共犯の処罰根拠に関する因果的共犯論・惹起説の基本思想からは,教唆犯には,主観的にも結果を惹起するという正犯不法についての故意が要求されるからである。したがって,教唆犯の故意は,教唆行為すなわち「正犯に犯行の決意を生じさせること」の認識,「それに対応した実行行為を正犯に行わせること」についての認識・認容と並んで,「正犯による構成要件実現」,要するに正犯が既遂となることの認識・認容が必要だと解される。

(3) 未遂の教唆

　上のような見解からは,「未遂の教唆」,すなわち,正犯の行為が未遂に終わることを認識・認容している場合,あるいは,未遂に終わらせることを意図し

て行為させる場合には，教唆犯は成立しない（少なくとも結果発生については過失犯の問題になる）。いずれにせよ，教唆は，法益侵害への最初の動因となることを本質とする（だからこそ正犯に準じ「正犯」の刑が科せられる）のだとすると，このように法益侵害に対する明確な意図と確定的な因果力を欠く態様を教唆に含めることはできない。

　もっとも，結果不法の不認識は既遂評価を否定するだけだと解し，未遂罪の教唆犯の成立を認める（たとえば，窃盗を未遂に終わらせるつもりで窃盗行為を行わせ，未遂に終わった場合を窃盗未遂罪の教唆犯とする）ことも考えられる[34]。ただし，正犯者が結果実現意思をもって行為するときに，共犯者の側において結果不法を切り離して評価をすることが可能であるかについては，わたくしは，さしあたり否定的に解する[35]。なお，「未遂の教唆」が不可罰だとしても，「未遂罪の教唆犯」は可罰的である[36]。

　なお，「未遂の教唆」は，現行犯逮捕でないと摘発が難しい犯罪（薬物犯罪など）で認められている「おとり捜査」の場合に現れることがある。たとえば，薬物の売人に対して捜査員が薬物を買い受ける旨申し向けて相手の犯罪を誘発し，実行行為に出たところで逮捕するような場合である。捜査員の行為は，実体法上[37]，未遂に終わらせるつもりの教唆にあたりうる。このような捜査手法は，アジャン・プロヴォカトゥール（教唆する捜査官。フランス語の agent provocateur）とよばれる。

（4）犯罪を実行させる

　教唆犯は，正犯に実行させることで成立する。すなわち，教唆行為により，正犯が実行に出ることが必要である（**実行従属性**が認められている）。教唆行為と

---

[34] このほか，不法共犯論（修正惹起説）によれば，正犯による類型的危険惹起，すなわち正犯の実行があれば足りると解し，結果の実現についての故意は不要とすることになるであろう。

[35] 共犯から見て結果不法惹起の側面が元来非故意であることを根拠に，結果不法に関する教唆犯は不成立だが，正犯に成立する未遂犯に対する教唆犯の成立は認めることも考えられる。しかし，正犯にとって結果惹起が一種の不能とみられるので，そもそも未遂犯が結果発生の危険の惹起を処罰根拠にすることなどを考えれば，未遂部分に限った不法の惹起も認めがたく，妥当でないように思われる。

[36] 既遂事実を実現させるつもりで教唆したところ，正犯が未遂にとどまった場合には，共犯の従属性原則があるので，正犯に従属して未遂罪の教唆犯となる。

[37] いわゆる「おとり捜査」の捜査手法としての妥当性・違法性などの評価は別論である。

正犯による実行との間には，因果関係が必要である。正犯独自の別個の決意に基づく実行が行われたと認められるときには，教唆犯は成立しない。先に述べたように，教唆されていることを正犯が認識していない「片面的教唆」の場合にも，教唆行為との正犯の実行との間に因果関係があるときは，教唆犯は否定されない。

(5) 間接教唆・連鎖的教唆

61条2項によれば，教唆者を教唆した者も教唆犯として処罰される。これを**間接教唆**という。甲が乙に対し，「丙に対し実行するように教唆せよ」という内容の教唆をする場合が文字通りの間接教唆であるが，甲が乙に対し乙自身が実行するように教唆したところ，乙が自ら実行せずさらに丙に対し実行を教唆した場合も間接教唆に含まれる。見解が分かれるのは，間接教唆者に対してさらに教唆した場合（再間接教唆），あるいはそれ以上の連鎖的教唆が，61条2項の間接教唆にあたるものとして可罰的であるかという問題である。

判例（大判大正13・3・1刑集1巻99頁）は，これを肯定している。学説においても，間接教唆者が教唆犯となる以上，再間接教唆は教唆者に対する教唆にほかならず，以下同様の関係が認められるとして肯定する説が多数であると思われる。これに対し，文言上，直接に規定されている間接教唆のみが可罰的だとし，肯定説に対しては，無限に連鎖する教唆を肯定することにつながり，処罰範囲も不当に拡大すると批判する説も有力である。しかし，教唆犯が結果に至る因果的起点であることに処罰根拠を有するとすれば，その限りでは可罰性が認められるはずであるから，このような形式論は，必ずしも妥当しない。逆に，形式的には連鎖的教唆に該当しても，因果関係が否定される場合にはもはや教唆犯は成立しないのであるから，無限連鎖や処罰範囲の無限定に対する批判も当たらないと思われる。

6.7 幇助犯

6.7.1 幇助の意義

　幇助は，正犯の実行を助ける行為である。正犯を幇助する者は**従犯**（62条1項）として処罰され，その刑罰（法定刑）は，正犯の刑を減軽したものになる（必要的減軽）[38]。幇助犯は，法文上は従犯とよばれて正犯ないし主犯と対比されており，62条2項，63条，64条などがこれを受けた規定となっている。しかし，講学上は，もうひとつの狭義の共犯のひとつである教唆犯と並び，行為態様の実態を記述して，**幇助犯**（Beihilfe）という呼称が採用されることが多い。正犯による結果実現への関与という側面を重視する因果的共犯論の考え方からは，幇助は，正犯による犯罪実現に促進的効果を与え，それを容易にすることに核心がある。行為支配説の立場からは，そのような因果性が犯罪事実の中核的部分を形成するような作用までは有しない場合であると説明することになる。

　因果的効果は遡及しないから，正犯の実行が終了した後に幇助行為は観念できない。正犯による構成要件該当事実実現過程の一部に対して因果力をもつ場合でもよいので，正犯の実行中であれば幇助となりうる。正犯が実行に出る前にも幇助は可能であるが，この場合は，正犯が既に犯行を決意していることが必要である。決意を生じさせるのは教唆であり，既存の決意を強化する行為は幇助にあたると解するのが一般的理解である。この意味で，幇助犯は，教唆犯に比べて，正犯とその犯罪遂行過程に対する従属的性格がいっそう強いといえる。また，もちろん実行従属性が認められる。ここから，正犯が未遂に終わったときには（正犯の未遂罪に従属して），幇助者に未遂罪の幇助犯の成立を認めるということも帰結する。

　なお，このように幇助犯が正犯への従属的性格の強い関与形式であることから，幇助罪の罪数は正犯の罪数に従って決定されるものと解されるが，複数の幇助罪が成立する場合，1個の行為として観念的競合になるか否かの判断に際しては，当該幇助行為自体について判断されるべきである（最決昭和57・2・17

---

[38] 減軽の方法については，68条以下が定めている。

刑集36巻2号206頁）[39]。

6.7.2 幇助犯の成立要件

(1) 幇助行為

幇助行為は，正犯行為（構成要件該当事実の中核部分を変更するような事実的寄与）以外の行為で，正犯の構成要件該当事実の実現を援助し，あるいは実行行為の遂行を容易にする行為である。法益侵害の危険性を高めるものである限り，とくに手段の限定はなく，正犯の行為を物理的に容易にする行為でも，心理的に容易にする行為でもよい。正犯を精神的に鼓舞する行為，犯行に使用する凶器や侵入先の見取図を提供する行為，正犯の侵入に先だって入口の鍵を開けておく行為などが例として挙げられる。時間的には，実行行為の前，実行行為の遂行中に行われる行為であれば，幇助行為となりうる。逆に，正犯の犯罪事実が終了した後の関与である「事後従犯」は，幇助犯ではない。たとえば，窃盗犯人から盗品を買い受けてその現金化に協力する行為，あるいは，犯人をかくまうなどの事後の行為は，総則の共犯とはなりえず，たとえば盗品等関与罪（256条2項）や犯人蔵匿罪（103条）のような別の犯罪類型が存在することによって初めて処罰対象となるのである。

危険運転致死傷罪（改正前の208条の2，1項前段）の正犯者が自動車を運転するにあたって，同乗している職場の先輩の意向を確認し了解を得られたことが重要な契機となっている一方，正犯者がアルコールの影響により正常な運転が困難な状態であることを認識しながら，同車発進に了解を与え，その運転を制止することなくそのまま同車に同乗してこれを黙認し続け，正犯者が危険運転致死傷の犯行に及んだ事件で，同乗者に危険運転致死傷罪の幇助罪の成立が認められた（最決平成25・4・15刑集67巻4号437頁）のは，人間関係等の事情を含め，危険運転の意思を強固にしこれを容易にしたと評価されたものである。

正犯の遂行を容易にすれば足りるので，**片面的幇助**も認められる。すなわち，

---

[39] したがって，共同正犯の場合には，たとえば，複数の構成要件該当事実が実現された場合に共謀が1個であることから形式的に1罪となるわけではない。教唆についての判例の態度は明らかでないが，教唆犯については幇助犯のような正犯従属的性格を認めることはできず，教唆罪自体について罪数を論じるべきであろう（只木誠「観念的競合・牽連犯」刑法の争点・124頁以下参照）。

正犯が幇助されていることを認識している必要はない（賭場開帳行為を幇助する意思で賭者を誘引し賭博をさせた行為は，賭場開帳者本人がそれを認識していないときでも幇助にあたるとした判例，大判大正14・1・22刑集3巻921頁参照）。不作為による幇助も認められる。もちろん，不作為が幇助行為とされるためには，不作為者において正犯の遂行を妨害すべき作為義務の存在が必要である。このとき，正犯の遂行を「阻止する」き義務を必要とするか，たとえば「困難にする」義務で足りるかを問題とすることができるが，作為による幇助が「促進」的効果をもてばよいことと相応して，正犯の遂行にある程度の障害となる介入をすべき義務が存在し，それに違反することで足りると考えられる[40]。なお，賭博行為の見張りを賭博罪の幇助犯とした判例がある（大判大正7・6・17刑録24輯844頁)[41]。

(2) 幇助犯の故意

一方，幇助犯も故意犯であり，幇助行為を行うこと自体については，行為者が認識していなければならない。したがって，過失による幇助犯は成立しない。過失正犯に対する（故意の）幇助については，正犯による結果惹起が結果実現意思に基づかない分，正犯が故意犯である場合に比べて結果惹起の因果性が弱いので，幇助犯は不成立とすべきである。未遂に終わらせる意思の幇助（未遂の幇助）は，未遂の教唆の場合と同様，因果的共犯論（惹起説）の思考からは，不可罰と解される。幇助意思としては，正犯の実行行為の認識・構成要件実現の認容・正犯幇助意思が必要だということになる。

(3)「中立的行為」と幇助犯

行為自体は不法を惹起するものと断定することができず中立的といえても，事情によっては犯罪行為を容易にするものであることを認識しつつ行われた場合に幇助犯が成立するかという問題も議論されている。たとえば，凶器として

---

[40] 不作為と共犯の項目 (6.8.4 (2)) も参照せよ。
[41] このほか，近時のものとして，片面的共同正犯は認められないが片面的幇助は成立するとした東京地判昭和63・7・27判時1300号153頁がある。この裁判例は，共同正犯の成立要件として単なる意思連絡のみではなく実質的にみて主犯として位置づけられることを要求している点で注目される。

用いられる可能性がある包丁の製作・販売をして，それが実際に犯行に供された場合に，殺人・傷害・脅迫等の幇助行為となるか，という問題である。日用品の販売が殺人幇助等に問われるのは不都合であるから，原則として幇助行為とみることはできない。ただ，特定の正犯者の犯行を容易にするものであることを認識しつつ，正犯幇助の意思のもとに行われた場合には，行為自体が中立的であっても幇助犯の成立が認められることもあろう。

最高裁は，インターネット上でファイルを共有するために用いられるソフトウエアを製作，公開し，正犯者がこのソフトウエアを用いて著作物の公衆送信権を侵害する行為を行ったという事件において，ソフトウエアの開発者に幇助犯の故意が欠けることを理由に著作権法違反罪の幇助罪の成立を否定した（最決平成23・12・19刑集65巻9号1380頁）。このような事件における幇助犯の故意としては，ソフトウエアの違法利用の一般的可能性を超える具体的侵害状況の認識・認容（および，正犯による現実の利用）が必要とされた。なお，この判例では，適法行為に用いるか違法行為に用いるかが，あくまで利用者の判断に委ねられている「価値中立ソフト」を，一般に合理的とされている方法で公開・開発したという事情だけでなく，開発への萎縮効果をも考慮して幇助犯の成立に消極の理由としているが，それが，純粋に政策的配慮で幇助犯にあたるものを処罰対象としないことを意味するならば，疑問である。「禁圧されるようなものではない一般的技術」というソフトウエアの属性がそれとして把握できる限りにおいて，行為自体の幇助行為性が否定されるものと考えるべきであろう。

(4) 間接幇助

また，62条2項では，幇助犯を教唆した者に幇助犯の刑を科す旨定められているが，教唆犯の場合の61条2項に対応する間接幇助の処罰規定はない。しかし，幇助犯をさらに幇助する間接幇助の可罰性は，判例（最決昭和44・7・17刑集23巻8号1061頁），多数説の肯定するところである。間接的であっても正犯の犯罪遂行に対する促進的効果を有する以上は，間接幇助というよりは，それ自体を端的に正犯に対する幇助行為と評価することができるのである。62条2項の「幇助の教唆」も，正犯の犯罪遂行を促進するという点で，それ自体が幇助行為に相当することが考慮されているといえるであろう。他方で，まさに

（正犯ではなく）他人の「幇助」行為に対する促進効果しか認められないような間接幇助は，不可罰とすべきであるように思われる。また，教唆犯の幇助については，明文規定を欠き，それには上述したように，実質的にも理由があると考えられるから，不可罰とすべきである。もっとも，間接幇助の場合と同様，それ自体が正犯に対する促進的効果をもつときには，端的に幇助として処罰可能になろう。

(5) 幇助の因果性

　因果的共犯論は，幇助行為が正犯遂行の促進効果をもつという意味において，正犯による犯罪実現に対して因果性を有することを要求すると考えられる。仮に，幇助行為が結果実現にとって無意味である（因果的効果をもたない）ときには，幇助行為と正犯の犯罪実現との間の因果関係が否定され，幇助犯は未遂に終わる（幇助の未遂）こととなり，不可罰とすべきであろう。ただし，幇助犯における因果性は，もともと正犯による構成要件該当事実の実現如何との間に条件関係が存在することを前提としない。幇助行為がなくても，正犯が独立して結果を実現する可能性があるので，「共犯の行為が行われなければ（正犯の行為による）結果が発生しなかったであろう」という条件関係は認められないからである。幇助行為の因果性は，ここでも既にそのように表現してきたように，正犯遂行に対する促進作用，結果実現を容易にする効果の意味である。

　下級裁判所の例であるが，殺害予定現場で窓の目張りなどの幇助行為をしたが，結局殺害が別の場所で行われたので促進効果をもたなかった場合に，殺人罪の幇助犯の成立を否定したもの（東京高判平成2・2・21判タ733号232頁，板橋宝石商殺害事件。ただし，他の行為について幇助犯の成立を認めた）がある。役立たなかった援助は，正犯の実行を容易にしたとも，法益侵害の危険を高めたともいえないので，幇助犯が否定されたものといえる。

6.8 共犯に関する諸問題

6.8.1 承継的共犯

(1) 承継的共同正犯

　承継的共犯とは，既に先行して実行行為が行われているとき，犯罪終了前の段階で，その犯罪遂行に途中から関与した者（後行者）が，先行する者（先行者）との間で共犯となるか，という問題である。もちろん，関与時点から後の事実について共犯が成立することは認められる。このとき，先行する部分を含めた犯罪の全体について，いわば過去の事実を引き継ぐ形で共犯が成立するというのが承継的共犯であり，そのような場合のあることを肯定してよいかが議論されるのである。もっとも，教唆犯は，正犯の犯罪開始後にはありえない。幇助犯は，後述のとおり，「承継」を問題にするまでもなく，正犯の犯罪事実全体に対して幇助犯の成立を認めることができるであろう。したがって，先行者の実行行為途中から後行者が加わる**承継的共同正犯**が問題となる。

　承継的共同正犯については，**肯定説**（下級審裁判例としては，札幌高判昭和28・6・30高刑集6巻7号859頁），**否定説**（最決平成24・11・6刑集66巻11号1281頁[42]）のほか，**限定肯定説**（下級審裁判例としては，大阪高判昭和62・7・10高刑集40巻3号720頁）がある。肯定説は，犯罪共同説の立場から，たとえ時間的に前後する場合であっても同一犯罪に関与した者はその犯罪全体の共同正犯となると解するものである。否定説は，何よりも因果は遡及しないことを理由とする。限定肯定説には，いくつかの考え方があるが，大阪高等裁判所の判示によれば，後行者が，先行者の行為・結果を認識・認容し，自己の犯罪遂行の手段として積極的に利用する意思のもとに，実体法上の一罪を構成する先行者の犯罪に途中から共謀加担し，現に手段として利用するような場合には，先行する事実を含めた全体についての共同正犯となるとする。

---

[42] この判例は，傷害罪に関する判断であり，補足意見の趣旨も含めて，一般的に承継的共同正犯を否定したものとまではいえないとする余地もあるが，少なくとも，共同正犯において文字通りの「承継」現象は認めがたいとする思考が土台になっていることは明らかであろう。

(2) 一体的事実の共同惹起

　実体法上の構成要件的一罪性が直ちに承継的効果を帰結するとは思われないし，因果を遡る効果もありえない。結論としては，いわゆる「承継」現象は否定されるべきであり，否定説が妥当である。ただし，社会的事象としての犯罪事実が不可分の一体性を有するとき，その一部を分担したことが，事象全体に対する分業となる限りで，全部責任を肯定してよい場合があるように思われる。このときには，「承継」ではなく，実現された犯罪事実全体にとって重要な寄与を行ったものとして共同正犯の成立を認めることが可能である。通常の共同正犯が空間的に共同関係にあるとすれば，いわば，実行担当に時間的前後関係のある共同正犯として理解できるからである。ただし，共同正犯の成立は，後行者の寄与が一連一体の犯罪事実に対する機能的支配を基礎づける場合に限られるのである。

　一連・一体性は，社会事象としての不可分性であるから，個々の関与者の寄与という，単独では大きな意味をなさない事実の集積により固有の（質的に別次元の）不法内容を有するに至るものである必要があり，他方，事実の中核部分を全体として支配する場合でなければならないので，通常，後行者の行為が構成要件該当事実の不法実体のうち過半を占めると認められるような重要な部分であることが要請されるであろう。結合犯等で実体法上の一罪とされること，詐欺罪等，手段行為と本体行為とが社会的類型として密接不可分であることなどは重要な因子ではあるが，このような事実的一体性をそれ自体で根拠づけるものではない。したがって，途中からの関与者が全体の共同正犯となる例は，限られたものになると想定される。

(3) 承継的幇助犯

　他方，幇助犯においては，犯罪全体を惹起する必要はなく，正犯による犯罪事実実現を容易にすれば足りるのであるから，後行者がその事実の一部に関与する場合にも，犯罪促進的効果を与えたと評価することが可能である限り，幇助犯は認められる（大判昭和13・11・18・刑集17巻839頁）。このような考え方によれば，承継的共同正犯とはならない場合であっても，全体事実の促進効果を認めることができるならば，幇助犯はその成立を肯定することができる。幇助犯は，正犯による犯罪事実実現に対し，その中心的部分に形成的因果作用を有

しない場合であって，かつ正犯の犯罪実現を促進する効果を有する場合だからである。なお，このときにも，幇助犯は，先行する非関与部分を「承継」すると考えているわけではなく，一体をなす正犯の構成要件該当事実の実現を後行行為によって容易にしたことで，正犯に従属してその罪の幇助犯となる，と解されるのである。

6.8.2　共犯と身分（身分犯の共犯）

(1) 身分の意義

65条には，身分犯の共犯についての特別規定が置かれている。身分犯の意義等は，構成要件論に関連して既に述べたところであるが，判例によって身分とされるものは，かなり広範にわたり，何等か行為者（主体）に限定が付与される場合には，その限定要因を身分であるとしている。

たとえば，「身分は，男女の性別，内外国人の別，親族の関係，公務員たるの資格のような関係のみに限らず，総て一定の犯罪行為に関する犯人の人的関係である特殊の地位又は状態を指称するもの」として，物の占有者であることを252条に関する身分であるとした（最判昭和27・9・19刑集6巻8号1083頁）。また，目的など一時的な行為者の心理状態も身分に含めている。そこで，目的犯も身分犯の一種であるということになる（「営利の目的」に関する最判昭和42・3・7刑集21巻2号417頁[43]）。強姦罪の主体は，客体と行為態様から帰納的に男性に限られるが，構成要件自体が直接に主体を限定しているわけではないものの，判例（最決昭和40・3・30刑集19巻2号125頁）は，この場合も身分であるとしている[44]。

なお，刑法典には例がないが，消極的身分犯もある。これは，身分の存在に

---

[43] 麻薬取締法上，「営利の目的」をもっていたか否かという犯人の特殊な状態の差異によって，各犯人に科すべき刑に軽重の区別をしているのは，刑法65条2項にいう「身分によって特に刑の軽重があるとき」にあたるものだから，営利の目的をもつ者ともたない者とが共同して犯したときは，65条2項により，それぞれ営利の目的の有無に応じた刑を科すべきものとした。本判例は，直接的には目的を有することが身分の一種であるとしたものではなく，共犯者間で「営利の目的」の有無による個別的科刑を認めた点に主眼があろうが，65条を適用する処理をした以上，「営利の目的」が同条にいう加減的身分であることは当然の前提になっているといえる。ただし，この論理には批判も多い（照沼亮介・百選I・91事件参照）。

よって構成要件該当性が否定される場合である[45]。判例は，消極的身分を65条にいう身分とはせず，たとえば，選挙事務長が無資格選挙運動者と共謀して行った公選法上の無資格運動につき，共同正犯の成立を認めた。65条1項を直接適用すべきではなく，その精神に則るべきものにすぎないという（大判昭和12・10・29刑集16巻1417頁）。確かに，65条1項は，身分により「構成される」犯罪を想定しているが，構成・非構成は表裏であると思われるので，消極的身分についても矛盾の生じない限り同様の扱いとすべきであろう。

（2）身分犯の共犯についての取扱い

65条は，その第1項において，身分のある者と身分のない者との間でも共犯は成立するが，第2項において，身分の有無によって刑に差があるときは，身分のない者には「通常の刑」を科することとしている。形式的には，1項が身分の連帯的作用を，2項が身分の個別的作用を定めていることになる。そこで，この間を矛盾なく解釈する必要がある。

（3）構成的身分・加減的身分説

第1の説は，判例（最判昭和42・3・7刑集21巻2号417頁）・通説の見解である。これは，65条所定のとおりに形式的に身分犯の共犯を処理するものである。すなわち，1項の身分は，「犯人の身分により構成すべき犯罪」に関わる身分である。これを**構成的身分**という（1項の身分犯を**真正身分犯**とよぶこともある）。構成的身分は連帯的効果をもつ。すなわち，構成的身分犯に加担した非身分者も構成的身分犯の共犯となる。これに対し，2項は，「身分によって特に刑の軽重があるとき」の身分である。これを**加減的身分**という（2項の身分犯を**不真正身分犯**とよぶこともある）。加減的身分は，個別的に働く。すなわち，加減的身分犯に関与した身分者には身分犯の刑を科すが，非身分者については，「通常

---

[44] 事後強盗罪（238条）における「窃盗」が主体の身分を意味するものか否かには解釈論上の争いがあるが，本罪を身分犯と捉えた場合にも，窃盗犯人の身分が構成的身分であるのか加減的身分であるのかについて議論がある。裁判例には傍論ながらこれに関連するものがある（たとえば，大阪高判昭和62・7・17判時1253号141頁は，事後強盗罪を真正身分犯としている）。

[45] たとえば，仮に，治療行為としての手術は傷害罪の構成要件に該当するが，医師が行うときには構成要件該当性が否定されると解釈する場合，主体に「医師」の身分があることによって犯罪の成立が否定される構成要件が想定される。このとき医師の身分は「消極的身分」となる。

の刑」を科す．

　たとえば，収賄罪（197条以下）は，主体が公務員であってはじめて構成要件該当性が認められる犯罪であるから，公務員であることは構成的身分である．そこで，公務員の行う収賄罪に公務員でない者が関与したときには，非身分者も収賄罪の共犯となる（65条1項）．一方，業務上過失致死傷罪（211条1項）は，主体を限定しない過失致死傷罪（210条）に対し，主体が業務者であることによって刑罰を加重する類型であると解されるから，業務者であることは加減的身分である．そこで，業務上過失致死傷罪に関与した非業務者には，「通常の刑」，すなわち，ここでは過失致死傷罪の刑を科することになる（65条2項）．この見解は，とくにそのような取り扱いの根拠を論じることがないので理論的には不満足であるが，文言どおりの扱いであって，さしあたり明快ではある．

（4）共犯成立・科刑区別説

　第2の説は，共犯の成立と科刑とを区別する説[46]である．この見解は，1項は，身分犯一般における共犯の「成立」についての規定であり，非身分者についても身分犯の共犯が成立するという連帯的効果を定めていると解する．一方，2項は，とくに不真正身分犯について，共犯の成立によって認められた犯罪とは区別された刑罰（「科刑」）について，身分による個別的取り扱いを定めたものであるとする．2項の身分も犯罪構成に関わる身分であることには変わりないから，1項はそれをも含めた上位概念としての構成的身分の連帯性を認め，類型ごとに異なる処罰が予定されている限りで，2項により科刑が個別的になるというのである．しかし，刑罰は成立した犯罪に応じて科されるのが大原則であるはずであって，このように解すると，犯罪の成立と科刑を分ける根拠の説明に苦しむことになる．

（5）違法身分・責任身分説

　第3の説は，違法身分と責任身分とを区別する説[47]である．この見解は，「違法は連帯的・責任は個別的」というテーゼを基礎に，1項の身分は「**違法身分**」

---

[46] 団藤・420頁，大塚・331頁，福田・292頁，佐久間・415頁．
[47] 西田・402頁以下，山口・327頁，平野Ⅱ・366頁．

を意味し，それゆえに連帯的効果をもち，2項の身分は「**責任身分**」であるから，個別的作用が規定されているのだと解する。身分が行為の違法性に関するものであるときには，行為が同一である以上，身分者による行為としての違法性は非身分者の関与によっては変わらないし，その違法事実に関与した者の違法性も同じ客観的な違法事実について論じられるはずであるから，「違法身分」については，1項規定のような連帯的効果が妥当なのである。これに対し，身分が行為者の責任に関係するものであるときには，もとよりその身分によって個別の責任が異なるのであるから，2項所定の個別的作用に理由があることになる。

　この見解は，1項・2項，それぞれの理論的根拠を示すものであって，第1・第2の見解よりすぐれている。しかし，確かに，構成的身分は「違法身分」であり，加減的身分が「責任身分」に対応することが多いとは思われるが，構成的・加減的という立法上の形式と「違法・責任」という実質とは別次元の分類であって，文言からは相当に外れるという疑問がある。また，ある身分が「違法身分」か「責任身分」かが立法形式から導かれるものではなくなるので，いずれであるかは各論の構成要件解釈によって確定される必要がある。そのこと自体が問題ではないにせよ，違法論に関する基本的理解の相違などにより，相対化される程度が大きく，安定性という観点からの問題がないわけではない。たとえば，186条1項の常習賭博罪が，単純賭博罪との関係でどのように位置づけられるかという問題がある。常習者という身分によって加重される類型であるとするならば[48]，常習者の身分が加減的身分であるということになるが，それが違法身分か責任身分かは自明ではない。本罪の保護法益とも関連させて解釈されて初めてどちらの身分であるかがわかるのである。とはいえ，そのような問題点にもかかわらず，第3説には，1項・2項のそれぞれ，したがってまたその相互関係を合理的に説明して説得力があり，批判点も致命的なものとはいえないので[49]，基本的に支持される解釈論である。

---

[48]　常習賭博罪は，「常習賭博行為」を単純賭博行為より重く処罰する趣旨の類型であるとするならば，そもそも身分犯ではない。

[49]　あえて立法論を言えば，65条のような扱いをするのであれば，本説の理解に沿うような立法が望まれる。

（6）刑法上の背任罪と会社法上の特別背任罪

なお，会社法（以前は商法）上の特別背任罪（会社法960条）は，取締役等の身分に基づく刑法上の背任罪（247条）の加重類型と解するのが一般的な理解である。判例は，背任罪の主体としての事務処理者の身分をもたない者と，会社の取締役との間に特別背任罪の共同正犯が成立することを認めた（最決平成17・10・7刑集59巻8号1108頁）。ただし，背任行為の実質をなす不正融資なども，通常の取引の範囲内にとどまる限り，取引の当事者が直ちに背任罪の共同正犯となると解することには批判もある。

判例には，銀行がした融資に係る頭取らの特別背任行為につき，当該融資の申込みをしたにとどまらず，融資の前提となるスキームを頭取らに提案してこれに沿った行動を取り，同融資の担保となる物件の担保価値を大幅に水増しした不動産鑑定書を作らせるなどして，同融資の実現に積極的に加担した融資先会社の実質的経営者は，上記特別背任行為に共同加功をしたということができると述べて，背任罪の成立範囲について判断したものがある（最決平成20・5・19刑集62巻6号1623頁）。

（7）65条1項における「共犯」の範囲

65条1項で成立する共犯には共同正犯を含むか狭義の共犯に限られるかという問題がある。構成的身分のない者が構成的身分犯の構成要件を充足することは，およそありえないとすれば，正犯の一種である共同正犯は含まれないことになる。しかし，判例・通説は，共同正犯と，教唆犯・幇助犯を含むとする（大判昭和9・11・20刑集13巻1514頁）。文言上，狭義の共犯に限るべき限定がないことが理由である。さらに，違法身分・責任身分の区別説の立場からは，違法身分については，非身分者も身分者と共同することによって違法結果の惹起に因果的に関与することが可能だと考えられるので，共同正犯を排除する必然性はなくなる。なお，犯罪の成立と科刑とを区別する説からは，1項は，真正身分犯・不真正身分犯のいずれについても犯罪の成立に関する規定だと解するのであるが，真正身分犯の場合は，非身分者が構成要件該当行為を行うことはできず，共同正犯の成立はありえないから，1項にいう共犯とは狭義の共犯だけを意味するが，不真正身分犯では共同正犯を含む広義の共犯を意味すると解する。しかし，実行行為の遂行と正犯性とを連動させない正犯概念を採用する

ときには、このような形式的前提を置くことはできないし、非身分者も実質的には正犯による不法実現に関与が可能であることは上述のとおりである。

(8) 65条2項にいう「通常の刑」

加減的身分で非身分者に科される「通常の刑」は「特別の刑」に対比されるものであり、非身分者について定められた刑である。たとえば、常習賭博罪（186条）が常習者の身分によって単純賭博罪より加重処罰される類型だとすると、常習者という身分は加減的身分であるから、常習性のない者が常習者に対し賭博を教唆した場合、常習者である正犯には常習賭博罪が成立して、その刑で処罰されるが、非身分者は、単純横領罪（185条）の教唆犯となり、その刑で処断される。逆に、常習者が非常習者に賭博を教唆した場合、判例・通説は、「通常の刑」とは当該行為者の身分に応じて科される刑であると解しており、正犯に身分がなく単純賭博罪が成立するとしても、教唆者が常習者である以上は、常習賭博罪の教唆犯となる（常習賭博の幇助に関する判例として、大連判大正3・5・18刑録20輯932頁）。

このような処理は、2項を形式的に「身分効果の個別性」と解していることを意味するが、文理はともかく、その実質的根拠には乏しい。むしろ、共犯従属性の原則からすれば、上の例は、正犯に成立する単純賭博罪の教唆犯とすべきであると思われる。教唆者自身には身分があっても、非身分者について定められた刑に準じて処罰されることになる。違法身分・責任身分を区別する説に基づくと、常習者の身分が違法身分であれば正犯に従属する形で連帯し、責任身分であれば、個別的に扱われ、正犯に成立する犯罪やその刑にかかわらず身分に応じた犯罪の刑罰に従うことになろう。

なお、横領罪の諸類型は、非占有者との関係では、占有者を主体とする単純横領罪（252条）が構成的身分となる[50]。業務上横領罪（253条）における業務者の身分は、これとの関係では加減的身分である。そうすると、「業務上の占有者」という身分は、構成的身分と加減的身分が重複した二重の身分犯であると解される。この身分が構成的身分であるなら、65条1項に従って非占有者も業務上横領罪の共犯となり、業務上横領罪の刑罰が基準になりそうである（非

---

[50] 254条の占有離脱物横領罪の加重類型であるとして、加減的身分と解する見解もある。

「業務上占有者」は処罰されず、その人に科すべき刑罰が存在しない)。しかし、判例は、業務上の横領犯人と非占有者との間に共同正犯を認めた上、「通常の刑」として単純横領罪の刑を科すとした (最判昭和32・11・19刑集11巻12号3073頁)。理論的根拠づけはともかく、実際的な結論としては、このような扱いが妥当であろう。

6.8.3　共犯と錯誤

(1) 正犯の実行行為に関する事実の錯誤

　共犯による犯罪事実実現過程で生じる各関与者の認識と実在との不一致が共犯における錯誤である。たとえば、甲・乙が共同して犯罪を遂行する際、甲は実現する犯罪が殺人であると認識し、乙はそれを傷害であると認識しており、甲の認識どおり殺人の事実が実現したときには、甲にとっては認識と実在との間に齟齬はないが、乙にとっては、認識と実在との不一致が生じており、乙には、事実の錯誤が存在することになる。狭義の共犯においても、「A方から窃盗することを教唆したところ、正犯がB方から窃盗を行った」場合、「A方に放火するよう教唆したところ、正犯はA方でAを殺害した」場合、「A方で窃盗を行うように教唆したところ、正犯がA方で強盗を行った」場合、等々、単独犯の場合と同様に事実の錯誤が問題となる。共犯における錯誤では、ある当事者にとっては認識どおりの事実が実現しているが、別の当事者にとっては錯誤であるというように、共犯者間で錯誤の存否が相対的であることが通例である。

　共犯における錯誤も、その処理は単独犯の場合と同様である。すなわち、判例・通説の立場 (いわゆる**法定的符合説**) では、認識された事実と実在の事実とが構成要件の範囲で符合する場合には、実在の事実について故意があるとされる。つまり、具体的事実の錯誤の場合には、共犯者の故意は阻却されない。もっとも、正犯の実現した事実が共犯の認識した事情とかけ離れているような場合には、当該共犯行為と正犯による犯罪実現との間の因果関係 (客観的構成要件の充足) が否定される可能性もある。因果的共犯論の立場からは、このような場合には共犯の成立は否定されるべきであろう。

　次に、抽象的事実の錯誤の場合、共犯者の故意は阻却されるが、構成要件が

重なり合うものであるときには，その重なり合いの範囲で符合が認められるので，その限度で故意が認められる。共同正犯の場合，部分的犯罪共同説によれば，その重なり合いの限度で共同正犯が成立することになる。たとえば，殺人罪の構成要件は，傷害致死罪と傷害致死の限度で重なり合うので，殺人の認識で殺人の事実を実現した者と，傷害の認識をもって共同した者とは，傷害致死罪の限度で共同正犯となる[51]。

(2) 構成要件該当性としての共犯の成否と故意

片面的教唆・幇助の場合を除けば，共犯においては意思連絡が必要であることからして，共犯者の認識が及んでいない事実については，38条2項により故意を認めることができない。この事情は，共犯においても単独犯の場合と同様に解するべきである。ただ，共犯における錯誤は，修正構成要件該当性としての共犯の成否と，故意の有無の問題としての錯誤の扱いという2側面がある。

共犯における錯誤の一場合として，共犯の過剰といわれる類型が考えられる。これは，共犯者の認識どおりの事実が実現した上，さらに認識外の事実も実現する場合である。たとえば，百万円の窃盗を教唆したところ，正犯が二百万円を窃取したとする。このとき，実際に行われた二百万円の窃取のうち百万円の部分に共犯者の故意が認められ，共犯が成立するのはもちろんである。そして，残りの百万円の奪取についても法定的に符合する事実であるから，錯誤の処理としては，残りの百万円にも共犯者の故意が認められることになる。傷害のつもりで殺人を実現した例では，人の死という事実は傷害の認識と構成要件的に符合しないから，死の結果について故意を認めることはできない。

このように，共犯の成立範囲をめぐる問題は，構成要件の客観的要素を含む限りで，論理的には，共犯の成立如何が錯誤の取り扱いに先行するはずであるが，故意が構成要件要素だと解するときには，錯誤にもかかわらず故意が認められるか否かが構成要件該当性を左右するため，実際には，その両者は重なる

---

[51] もっとも，故意の結果実現と非故意の結果実現とは重なり合わないと解する余地もある。そう考えた場合には，殺人罪と傷害致死罪とは，傷害罪の限度で重なり合うということになる。いずれにせよ，本文で述べるように，故意の認められる犯罪が共同正犯として成立するとしなければ首尾一貫しないので，法定的符合説と部分的犯罪共同説とは結びつけて理解されるべきものであろう。なお，行為（事実）共同説では，各人に成立する犯罪相互間に端的な共同正犯関係を認めることができる。

判断になる。共犯における事実の錯誤として論じるか，共犯の成立範囲（如何）の問題として論じるかは，故意を構成要件的故意として論じ，かつ，法定的符合説を採用するときには，いずれも同じことに帰するのである。他の面からみると，共犯の錯誤において構成要件の重なり合いの限度で部分的符合を肯定する場合，故意の問題にとどまらず，その符合に応じた共犯の成立を肯定しなければ意味がない。符合の範囲で犯罪共同が認められ，符合の範囲で故意が認められるのである。

（3）判　　例

共犯事例における錯誤に関し，判例は，窃盗の見張りをする認識であったが実際には，正犯が当初から強盗をするつもりで強盗の実行に及んだという場合に，見張りをした者は窃盗の限度で責任を負うとしたもの（最判昭和23・5・1刑集2巻5号425頁），A方の住居侵入・窃盗を教唆したところ，正犯がB方の住居侵入・強盗を実行した場合，窃盗罪と強盗罪とが重なり合う窃盗罪の限度で教唆犯が成立するとしたもの（最判昭和25・7・11刑集4巻7号1261頁），暴行・傷害を共謀して傷害行為を行ったところ被害者が死亡したとき，殺意を抱いていた者には殺人罪が成立し，傷害の認識しかなかった者は傷害致死罪と殺人罪とが重なり合う傷害致死罪の限度で共同正犯となるとするもの（最決昭和54・4・13刑集33巻3号179頁）など，上述のような考え方に整合する態度（法定的符合説）を示している。

共犯の過剰に関する最後の決定では，構成要件の重なり合う傷害致死罪の限度で共同正犯が成立し，科刑も成立する犯罪に対応するものとなることが明らかにされている。それ以前には，成立するのは殺人罪であるが，故意の及ばない事実で重く処罰することはできないから科刑のみ傷害致死の限度になる，という考え方もあった。この決定によって成立犯罪と科刑との分離は否定されたことになる。

なお，未必的殺意をもって患者の生命維持に必要な医療措置を受けさせずに死亡させた者に不作為による殺人罪の成立を認め，これと殺意のない患者の親族との間で，「保護責任者遺棄致死罪の限度で共同正犯となる」とした判例（最決平成17・7・4刑集59巻6号403頁，シャクティ事件）は，殺人罪と保護責任者遺棄致死罪とが保護責任者遺棄致死罪の限度で重なり合うことを肯定している

ので，部分的犯罪共同説と同様の処理をしているものと解される。

（4）正犯・共犯諸形式間の事実の錯誤

　共犯における錯誤には，正犯・共犯形式に関する錯誤がある。たとえば，犯罪行為であることを知らない者を利用する間接正犯のつもりで犯行の指示を行ったが，実際には媒介者が事情を知っており，客観的には教唆に該当する事実が実現したことになる場合は，間接正犯の認識で教唆の事実が存在する錯誤である。相手が既に犯行の決意を有しているとの認識で，精神的に助ける幇助の意思で犯行を遂行するように働きかけたところ，相手がその働きかけによってはじめて犯行を決意したような場合は，幇助の認識で教唆が実現したという錯誤である。

　これらの場合，正犯として行う認識があったとしても客観的事実が共犯である以上，軽い関与形式である共犯の成立を認めるべきであろう。逆に，共犯の認識である以上，重い関与形式である正犯の成立を認めるのは妥当でない。要するに，認識された事実・実現した事実のうち軽い方の共犯形式の範囲で共犯の成立を認めるべきである。間接正犯は正犯であり共犯より重いと考えられるので，間接正犯のつもりで教唆犯にあたる事実を実現したならば，教唆犯の成立を認めることになる。また，幇助のつもりで教唆犯にあたる事実を実現したならば，幇助犯の成立が認められる[52]。

　裁判例には，刑事未成年者に対し，それが責任能力者であるとの認識のもとに窃盗を教唆した場合，（そもそもこれが間接正犯の成立を認めてよい類型であるかという問題もあるが）教唆のつもりで間接正犯にあたる事実を実現したとしても，教唆者は窃盗罪の教唆犯となるとしたもの（仙台高判昭和27・2・29判特22号106頁）がある。また，コントロールド・デリバリー（監視付移転・泳がせ捜査）[53]によって，禁制品の配送が捜査当局から事情を知らされた業者によって行われ

---

[52] ただし，この場合には，構成要件の重なり合いのような現実の符合事実が存在するわけではない。間接正犯と教唆犯とは両立しない（一方が存在すれば他方は存在しない）のである。したがって，正犯・共犯形式相互の錯誤に関するこのような処理は，いわば価値的比較において不法程度が低い関与形式の限度で共犯とするものである。

[53] 捜査当局の管理下に禁制品の密輸入に伴う物品の運送を実際に行わせ，現行犯として摘発する操作手法である。判例の事例では，事情を知らなかった配送業者が途中から捜査当局の手足となって行動したのである。

ることになった場合に，関税法上の禁制品輸入既遂罪について間接正犯の成立を認めた例（最決平成9・10・30刑集51巻9号816頁）もある。ただし，後者の事例のように，間接正犯における「道具」が犯行途中で事情を知るに至って，なお犯行を継続するような類型においては，教唆犯の成立を認めるのが妥当であると考えられる。しかも，コントロールド・デリバリーの場合の配送業者は，犯人ではなくむしろ捜査当局の道具となったのであるから，教唆結果の実現に至ったという評価は不合理であり，既遂結果を帰属させることはできなくなっているのであり，未遂罪の教唆犯とすべきであるように思われる。仮に間接正犯とするにしても，未遂に終わったとすべきではないかという疑問がある。

教唆者が自分の教唆した犯罪を被教唆者と共同して実行するとき，すなわち教唆者が共同正犯となった場合には，教唆犯は共同正犯に吸収して，共同正犯として評価される（大判昭和8・11・27刑集12巻2134頁）。

6.8.4　不作為と共犯

(1) 不作為の共同正犯

不作為の共犯には，作為犯に対する不作為の関与と，不作為に対する作為の関与という類型も考えられるが，共同正犯の場合には正犯に対する共犯という従属関係がないので，いずれも同じことになる。そこで，不作為の共同正犯として問題にすべき類型は，不作為どうしの共同正犯，作為と不作為による共同正犯に整理できる。正犯的保証者の地位にある者の不作為は正犯構成要件に該当し，作為の場合と同視されるのであるから，同様の作為義務を負う者がその義務懈怠についての共同意思をもって不作為の態度に出る場合，不作為者相互には，故意犯の共同正犯が成立する。共同注意義務に応じた作為が要求されている場面で，不注意によって作為義務が尽くされない場合には，過失不作為犯の共同正犯もありうる。

作為者と不作為者の協働現象においても，作為と不作為とが法的には同等と評価される以上，不作為どうしの場合と同じはずで，両者間に共同正犯の関係があるとも考えられる。確かに，規範的には共同正犯の構成要件該当性は認められうるということになろう。しかし，行為支配の考え方からすれば，現実には，作為者と不作為者とでは事実に対する支配の差が大きく，作為者が同一事

実に関与している場合，作為による支配が不作為者の支配を凌駕すると考えられる。そこで，原則として作為者が正犯であり，不作為者は不作為の（狭義の）共犯となる。もっとも，不作為者が行為支配を有する場合に，実行を担当しない正犯となる（共謀共同正犯）ことは否定されない。

（2）不作為による共犯

狭義の共犯においては，正犯が不作為犯であっても，その不作為が構成要件該当行為であって，それへの関与が共犯となる以上，作為による教唆・幇助がありうる。つまり，不作為正犯に対する作為共犯は認められる。他方，不作為による共犯の問題は，教唆・幇助行為が不作為でも足りるか，という問題にほかならない。わたくしは，教唆行為は，能動的に犯罪事実実現の動因となる必要があるので，不作為による教唆は否定され，幇助行為は，正犯の犯罪事実実現に対し促進的効果をもてば足りるから，不作為による幇助は肯定されると解する。不作為による幇助としては，法律上の義務に違背して投票干渉行為を現認しながらそれを制止しなかった例（大判昭和3・3・9刑集7巻172頁）がある。

不作為による幇助が可能だとして，不作為による正犯と不作為による幇助犯とを区別する基準は，相当の難問である。

不作為が作為と同等に扱われる前提が不真正不作為犯一般の根拠である作為義務（保証者的地位）であることは，共犯の場合も同様である。他人の犯罪遂行過程に介入すべき法律上の義務のある者が，その義務に反してあえて不作為にとどまることが必要である。このとき，法令等により作為義務を認め，あるいは，法益に対する排他的支配を有する者に作為義務を認めるならば，正犯と共犯との区別は難しい。同一の事情のもとには同一の義務違反があるだけだからである。そこで，不作為犯においては，拡張的正犯概念を採用することになるという考え方もある。しかし，不作為犯を作為犯と同等とみなす以上，不作為犯においても制限的正犯概念が妥当しなければならないはずであろう。

不作為者と法益との関係で，法益保全義務者の不作為が正犯で，法益に対する侵害を除去すべき義務ある者の不作為が共犯であるという基準も提案されているが，法益自体あるいは直接的法益保護が法益侵害の除去によってはかられるのはもちろん，侵害除去の義務だけを独立して課する場合を想定することになるので，両義務の区別は難しい。

作為犯において関与形態により正犯と共犯とを区別しようとする立場からは，不作為犯において関与形態に対応する観点は何であるかが問題である。不作為は，法的に期待され義務づけられる作為との関係で構成要件該当性が認められるのであるから，作為義務の内容，具体的には，義務づけられた作為の如何によって，不作為の正犯と不作為の共犯との区別がなされるべきであると思う。すなわち，法益の保全自体が義務づけられるとき，いいかえれば，正犯による構成要件的結果実現を阻止すべき義務があるときには，侵害除去も含め，それを怠る不作為は，正犯的不作為である。

法益侵害行為の障害となる程度の介入が義務づけられるとき，いいかえれば，正犯による構成要件的結果実現の阻止までは義務づけられないが，それを妨げるような作為が義務づけられるときには，不作為は，共犯（幇助犯）的不作為である（なお，札幌高判平成12・3・16・判時1711号170頁参照）。作為の幇助犯が正犯による遂行を促進し容易にするものであることに対応して，義務づけられる作為は，正犯による遂行の障害となり容易さを減じるものだと解されるからである。結局，前提としての作為義務の内容に正犯的作為義務と共犯的作為義務があるとすることを意味し，保証者的地位には，正犯的地位と共犯的地位とがあることを認めることになる。

6.8.5　共同正犯と正当防衛

(1) 違法性阻却事由の連帯効果

共同正犯者の一部の者に正当防衛が成立するとき，他の共同正犯者に違法性阻却の効果が及ぶかという問題がある。狭義の共犯の場合，制限従属性の原則からは，正犯が違法でないときに共犯は成立しない。共同正犯の場合には，関与形式に主従関係があるわけではないので，従属性の考え方はそのまま適用することはできないが，逆に，まさに共同正犯者の同等性のゆえに，違法性阻却が連帯的に認められるという考え方もありうる。違法性が客観的行為事実に対する評価である以上，共同正犯においては，それはどの関与者にとっても共同行為として実現した同一事実であるから，違法評価は同一になるはずだからである。

しかし，仮に実行行為を行う共同正犯が急迫不正の侵害に直面しているとし

ても，実行を担当せず現場にいない共同正犯があるとき，非実行者について急迫不正の侵害に対応するやむをえない行為であるとして違法性阻却を認めることは，妥当性を欠くように思われる。前に触れた最高裁決定（最決平成 4・6・5 刑集 46 巻 4 号 245 頁，フィリピン・パブ事件）では，過剰防衛が成立する場合に他の共同正犯に連帯するかが争われ，過剰防衛の成否は関与者ごとに個別に判断すべきであるとされた。この事件は，過剰防衛の事例ではあるが，問題となったのは，急迫不正の侵害の存在ないし積極的加害意思と防衛意思との関係などであって正当防衛の要件と共通するものである。そうすると，この決定の論理からすれば，正当防衛の成否についても個別的判断がなされるべきだということになろう。

（2）修正構成要件該当性と実質的違法性

これについては，次のように考えられる。共同正犯は，修正された構成要件に該当する行為であり，共同正犯が成立することは，実質的な違法性判断である違法性阻却事由の判断までをも共通にすることを（少なくとも直接には）意味しないはずである。したがって，（修正された）構成要件該当性という類型的違法性判断は同一であって共同正犯が成立するとしても，関与者個々における正当防衛の成否については，それぞれの関与の違法性として個別的に判断されるべきであると考えられる。主観的正当化要素を要求するならばなおさら，正当防衛の成立如何は個別的な判断になるはずである。

6.8.6　予備の共犯

共犯従属性の原則の下では，教唆・幇助した相手である正犯が**予備**にとどまったときには共犯は不成立となる（実行従属性）。

それでは，予備行為自体が共同して行われたならば，予備罪の共同正犯となるであろうか。これについて，「予備行為は，実行行為に先立つものであって実行行為ではなく，実行行為の共同がない以上は共同正犯にならない」という理由で，予備罪の共同正犯を否定する考え方がある。あるいは，予備罪を構成要件の修正形式（「○○条の予備は罰する」という形式）の予備罪と独立予備罪（153 条のように予備に相当する行為を独立して記述する形式）とに分けて，前者には

実行行為を観念できないが，後者には独自に記述された実行行為があるので，独立予備罪については共同正犯を肯定するという見解もある。

しかし，予備罪も構成要件化されている以上，その修正された構成要件該当行為が存在することはもちろんである。この意味で，実行行為概念も相対的であるといわなければならない。また，共同正犯は「実行行為」の共同を要件としないとする立場からは，このような形式論は，その根拠を失うというべきである。したがって，予備罪の共同正犯も認められると考えられる[54]。

6.8.7　共同教唆・共同幇助

共犯行為を共同正犯のように実現する場合をどう扱うか，すなわち，教唆行為・幇助行為を共同して行う場合，共同正犯として，いわゆる一部実行の全部責任が肯定されるかという問題（**共同教唆・共同幇助**）がある。また，教唆・幇助を共謀した上，共謀者の一部が実際に教唆・幇助行為に出た場合，共謀者のいずれもが教唆・幇助犯となるかという問題（**共謀共同教唆・共謀共同幇助**）もある。

確かに，教唆行為・幇助行為が教唆犯・幇助犯という修正構成要件に該当する行為として把握され，当該構成要件を共同実現したとみなされる場合に，それらを共同正犯とするのが自然であるようにも思われる。しかし，この論理は，共同正犯という修正が正犯的寄与の基盤を有することを根拠になされるものであるのに，教唆・幇助において同様の処理を無前提的に行っているきらいがある。わたくしには，少なくとも，概念上の混乱を避ける意味からも，共犯規定による構成要件の二重の修正は認めるべきではないように思われる。

---

[54] 最判昭和37・11・8刑集16巻11号1522頁の事案は，殺人予備罪の共同正犯を肯定する原判決を是認しているが，その根拠となる論理ははっきりしない。

なお，この判例の原判決では，予備幇助類型として，79条が明文で内乱予備幇助罪を規定するところから，反対解釈により，その他の内乱への関与については狭義の共犯は成立しないが，他方で共同正犯は成立しうる，という考え方が示されている。このほか，予備の教唆・幇助は，それ自体予備であるから，予備罪について狭義の共犯は観念できないという説がある。これは，他人のための予備行為も予備罪にあたるということを含意するが，たとえば，他人のために凶器を準備する行為は，典型的な幇助行為に属するので，いわゆる他人予備は，一般的には幇助にあたるのではないかと批判される。

もっとも，教唆犯については，いわゆる間接教唆が明文で処罰対象となっている（61条2項）ことを考え合わせると，教唆行為に関しては，ある程度広範囲に教唆犯を認めることができるので，共同形態の教唆（共同教唆）にあたるものを教唆犯として扱うことも認められると考える。ただし，あくまで，教唆的関与があるゆえに教唆犯とされることが前提となろう。これに対して，幇助犯は，そのような規定の根拠も存在しないし，幇助行為の定型性が弱く処罰範囲が拡大しやすい点に留意すべきであること，幇助が軽い関与形式として扱われていることなどから，少なくとも共同幇助類型は認めるべきではなく，正犯に対する促進作用を有するときに限り，分担されたそれぞれの寄与自体を幇助にあたるとするにとどめるべきであろう。

6.8.8　共犯関係からの離脱

（1）離脱の要件——因果性遮断

共犯関係がいったん成立した後であっても，共犯の根拠たる要件・実質が存在しない事実については，共犯とはならない。「共謀の射程」として論じられている問題は，基本的には，当初から共同して実現する事実として包摂して了解されているものが，どこまで及ぶかという問題であり，多くが事実認定上の問題になるといえるであろう。したがって，承継的共犯とは逆に，途中からの一部の者が関係性を失う場合もあるはずである。このような場合には，共犯関係が解消されたということができる。**共犯関係からの離脱**はその一場合であり，狭義で共犯からの「離脱」というときには，解消後も一部の共犯者がさらに犯行を継続し結果が発生したが，離脱者にはこの結果を帰属させない場合を意味することになる。

因果的共犯論の基本思考からすると，離脱が認められるためには，共犯を基礎づける事情が消滅し，以後の事実は，改めて別の因果事象と評価できる場合であり，それはとりもなおさず，自己の関与から生じる犯罪事実実現への因果性が切断された場合である。すなわち，自己の寄与による因果的効果を除去したときに離脱が認められる。

狭義の共犯においては，正犯が実行に出ることを阻止すれば，共犯従属性に基づき，共犯が不成立になるので，離脱を論じるまでもない。正犯が実行に出

た場合には，自己の共犯行為の因果的効力をなくせば離脱が可能である。ただし，正犯により構成要件該当事実の実現に向かう事象が経過しつつある以上，それは困難であることが多いであろう。実行開始以前の物理的共犯行為の場合，たとえば，強盗に使用するための凶器を提供したのであれば，その凶器を取り戻せば，因果性の除去が認められるであろうが，教唆行為や精神的な幇助行為の場合，離脱を認めるためには，正犯者が共犯関係解消を承諾し，正犯者の新たな自律的決意に基づく行為が行われたといえるだけの事実が必要である。

共同正犯からの離脱も同様である。判例では，被害者宅に侵入して脅迫し金を要求したが，気の毒に思った者が現金奪取を断念して他の共同正犯に「帰ろう」と告げて，1人で外へ出たが，後に残った共同正犯者が金を奪ってきたのを知り，2人でその金を費消した事例で，共同正犯からの離脱を認めなかった（最判昭和24・12・17刑集3巻12号2028頁）。

また，共同して，屋内で暴行を加えた後，1人が「おれ帰る」と言って立ち去ったが，残った者がさらに暴行を加えて，被害者が死亡したものの，死亡結果の原因となった暴行が，1人が立ち去る以前のものか以後のものかが不明であるという事件で，離脱を否定した（最決平成元・6・26刑集43巻6号567頁）。さらに，被告人が，格別それ以後の反抗を防止する措置を講ずることがなく立ち去ったのみであり，たとえ着手前に見張り役の電話内容を認識して離脱し，残りの共犯者らがそれを後になって知ったという事情があったとしても，当初の共謀関係が解消したわけではなく，その後の共犯者らの強盗も当初の共謀に基づいて行われたものだとして，被告人に住居侵入だけでなく強盗致傷の共同正犯を認めた例もある（最決平成21・6・30刑集63巻5号475頁）[55]。いずれも，離

---

[55] この判例の事案は，次のようなものであった。以前から侵入強盗を繰り返していた被告人ら複数の者のうち，まず2名が窓から被害者宅に侵入し，内部から鍵を開けて他の共犯者の侵入口を確保した上，被告人ら残りの共犯者がそこから屋内に侵入して強盗を行うという共謀をなし，実際にも，途中まで計画通りに進行したが，先に屋内に侵入した2名が鍵を開けて侵入口を確保したが強盗の実行に着手しない段階で，見張り役の共犯者が現場付近に人が集まってきて犯行が発覚するおそれがあることから，屋内の共犯者に電話で「犯行をやめた方がよい，先に帰る」などと一方的に伝えて電話を切り，付近の自動車内で待機していた被告人ら2名と相談して被告人が運転して逃げたが，屋内の共犯者は，いったん外に出て被告人らが立ち去ったことを知ったものの，その他の共犯者とともに強盗の実行におよび，その際に加えた暴行により被害者が負傷した。本件では，以前から犯行共同体な紐帯が形成されていたこと等の事情も考慮されたものと思われる。

脱に必要な因果的効果の除去に至っていないので，離脱は認められないと考えられる。

なお，共同正犯として行われた暴行が正当防衛となる一方，その共同正犯のうちの1人が侵害が止んだ後にさらに暴行を行って傷害結果を生じさせた事例で，侵害終了後の行為について新たな共謀が成立していない場合には正当防衛行為とその後の追撃行為とを分けて考えるべきであるとして，追撃行為を行っていない被告人はその部分について責任を負わないとした判例（最判平成6・12・6刑集48巻8号509頁）がある。これは，原判決が，被告人による因果効果の除去が不十分であるとして「離脱」を認めなかったのを受けて，離脱の論理ではなく追撃行為部分の共同正犯関係をそれ自体として論じるものといえるであろう。その前提として，「防衛行為」と「追撃行為」とを分断するかどうかの判断が先行するはずであり，共同正犯の成否が修正構成要件該当性の問題である以上，1回の構成要件評価で包摂されるべき範囲如何の問題にほかならない。わたくしは，承継的共同正犯の問題と同様，社会的事実としての不可分一体性によって判断されるべきであると考えている。

（2）因果的効果除去の程度

心理的因果性にも物理的因果性と同様の意義が認められるとするならば，上述のような因果性遮断の要件を満たしたとして離脱を肯定することは，現実には難しいであろう。加えて，物理的寄与には心理的効果も伴っているのが通常である（たとえば，凶器の提供を受けることは心理的にも心強いであろう）から，物理的因果性を除去したようにみえても，心理的因果性は残るといわなければならない。

しかし，次の点は指摘しておく意味があると思う。第一に，因果的効果の除去は，いわゆる客観的帰属関係の否定のための根拠となれば足りると解されるので，純粋に物理的意味の因果性が遮断されなくとも離脱を認めてよい。逆に，事前の働きかけが重大である場合には，着手前であっても，離脱の意思表示と他の共犯者の承諾のような表面的事象によって直ちに離脱を肯定することはできない場合があろう。ある者の寄与から生ずる因果的効果は，寄与の全体を総合的に判断する必要がある。

第二に，因果的効果が除去しきれないとしても，もはや共同正犯の要件を充

足しない程度になれば，共同正犯の射程外であり，共同正犯としての事実形成ではないので，その事実についての共同正犯は否定される（共同正犯から離脱する）。ただし，このとき，残存する因果的効果について，共犯処罰根拠としての因果性は残存し，教唆ないし幇助としての評価（共犯そのものの関係からは離脱が認められない）が妥当することもあると思われる。

（3）共犯の中止

共同正犯で犯罪が遂行されたが，結果が発生しなかった未遂の場合で，共同正犯のうちのある者が任意に**真摯な中止行為**を行ったのであれば，その者については中止犯を認めることができる（43条ただし書）。中止犯の効果は一身専属的で，中止行為者のみに認められる（大判大正2・11・18刑録19輯1212頁）。上で触れた，最判昭和24・12・17の事件では，離脱でなく，任意に中止したとして中止犯として論ずることも考えられるが，判例は否定した。確かに，「帰る」と告げて単に立ち去るだけでは，真摯な中止行為とはいえず，共同実行から生じる結果発生の危険を除去するという観点から不十分であるから，中止犯は否定すべき事例である。

■第7章■
犯罪の個数および競合

7.1 罪数論とその犯罪論上の位置づけ

　複数の行為が行われ，あるいは複数の客体に侵害が生じた場合に，成立する犯罪の個数を論ずるのが**罪数論**である（犯罪論に属する）。また，複数の犯罪が成立する（犯罪の競合）ことになれば，それらに対応した具体的な処理，成立した複数の犯罪に対する処分（科刑）も問題になる。これは刑罰論に関わる部分を含むことになる。

　まず，犯罪の個数をめぐる議論は，狭義の罪数論である。成立する犯罪およびそれに対する処断方法を確定するという問題である。また，犯罪個数論は，前提として，複数の犯罪成立可能性のうち，どの犯罪成立を論じるべきかという問題（**罰条の確定**）を含む。これは，手続法の面では，一事不再理効・既判力の及ぶ範囲に影響する。

　犯罪の個数を定める基準については，構成要件標準説が通説的見解である。つまり，ある事実について，構成要件該当評価が何個（何回）行われるかの個数（回数）によって決定される。もっとも，そもそも構成要件該当性判断自体が規範的評価であり，したがって，評価の回数も，法益の性質と客体の個数，行為の個数，意思の個数などの総合的判断に基づいて判断されるものであるから，当該事実が何回の構成要件評価にふさわしいものであるか，結局は実質判断を行うほかはない。この意味で，犯罪の個数に関する問題は，構成要件該当性判断の問題の一部をなすということができる[1]。

---

[1] ただし，構成要件充足判断（あてはめ）の問題ではなく，そもそも構成要件が予定している（1回の）評価の範囲はどこまでかという解釈の問題である。

次に，犯罪競合論においては，1人について数罪が成立する場合の処理方法が中心課題となる。これは，複数罪の行為者をいかに処罰するのがふさわしいかという刑論論に関連する問題である。複数の犯罪が成立する場合の扱いには，併科主義（各犯罪に対する刑罰を科する）・吸収主義（ある犯罪に対する刑罰を科し，その他の犯罪に対する刑罰は科さない）・加重主義（単独の犯罪が成立する場合より加重した刑罰を科する）といった方法があり，現行刑法でもこれらの方法を組み合わせている。

7.2 一罪（本来的一罪）

7.2.1 単純一罪

行為が1個で法益侵害ないし客体が1個であるような場合は，もちろん，成立する犯罪は1個である。単純な，1個の構成要件該当事実が存在するだけであるときは1罪である。これを**単純一罪**という。

7.2.2 法条競合

外見上，複数評価の可能性があるが，法的評価としては，1罪のみが成立する場合がある。このうち，複数の評価可能性があっても，複数法規相互の論理的関係によって，規範的に1回の構成要件評価のみがなされるべき場合を**法条競合**という。法条競合はいくつかの類型に分けて論じられてきた。

(1) 特別関係
複数の刑罰法規が，**一般法・特別法**の関係にあるときには，当然，特別法に相当する条項のみが適用される（特別法は一般法に優越する）。たとえば，業務上横領罪（253条）に該当する事実は，単純横領罪（252条）にも該当する事実であるが，業務上横領罪のみによって評価すべきである。刑法上の背任罪（247条）と会社法上の特別背任罪（会社法960条）も，特別関係の法条競合関係にあると解されているから，特別背任罪の罰条のみが適用される。殺人罪（199条）

と承諾殺人罪（202条後段），窃盗罪（235条）・暴行罪（208条）・脅迫罪（222条）と強盗罪（236条）などのような包含関係も，特別関係の一種であるとみることができる（もっとも，一方が他方を包含する関係は，一方が他方を吸収する関係と同じであるから，7.2.2（4）の吸収関係の中に入れて理解することもできる）。

（2）補 充 関 係

基本法・補充法の関係にある法条については，基本法による評価が優先する。処罰対象領域のうち，ある部分が中心的で，それ以外につき別規定があるような場合である。たとえば，建造物等放火罪（108・109条）と建造物等以外放火罪（110条）との関係，公文書偽造罪（155条）と私文書偽造罪（159条）との関係がある。一般に，既遂犯の構成要件と未遂犯の構成要件との関係も，既遂犯を基本法とする補充関係の一種とみることができる（もっとも，既遂犯構成要件が未遂犯構成要件の内容を包含しているがゆえに補充関係が認められるのであるから，これは7.2.2（4）の吸収関係の中で理解することもできる）。

（3）択 一 関 係

解釈論上，**両立・併存しえない法規**については，解釈に従いどちらか一方のみの評価をすべきことになる。未成年者を営利目的で誘拐する行為については，未成年者拐取罪（224条）と営利目的拐取罪（225条）との両方の構成要件該当評価の可能性があるが，営利目的拐取罪の法定刑の方が重いことなどから，解釈論上，営利目的拐取罪のみの評価をすべきこととされる。このような場合が**択一関係**である。横領罪（252条）と背任罪（247条）についても，理解は必ずしも一致しないが，基本的に両罪は重複することなくいずれかの成立を認める解釈をとっているとすると，択一関係になる。この類型は，包摂・吸収的関係のように，ある罪の全体が他の罪で評価される場合と対比すると，構成要件が部分的に交錯するものであって，解釈によっていわゆる「棲み分け」がはかられる類型であるので，交差関係ということもある。

（4）吸 収 関 係

重い罪の構成要件が，同一法益に向けられた同種の他の構成要件に該当する行為をも合わせて評価するものである場合など，**一方が他方を吸収する関係で**

あるときには，より包括的な構成要件のみによって評価すべきである。先に挙げた，未遂犯・既遂犯の関係も，既遂事実は，未遂相当事実をも含むので，既遂犯の構成要件評価で未遂事実の評価も尽くされることになる。たとえば，殺人行為に着手し未遂段階を経て既遂に至れば，もちろん殺人既遂罪の成立で足り，別途殺人未遂罪を考慮する必要はない。もっとも，殺害に着手したものの失敗し，改めて殺害行為をやりなおして既遂に至った場合のように，未遂・既遂事実が相対的に独立して存在するようなとき（後出・日大生殺し事件判例，参照）には，別の考慮も必要である。

なお，殺人予備罪（203条）を犯した者が殺人罪の実行に着手したときも，殺人（既遂・未遂）罪のみで評価すれば足りる。このような予備罪と未遂・既遂罪との関係も吸収関係の法条競合である（予備罪が未遂罪に吸収される）とされてきた。しかし，客観的行為として明確な予備行為を経て既遂・未遂罪に該当する事実が生じるのが典型的とまではいえない。既遂・未遂罪の構成要件が当然に（既遂罪と未遂罪との関係のように）予備罪相当行為の評価を包含しているわけではないであろう。既遂・未遂罪と予備罪との間に評価対象の形式上の重複はないのである。これは後述の共罰的事前行為であるとみる方が妥当である。その他，共犯者が自ら実行して当該犯罪の正犯となったとき，教唆犯（61条）・幇助犯（62条）に該当するという評価は，正犯としての評価に吸収して評価してよいであろう。

吸収関係の中には，**随伴行為**というべき類型も含めて考えられてきた。これは，重い罪の構成要件に該当する行為に通常随伴すると認められる行為は，重い罪の構成要件評価の中に吸収されるという関係である。たとえば，着衣の上から刃物で刺して殺害する場合，殺人罪に該当するのはもちろん，被害者の着衣に対する器物損壊罪（260条）にあたる行為が行われている。このときの殺人罪と器物損壊罪との関係が随伴行為の典型例として挙げられる。確かに，人間は衣服を着ていることが通常であるから，人の殺害行為の中に着衣の損傷を含めて評価していると考えることができる。ただし，殺人罪の構成要件評価が器物損壊事実を包含するという意味の吸収関係はなく，複数犯罪の不法内容に大きな差があるとき，軽微な不法をとくに論ずるまでのことはないという，いわば実質的な吸収評価がなされているというべきであろう。

このように，吸収関係は，法条相互の論理関係から適用法条が1個になる類

型の形式性に比べて，実質的評価の性質が強く，そのため，後に述べる包括一罪（狭義）として理解すべきであるだとする考え方もある[2]。とくに随伴行為には，そのような性格が強く認められるであろう。

7.2.3　包 括 一 罪

数個の構成要件該当行為があるにもかかわらず1回の構成要件評価が与えられるべきである場合のうち，実質的評価に基づくもの，すなわち，法益侵害行為・法益侵害についての実質的一体性を根拠とする類型が**包括一罪**である。これについても，さらに下位の分類ができる。

（1）共罰的事前行為・共罰的事後行為

1個の決意に担われ，同一法益侵害に向けられた複数の行為があるとき，ひとつの構成要件の不法内容で評価すれば，実質的に他の構成要件に該当する事実の評価も合わせて行われることになり，別の構成要件該当性を論じる必要がない（論じるべきでない）場合がある。**不可罰的事前行為・不可罰的事後行為**とよばれてきた類型は，その典型である。たとえば，殺人罪が成立するとき，殺人予備罪は不可罰的事前行為であるといわれる。現に行われ，形式的には構成要件該当性を肯定すべき殺人予備行為があっても，主たる構成要件である殺人罪の構成要件評価をすれば，予備を別に評価する必要はないとされるのである。また，状態犯である窃盗罪が成立した後，窃取した客体を損壊する行為は，不可罰的事後行為である。損壊行為を別に器物損壊罪として評価するべきではない。その客体に関係する法益侵害は，窃盗罪において評価され尽くしているというのがその理由である。したがって，新たな法益侵害が認められるときは，不可罰的事後行為ではなく，別に犯罪が成立しうる。預金通帳を窃取し，これを利用して名義人を装って銀行窓口係員を欺き，預金の払戻を受けた場合，通帳に対する窃盗罪と現金に対する詐欺罪とが成立する（最判昭和25・2・24刑集4巻2号255頁）。

---

[2]　二罪の吸収・包括関係が問題となった事例として，別の機会に行われた常習累犯窃盗行為と侵入具携帯行為は，いずれも盗犯等防止法3条に該当することを理由として一罪となるのではなく併合罪であるとした，最決昭和62・2・23刑集41巻1号1頁がある。

不可罰的事後（事前）行為は，法条競合の一種として論じられてきたが，これらの行為が処罰されないのは，そもそも罰条が適用されないから，あるいは，およそ犯罪が成立しないからではない。たとえば，殺人罪に着手した場合であっても，殺人予備行為はそれ単独で構成要件に該当する事実として殺人未遂（既遂）罪では評価されない領域に残るし，財物窃取後その財物を破壊する行為は，窃盗罪の構成要件該当事実（占有移転）とは別に存在し，それ自体が器物損壊罪の構成要件に該当しうることは否定できないであろう。その意味で，これらの行為は不可罰なのではなく，法適用それ自体の可能性はある（観念的には犯罪が成立しうる）というべきである。ただ，その犯罪とは別の犯罪について構成要件評価がなされるときに，その別罪中に含めて評価することで足りると解されるために，別罪と同時に別途法的評価がなされないだけなのだと考えられる。結局，これらの行為も実質的には別の犯罪の成立・処分に合わせて共に処罰されていると解するべきであるから，不可罰的行為ではなく，共罰的事前行為・共罰的事後行為とよぶべきである。このような考え方から，とくに「不可罰的事後行為」に代わり「**共罰的事後行為**」という用語が一般化してきた。もっとも，共罰的事後行為の性質自体については，未だ明確かつ統一的な理解が成立しているとまではいえない。たとえば，状態犯における保護の射程を考慮する立場からは，実体に関する不法評価における一種の包摂関係として理解される。科刑ないし処罰の妥当性の問題として位置づけるならば，実体的評価において数罪であるものを１回的処罰に服させるという科刑上一罪と共通する刑罰政策的なものとなる。さらに，実質的に共通した法益侵害・不法事実を重複して処罰することになるのを避ける（二重処罰の禁止）という性格づけもできる[3]。

---

[3] 最決平成15・4・23刑集57巻4号467頁では，いわゆる「横領後の横領」について横領罪の成立が認められた。自己の占有する他人の同一不動産について，抵当権設定行為に次いで売却行為が行われた場合，抵当権設定行為が領得行為である以上，この時点で横領罪（もちろん既遂）が成立するので，この不動産に対しさらに売却行為を行うのは，先行する横領罪との関係で不可罰的事後行為となり，売却行為を横領罪として処罰することはできないとされてきたので，ある種の態度変更があったことになる。共罰的事後行為を「共罰」する形になっている犯罪と同時に成立させることはできないが，論理的に処罰が排除される場合ではなく「共罰」される行為だと考える限り，それを「共罰」する犯罪によって処罰されないときに，それについて別罪の成立を認めることは不合理ではないと考えられる。

なお，上述の随伴行為のように，重い評価を受ける行為に対する評価が軽い行為を包括的に評価することになる場合は，むしろ，共罰的行為と同様の性質をもつ包括一罪の一種だというべきであろう。

（2）接続犯

同一の決意に基づく数個の同種行為が連続して行われる場合，全体を包括して1罪とされる。かつて存在した連続犯の規定（55条）は，その意義が不明確で範囲が拡大しすぎるなどの問題があって削除された。ただ，その後も，解釈論上，時間的・場所的に接続性の高い複数行為は，それらを分析的に捉えるのではなく，同一法益主体に対する同種の法益侵害であることを前提に包括して扱うのが妥当だと考えられているのである。これを**接続犯**という。たとえば，同じ倉庫から数回にわたって窃取した例で，窃盗1罪とした判例（最判昭和24・7・23刑集3巻8号1373頁）がある。

（3）集合犯

構成要件的行為そのものが同種行為の反復を規定している場合は，複数行為があってもそれらは1罪と評価される。これが**罪数における集合犯**である。いわゆる常習犯・職業犯・営業犯などとよばれる類型がそれである。刑法典の犯罪では，常習賭博罪（186条1項）については，常習として複数回の賭博行為が行われても，1個の常習賭博罪が成立することになる。わいせつ図画の販売（175条）も反復が想定される行為であるから，複数回の譲渡行為があったとしても1個の販売罪とされる。

（4）包括一罪（狭義）

狭義の包括一罪は，構成要件該当行為が複数個認められるときにそれらを1回の構成要件評価に包括する場合で，上述のような整理には含まれないものである。いわば，構成要件解釈に基づく実質的判断の所産として1回の評価になるという性質が強い場合である。

その中でも比較的形式論があてはまるのは，同種の構成要件に該当する複数の犯罪行為である。まず，1個の構成要件が相互に手段目的・原因結果の関係にある数個の行為を規定しており，実際にそれらが一連の行為として行われた

場合がある。この場合には，侵害（保護）法益は単一であることを前提に，たとえば，賄賂の要求・約束・収受が一連の行為として行われたとき，197条等の収賄罪1罪が成立する（収受罪に吸収されると解する説もあるが，収受行為以外の単独で構成要件に該当しうる行為が事実として並存していることは事実であり，収受がこれらを含むとは考えられないから，吸収関係とみることはできない）。また，逮捕し，引き続いてその人を監禁したときも，同一客体の1個の法益を侵害するものであるから，包括して1個の逮捕監禁罪とすべきである。同様に，盗品等の運搬・保管・有償譲受・あっせん等が同一人によって同一客体に対して行われるとき，これらを包括して1個の盗品等関与罪の成立を認めるべきである。詐欺罪・恐喝罪・強盗罪において，1項の罪と2項の罪とに該当する事実が連続する場合にも包括一罪とされる[4]。

　なお，接続犯と把握されるほどの接続性がなくても，連続する同一構成要件該当行為を実質的に1回の評価に包括して評価することが妥当な場合がある。このときには，問題となる構成要件の同一性を前提に，被害法益の包括的単一性，時間・手段の一体性，犯意の単一性などを総合的に評価することになろう。判例には，約2か月間，複数の場所で，不特定多数の通行人から，それぞれ1円から1万円までの現金を寄付させて，総額約2500万円の現金をだまし取ったという街頭募金詐欺の事案について，該当募金詐欺は，個々の被害者ごとに区別して個別に欺罔行為を行うものではなく，不特定多数の通行人一般に対し，一括して，同一内容の定型的な働きかけを行って寄付を募るという態様のものであり，かつ，被告人の1個の意思，企図に基づき継続して行われた活動であったと認められる上，募金箱に投入された現金は直ちに他の被害者が投入したものと混和して特定性を失うものであって，個々に区別して受領するものではないという事情に基づき，全体を一体のものと評価して包括一罪と解した原判断を是認したもの（最決平成22・3・17判タ1325号86頁，判時2081号157頁）がある。この事案そのものは，包括一罪とするのが少なくとも現実的な結論であるようには思われるが，不特定多数人を欺く行為として特定性を緩めたこのような形の包括評価を一般的に肯定してよいかには疑問も残る。特殊な条件が前

---

[4] これらの場合には，「A行為とB行為とは，包括して○○条に該当する」，などとして扱うことになろう。

提となるというべきであろう。たとえば，複数回の殺人未遂に続いて既遂に達した事件で，殺人既遂1罪で評価すべきものとされた事例（大判昭和13・12・23刑集17巻980頁，日大生殺し事件）で，こうした一体性を認めることができるとするのは妥当でない。

（5）混合的包括一罪

　法益の単一性があれば，異なる構成要件に該当する犯罪行為相互の場合にも包括一罪を認めうる。このような類型は，一般に**混合的包括一罪**（混合包括一罪）とよばれている。たとえば，窃盗を行った後，居直って強盗行為も行った場合，強盗罪1罪の成立を認めれば足りるであろう。他の目的の暴行・脅迫が行われた後，さらに強盗が行われたときも，強盗1罪を認めればよいと思われる。

　下級審裁判例では，暴行の途中で強盗の犯意を生じて強盗行為が行われ，傷害の結果が発生したが，その原因となった暴行が強盗の意思を生じる以前の暴行か以後の暴行かが不明であるとき，傷害罪と強盗罪との包括一罪とする処理が一般的に行われているという[5]。このような場合，強盗行為に関連して致傷結果が生じたことの証明がない以上強盗致傷罪に問うことはできないが，同一人の行った一連の暴行から傷害結果が生じていること自体は確かなので，傷害罪は成立すると解される。このとき，傷害罪と強盗罪とを観念的競合（54条1項前段）とすることも考えられるが，強盗罪の構成要件に該当する暴行と傷害を生じさせた暴行とが重なる1個の行為であるとはいいにくい。かといって，それらを個別に評価して併合罪（45条）として処理するなら，形式的問題は少なくなるとしても，強盗罪も人身犯罪としての性格が強いことから，実質的には同一の不法事実を二重に評価するきらいがあることも否定できないであろう。そこで，傷害罪と強盗罪との包括一罪という処理がなされるのである。

　近時の最高裁判例では，法律的な意味で法益の単一性が認められず，行為としても独立性の高い複数行為が存在するときにも，混合的包括一罪が認められた。窃盗罪または詐欺罪（特定されていない）と，それに引き続いて窃取ないし詐取物の代金に関する2項強盗関連で強盗殺人未遂罪とが成立する場合に，これらを包括一罪として1回の処罰をする結論を採ったのである（最決昭和61・

---

[5] 『大コンメンタール』第4巻203頁以降（中山善房執筆）参照。

11・18刑集40巻7号523頁)。たとえば，無銭飲食のつもりで1項詐欺にあたる行為を行い，その代金を請求された際，さらに暴行によりその支払いを免れるという2項強盗にあたる行為を行ったときには，実質的に同一の財産権を侵害したものとして包括一罪を認めることについて，異論は少ないであろう。しかし，この判例の事案はやや複雑で，もともと殺害して財物（覚せい剤）を取得するつもりであった計画が変更されて，まず，覚せい剤売買のために現物を見せる必要があると偽ってその交付を受け，これを持って共犯者の1人が逃走した後，他の者が被害者を射殺しようとして遂げなかったというものである。窃盗ないし詐欺の行為と二項強盗罪を構成する殺害行為とが1個の行為であるとはいいがたいので観念的競合とするのは困難であり，他方，独立して評価する（併合罪とする）にしては，両者間に，強盗が窃盗ないし詐欺を前提にするという密接な関係がある。このような考慮から，全体を1回の処罰で処理するのが妥当だと考えられ，混合的包括一罪という扱いが採られたのだと解される。

　学説においては，法益の共通性がなく，たとえば財産と生命のように別の法益が問題となる場合まで法的評価の次元で一罪とすることには疑問が呈されている。ただ，上記事例の場合であれば，実体上の一罪性は認められないとしても，密接性をもった一連の行為について処罰の一回性という要請は肯定しうると考えられる。そこで，混合的包括一罪は，現象として包括一罪と同様の考慮から認められるものであり「包括一罪」の名でよばれているものではあるが，実質的には，実体において複数罪の評価を前提とするものであって，密接関連性を根拠に包括して1回の処罰に服させるのが妥当な事例，すなわち科刑上の一罪性が認められる場合（解釈による科刑上一罪）として理解すべきであろう。

7.3　科刑上一罪（観念的競合・牽連犯）

7.3.1　科刑上一罪の考え方

　実体評価においては複数の構成要件該当性が肯定されるが，処罰に関しては1個の処罰に包括される場合を**科刑上一罪**という。包括一罪は，実体評価が1罪にまとめられ，ある事実について1個の不法評価が示されるだけである。こ

れに対し，科刑上一罪は，複数の不法評価が行われ，その旨の表示もされる場合である。

科刑上一罪とされた犯罪については，複数の犯罪のうち最も重い刑で処断する（54条1項）。このような処断刑の作り方は，複数の不法評価を最も重い処罰に吸収する形で1個にまとめるものであるので，**吸収主義**といわれる。なお，処断刑のあり方については，このほか，単純に加算する**加算主義**，最も重い罪に加重して処断刑とする**加重単一刑主義**（後述するように，併合罪ではこれが基本になる）などの方式がある。

「最も重い刑」とは，各罪の法定刑（選択刑のある場合，その最も重い刑）を直接比較することによって判断する。すなわち，刑種の選択（たとえば，懲役か罰金か），加重減軽（たとえば57条の再犯加重や43条の未遂減軽）などの処理（72条参照）を行う前の，法定刑について比較して決定するというのが判例の立場である。しかし，A罪の法定刑の上限はB罪の法定刑の上限より重いが，下限についてはB罪の方がA罪より重いという場合，A罪の法定刑により処断することにすると，A・Bの2罪の不法評価を前提とするにもかかわらず，B罪単独での処断より軽くなる可能性が生じる（B罪より軽いA罪の下限で処断することが可能になる）という不都合がある。そこで，判例は，軽い罪の下限よりも軽く処断することはできないともしている（最判昭和28・4・14刑集7巻4号850頁）。この結果，複数の罪の法定刑について，その上限・下限をそれぞれ比較して，いずれも重い方を採用して科刑上一罪の処断刑の上限・下限とする処理を行うべきことになる。

なお，学説上は，判例のような直接比較法によるのではなく，科刑上一罪を構成する罪ごとに再犯加重・法律上の減軽を行った上で，それぞれの処断刑を比較して重い刑を選択する（72条3号の併合罪加重に準ずる）ことが妥当であるとする見解も有力である。その他，刑種の選択をする以前に各罪の軽重比較をすると，たとえば，懲役刑についてはA罪が重いが，罰金刑についてB罪が重いなどということが生じ，処理が複雑になるので，刑種の選択をした後に，その刑を比較する方が，問題が少ないということも指摘されている。確かに，刑種の選択を先行させるのが合理的であろう。

また，判例は，重い罪に関する法条が懲役刑のみを定め，その他の罪に関する法条が罰金刑の任意的併科を定めるとき，重い罪の懲役刑にその他の罪の罰

金刑を併科することを認めている（最決平成19・12・3刑集61巻9号821頁）。

科刑上一罪を構成するある罪について確定裁判があった場合は，既判力は他の罪にも及び，一事不再理の原則の適用を受ける。

刑法の定める科刑上一罪には，観念的競合（54条1項前段）と牽連犯（同後段）とがある。

7.3.2　観念的競合

(1) 観念的競合の意義

観念的競合とは，1個の行為が複数個の罪名に触れる場合である（54条1項前段）。一般的には，行為が1個であり，反規範的意思決定が1回であるから，処罰も1個とすべきであることが根拠とされる。観念的競合は，その名に反し競合する犯罪は観念的なのではなく，実際に複数犯罪が成立するとの評価を受ける場合であるから，1個の行為につき複数の条項の適用があるという意味で「一所為数法」という方が正確だとも言われる。なお，観念的競合に対する実在的競合は，併合罪（45条以下）がこれにあたることになる。

(2) 観念的競合の要件 (1)——1個の行為

観念的競合の要件の第一は，「1個の行為」であることである。これは，「法的評価をはなれ構成要件的観点を捨象した自然的観察において，行為者の動態が社会的見解上一個のものとの評価をうける場合」とされる（最大判昭和49・5・29刑集28巻4号114頁）。

観念的競合の成否をめぐっては，道交法違反罪相互またはそれらと刑法犯との間で多くの判例[6]がある。酒酔い運転をしている途中で死亡事故を起こしたような場合は，道交法上の酒酔い運転罪と刑法（当時）の自動車運転過失致死

---

[6] 当然ながらここで例示する判例は，いずれも当該事例に適用される法令を問題にしている。道路交通法をはじめ，交通関係の法規はしばしば改正を経ていること，とくに刑法典の業務上過失致死傷罪（211条）が自動車運転上の過失事例に適用されるようになった以降，刑法典内の自動車運転過失致死傷罪の制定を経て，いわゆる「自動車運転死傷行為処罰法」の新設に至っていることを注意しておく。なお，このような事情から，ここで挙げる判例には，厳密には現行法に関する直接の先例にあたるとはいえないものもあるが，実質において同一内容の規定であれば同様と解されるし，行為の1個性に関する考え方は維持されるべきであろう。

罪が成立しうるが，行為が1個であるかは問題である。上記判例は，この両罪は併合罪であるとした。これに対し，無免許運転罪と酒酔い運転罪（いずれも道交法）とは，観念的競合となる（最大判昭和49・5・29刑集28巻4号151頁）。また，無免許運転罪と車検切れ車両運行供用罪とは，観念的競合である（最大判昭和49・5・29刑集28巻4号168頁）。ここにみられる基本的な態度は，「実行行為」といった切り取り方をする以前の自然的観察のもとで，行為の時間的・空間的重なり合いと意思決定の包摂範囲とによって行為の1個性を判断しているものといえよう。

　ただし，部分的な重複（イメージ的には，線と点，線と線の交差）では1個とはいえない。たとえば，酒酔い運転と自動車運転過失致死とは，前者が継続的行為（線的）であるのに対し，後者はその運転の一時点における行為（点的）であるので，1個とはされないのである。同様に，無免許運転罪とその運転中の一時点において成立する速度違反罪の場合は，それぞれの行為が線と点との関係になるので，重なり合いはあるものの1個とはされない（最決昭和49・11・28刑集28巻8号385頁）。制限速度を超過した状態で継続して自動車を運転し，2地点における速度違反行為につき速度違反罪が問題となった例で，両地点間が20キロメートルほど離れており，その間の道路状況等に変化があったときには，それらに重なり合いがなく，1個とはされない（最決平成5・10・29刑集47巻8号98頁）。

　行為の1個性としては「自然的観察のもとにおける社会観念上の1個性」が問題とされるので，法的把握である実行行為としては重なりが小さい（ない）場合であっても，それが，社会観念上，密接に関連する一連の行為の一部をなしていれば1個と認められることがある。

　たとえば，覚せい剤を陸揚げした際に既遂となる覚せい剤輸入罪にあたる行為の後，これを携帯して通関線を突破しようとしたときには関税法上の無許可輸入罪が成立する。両罪は，既遂時期の異なる犯罪であり，実行行為として1個であるかには疑問もありうるが，「社会的見解上」は「1個の覚せい剤輸入行為」と評価するべきものだという理由で観念的競合とされた（最判昭和58・9・29刑集37巻7号1110頁）。また，不作為犯について，自動車運転者が事故で他人を負傷させ，救護・報告をしなかったときの救護義務違反と報告義務違反とは，法的作為義務違反たる実行行為としては別ものということができるが，

社会的出来事としては「ひき逃げ」として1個と認められ観念的競合となる（最大判昭和51・9・22刑集30巻8号1640頁）。

（3）観念的競合の要件（2）——2個以上の罪名に触れる

観念的競合の要件の第二は，「2個以上の罪名に触れる」ことである。構成要件的評価が2個以上存在することを要する意味である。したがって，法条競合のように構成要件的評価が適用条文の段階で1個とされる場合はもとより，ある事態について最終的には1回の構成要件評価が行われることになる包括一罪の場合には，観念的競合を論ずる余地がない。そこで，観念的競合の要件に該当することを認定する際には，ここで説明した順序とは異なり，実体法上の複数罪性が確定された後，その複数罪の評価を受けた行為が1個の行為であるか，複数個の行為であるかを検討すべきことになる。

問題となる構成要件が異なるものであるか，同じものであるかは問わない。同罪の観念的競合もありうる。異種類の構成要件に関する観念的競合には，1個の爆弾を建造物に投げ込んで建造物を損壊するとともに人を殺す場合（建造物損壊罪と殺人罪），放火することによって死体を損壊する場合（放火罪と死体損壊罪），などがあり，同じ構成要件に関する観念的競合には，1個の爆弾で数人を殺害する（殺人罪）や，1個の行為で複数の公務員の職務行為を同時に妨害する（公務執行妨害罪）などが考えられる。

7.3.3 牽連犯

（1）牽連関係

2個以上の犯罪行為に，手段と目的・原因と結果という関連性がある場合にも科刑上一罪とされる（54条1項後段）。この場合は，複数の犯罪の牽連関係（手段–目的／原因–結果）に基づく処理であるから，**牽連犯**という。牽連関係がなぜ科刑上一罪を基礎づけるかについては疑問も多く示されており，立法例としても特異であると指摘されている。根拠としては，密接な因果関係で結ばれた複数罪を一体として把握することが可能であり，1個の意思決定による場合に準じることなどが援用されるが，説得力は十分とはいえない。是非はともかく，直接的には，外国の立法例でしばしばみられる「住居侵入窃盗」のような類型

を設けず，単純な窃盗罪と住居侵入罪とを置くという立法手法を採り，牽連犯という形で刑事学的にみて密接な関係をもつ複数罪を実質的に一罪として扱うことにしたのではないかと理解することができる。そこで，刑事学的な密接関連性は，牽連関係の存否判断上も考慮されるべき事情であろう。

牽連関係の存否の判断基準については，経験上の一般的・類型的判断によるとする**客観説**，行為者の「牽連意思」によるとする**主観説**，犯罪の性質上一般に手段・結果の関係にあり，かつ牽連意思がある場合とする**折衷説**があった。判例は，「数罪間にその罪質上通例その一方が他方の手段又は結果となる関係があり，しかも具体的にも犯人がかかる関係においてその数罪を実行したような場合」に牽連性を認める。この判示からは，客観的牽連関係があれば足り，とくに2罪を牽連させようとする主観的牽連意思は不要であることになる。一方，類型としての抽象的牽連性に加え，牽連関係のもとに実行された事実であるという具体的牽連性を要する。2罪がたまたま手段結果の関係にあるだけでは牽連犯とはいえない（最判昭和24・7・12刑集3巻8号1237頁）。

(2) 牽連性の判断

客観的牽連性の有無は，罪の間の牽連関係として類型判断に服するものである。上でも述べたように，経験的に固定的連結関係が認められる場合に認めるべきであるから，一般に，ある犯罪の手段として行われ，あるいは，特定の類型の犯罪に引き続いて行われることが多い，ないし通常であるとみられる必要がある。しかし，ある罪と他の罪との牽連性があるか否かの判断そのものは実質的判断にならざるをえず，統一的な基準を提示するのは難しい。実務（判例）上確立されてきたところでは，住居侵入罪については，殺人罪，傷害罪，強姦罪，窃盗・強盗罪，放火罪などとの間で牽連犯が認められる。また，公文書偽造罪と同行使罪，公正証書原本不実記載罪と同行使罪のように偽造と行使との間に牽連関係が認められている。このほか，偽造公文書行使罪と詐欺罪，私文書偽造罪と詐欺罪も牽連犯となる。

これに対し，住居侵入未遂罪と逮捕を免れるための公務執行妨害罪との間の牽連関係は否定され，放火罪と火災保険金に対する詐欺罪とも牽連犯とはならない（大判昭和5・12・12刑集9巻893頁）。確かに，詐欺の手段として放火が行われることに密接な類型的結合は認められないであろう。また，殺人罪と死体損

壊・遺棄罪（大判明治44・7・6刑録17輯1388頁，大判昭和9・2・2刑集13巻41頁），強姦罪と犯跡隠蔽のための殺人罪（大判昭和7・2・22刑集11巻107頁）なども牽連犯ではない。人を恐喝して財物を交付させるため不法に監禁した事例で監禁罪と恐喝未遂罪とを牽連犯とした大審院判例があったが，最高裁は，監禁罪と恐喝罪とは，通常の形態として手段または結果の関係にあるものとは認められず，牽連犯の関係にはないとした（最判平成17・4・14刑集59巻3号283頁）。

なお，判例は，牽連関係が存在し，牽連犯として科刑上一罪性が肯定される限り，牽連犯を構成する犯罪の中間に別罪の確定裁判が存在する場合にもなお54条の適用があるとする（最大判昭和44・6・18刑集23巻7号950頁）。

7.3.4 かすがい現象

(1)「かすがい現象」の意義

本来は併合罪となるべき数罪が，その各々と，別のある罪とが科刑上一罪となる結果，全体として科刑上一罪として処理されることになる場合がある。特定の1個の罪が科刑上一罪の要として働いて，他の罪を結びつけることから，**かすがい現象**とよばれる。たとえば，他人の住居に侵入し，相次いで（別々に）2人の居住者を殺害すると，生命が一身専属的法益であることなどから殺人罪は2個（殺人罪Aと殺人罪Bとよぶ）成立する。ここで，住居侵入行為がなければ，殺人罪Aと殺人罪Bとは併合罪となる。ところが，住居侵入罪と殺人罪とは牽連犯となるから，住居侵入罪と殺人罪A，住居侵入罪と殺人罪Bとは牽連犯である。ここで問題となっている住居侵入罪は同一（1個）であるから，結局，住居侵入罪を結節点（かすがい）に，住居侵入罪，殺人罪A，殺人罪Bの全部が科刑上一罪となる。

判例は，かすがい効果による処理を認める。たとえば，住居侵入後の3人の殺害を科刑上一罪として処理する（最決昭和29・5・27刑集8巻5号741頁）。また，住居侵入罪と強盗殺人罪と放火罪とが科刑上一罪とされた例（大判昭和5・11・22刑集9巻823頁）もある。牽連犯の場合だけでなく，観念的競合の関係にある罪によるかすがい現象もありうる。職業安定法違反の罪が客体ごとに成立する一方，同一雇主から紹介手数料を受領して利得した集合犯（包括一罪）としての中間搾取罪（労基法6条）が成立するとき，それらは1個の行為として観念的

競合となり，本来独立して成立するはずの職業安定法違反の罪が，中間搾取罪を介して科刑上一罪の関係になる（最判昭和33・5・6刑集12巻7号1297頁）。

（2）かすがい効果の否定

かすがい現象は，相互に科刑上一罪の関係がない罪どうしを，別罪を媒介する形で科刑上一罪とするもので，ある種偶然的な外在事情によって扱いを異にする不合理が否定できない。その実際的帰結も問題である。併合罪の処罰は，加重主義が基本となっており，科刑上一罪では吸収主義が基本であるから，「かすがい」となる罪が加わることによって，多くの場合により軽い処罰になるという不均衡が生じる。しかも，本来は，殺人罪Aについての既判力は殺人罪Bには及ばないはずであるが，科刑上一罪は一事不再理の対象となると解されているので，その点でも扱いに違いが生じる。

そこで，学説上，「かすがい外し」の試みが提案されている。まず，①先に牽連関係を処理した後，牽連関係にある数罪を併合罪とするという見解がある。上の例では，住居侵入罪と殺人罪A・住居侵入罪と殺人罪Bとが牽連犯となり，それらが併合罪となる。ただし，この説には，1個の住居侵入行為を2回の住居侵入罪で評価する形になる点に問題がある。あるいは，②1罪について牽連関係を処理すれば他の罪との関係では牽連犯とはならないとする説がある。上例では，住居侵入罪と殺人罪Aとが牽連犯となり，住居侵入罪の牽連効果はいわばこれで使い果たされ，牽連犯関係にあるこれら2罪と殺人罪Bとが併合罪となる。しかし，いずれの罪との牽連関係として処理すべきかの基準が不明であるほか，「使い果たされる」ことの法律的意味が不明確であるという弱点がある。ほかに，③比較的重要な罪が併合罪となり，これらと比較的重要でない罪とが牽連犯となるとする見解がある。上例については，殺人罪Aと殺人罪Bとが併合罪となり，これと住居侵入罪とが牽連犯となる。実質からして最も妥当な考え方であると思われるが，牽連犯は併合罪関係より密接な関係であるから，牽連関係の有無に関する判断は併合罪処理に先立って行われるべきではないかという疑問が出されている。

7.4 数　　罪

7.4.1　併合罪

(1) 併合罪の意義

　以上のような一罪性が認められない場合が，数罪であることになる。刑法上，数罪のうち，確定裁判を経ない2個以上の罪は**併合罪**とされ（45条），単純数罪と区別された特別の処理が定められている[7]。これは，確定裁判による規範意識覚醒の契機を与えられなかった場合に，単純に複数犯罪の刑を併科するのは過酷であるという思想に基づく。併合罪となる数罪のうち，禁錮以上の刑に処する確定裁判があった場合には，その罪とその裁判が確定する前に犯した罪とに限り併合罪となる（45条後段）。

　45条前段は，審判前の現実的可能性として，確定裁判を経ない数罪には同時審判の可能性があることから，これらを併合罪として扱う旨の規定である。45条後段は，実際に禁錮以上の刑に処する確定裁判があった場合（このように，併合罪の関係にあるか否かは，既に一部の罪について確定裁判がある場合の事後的な処理の問題でもある），残りの犯罪をどう扱うかにつき，定めるものである。確定裁判を経た罪とその裁判確定前に犯した罪とは，その確定裁判にかかる審判において同時審判の可能性があったので，その時点で45条前段により併合罪となるはずのものであった。そこで，確定裁判を経た罪とその裁判確定前に犯した罪とを併合罪とするのである。確定裁判のあった罪とその裁判確定前に犯した罪とが併合罪となるのであって，確定裁判の後に犯した罪と確定裁判の前に犯した罪とが併合罪になる余地はない（大判昭和7・5・26刑集11巻725頁）。継続犯・集合犯・包括一罪の中間時点で別罪についての確定裁判があっても，それらの罪はなお一罪性を失わない（分断されることはない）。また，それら包括一罪の終了時点は，別罪の確定裁判後であるから，包括一罪（常習犯等）と別罪

---

[7] 併合罪規定は，裁判規範ないしは刑執行上の規範を少なからず含むので，実務における取り扱いを，注釈書などで確認しておくことが有用であろう。なお，事例問題などにおいては，解答はその事例について解答時点で裁判官的視点から解決を述べる形になるのが通常であるから，数罪を併合罪として扱うことになる。

とは併合罪の関係にはならず，単純数罪である（最決昭和39・7・9刑集18巻6号375頁）。

確定裁判とは，一事不再理効をもつ裁判が確定していることをいう。有罪・無罪・免訴の確定判決はもちろん，略式命令，交通事件即決裁判等を含む。判決等の言渡し後，その確定前に犯した罪は（同時審判の可能性がないが），併合罪とされる余地がある。

＊A→B→Cの順に犯された3罪がいずれも確定裁判を経ていないとき
　ABCが併合罪となる。これから，ABCが同時に審判される可能性があるからである。

＊A→B→Aの禁錮以上の確定判決→Cの順に推移したとき
　Aの確定判決以前に犯したBとAの罪とは併合罪となり，Cとは併合罪とならない（45条後段）。
　BとCとは同時審判の可能性がないわけではないが，AとCとが同時審判の可能性がない以上，既に肯定されているABの併合罪関係の中にCを加えることは不合理である。

＊A→B→Bの禁錮以上の確定判決→C→Dの順に推移したとき
　ABが併合罪となり，これらとCDとは併合罪とはならない（45条後段）。
　CDは確定裁判を経ないから併合罪となる（45条前段）。

＊A→B→C→Bの禁錮以上の確定判決→Dの順に推移したとき
　ABCが併合罪となり，これらとDとは併合罪とはならない（45条後段）。

（2）併合罪の効果

併合罪の趣旨・効果の意義は，同時に審判する可能性のある場合に，①数罪としての処罰を行う（処罰の1回性の要請が働かない）こと，かつ，②まとまった1個の刑による処罰を行うこと，その際，③法定刑の加重による処断刑を基本とし，吸収主義・併科主義を併用すること，とまとめられる。

併合罪の処分は，吸収主義・加重主義・併科主義という方式を併用している。

まず，有期自由刑に処すべきときは，加重主義が採られる（47条）。すなわち，重い罪の刑の長期にその2分の1を加えたもの（長期の1.5倍）が長期となる（必要的加重である）。ただし，各罪の長期の合計を超えることはできない

(同条ただし書)。単純に加算した方が軽いのであれば、ことさら併合罪としての処理をする意味がないからである。また、「有期の懲役又は禁錮を加重する場合においては30年にまで上げることができる」とする14条2項の規定により、30年が加重の限度となる。このときの併合罪処理の標準は、法定刑に再犯加重と法律上の減軽を施して形成される刑である（72条）。短期についても、成立する複数罪のうち最も重い刑により処断することとなろう。これは、長期・短期それぞれについて最も重い罪の法定刑を基準にして処断刑を形成する趣旨を示すもので、併合罪のうち最も重い罪1罪で処罰することを意味しない。

(3) 併合罪加重の方法

　併合罪加重の場合の量刑は、**個別量刑**によるか**総合量刑**かという問題がある。併合罪となる個々の罪について量刑したのち、それらを合算して併合罪としての単一刑を形成すべきか、併合罪加重によって統一的に形成された処断刑の範囲内で総合的に量刑すべきかという問題である。「甲が、下校途中の女子小学生Aを、その胸にナイフを突きつけて脅迫し自車のトランク内に押し込めて発進させ、略取・逮捕監禁し、さらにAを自宅2階の自室に連れ込み、継続的に脅迫・暴行を加えながら9年2か月にわたり監禁し続け、これによりAに下肢筋力低下・骨量減少等の傷害を負わせた。この間、監禁中のAに着せるため下着4枚（2500円ほどで犯行後被害弁償済）を万引きした」という事案に関する最高裁判例では、懲役14年の刑が言い渡されたことを上記総合量刑の立場から是認した（最判平成15・7・10刑集57巻7号903頁）。

　この場合、未成年者略取罪と逮捕監禁致傷罪とが観念的競合となり、法定刑の上限・下限とも重い逮捕監禁致傷罪の刑で処断されることになる。そして、これと、窃盗罪とが併合罪になる。平成16年改正以前の刑法では、逮捕監禁致傷罪の法定刑は、3月以上10年以下の懲役、窃盗罪のそれは10年以下の懲役であるから、併合罪加重としては、逮捕監禁致傷罪の法定刑の長期を1.5倍した15年を長期とすべきことになる。判例は、この15年の範囲で量刑すべきであるとしたのである。

　しかし、仮に、併合罪となる各罪につき個別に量刑することを考えると、この事例では、確かに、逮捕監禁致傷罪としては最も重い評価が妥当である（上限である10年に近い刑罰が適当である）としても、窃盗罪については、比較的少

額の被害といえる事案であり，被害も弁償済であることを考え合わせると，量刑が4年なり5年なりになることは想定し難い。これを前提にすると，上記判例は，実質的に逮捕監禁致傷の犯罪についてその法定刑を大きく上回る量刑をしたことに帰着するが，このような処理は許されないはずであり，したがって，それぞれの罪についての刑量を上限とすべきである（2罪が併合審理されなかったときと比較せよ。また47条ただし書参照）。すなわち個別量刑が妥当であるとする批判がある。形式的処理（単純加算）がなされる場合より軽く処罰するという併合罪の趣旨に反し，犯罪の実質を問わず法定刑の重い別罪を付加することによる実質的加重をもたらすことを問題とするのである。

批判はもっともであるが，刑法が法定刑の幅の広い立法姿勢であることとも関係する大問題であって，さしあたっては，併合罪は，処断刑の段階での形式的処理の方法であると解されることもあり，現実に生じる不都合は，たとえば科刑上一罪の場合の「かすがい現象」にも似た，やむをえない付随効果として受け入れるほかはないように思われる。もちろん，これを恣意的な重罰化の手段とするような運用が許されないことは論を俟たない。先の判例は，そのような観点からは疑問もないわけではない。

（4）併合罪における吸収処理・併科処理

併合罪のうち1個の罪について死刑に処するときは，他の刑を科さない。ただし，没収は科しうる（46条1項）。無期懲役・禁錮に処するときも，他の刑を科さない。ただし，罰金・科料・没収は科しうる（46条2項）。これらの場合は，吸収主義を基本とし，併科主義を併用していることになる。

罰金と他の刑とは併科する（48条1項）。死刑に処す場合に他の刑を科さないこととされる46条1項の場合は別である（同項ただし書）。併合罪中2個以上の罪について罰金に処するときは，それぞれの罪について定めた罰金の多額の合計以下で処断する（48条2項）。2個以上の罰金刑を併科するのではなく，合計額を上限とする処断刑の範囲内で1個の罰金刑を科す趣旨である。

付加刑である没収は，併合罪中の重い罪について没収を科さない場合であっても他の罪について没収の事由があるときは，付加することができ（49条1項），2個以上の没収は併科する（同条2項）。

拘留・科料も，他の罪との併科が原則である。①拘留は，有期懲役・禁錮，

罰金，拘留，科料と併科され，②科料は，無期懲役・禁錮，有期懲役・禁錮，罰金，拘留と併科される（53条1項）。2個以上の拘留・科料も単純併科される。すなわち，それぞれ量刑した後，併科される（53条2項）。

（5）併合罪における余罪

　併合罪のうち確定裁判を経た罪と確定裁判を経ていない罪とがあるときは，確定裁判を経ていない罪についてさらに処断する（50条）。これは，併合罪となる数罪が併合審理されず，一部について裁判が確定した後も，残りの部分としてまだ確定裁判を経ていない罪（余罪）がある場合には，余罪について独立して裁判することを定める規定である。このようにして，併合罪となる罪について2個以上の裁判があったときは，その刑を併せて執行する（51条1項本文）。しかし，この際，①死刑を執行すべきときは，没収を除き，他の刑を執行せず，②無期懲役または無期禁錮を執行すべきときは，罰金・科料・没収を除き，他の刑を執行しない（以上，51条1項ただし書）。また，③有期懲役または有期禁錮の執行は，その最も重い罪について定めた刑の長期にその2分の1を加えたものを超えることができない（同条2項）。これは，はじめから全体が併合罪処理された場合（46-49条）と不均衡が生じないように，刑の執行段階における調整を行う趣旨の規定である。

7.4.2　単純数罪

　併合罪の扱いを受けない数罪は，単純数罪であり，それぞれについて独立して処理されることになる。

第3編

刑罰とその量定・執行

■第 8 章■

刑 罰 論

8.1 刑罰論の意義

8.1.1 刑罰論と犯罪論

　刑法は「犯罪と刑罰に関する法」，すなわち「犯罪法」であり，かつ「刑罰法」（日本では「刑」法）である[1]。峻厳な制裁である「刑罰」が法律効果となっていることが，他の法と刑法とを分ける大きな因子だといえる。刑法学にとって刑罰をめぐる議論が重要であることは，ことさら言うまでもない。ただ，重要であるだけに，刑罰の本質や，とくに執行の実際に関する問題領域は，刑法学の単なる一部であるにとどまることはできず，刑法解釈学の性格の強い近代の実定刑法学から相対的に独立した分野として，刑事学ないし犯罪学，あるいは刑事政策学とよばれる学問領域が成立することにもなる。犯罪原因論を主要な課題とする研究も，原因の探索は対策と表裏の関係にあるので，犯罪対策論と密接に関連する。刑事学，犯罪学・刑事政策学などの用語は，相互にほぼ同義に用いられることも少なくなかった。しかし，反面で，処罰の現実・現場に関する研究が刑法解釈学から切り離されることによって，理論刑法学が机上の教義学に堕する危険をも伴うことになった。ここから，これに対し，犯罪論を主体とした刑法と刑事手続法・行刑法の全体を総合的統一的に扱うべきであるという主張も生じたわけである（フランツ・フォン・リストの「全刑法学（gesamte Strafrechtswissenschaft）」）。

---

[1] たとえば，英語のCriminal Lawは「犯罪法」，ドイツ語のStrafrechtは「刑罰法」に相当する。

そうはいっても，刑罰が重要であるからこそ，刑罰の意義や執行に関する固有の議論が主題的に取り上げられるのも必然の結果であろう。法のあり方としても，実体刑法とは別に行刑に関する法律がまとめられ，その解釈にはまた犯罪論的思考に基づく刑法解釈学とは相対的に独立した考え方も要請される面があることも否めない。それ自体然るべきこととして，実体刑法学の中心が犯罪論となり，以前に比べて刑罰論の比重が下がる傾向が見てとれる状況である。

しかし，もちろん，日本の刑法典も，刑罰の種類をはじめとする刑罰に関する基本的な規定を置いているのであり，刑の執行猶予等の重要な制度も設けられている。また，犯罪者に科される刑罰の種類と量は，もちろん成立した犯罪に連動するものでなければならないのであって，いわゆる「量刑」においても，犯罪論との密接な連関のもとに行われる必要がある。そこで，ここでも，刑法典の規定についての解釈という観点から，刑罰に関する諸問題を述べることとする。

8.1.2 刑罰思想

刑罰の意味，あるいは刑罰という反応を返す根拠となる事情は何か，何のために刑罰を科すのか。こうした刑罰の合理性・正当性をめぐる根源的な問いは，繰り返し問われてきたし，また今後も問われなければならないが，容易に解答を見出すことができない問いでもある。刑法哲学ないし一般的な法哲学の問題という側面もある。従来の議論の大きな潮流は，歴史的により古い「応報刑」思想と，刑罰により合理的な理由を求めた「目的刑」思想である。

応報刑思想は，刑罰を，犯罪という作用に対する端的な反作用として把握するもので，形式上は害に対して害をもって報いる単純な図式である。刑罰という害悪がそれ自体，犯罪に対応する効果であるので，刑罰を引き出す根拠となる事情も，即物的な犯罪事実（行為）であるということになる。害悪である行為が行われたから害悪である行為を返すのである。応報刑は，刑を受ける人に関して別途目的をもたないとえるが，間接的には，刑罰という「報い」が犯罪から得られる（広義の）利益を帳消しにすることを示し（見せしめ），他の者を犯罪から遠ざける方向に導くこと（予防）が期待されていることが多い。そこで，応報刑思想は，**行為主義・一般予防**と結びつきやすい。また，応報刑論に

とっては，刑罰が害悪・苦痛であることがそのまま前提とされている（何らか現実的意味で本人のために利益をもたらす対処方法ではない）[2]。

これに対し，**目的刑思想**は，刑罰は，目的をもった行為者に対する働きかけであって，これによって刑を受ける者を再び犯罪を行わないようにしむけるものであると考える。行為者が罪を犯さないようにするための刑罰であるから，再犯の危険性をもつという行為者の事情が刑罰という反応を引き出す契機であり，刑罰は，危険性を除去するという将来展望的な性格を有することになる。そこで，目的刑思想は，行為主義に対する**行為者主義**，一般予防に対する**特別予防**と結びついていくことになる。確かに，この世の中から，法益侵害の危険性が減少していくことは社会全体の厚生に役立つであろう。ここから，目的刑思想は，近代理性の評価に耐える正当化根拠を有すると考えられたのである。目的刑論によれば，刑罰は受刑者本人のためでもあって，厳密には，行為者非難の契機に基づく伝統的「刑罰」とは区別される「処分」としての意義が与えられる。更生に資する有益な活動だという意味をもつので，伝統的な刑罰の含意である本人にとって単純な苦痛・害悪にはとどまらないことになる。この利益によって，受刑者に害悪（的な処分）を与えることが正当化される[3]。

一般に，刑罰は，過去に生じた不法とそれを生じさせた者（処罰対象者）の責任とに比例して科されるべきだとする考え方では，刑罰が端的に責任を契機として科されるものだとしていることになる。これに対し，刑罰は，将来の犯罪予防に役立つ限りにおいて科されるべきでだという考え方があり，この場合には，刑罰は予防目的によって制約されることに意義を認める。この2潮流が，刑法学の根底を規制する思想として，近代刑法学の一時期において，**古典学派**（**旧派**）と**近代学派**（**新派**）の争い（学派の争い）を生んだ。近代学派の主張に従った場合，将来展望という不確実な予測に基づいて犯罪者への積極的かつ強力な介入が是認され，あるいは要請されることにもなるが，これは反面で人

---

[2] もっとも，刑罰反応は，犯罪者以外の者にとってその犯罪者自身が属する社会の一員であってこそ意味をもつということも含意しており，また，犯罪者本人の更生は，刑罰による矯正ではなく，いわば本人の主体性・自主性に委ねられているという限りにおいて，個人の尊厳にかなう側面をも有している。

[3] ただし，教育効果の見込めない犯罪者は，社会から排除されることにもつながりうるし，行われた犯罪（結果）以上に行為者の危険性が認められれば，刑罰もそれに比例し，犯罪の含む不法量を超えた重さになりうる。

権・自由侵害の危険も高める。そこで，現在は，基本としては古典学派の主張が受け入れられている。ただし，近代学派の問題提起を経た後の古典学派は，単純な応報刑論を説くものではなく，一般予防・特別予防の見地から合理化・正当化可能な範囲において，害悪としての刑罰が認められるとする。逆に，近代学派が，予防の名において，それ自体不確実な行為者の危険性判断や再犯予測に基づく不利益処分に道を開くことに対しては，応報，ないし行為を裏打ちする限りの責任が，その限界を与える必要があると考えなければならない。責任と予防との均衡において諸制度を運用するのが妥当であるということができる。こうして「学派の争い」は，いわば弁証法的に止揚されたことになり，現代における激しい論争ではなくなった。それでも，上述のとおり，これらの基本思想に立ち戻ることによって刑罰や刑法を根底で規制する諸契機が明らかにすることができるのであり，その意味で，今なお思考手掛かりを提供するものであろう。

8.1.3 予防論

上述のとおり，刑罰（処罰）に将来的な犯罪行為を防止する機能を期待する視点は，多かれ少なかれ現在の刑罰観に取り込まれている。過去の犯罪に対して科される刑罰が予防の機能をもつとすれば，それには2つの形が考えられる。第一は，特定人に刑罰を科すことが，何らかの機序によって，刑法規範に服することが求められている他の人々一般に対して犯罪を行わないように動機づけるというものである。第二は，刑罰のもつ教育的・矯正的作用によって，受刑者個人の再犯の危険を除去するというものである。いうまでもなく，第一のものが，これまでもたびたび言及してきた「一般予防論」の基盤であり，第二のものは，これに対する「特別予防論」の土台となる考え方である。なお，一般予防論のうち，刑罰が人々を犯罪から遠ざけることによって予防となるという理論構成を「消極的一般予防論」といい，刑罰により刑法規範（犯罪禁止）がより強化されて人々が規範を順守することで予防となるという理論構成を「積極的一般予防論」という。

一般予防効果は，たとえば，苦痛を避けようとする本能的傾向から発する心理的誘導，あるいは，特定人の処罰を「見せしめ」として他の者を戒める一罰

百戒的抑止効果，刑罰の実現により規範妥当状況を可視化することによる規範強化効果などの形で説明される。しかし，これらはいずれも実証的に裏付けることの困難な間接的効果にすぎない。また，人間の理性的主体性より不快を避けるといった生物的本能に期待することや，特定人の処罰が一般人を犯罪から遠ざけるための手段として利用されることなどには，倫理的問題も残る。

他方，特別予防効果は，受刑者の改善に資する方策としての刑罰を設計することによって，ある程度直接に実効性を論じることができる。ところが，特別予防は，究極的には受刑者個人ごとにユニークな事情を前提に，個別的な措置として行われざるをえず，その再犯予防効果を科学的に測定することは，やはり容易ではない。また，現実には「改善困難」と目される犯罪者がいることも否定できず，場合によっては，不明確な将来予測のもとに無益な処分が強制されるという不都合が生じうる。

このように，将来展望的な予防論には，解決しなければならない問題が少なくないことが，犯罪処遇論としての刑事政策学が展開する理由でもあることになるのである。

8.2 刑罰の種類

8.2.1 生命刑

現在の日本法における**刑罰**は，死刑，懲役，禁錮，罰金，拘留，科料，および没収に限られる（9条）。何が刑罰であるかは理論的には議論になりうるが，実定法的には，これら以外の法的制裁は刑罰ではなく，たとえば，「過料」は，たとえ刑事訴訟法上のものであっても（一例として刑訴法160条）刑罰ではない。

刑罰は，それ自体が利益の剥奪，法益の侵害を内容とする。そこで，刑罰はその剥奪・侵害する法益の観点から分類することができる。すなわち，現行法上の刑は，**生命刑・自由刑・財産刑**に分類できる。身体を損傷することを内容とする刑罰（身体刑）や名誉を剥奪する刑罰（名誉刑）も，歴史上存在したが，現在の日本の刑法には存在しない。

生命法益を剥奪するのが生命刑，すなわち**死刑**（11条）である。死刑廃止論

は，世界的にみても国内的にみても有力な主張であり続け，死刑を廃止した国も少なくないが，日本での世論調査の類では，存置論が多数を占めることが多いようである。ここでは死刑の存廃論に深く立ち入ることはせず，わたくしの考えの結論だけ述べると，死刑制度は，誤判があったときに取り返しがつかないという実際的問題はもちろん，国家が生命法益を最大限に保障することと国家による生命法益の毀損という決定的な矛盾として原理的な問題を内包していると考える。なお，日本国憲法制定後には，憲法36条の「残虐な刑罰」の禁止などとの関連で，死刑の違憲性が正面から争われたが，最高裁判所は，憲法自身が31条で死刑を予定していることもあり，死刑制度は，憲法に違反しないとしている（最大判昭和23・3・12刑集2巻3号191頁）。立法論は別として現行法制の内部においては，そのような判断になろう。

　死刑選択の基準に関しては，いわゆる永山事件（最判昭和58・7・8刑集37巻6号609頁）が一般的な考え方を提示した。すなわち「死刑が人間存在の根元である生命そのものを永遠に奪い去る冷厳な極刑であり，誠にやむをえない場合における窮極の刑罰であることにかんがみると，その適用が慎重に行われなければならないことは原判決の判示するとおりである。（中略）結局，死刑制度を存置する現行法制の下では，犯行の罪質，動機，態様ことに殺害の手段方法の執拗性・残虐性，結果の重大性ことに殺害された被害者の数，遺族の被害感情，社会的影響，犯人の年齢，前科，犯行後の情状等各般の情状を併せ考察したとき，その罪責が誠に重大であって，罪刑の均衡の見地からも一般予防の見地からも極刑がやむをえないと認められる場合には，死刑の選択も許されるものといわなければならない。」というのである。この判例が，その後の実務に対し影響を与えたことは否定できないと思われるが，その後の経緯は必ずしも死刑選択の基準を厳格にする方向にあるともいえない[4]。

　なお，少年に対する死刑には制限があり，罪を犯す時，18歳に満たない者に対しては，死刑をもって処断すべきときは，無期刑を科する（少年法51条1項）。

　死刑の執行方法については，刑法は，「刑事施設内において，絞首して執行する。」（11条1項）と規定し，「死刑の言渡しを受けた者は，その執行に至るまで刑事施設に拘置する。」（同条2項）こととされている。刑事収容法には，「死

---

[4] 最判平成24・2・18裁判集刑289号383頁などを参照。

刑は，刑事施設内の刑場において執行する」（刑事収容法178条1項）こと，「絞首された者の死亡を確認してから5分を経過した後に絞縄を解く」（同法179条）旨の規定がある。刑罰執行については公表情報が限られていたが，現在では執行後に執行の事実と執行対象者等が発表されるようになった。また，処刑場面はもとより平時の刑場も非公開であったが，刑場については，一部施設を撤去するなどした上，代表取材の形式で報道されたことがある。

　死刑執行には，法務大臣の命令が必要である。この命令は，原則として判決確定の日から6か月以内になされる必要がある（刑訴法475条1項・2項）が，本規定は訓示規定と解されており，実際には，執行の恐怖と隣り合わせのまま長年月にわたって死刑確定者が拘置され続けることも少なくない。この間，拘置そのものは刑罰ではないので死刑確定者は受刑者とはいえず，法的には不安定な身分だといえる。

8.2.2　自　由　刑

　自由剥奪を内容とする刑罰が自由刑であり，刑法は，懲役・禁錮・拘留を規定する。

(1) 懲役・禁錮

　懲役（12条）は，「刑事施設に拘置して所定の作業を行わせる」（同条2項）刑罰である。無期の懲役と有期の懲役とがあり，有期懲役は，1月以上20年以下である（同条1項）。**禁錮**（13条）は，「刑事施設に拘置する」（同条2項）とされるほかは，無期禁錮と有期禁錮とがあること，有期禁錮が1月以上20年以下とされる（同条1項）ことも懲役の場合と同じである。懲役・禁錮の差は，作業（刑務作業）を行わせるかどうかであるが，禁錮受刑者も申出により作業を行うことができる（刑事収容法93条）。伝統的に，懲役はいわゆる破廉恥犯に対する自由刑であり，禁錮は（たとえば政治犯や過失犯のような）非破廉恥犯に対し受刑者の名誉を考慮した自由刑である，という区別が考慮されている。しかし，この区分を前提とするなら，作業を科されることは不名誉であるという意味合いになるから，それ自体が労働蔑視思想の表れであると批判しうる。また，いやしくも犯罪として受刑者となる者に破廉恥・非破廉恥の区別をするのはそ

もそも不合理であるし，実際にもその区別はあいまいにならざるをえない。自由刑におけるこのような区別をなくすべきだという主張が単一刑論（自由刑単一化論）である。

なお，罪を犯す時，18歳に満たない者に対しては，無期刑をもって処断すべきときであっても，有期の懲役または禁錮を科することができ，このとき，その刑は10年以上20年以下において言い渡す（少年法51条2項）。

また，少年に対する自由刑としては，不定期刑の言渡しがなされることがある。すなわち，少年に対し有期の懲役・禁錮をもって処断すべきときは，処断すべき刑の範囲内において長期を定めるとともに，長期の2分の1（長期が10年を下回るときは長期から5年を減じた期間）を下回らない範囲において短期を定めて，これを言い渡す。長期は15年，短期は10年を超えることはできない（少年法52条1項）。なお，この場合の短期については，少年の改善更生の可能性その他の事情を考慮しとくに必要があるときは，処断すべき刑の短期の2分の1を下回らず，かつ，長期の2分の1を下回らない範囲内においてこれを定めることができる（この場合には，刑法14条2項の規定を準用する）とされている（少年法52条2項）。これら不定期刑に関する措置は，刑の執行猶予の言渡しをするときを除くこととされている（同条3項）。少年は成長過程にあるので，その程度を考慮した柔軟な対応を目指すものといえる。なお，相対的不定期刑は，罪刑法定主義に反するものではないと解されている（1.3.2 (6) 参照）。

(2) 拘　　留

拘留も刑事施設に拘置することを内容とする自由刑であるが，期間は1日以上30日未満である（16条）。懲役・禁錮とはその期間において量的に区別されるだけでなく，別の刑名が付けられているとおり，財産刑である罰金より刑の重さが軽いものと位置づけられている（9条，10条参照）[5]。

これらの規定における「刑事施設」（刑事収容法3条）は，行政法上，自由刑の執行の施設として設置されている刑務所を意味する。刑務所収容は，受刑者が国家権力の下に閉鎖的施設内で強制的な処分を受ける処遇であり，拘禁特有

---

[5] その他，たとえば，公職選挙法11条1項の選挙権・被選挙権に関する規定など，種々，法律上の扱いが異なることに注意せよ。

の問題をはらむ。刑務官による受刑者の人権侵害などは論外としても，受刑者相互の人間関係，一般社会から隔絶された刑務所社会のもたらす弊害，とくに社会復帰をかえって困難にする効果（本人と社会との順応・適応の難しさ，社会生活上の経済的・人間的基盤の喪失等々）などが指摘される。対社会的にも，出所後の，いわゆる「ムショ（刑務所）帰り」というレッテル（スティグマ）効果が無視できない。そこで，自由刑の執行も施設収容の形によらず開放処遇が望ましいという主張が有力に展開され，あるいは，施設拘禁に代わる代替刑として，社会奉仕命令などが提案されている。

とくに**短期自由刑**（一般に6月未満の自由刑がこうよばれる）については，受刑者に対する再犯を予防し社会復帰に向けた矯正処遇の機会はほとんどなく，むしろ上述のような弊害のみが目立つとして，立法論の問題としても議論されている。具体的な実現には問題があるが，これを避けるべきであるとの主張（短期自由刑廃止・代替論）がなされている。既に，広い意味ではこのような方向の考え方が受け入れられているといえ，刑の執行猶予の制度（25条以下）などをその例として挙げることができる。

8.2.3　財　産　刑

(1) 罰金・科料と労役場留置

財産を剥奪する刑罰が**財産刑**である。金銭を対象とする罰金（15条）・科料（17条）と，「物（この関係では金銭も物として把握されている）」を剥奪する没収（19条）とがある。**罰金**は，1万円以上（ただし，減軽する場合は1万円未満に下げることができる），**科料**は，1千円以上1万円未満とされる。両者の区分は額によるが，懲役・禁錮と拘留の区別の場合と同様，単純な量的差異ではなく，種々の場面で効果の差をもたらす（9，10条）。罰金の上限に関しては，総則規定上の限定がない[6]。

---

[6] 会社法の取締役等の特別背任罪（会社法960条）では1千万円以下，両罰規定による法人処罰の場合には，たとえば独占禁止法95条には5億円の罰金が規定されている。刑法第2編においては，96条以下・175条・198条の250万円が最高額である。

なお，刑法典の犯罪については，1995年改正の際に各条の罰金額が改正されたが，特別刑法の中には，貨幣価値の変化に伴って，条文所定の罰金額が現実にそぐわなくなっているものがある。これについては，罰金等臨時措置法（昭和23年法律第251号）が特例を定めている。

罰金を完納（全額を納付）することができない者は，1日以上2年以下の期間，**労役場**に留置する（18条1項）。科料を完納することができない者は，1日以上30日以下の期間，労役場に留置する（同条2項）。罰金の併科または罰金と科料との併科の場合，留置期間は3年を超えることができず，科料の併科の場合，60日を超えることができない（同条3項）。罰金または科料の言渡しをするときは，それと同時に，罰金または科料を完納することができない場合における留置の期間を定めて言い渡さなければならない（同条4項）。なお，裁判確定後一定期間は，本人の承諾がなければ留置の執行をすることができない（同条5項）。罰金の一部納付者についての留置日数についての規定もあり，残額を留置一日の割合に相当する金額で割った日数（1日未満の端数は切り上げ）となる（同条6項）。労役場は，刑事収容法により法務大臣が指定する刑事施設に附置される（刑事収容法287条）。少年に対しては労役場留置の言渡しをしない（少年法54条）。

労役場留置は，いわゆる換刑処分であって罰金刑の執行そのものではないとされているが，資力のない受刑者には実質的に自由刑が科されることになり，短期自由刑の弊害をもたらすという問題がある。

（2）日数罰金制

財産刑は，犯人の経済力等によって感応の程度に差があり，量刑の際にはこの点を考慮しなければならない。また，罰金の金額を特定する場合，貨幣価値や経済状況などの外的条件も無視できない。しかし，同程度の不法内容に対して科される罰金額が大幅に異なると不公平感が生じるであろう。そこで，**日数罰金制**が提案される。これは，罰金を，額の特定によらず日数によって言渡し，言渡しを受ける者の1日当たりの収入に基づいて日額を決定した上，日額に日数を乗じた額を支払うべき罰金の額とする方法である。

しかし，そもそも，「金で解決をつける」ことは，自由刑のような直接的な人身に対する害悪に比して受刑者において切実さが欠けることは否めないから，額が多額であることによる犯罪抑止効果を期待するのにも限界がある。財産刑の活用は，上述の短期自由刑の弊害を避ける手法としても重要であるが，用い方には吟味が必要なところである。また，財産刑と，刑罰外に位置づけられる「過料」や「反則金」・「課徴金」などの制裁，あるいは，（社会的・精神的損害に対する）損害賠償（さらには，現行法には制度が存在しないが，理論的には懲罰的

損害賠償も考慮する必要がある）などとの区別や棲み分けも，立法論・解釈論の両面において問題になる。

（3）没　　収

　財産刑には，主刑（単独で言い渡される）である罰金・科料のほか，主刑に合わせて言い渡される付加刑（9条参照）として没収（19条）がある。没収は，犯罪に関係する物の所有権を剥奪して国庫に帰属させる処分である。刑罰に位置づけられるが，犯罪の手段として用いられた凶器などを没収する場合や，とくに犯人以外の者が所有する物の没収（19条2項ただし書）は，危険の排除という保安処分的な性格をもつ。没収の対象は，有体物としての特定物であるから，それが処分されたり破壊されたりしたとき，混同等により同一性を失ったときは，没収できない（19条の2の追徴が問題となる）。ただし，金銭については，その代替性の高さから，両替されても没収可能とされている。没収できるのは，犯人以外の者に属していない物に限られる。ただし，犯罪の後に犯人以外の者が情を知って取得した物であるときは没収できる（19条2項）[7]。「属する」とは，所有権その他の物権を有することを意味する。ここにいう犯人には，共犯者を含み，確定判決を受けた者だけでなく未だ訴追を受けていない者を含むとされるので，共犯者の所有物は犯人に属する物として没収できる。

　没収の対象は，19条1項の各号に基づき4種に分類される。第1は，犯罪行為を組成した物で，構成要件要素として犯罪を組成するに不可欠な物（**組成物件**）である。偽造文書の行使罪において行使された偽造文書や，賭博罪における賭金などを例として挙げることができる。第2は，犯罪行為の用に供し，または供しようとした物（**供用物件**）で，犯罪行為の遂行に現に使用したか，使用するために用意したが現に使用されなかった物である。殺害や傷害のために用いられた（用いようとした）凶器などが典型的な供用物件である。第3は，犯罪行為によって生じた物（**犯罪生成物件**），または犯罪行為によって得た物（**犯罪取得物件**），犯罪行為の報酬として得た物である。犯罪生成物件としては，偽造罪における偽造された物，犯罪取得物件としては，狩猟法違反の狩猟によって

---

[7] 所有権を有する被告人以外の第三者に対し，告知・弁解・防御の機会を与えるため，「刑事事件における第三者所有物の没収手続に関する応急措置法」がある。

得た禁猟獣や，財産罪によって得た盗品等がこれにあたる。このように，「得た」とは所有権を取得した場合に限らなくてよいが，盗品等は被害者の所有が失われていない以上，実際に没収が可能となるのは，被害者が所有権を放棄するなどした場合である（19条2項）。第4は，第3に挙げた物（犯罪生成物件）の**対価として得た物**である。本来は犯罪生成物件として没収されるべきである物に代わって没収される性格をもつので，犯罪生成物件が19条2項によって没収可能であったことを要するという考え方もあったが，最高裁は，盗品の対価として得た金銭は，その対価たる金銭の所有が犯人にあれば，盗品自体の所有が犯人になくても，19条1項4号による没収対象となるとした（最判昭和23・11・18刑集2巻12号1597頁）。19条1項は対価自体の没収規定であって，その対価が19条2項の要件を満たす必要はあるが，その他，たとえば犯罪取得物件が「没収できたはずだが没収できないもの」である（19条の2の要件を満たす）ことは必要でない。

　没収は，拘留または科料のみにあたる罪については，いわゆる組成物件（19条1項1号）を除いて，特別の規定がなければ没収を科することができない（20条）。没収が付加されることにより，犯罪による不法内容に比して過度な制裁となることを避ける趣旨だといえる。

（4）追　　徴

　19条1項3号・4号に掲げる没収の目的物が，没収の要件を備えているものの，事実上または法律上の障碍により没収することができないときは，その価額を国庫に納付することを命ずる処分ができる。これらの物は，犯罪から得られた利益という性格が強く，不法な利得を剥奪する必要があるからである。これが**追徴**である（19条の2）。このように追徴は，刑罰ではなく，犯罪による不法な収益を犯人から剥奪する性格をもつ一種の換刑処分であり，保安処分的性格のものと考えられている。そもそもは，19条の規定により，付加刑である没収を科することは任意であり，裁判所の裁量に委ねられるが，197条の5のように必要的な場合もある。実際，特別法上，刑事政策的効果を期待して，処分不法収益の没収が必要的処分として規定されることも少なくない[8]。

8　一例としては，組織犯罪処罰法13条以下がある。

8.3 量　　刑

8.3.1　量刑の意義

（1）刑罰の決定プロセス

　量刑とは，宣告される刑罰の種類と量とを定めることである。刑を決定する第一の基礎は，いうまでもなく，構成要件に定められている刑罰の種類と量，すなわち**法定刑**である。次に，それを加重・減軽すべき事情が存在する場合には，法定刑に必要な修正を加えることになる。このようにして得られた，最終的な刑を決定する枠となる刑の範囲を**処断刑**という。さらに，法定刑は，通常，ある幅をもつ選択の余地をもって規定されているから，処断刑にも幅があり，実際に刑を宣告するには，その範囲内において，種々の事情を考慮したうえで適切と思われる特定の刑種と刑の分量を判断しなければならない。こうして，法定刑を修正した処断刑の範囲から，宣告される個別の刑罰（**宣告刑**）が決定される。以上のような段階を踏んで，個別的国家刑罰権の発動に至るのである。

　なお，個別的国家刑罰権の発動に関しては，犯罪の成立に加え，例外的に犯罪論の外部にある条件が付されていることがある。**客観的処罰条件**は，特定の条件があるときに限って国家刑罰権が発生する場合であり，**処罰阻却事由**は，特定の条件があるときには国家刑罰権の発生が否定される場合である。刑法典の中から，解釈論上争いなく客観的処罰条件であるとされる例を挙げることが難しいが，破産法上の詐欺破産罪（破産法265条）において，「破産手続開始の決定が確定」することがこれにあたるものとして挙げられる。処罰阻却事由の例としては，刑法244条1項や257条1項の親族等であることなど，人的（一身的）刑罰阻却事由が典型的なものである。客観的処罰条件・処罰阻却事由は，犯罪論上の諸要素（たとえば故意や違法性）の存否とは関係しない。

（2）処断刑の形成

　法定刑は，個々の刑罰法規に規定されている「刑の種類と量」のことであるが，処断刑を求めるためには，刑の加重・減軽（68-72条）の諸条件を勘案しなければならない。法律上の事由としては，次のようなものがある。まず，刑

の加重事由として，併合罪加重（45条-），再犯加重（56条-）がある。刑の減軽事由としては，心神耗弱（39条2項），中止犯（43条但書），幇助犯（63条），過剰防衛（36条2項），過剰避難（37条1項但書），未遂犯（43条本文）などがある。さらに，以上のような「法律上の減軽」とは別に酌量減軽（66条）が認められている。酌量減軽は，文字通り，法律上の加重・減軽事由に含まれない「情状」を酌量して，なお減軽が必要と判断される場合に行われる刑の減軽である。

これらが，72条の規定に従い順次適用されて，処断刑が決定する。

なお，主刑の軽重は，10条による。すなわち，原則は，9条に書かれた「死刑・懲役・禁錮・罰金・拘留・科料」の順に重いが，無期の禁錮と有期の懲役とでは禁錮が重く，有期の禁固の長期が有期の懲役の長期の2倍を超えるときも，禁錮が重いこととされる（以上，同条1項）。同種の刑は，長期の長いものまたは多額の多いものを重い刑とし，長期または多額が同じであるときは，短期の長いもの寡額（下限額）の多いものが重い刑になる（同条2項）。2個以上の死刑，または長期・多額も短期・寡額も同じである同種の刑は，犯情によってその軽重を定める（同条3項）[9]。

(3) 宣告刑の決定（狭義の量刑）

宣告刑は，処断刑の範囲内で特定の刑種・刑量・執行猶予等の取り扱いを決定したもの，ということになる。日本の刑法では，他の立法例と比較して，犯罪が簡素で包括的な類型として構成要件化されており，これに対応して法定刑の幅も広い。他方，量刑に関する法律上の規制は，上記のような制度的・形式的枠組のほかには存在せず，結局，量刑は，それを判断する主体，すなわち裁判所の裁量に大幅に委ねられている。これは，柔軟な実質的判断を行うことを可能にする側面があり，裁判所に対する信頼がある限りにおいては好ましい。しかし，それが量刑に関する客観的な批評をしにくくしている面も否めず，学

---

[9] 選択刑または併科刑として異種類の刑が規定されている場合の対照方法については規定がない。判例は，10条の趣旨からは，最も重い刑種につき軽重がつかないときには併科・選択刑についても対照する，いわゆる全体的対照主義が常識的・合理的であるとしながらも，刑法施行法3条3項の「一罪ニ付キ二個以上ノ主刑ヲ併科ス可キトキ又ハ二個以上ノ主刑中其一個ヲ科ス可キトキハ其中ニテ重キ刑ノミニ付キ対照ヲ為ス可シ」との規定は，一般的に併科刑または選択刑の場合に刑の軽重を定める方法（いわゆる重点的対照方法）を定めたものだと解し，最も重い刑種のみについて比較すべきであるとする（最判昭和23年4月8日刑集2巻4号307頁）。

問的に量刑論が展開される契機を乏しくしてきたことも認めざるをえない。裁判員制度のもとで，市民が量刑に関与するようになり，量刑の透明性・客観性への要請が高まっている。実務的観点からのみならず，理論的研究も当然必要である。もちろん，アメリカ合衆国などの「量刑ガイドライン」は注目されるし，より一般的な量刑理論を含めて，量刑をめぐる比較法的・国内法的研究が継続的に行われてはいるが，今後とも発展が期待される分野である。

なお，起訴便宜主義（刑訴法248条）による検察官の起訴裁量により，有罪となることが確実と判断される事件のみが起訴されるという事情や，自白を得て起訴される事件が多いことなどから，犯罪事実の存否が争点となることが少なく，弁護人の活動も，日本の刑事裁判では量刑をめぐるものが多くを占めるという現実があることも指摘できる。

8.3.2　刑の加重・減軽

（1）累　　犯

刑の加重事由は，上述のように，法定のものだけであり，併合罪加重と累犯（再犯）加重とがあるが，併合罪加重については罪数（第7章）で扱ったので，ここでは，再犯加重（56条以下）を扱う。

累犯（刑法10章）は，一般には再度およびそれ以上の回数，犯罪が繰り返される場合である。法律上，加重が問題となるのは，確定裁判を経た犯罪の後に行われた犯罪（後犯）である。条文は，直接的には再犯について定め，三犯以上の累犯についても再犯の例によるととしている（59条）。つまり，三犯以上についても56・57条を適用することになる。ここにいう三犯とは，単に相前後する3つの犯罪の最後の犯罪というだけでなく，再犯の後のさらに56条1項の要件を満たす（加重効果を伴う）犯罪であると解されている。再犯の刑は，その罪について定めた懲役の長期の2倍以下となる（57条）。ただし，14条2項により30年を超えることはできない。累犯の刑を加重することの根拠は必ずしも明確ではないが，前犯の処罰の訓戒的意味を無視した点で責任非難が重いこと，行為者の累犯的性格の危険性に対する社会防衛的観点からの考慮などが挙げられている。

累犯加重の要件は，「懲役に処せられた者」がその執行を終わった日，また

はその執行の免除を得た日から5年以内にさらに罪を犯した場合において，その者を有期懲役に処するとき（56条1項），「懲役にあたる罪と同種の罪により死刑に処せられた者」がその執行の免除を得た日，または，減刑により死刑から懲役に減刑されてその執行を終わった日，もしくは，その執行の免除を得た日から5年以内にさらに罪を犯した場合において，その者を有期懲役に処するとき（2項），にあたることである。「併合罪について処断された者が，その併合罪のうちに懲役に処すべき罪があったのに，その罪が最も重い罪でなかったため懲役に処せられなかったものであるとき」は，懲役に処せられたものとみなされる（3項）。

「懲役に処せられた」とは，有期・無期の懲役の確定判決を受けたことをいい，懲役が宣告刑として言い渡されたことが必要である。また，その言渡しが有効に存在していることが必要であり，たとえば，大赦（恩赦法2条）または特赦（同法4条）があったときは，それにより有罪の言渡しが効力を失うこととされている（同法3条1項，5条）ので，この要件を充足しない。「刑の執行を終わった」とは，刑期の満了をいう。したがって，刑の執行中に逃走した場合はもちろん，刑の執行停止中，仮釈放（刑法28条）中，懲役の執行猶予中（猶予期間内）の犯罪も累犯とはならない。「刑の執行の免除」は，5条に規定される外国において言い渡された刑の全部または一部の執行を受けた場合，31条の刑の時効の場合，恩赦法8条の場合などがある。

刑の執行を終わった日から5年の期間の起算点については，受刑の最終日の翌日であるとするのが判例（最判昭和57・3・11刑集36巻3号253頁）である。刑の執行は受刑最終日の午後12時までである（釈放は刑終了日の翌日に行われる（24条2項））ことからすれば，起算点は翌日の午前0時となるのが合理的である。刑の執行の免除を得た場合の起算点について判例はないが，5条によるときは免除の判決が確定した日，31条によるときは時効期間満了日の翌日，恩赦法8条によるときは免除の効力が生じた日と解すべきであるとされる[10]。

「罪を犯した」とは，5年以内に構成要件該当行為（実行行為）が行われたことを意味する。この期間内に犯罪の着手があればよい（最判昭和24・4・23刑集3巻5号621頁）。後犯を「有期懲役に処するとき」とは，後犯の法定刑に有期懲

---

10 『大コンメンタール』第4巻382頁（佐藤文哉執筆）。

役が含まれているというだけでなく，処断刑を形成する過程で，そのうちから有期懲役が選択されている場合を意味する。なお，前犯の刑の執行を終わる前に着手した拳銃不法所持行為が刑の執行を終わった後にも継続していた場合，「累犯関係の有無は，前刑の執行を終わるまたは執行の免除があった日から5年の期間内に，犯罪の実行行為をしたか否かを基準にして決定すべきものであって，5年の期間内に，犯罪行為の着手があったか否かのみを基準にして決すべきものではない」として，累犯要件を充足すると判断した判例（最判昭和43・11・7刑集22巻12号1335頁）がある。

このほか，常習犯として，刑法総則とは別に，186条1項の常習賭博罪や，盗犯等防止法2条・3条・4条，暴力行為等処罰法1条ノ3，2条2項など，重要な加重類型がある。常習犯の加重根拠は，累犯の加重根拠と共通するところがあると思われるが，判例は，常習犯についても累犯加重の適用を認める（常習賭博について大判大正7・7・15刑録24輯975頁，常習窃盗について最決昭和44・6・5刑集23巻7号935頁，常習暴行等について最判昭和44・9・26刑集23巻9号1154頁など）。

（2）自　　首

刑の減軽事由には，法律上の減軽事由と裁判上の減軽事由とがある。**法律上の減軽事由**としては，上述のように，心神耗弱・未遂犯・幇助犯・過剰防衛などがあるが，それぞれの問題に関して個別に扱ったところであるので，ここでは，自首等（42条）を扱う。

自首とは，罪を犯した者が，それが捜査機関に発覚する前に，自発的に，その犯罪事実を捜査機関に対して申告することである。自首したときは，その刑を減軽することができる（42条1項）。

「捜査機関」とは，検察官または司法警察員をいう（刑訴法245条，241条1項参照）。「発覚」とは，犯罪事実および犯人が知られることをいい，犯人が判明していて，不明だった所在が判明する場合は含まない（最判昭和24・5・14刑集3巻6号721頁）。申告方法に限定はないので，自ら出頭する必要はなく他人を介して申告する場合も自首にあたりうるが，自発性は必要であるから，捜査機関の取調べに応じて申告するような場合は自首とは認められない。自首するため犯行発覚前に交番に行ったが警察官が不在で申告できず，他の理由によって捜査機関に発覚したという場合にも自首の成立が認められた例がある（東京高判

平成7・12・4高刑集48巻3号189頁）。申告内容に虚偽部分が含まれていても直ちに自首の成立が否定されるわけではない（拳銃の不法所持・不法発射の事実を申告したが，その際，使用した拳銃について虚偽の事実を述べたとしても自首の成立を妨げるものではないとした，最決平成13・2・9刑集55巻1号76頁参照）。

　自己の訴追を含む処分を明示的または黙示的に求めることが必要かどうかについては，議論がある。処分を求める意思があれば自首があったと認められやすくなるとしても，処分自体は捜査機関側が適切に判断すべきものであって，それを自首の要件とすることは妥当でないであろう。裁判例には，「申告の内容が犯罪事実の一部をことさらに隠したものであったり，自己の責任を否定しようとするものであるときは，自首には当たらない」としつつ，「捜査機関にとり，犯人の述べたことが全体としてその者の犯罪事実を申告し，かつ，訴追等の処分を求める趣旨のものと受け取れるものであるならば，自首の成立を認めてよい」とするもの（東京高判平成2・4・11東京高裁刑事判決時報41巻1-4号19頁）があると指摘されているが，これ自体も「訴追等の処分を求める趣旨のものであること」を要件とするわけではなく，そのような事情を自首成立の補強的要素とみているというべきであろう。

　自首の効果は，総則規定では刑の任意的減軽である。ただし，特別の規定により刑の免除が認められる場合もある（80条・90条など）。自首による減免の根拠については，「改悛の情」を示す者に対して寛大な取り扱いをすることによって，申告を促し，犯罪捜査や処罰を容易にする，という政策的目的が挙げられる。しかし，自首規定に「改悛の情」を要件として読み込む文言上の必然性はないし，実際に犯罪捜査を容易にすることまでを要求することは，過大な要求となって，かえって自首制度の効果を減殺するきらいがある（一時的にもせよ事件の真相の発見を妨げたとしても自首の成立を否定しなかった，最決昭和60・2・8刑集39巻1号1頁参照）。

　親告罪における告訴権者に対して，親告罪の犯人が自己の犯罪事実を告げ，その措置に委ねたときも，自首と同様の効果が認められる（42条2項）。これを首服という。告訴権者に対する申告が，告訴権者に発覚する前でなければならないか，捜査機関への発覚前であることを要するかという問題があるが，自首制度と同様の趣旨の規定であると解し，捜査機関への発覚前であることを要件とするのが妥当である。

(3) 酌量減軽

　裁判官が具体的事件の情状を考慮して法定刑を修正する制度である裁判上の減軽として，**酌量減軽**がある（66条）。「犯罪の情状に酌量すべきものがあるとき」とは，法定刑または法律上の減軽をした後の処断刑が，その最も軽い刑においてなお具体的場合の情状にてらして重すぎると考えられるときである。法律上の加重・減軽事由があるときにも酌量減軽が可能である（67条）。もっとも，法律上の任意的減軽事由があるのに，それによることなく酌量減軽をすることは妥当とは思われないし，実務上はそのような処理は違法として扱われているようである[11]。

(4) 加重・減軽の方法

　法律上の減軽事由については，68条が次のように定める（同じく法律上の加重事由である併合罪と累犯については，加重方法について，それぞれ個別の規定がある）。
① 死刑を減軽するときは，無期または10年以上の懲役もしくは禁錮とする。
② 無期の懲役または禁錮は，7年以上の有期の懲役または禁錮とする（長期は30年となる。14条1項）。
③ 有期の懲役または禁錮は，その長期および短期を2分の1とする（短期を1月未満とすることもできる。14条2項後段）。
④ 罰金は，その多額および寡額を2分の1とする（寡額を1万円未満とすることもできる。15条）。
⑤ 拘留は，その長期を2分の1とする（短期はもともと1日である）。
⑥ 科料は，その多額を2分の1とする。

　68条の規定は，「法律上刑を減軽すべき1個または2個以上の事由があるとき」の処理を定めており，法律上の減軽事由が複数あっても，減軽そのものは上に挙げた方法で（1回）行われる。法律上の減軽をする場合，各本条に2個以上の刑名があるときは，まず適用する刑を定めて，その刑を減軽する（69条）。無期懲役と有期懲役とは区別されるのが裁判実務である[12]。たとえば，有期懲役と罰金とが選択刑となっているときは，まず有期懲役を選択するか罰金を選択するかを決定し，有期懲役を選択したなら，有期懲役刑の減軽として処

---

[11] 『大コンメンタール』第5巻687頁（高橋省吾執筆）。

理するのである。懲役，禁錮または拘留を減軽することによって1日に満たない端数が生じたときは，これを切り捨てる（70条）。裁判上の減軽である酌量減軽をする場合も，法律上の減軽についての68条・70条による。69条が挙げられていないのは，順序が先である法律上の加重・減軽によって，その際既に刑種の選択が行われていることを考慮するからであろうが，法律上の加重・減軽が酌量減軽を行う前提とされるわけではない以上，酌量減軽の際に刑種の選択が必要になることがあり，その場合に69条に従うべきであることを否定する理由はないであろう。

　以上のようにして，結局，法律上の減軽と裁判上の減軽（酌量減軽）とが各々1回ずつ行われる可能性がある。また，法律上の加重事由には併合罪加重と再犯（累犯）加重（いずれも必要的）がある。これらの加重・減軽の順序については，72条により，①再犯加重，②法律上の減軽，③併合罪加重，④酌量減軽の順となる。科刑上一罪（54条1項）の処理については，一連の処理のうちどの段階で行うか規定がない。併合罪加重に準じて，法律上の減軽の次（3番目）に行うべきであるとする見解もあるが，判例・実務においては，構成要件規定の適用に引き続いて54条の処理（「最も重い刑」による修正）を行い，その後，刑種の選択が行われ，72条の順に加重・減軽を行うという扱いがなされている。この場合には，科刑上一罪の処理による「最も重い刑」は，法定刑と処断刑の間にあって，いわば修正法定刑のような位置を占めることになる。69条は，刑種の選択が法律上の減軽に先立つことを定めるが，たとえば，公務執行妨害罪と傷害罪との観念的競合の場合には，下限も最も重い刑によるべきこととなる以上，科刑上一罪の処理によって既に罰金の選択の余地がなくなるので，69条による以前に必然的に刑種の選択がなされる形になる。

8.3.3　刑の量定（狭義の量刑）

　以上のような修正を経た処断刑の範囲から，言い渡すべき刑，すなわち宣告刑を決定することになる。宣告刑の量定が**狭義の量刑**である。刑の種類を特定し，その量を決定したうえで，自由刑ならば（少年に対しては相対的不定期刑（少

---

[12]　『大コンメンタール』第5巻701頁（高橋省吾執筆）参照。

年法52条）もあるが，成人の場合には必ず）**定期刑**を言い渡さなければならない。刑の量定は，広義の情状を考慮する裁判官の裁量に委ねられる（裁判員裁判においては狭義の量刑も含めて裁判員との合議によって決定される）。他方，刑の量定が不当であることは，控訴理由となる（刑訴法381条）のであって，追跡説明可能なものでなければならないはずである。このような事情からすれば，量刑には何らかの法的な基準があるべきである。しかし，現行法上，狭義の量刑を直接に規制したり，方針を示したりする規定は存在しない。参考にできるものとしては，起訴裁量に関する刑訴法248条や，改正刑法草案48条[13]が挙げられるが，それらも概略の観点を示すのみであり，結局，行為者の客観的・主観的事情，行為後の事情，社会的反応などが広く総合的に考慮されることになる。具体的事件の量刑に際しての客観的指標として，多くの場合，先例の集積により公平・安定の観点から自ずと形成されてきた量刑相場のようなものが大きく働くことは否めないし，やむをえない面もある。

　量刑論は，千差万別の事件に最もふさわしい刑罰を求める営為であって，いずれにしても扱いが難しく，理論的に検討不足の部分が多い。基本的には，犯罪として実現された不法の程度と行為者の責任に比例するという犯罪論的思考が量刑においても第一義であるはずであるが，刑罰の目的論とも関連して，一般予防・特別予防の観点からどのように量刑を考えるべきかには，議論がある。その中でも，予防の観点から不要な処罰はしないという意味で，予防の必要性は，片面的（減軽方向）にのみ考慮されるべきであるとの見解は，少なくとも量刑の大枠たる姿勢として支持されるべきであろう。

8.4 刑の執行

　刑の執行の実際は，法令上は，刑事訴訟法や，刑事収容法（刑事収容施設及び被収容者等の処遇に関する法律）をはじめとする行刑関係法令に規定があるので，ここではその詳細には立ち入らず，基本的に実体刑法関係に規定がある問題に

---

[13] 改正刑法草案は実定法規定ではないから，もちろん法律上の判断における根拠にはならない。あくまで考える際の参考としてなら意味をもつであろうというだけである。

ついて扱うこととする。

8.4.1　自由刑の刑期の計算

　自由刑の刑期については，**刑法の期間計算**に関する規定に従う。まず，基本的な原則として，月または年によって期間を定めたときは，暦に従って計算する（22条）。刑期の計算は，裁判が確定した日から起算する（23条1項）が，拘禁されていない日数は，裁判が確定した後であっても，刑期に算入しない（同条2項）。当該事件により現に勾留中か即日収容された場合には，裁判確定日から刑期が計算されることになる。自由刑に処する裁判を受けた者がその事件に関して拘禁されている場合には，その裁判確定の日から刑期を起算するのであって，その事件に関して拘禁されていない場合には，たまたま他の事件に関し拘禁されていても，23条1項の適用はない（最決昭和54・3・26刑集33巻2号121頁）。受刑の初日は，時間にかかわらず1日として計算され，時効期間についても同様とされる（24条1項）。刑期が終了した場合における釈放は，その終了の翌日に行う（24条2項）。刑期の終了は，最終日の終了時点であるが，だからといって終了後直ちに釈放すると釈放の時が夜半となって，釈放する側・される側の両方に不都合であることが考慮されたものであろう。

　未決拘留日数は，その全部または一部を本刑に算入することができる（21条）。未決拘留は，訴訟手続の必要からなされるもので，もちろん刑の執行ではないが，身体拘束の点で自由刑の執行と変わりがないから，裁判所は有罪判決を言い渡す際に，本刑（自由刑だけでなく財産刑も含む（9条）。財産刑の場合は裁判所の裁量により額に換算される）に未決拘留日数を算入することが認められたものである。これは，裁判所の裁量による任意のもの（裁定算入）である（刑訴法上，上訴提起期間中等，未決拘留日数が当然に算入される場合（刑訴法495条）は法定通算という）。算入によって刑期が短縮されるのではなく，既に執行を終わったものとみなされる趣旨である。

　算入基準は，全部算入・一部算入などの考え方があるが，実務上は，事件捜査・審理に通常必要とされる期間を超えた部分を算入するという考え方が大勢であるといわれる。

8.4.2 刑の執行猶予

(1) 趣　旨

　刑の執行猶予は，刑の言渡しに際して，情状によって，その執行を一定期間猶予し，その猶予期間を無事経過したときには，刑の全部の執行猶予の場合には刑の言渡しの効力を失わせ，刑の一部の執行猶予の場合には刑の執行猶予を受けなかった部分の刑に減軽した上，刑の執行を受け終わったものとする制度である。刑法では，25条以下に規定がある。この制度の趣旨は，上述のとおり，自由刑に伴う弊害を避けるために，自由刑の言渡しをして有罪宣告をする（この限りで罪責を宣言し，一般予防に資する）ものの実際の施設収容は行わずに受刑者や周囲の社会的負担を軽減することにあるが，それとともに，犯罪者自身の自覚に基づく改善更生を期待するものである。短期自由刑の弊害とは無関係の罰金刑についても執行猶予が認められている（25条1項参照）のは，この後者の趣旨のものとして理解される。なお，従来からの刑の全部の執行猶予のほかに刑の一部の執行猶予制度が導入され，これに合わせて，保護観察制度の充実として，保護観察の遵守事項に奉仕活動等の社会活動を行うことが付加されている。

(2) 効　果

　執行猶予制度は，英米法の有罪判決の宣告猶予制度に起源をもつと考えられるが，執行猶予に相当する制度の具体的立法例には種々のものがあり，宣告猶予のほか，刑の言渡しの後，行政権による刑の執行猶予を行い，刑の執行だけが免除されて言渡しの効力自体は失われないという，条件付特赦の制度もある。日本の制度は，上述のとおり，遡って刑の言渡しの効力が否定されたり，その内容が変更されたりといった効果が認められるので，条件付有罪判決制に分類される。
　刑の言渡しによって国家刑罰権は発生し，その執行が猶予されるという形式であるから，刑の言渡しの効力が失われても刑の言渡し自体がなかったことになるわけではなく，刑の全部の執行猶予がなされた場合にも，「刑に処する」旨の言渡しはなされたことになる。そこで，「刑の言渡し」そのものに伴って生じる法的不利益（たとえば，資格停止・刑の執行猶予の制限など）は残る。

刑の全部の執行猶予の言渡しを取り消されることなく猶予期間を経過したときは，刑の言い渡しはその効力を失う（27条）。効力が失われるとは，その刑に処せられなかったことに帰し，刑の言渡しに伴う効果が将来に向かって全部消滅する。ただし，刑の執行猶予の言渡しの事実を量刑資料として参酌することはさしつかえないとされている（最決昭和33・5・1刑集12巻7号1293頁）。「刑の執行猶予の言渡しを取り消される」については，明確性を重視して，猶予期間内に取消決定がなされ，かつ確定することを要するとする確定説と，確定する必要はなく執行力が生じれば足りるとする説（執行力説）とがある。判例は，執行力説の立場である（最決昭和40・9・8刑集19巻6号636頁。取り消し決定に対する即時抗告棄却決定が猶予期間経過前に刑の言渡しを受けた者に告知された場合には，執行猶予取り消しの効果が発生するとした）。

　刑の一部の執行猶予の言渡しを取り消されることなくその猶予の期間を経過したときは，その懲役または禁錮を執行が猶予されなかった部分の期間を刑期とする懲役または禁錮に減軽し，当該部分の期間の執行を終わった日またはその執行を受けることがなくなった日において，刑の執行を受け終わったものとする（27条の7）。つまり，始めから，猶予されなかった刑期の自由刑の宣告を受けたのと同様の取扱いとなる。

（3）要　件
1．刑の全部の執行猶予

　刑の全部の執行猶予には，初度の執行猶予（25条1項）と再度の執行猶予（25条2項）がある。初度の執行猶予は，裁量で保護観察を付けることができ，再度の執行猶予は，必要的に保護観察が付く（25条の2・1項）。以下，順にその要件をみることとする。

　初度の執行猶予（25条1項）　25条1項に規定される執行猶予を初度の執行猶予という。すなわち，前に禁錮以上の刑に処せられたことのない者（同項1号），前に禁錮以上の刑に処せられたことがあっても，その執行を終わった日またはその執行の免除を得た日から5年以内に禁錮以上の刑に処せられたことがない者（同項2号）が，3年以下の懲役もしくは禁錮または50万円以下の罰金の言渡しを受けたとき，情状により，裁判が確定した日から1年以上5年以下の期間，その刑の全部の執行を猶予することができる（25条1項本文）とい

う制度である。罰金を科される場合も猶予が可能であるが、その実例は少ない。拘留・科料については執行猶予が認められない。

「前に」とは、文言上、現在問題となっている今回の罪の「犯行」の前を意味するのではなく、今回の罪の「判決言渡し」の前という意味になる[14]。「禁錮以上の刑に処せられた」という文言は、禁錮以上の刑を言い渡した判決が確定したことを意味し、執行を受けたことまでは要しない。刑の執行猶予の言渡しがあった場合も含まれる（最判昭和24・3・31刑集3巻3号406頁）。執行猶予期間が経過して刑の言渡しが効力を失ったときは（恩赦によって刑の言渡しの効力が失われたときも同じ）、（「言渡し」はあったが）刑に処されなかったことになるので、1号に該当する。執行猶予中の再犯については、25条2項による執行猶予の要件を充足するかどうかの問題となる。

併合罪と刑の執行猶予　同時審判の可能性があった併合罪については、実際に刑の執行を受けたことを要するという判例（最大判昭和28・6・10刑集7巻6号1404頁）がある。前の、執行猶予を言渡した判決が確定している場合に、その判決の際に同時審判の可能性がありながら審判の対象とならなかった併合罪関係にある余罪が発覚したとき、同時審判されていれば一括して執行猶予を言い渡すことがありえたのであるから、これとの権衡を考慮して、前に執行猶予の言渡しを受けていてもなお執行猶予を言渡すことができるとしたのである。その後、再度の執行猶予に関する25条2項の規定が新設されたが、この規定が新設された後の最高裁判例でも、25条2項は、猶予期間中にさらに罪を犯した場合に関するもので、併合罪の余罪について刑の執行を猶予しうるかどうかは25条1項の要件を満たすかどうかによって定まるものであるとされた（最判昭和31・5・30刑集10巻5号760頁）。同時審判の可能性がなかった余罪（前の裁判の言渡し後、確定前に行われた犯罪）についても同様である（最判昭和32・2・6刑集11巻2号503頁）。

なお、余罪についてさらに執行猶予を言渡すときには、前の罪の刑と余罪の刑とを合計して3年以下である必要があるとする裁判例もあるが、学説上はそのような制限は不要だとする見解が有力である。執行猶予付きでなく実刑判決

---

[14] したがって、手続の進展が遅れることによって、執行猶予要件として定められた期間を過ぎることもありうる。

が確定した罪と併合罪関係になる余罪については，もともと前の罪と一括して執行猶予を言渡す可能性がないので，執行猶予の要件を欠くことになる（最判平成7・12・15刑集49巻10号1127頁）。

期間要件と執行猶予の期間　「5年以内に禁錮以上の刑に処せられたことがない」という要件は，今回の判決言渡しの日までに充足すればよい。したがって，前刑の執行を終わり，または執行の免除を得た日から今次の判決言渡しの日まで，禁錮以上の刑に処せられることなく5年が経過していることが要件になる。執行の免除については累犯の項（8.3.2（1））で触れたところを参照されたい。なお，前犯で懲役に処せられた者が，その執行を終わり，または執行の免除を受けた日から5年以内にさらに罪を犯したときは再犯（累犯）となる（56条）が，刑の宣告までの間に5年を経過することがあるので，このような場合には，累犯加重（必要的）される一方，執行猶予の要件を充足することがありうる。

執行猶予の期間は，1年以上5年以下の範囲内で，裁判所の裁量によって具体的に判断されることになる。この制度の趣旨からして予防効果が考慮されるから，犯罪自体の重大性に大きく影響される宣告刑の軽重と連動する必要はない。数個の刑が同時に言渡される場合に，そのうちのある刑についてのみ執行を猶予することができるかについては，議論があるものの，許容する説が有力である。なお，刑の執行猶予は，刑の言渡しと同時に，判決でその言渡しをしなければならない（刑訴法333条2項。略式手続は別である）。

再度の執行猶予　25条2項に規定されるものが再度の執行猶予である。すなわち，前に禁錮以上の刑に処せられたことがあっても，その刑の全部の執行を猶予された者が，猶予中に1年以下の懲役または禁錮の言渡しを受け，情状に特に斟酌すべきものがあるときに認められる（25条2項）。ただし，25条の2・1項の規定により保護観察に付せられ，その期間内にさらに罪を犯した者については，執行猶予の対象とならない。それでも，保護観察を仮に解除されたときは，その処分を取り消されるまでの間は，保護観察に付せられなかったものとみなされる（25条の2・3項）。初度の執行猶予に関する1項とは異なり，罰金の言渡しを受ける場合は除かれている。

2．刑の一部の執行猶予

刑の一部の執行猶予制度は，犯罪者の再犯防止・改善構成を図るため，施設内処遇後に十分な期間にわたり社会内処遇を実施するとの趣旨で導入されたも

ので，27条の2以降に定められている。①前に禁錮以上の刑に処せられたことがない者（27条の2・1項1号），②前に禁錮以上の刑に処せられたことがあっても，その刑の全部の執行を猶予された者（同2号），③前に禁錮以上の刑に処せられたことがあっても，その執行を終わった日またはその執行の免除を得た日から5年以内に禁錮以上の刑に処せられたことがない者（同3号）が，「3年以下の懲役又は禁錮」の言い渡しを受けた場合，「犯情の軽重及び犯人の境遇その他の情状を考慮して，再び犯罪をすることを防ぐために必要であり，かつ，相当であると認められるとき」に，認められる（27条の2・1項本文）。

猶予の期間は，1年以上5年以下（同項）である。また，その期間は，執行が猶予されなかった部分の期間の刑は執行され，その期間の執行が終わった日，または，その執行を受けることがなくなった日から起算する（同条2項）。その場合でも，ほかに執行すべき懲役・禁固があるときは，猶予の期間は，それらの執行が終わった日またはその執行を受けることがなくなった日から起算される（同3項）。

(4) 保護観察

刑の全部の執行猶予において，初度の執行猶予の場合には裁量的に，再度の執行猶予の場合には必要的に，**保護観察**が付される（25条の2）[15]。刑の一部の執行猶予の場合には，裁量的に保護観察に付する（27条の3）。保護観察は，保護観察対象者の改善更生を図ることを目的として、指導監督（更生保護法57条）および補導援護（同法58条。保護観察対象者が自立した生活を営むことができるようにするため，その自助の責任を踏まえつつ行われる）を行うことにより実施される（更生保護法48条）。指導監督・補導援護の内容についても，更生保護法に規定がある。刑法25条の2・刑法27条の3による保護観察対象者は，更生保護法48条4号に保護観察付執行猶予者として規定されている。刑法は，保護観察は，行政官庁の処分によって，仮に解除することができるとし（25条の2・2項，27条の3・2項），仮解除によって，仮解除が取り消されるまでの間は，刑の全部の執行猶予の場合，再度の執行猶予の要件（25条2項ただし書），刑の全部の執

---

[15] 裁判員が参加する裁判において執行猶予判決が言い渡されるとき，裁判官のみによる裁判に比して裁量的執行猶予が付されることが多いと指摘されている。

行猶予の裁量的取り消し（26条の2・2号）との関係で，保護観察に付されなかったものとみなされる（25条の2・3項）。刑の一部の執行猶予の場合も，刑の一部の執行猶予の裁量的取消（27条の5・2号）との関係で保護観察に付せられなかったものとみなされる（27条の3・3項）。保護観察の仮解除についても更生保護法の規定（81条）がある。

(5) 執行猶予の取消し

　刑の執行猶予の言渡しが取り消さなければならない場合，すなわち必要的取消事由が定められている。まず，刑の全部の執行猶予の場合（26条）は次のとおりである。①猶予の期間内にさらに罪を犯して禁錮以上の刑に処せられ，その刑について執行猶予の言渡しがないとき（1号）。「禁錮以上の刑に処せられ」とは，禁錮以上の刑を言渡した判決が確定したという意味である（最決昭和54・3・27刑集33巻2号155頁）。②猶予の言渡し前に犯した他の罪について禁錮以上の刑に処せられ，その刑について執行猶予の言渡しがないとき（2号）。「猶予の言渡し前」とは，猶予の言渡し判決が確定する前のことである（最大決昭和42・3・8刑集21巻2号423頁）。③猶予の言渡し前に他の罪について禁錮以上の刑に処せられたことが発覚したとき（3号）。ただし，3号の場合，猶予の言渡しを受けた者が25条1項2号の者であるとき，または，26条の2・3号に該当するときは，除く（26条ただし書）。本号は，「検察官が上訴の方法により違法に言い渡された執行猶予の判決を是正するみちが閉ざされた場合に，その執行猶予の言渡の取消をすることができるという趣旨である。」との判例（最決昭和56・11・25刑集35巻8号884頁）がある。「猶予の言渡し前」は，前号と同様に解すべきであろう。

　次に，刑の一部の執行猶予の場合（27条の4）は，次のとおりである。①猶予の言渡し後にさらに罪を犯し，禁錮以上の刑に処せられたとき（1号）。猶予の言渡し前に犯した他の罪について禁錮以上の刑に処せられたとき（2号）。猶予の言渡し前に他の罪について禁錮以上の刑に処せられ，その刑の全部について執行猶予の言渡しがないことが発覚したとき（27条の2・1項3号に掲げる「禁錮以上の刑に処せられたが，執行を終わったか執行の免除を得たかした後5年以内に禁錮以上の刑に処せられたことがない」者である場合を除く）（3号）。

　刑の執行猶予の言渡しを取り消すことができる場合，すなわち，裁量的取消

事由も法定されている。まず，刑の全部の執行猶予の場合は，次のとおりである（26条の2）。①猶予の期間内にさらに罪を犯し，罰金に処せられたとき（1号）。②25条の2第1項の規定により保護観察に付せられた者が遵守すべき事項を遵守せず，その情状が重いとき（2号）。保護観察の仮解除中は除かれる（25条の2第3項）。保護観察対象者には遵守事項がある（更生保護法50条以下）が，遵守事項の不遵守それ自体が取消事由なのではなく，「情状が重いとき」に裁量的取消しの対象となる。③猶予の言渡し前に他の罪について禁錮以上の刑に処せられ，その執行を猶予されたことが発覚したとき（3号）。

次に，刑の一部の執行猶予の場合は，次のとおりである（27条の5）。①猶予の言渡し後にさらに罪を犯し，罰金に処せられたとき（1号）。②27条の3・1項（27条の3・1項の規定により保護観察に付せられた者が遵守事項を順守しなかったとき）（2号）。

競合する執行猶予がある場合，刑の全部の執行猶予の場合，26条・26条の2の規定により禁錮以上の刑の執行猶予の言渡しを取消したときは，執行猶予中の他の禁錮以上の刑についても，その猶予の言渡しを取り消さなければならない（26条の3）。同様に，刑の一部の執行猶予の場合，執行猶予中の他の禁錮以上の刑についても，その猶予の言渡しを取り消さなければならない（27条の6）との規定がある。同一人に対し刑の執行と刑の執行猶予が併存する矛盾を避ける趣旨である。

8.4.3　仮釈放

刑法第5章の**仮釈放**には，28条・29条に規定される仮釈放と，30条の仮出場が規定されている（最広義では，少年院からの仮退院（更生保護法41条以下）などを含む）。自由刑の執行期間が満了する前に，収容されている施設から釈放し，その後の刑期を無事に経過したときには，その執行を免除する。自由刑の弊害を避ける観点から社会内処遇を行うことで，受刑者の更生・社会復帰を期待する制度である。

仮釈放は，懲役または禁錮に処せられた者に改悛の状があるときは，有期刑についてはその刑期の3分の1を経過した後，無期刑については10年を経過した後に，行政官庁の処分によって行うことができる（28条）。ここにいう行政

官庁（29条の「仮釈放の取消し」，30条の仮出場についても同じ）とは，更生保護法によって地方更生保護委員会とされている（更生保護法16条）。仮釈放は，行政官庁の処分であって，裁判所が言渡す執行猶予とは異なる。また，仮釈放されても刑の執行は継続する。仮釈放の処分が取り消されることなく（刑法29条参照）刑期の残余期間を経過したときは，刑の執行が終了したものとして，その執行が免除される。実際の手続は，更生保護法33条以下に規定があり，仮釈放すべきか否かの基準は法務省令によることとされている（同法34条）。仮釈放を許された者は，仮釈放の期間中，保護観察に付する（同法40条。必要的である）。保護観察においては遵守事項が課され，その不遵守が仮釈放処分の取消し事由となりうる（刑法29条4号）。

仮釈放の処分は，次の場合に取消すことができる（29条1項）。すなわち，①仮釈放中にさらに罪を犯し，罰金以上の刑に処せられたとき（1号），②仮釈放前に犯した他の罪について罰金以上の刑に処せられたとき（2号），③仮釈放前に他の罪について罰金以上の刑に処せられた者に対し，その刑の執行をすべきとき（3号），④仮釈放中に遵守すべき事項を遵守しなかったとき（4号）である。

また，刑の一部の執行猶予の言渡しを受け，その刑について仮釈放の処分を受けた場合において，その仮釈放中に当該執行猶予の言渡しを取り消されたときは，仮処分の効力を失う（29条2項）。

仮釈放の処分を取り消したとき，または，29条2項の規定により仮釈放の処分が効力を失ったときは，釈放中の日数は刑期に算入しない（29条3項）。なお，少年についての仮釈放については，刑法の仮釈放要件を緩和し，不定期刑の言渡しを受けた場合の仮釈放期間終了の扱いほかを定めた特別規定がある（少年法58条・59条）。

仮出場は，①拘留に処せられた者（30条1項），②罰金または科料を完納することができないため留置された者（同条2項）を，情状により，いつでも，行政官庁の処分によって仮に出場を許すことができる，という制度である[16]。

---

[16] ただし，「現実には，最近仮出場の例を見ない」『大コンメンタール』第1巻676頁（吉永豊文＝林眞琴執筆）という。また，仮釈放と異なり仮出場処分の取り消し制度は規定されていない。

8.4.4　刑罰権の消滅

　特定の者に対する刑罰権（具体的刑罰権）が消滅することがある。これらは，刑罰執行権を消滅させるものと，刑の言渡しの効力それ自体を消滅させるものとに分類される。刑罰執行権を消滅させる事由としては，刑の執行の終了，仮釈放期間の満了，刑の執行の免除，時効の完成，犯人の死亡などがある。刑の言渡しの効力を消滅させるものとしては，執行猶予期間の満了，恩赦（恩赦法2条以下。ただし8条は刑の執行免除），法律上の復権などがある。刑罰の一身専属性からして，犯人の死亡により具体的刑罰権は当然に消滅すると解される。ただし，財産刑については，相続財産や合併後の法人に対して執行することができるとの例外がある（刑訴法491条・492条）。刑の執行の終了の意義については問題ないであろう。仮釈放や刑の執行の免除，執行猶予については，それぞれ当該の項目で言及した。ここでは，そのほかの主要な問題に言及する。

　刑事法上の時効は，一定の期間，具体的刑罰権が行使されないことが，具体的刑罰権の消滅効果を生む制度である。刑法上の「**刑の時効**」と，刑事訴訟法上の「**公訴時効**」（刑訴法250条以下）とがある。公訴時効は，犯罪のあった後，一定の期間内に公訴の提起がないことが公訴権および観念的刑罰権を消滅させるものである[17]。刑法上の刑の時効は，刑（死刑を除く）の言渡しを受けた者が，その執行の免除を得るもの（31条）であり，刑の言渡しが確定した後，①無期の懲役または禁錮については30年（1号），②10年以上の有期の懲役または禁錮については20年（2号），③3年以上10年未満の懲役または禁錮については10年（3号），④3年未満の懲役または禁錮については5年（4号），⑤罰金については3年（5号），⑥拘留，科料および没収については1年（6号）の間，その執行を受けないことによって時効が完成する。時効期間は刑の言渡しが確定した日から進行するが，法令により執行を猶予し，または停止した期間内は，進行しない（33条）。また，懲役，禁錮および拘留の時効は，刑の言渡しを受けた者をその執行のために拘束することによって中断する（34条1項）。罰金，科

---

[17]　時効制度のあり方については，種々議論もある中，死刑に関しては時効の例外とされ，刑訴法250条1項により，人を死亡させた罪であって，死刑にあたるものについては時効が認められない。刑法の刑の時効においても，次に述べるように（31条）死刑に処せられた者については時効が認められない。

料および没収の時効は，執行行為をすることによって中断する（同条2項）。時効の停止とは異なり，時効が中断したときは，改めて全期間が進行しないと時効は完成しない。

法律上の復権とは，「刑の消滅」の見出しが与えられている34条の2に規定される制度で，刑罰権の消滅ではなく，刑の執行を終えた者について，所定の期間を経過した後に，有罪判決を受けたことに伴う権利または法律上の資格制限などの不利益を除くもので，恩赦法による行政作用としての復権（恩赦法9条・10条）と共通する「法律上の復権」というべきものである。禁錮以上の刑の執行を終わり，またはその執行の免除を得た者が，罰金以上の刑に処せられないで10年を経過したとき，罰金以下の刑の執行を終わり，またはその執行の免除を得た者が罰金以上の刑に処せられないで5年を経過したときは，刑の言渡しは効力を失う（刑法34条の2第1項）。刑の免除の言渡しを受けた者が，その言渡しが確定した後，罰金以上の刑に処せられないで2年を経過したときは，刑の免除の言渡しは，効力を失う（同条2項）。**刑の免除**は，刑罰権の発生を阻却する事由・発生した刑罰権を消滅させる事由が存在するときに言い渡されるものである。刑の免除の言渡しは，有罪判決の一種とされている（刑訴法334条）から，有罪判決を受けたことによる資格制限があるので，それとの関係で，法律上の復権でその効力を失わせることに意味がある。

8.5　保安処分

刑罰は，犯罪に対する法律効果として，過去の犯罪事実に対する非難の契機を帯びた反応である。このように「回顧的」な刑罰に対して「展望的」に，行為者の再犯を予防し，いわば将来の危険を除去するために，対象者の自由剥奪・制限を伴う処分を行うことが考えられる。このような処分が**保安処分**である。近代学派の刑法思想において，刑罰の根拠が行為者の行った犯罪に関する非難可能性ではなく行為者の危険性だとするときには，究極的には，ここにいう保安処分の性質をもつ刑罰が想定されていることになる。

保安処分は，行為者に対する非難とは切り離された合目的的作用となり，被処分者に対する一面的な害悪付与ではなくなるから，行為者の責任（非難可能

性)を前提とせずに処分を行うことができる。外国の立法例には，犯罪に対する法律効果として刑罰と保安処分とが用意されていることが少なくない（二元主義)。日本では，刑法には刑罰のみが規定されており，司法処分としての保安処分制度は含まれていない。ただ，実質的には，心神喪失等の状態で重大な他害行為を行った者の医療及び観察等に関する法律（心神喪失医療観察法）による指定医療機関への入院・通院措置等が保安処分的な性質をもつ。すなわち，心神喪失者・心神耗弱者の特定の行為について，検察官の申立てによって，裁判所が決定することとされており，従前の精神保健及び精神障害者福祉に関する法律（精神保健福祉法）に基づく入院措置などの行政措置ではなく，司法機関が関与する処分になっているのである。

　保安処分は，現実に施設収容による自由の制限を内容とする限り，自由刑と同様の不利益処分であるという側面は否定できない。一方で，行為者の危険性，すなわち再犯予測という不確実な基準によって処分の可否を決定することにもなる。司法審査手続きを経ない行政処分としての不利益処分が許されるかなどの問題が指摘される所以である。精神障害者のほか，少年法による少年の保護処分，売春防止法による補導処分，麻薬及び向精神薬取締法による麻薬中毒者に対する措置なども含め，対象者の人権侵害を避けるために適切な制度・運用が要請されることは，改めていうまでもない。

事項索引

あ 行
アジャン・プロヴォカトゥール　274
あてはめの錯誤　90
安楽死　159

医学的適応性　158
意思決定規範　8, 9
意思責任　28
意思における支配　240
意思における優越　240
医術的正当性　158
一故意犯説　103
一事不再理　20, 313
一所為数法　313
一部実行による全部責任　253
一般予防　10, 327, 329
意図　90
違法・責任類型　33
違法一元論　128
違法故意　89
違法性　27
　　――の意識　89, 187
　　――の意識の可能性　88, 172, 187
　　――の錯誤　97, 192
違法性阻却事由　27, 130
　　――に関する錯誤　144
　　――の錯誤　198
違法多元論　129
違法の相対性　128
違法身分　285
違法要素　113
違法類型　33
意味の認識　90
意欲　90
医療行為　157
因果関係　48
　　――の錯誤　99
　　――の断絶　75
　　――の中断　74

因果性遮断　298
因果的共犯論　246, 247
因果的行為論　25
陰謀罪　206

ヴェーバーの概括的故意　106
疑わしきは被告人の利益に　67

疫学的証明　68

応報　10
応報刑思想　327
おとり捜査　274
恩赦　356

か 行
概括的故意　92
外国判決　20
改正刑法草案　346
蓋然性説　93
書かれざる構成要件要素　59
拡張解釈　13
拡張的共犯論　248
拡張的正犯概念　234
確定裁判　319, 320
確定的故意　92
学派の争い　328
科刑上一罪　307, 311
加減的身分　40, 284
加算主義　312
過失　45, 85
　　重大な――　123
　　認識ある――　92, 122
　　認識なき――　122
過失擬制説　38
過失共同正犯　121, 269
過失推定説　38
過失犯　112
　　――の共同正犯　269

加重主義　303
加重単一刑主義　312
過剰避難　150
過剰防衛　141
かすがい現象　317
課徴金　335
可罰的違法性　128
仮解除　352
仮釈放　354
　――の取消し　355
仮出場　355
科料　330, 334
過料　330, 335
換刑処分　335, 337
慣習　60
慣習刑法の排除　13
間接教唆　275
間接正犯　47, 232
　――類似説　179
間接的安楽死　159
間接幇助　279
完全犯罪共同説　255
監督過失　119
観念的競合　311, 313
管理過失　119

期間計算　347
危惧感説　117
危険性説　53
危険の現実化　82, 83
危険の実現　78
危険の創出　78
危険の引受け　167
危険犯　23, 41
既遂罪　205
規制的機能　7
起訴裁量　29
起訴便宜主義　340
期待可能性　172, 201
機能的行為支配　257
規範違反説　126
規範的責任論　171
規範的要素　36
基本犯　51
基本要素としての機能　24

義務の衝突　151
客体　40
　――の錯誤　99
　――の不能　221
客観主義　22
客観説　75
客観的違法性論　124
客観的危険説　223
客観的帰属論　78
客観的結果回避可能性　115
客観的結果回避義務　115
客観的結果予見可能性　115
客観的結果予見義務　115
客観的構成要件要素　36
客観的処罰条件　42, 338
客観的相当因果関係説　76
客観的注意義務　115
旧過失論　113
吸収関係　304
吸収主義　303
急迫性　132
教唆　146
教唆行為　272
教唆犯　146, 229, 272
行政刑法　41
共同意思主体説　263
共同義務の共同懈怠　270
共同教唆　297
共同正犯　47, 229, 233
　――の射程　301
共同幇助　297
共罰の事後行為　306
共罰の事前行為　306
共犯　229
　――と錯誤　289
　――の従属性　248
　――の処罰根拠　230
　――の中止　301
　狭義の――　229
　広義の――　229
共犯関係からの離脱　298
共犯関係の解消　298
共謀　262
共謀共同正犯　259
業務上の過失　122

供用物件　336
極端従属性説　251
寄与度　78
挙動犯（単純行為犯）　41
緊急行為　131
緊急避難　145
禁錮　330, 332
禁止規範　55
禁止の錯誤　193
近代学派（新派）　328

偶然防衛　137
具体的依存性　62
具体的危険説　223
具体的危険犯　42
具体的事実の錯誤　99
具体的符合説　100
　修正（拡張）された――　105
具体的法定符合説　100
黒幕重罰論　264

傾向犯　44
形式的意義の犯罪　21
形式的構成要件符合説　111
形式犯　23, 41
刑事施設　331
刑事政策　326
継続犯　49
刑の一部の執行猶予　349, 351, 353
刑の時効　356
刑の執行　346
刑の執行の免除　341
刑の執行猶予　348
刑の全部の執行猶予　349, 353
刑の変更　20
刑の免除　357
刑罰　330
刑罰法規の内容の適正　17
刑罰法規の明確性　16
刑罰法規不遡及の原則　14
刑法の断片性　7
結果回避可能性　65, 73
結果回避義務　113
結果行為　178
結果主義　23

結果責任　52
結果的加重犯　51
　――の共同正犯　271
結果犯　41
結果無価値　126
　――論　8
結果予見義務　114
原因行為　178
原因において自由な行為　47, 177
限界要素としての機能　25
厳格故意説　188
厳格責任説　144, 191
幻覚犯　222
喧嘩闘争　136
現在の危難　147
限時法　15
限縮的正犯概念　234, 235
限定責任能力　176
権利濫用　135
牽連関係　315
牽連犯　311, 315

故意　44, 45, 85
　――ある道具　181
　――説　188
行為規範　8
行為共同説　252
行為支配　184
　――説　238
　――の意思　260
行為者主義　328
行為者標準説　202
行為主義　23, 327
行為と責任の同時存在原則　177
行為無価値　126
　――論　8
行為論　24
攻撃的緊急避難　150
合憲的限定解釈　18
構成的身分　39, 284
構成要件　22, 32
　――の修正形式　206
　――の重なり合い　111, 257
　――の錯誤　96
　開かれた――　116

構成要件該当性　53
構成要件的過失　112
構成要件的結果　41
構成要件的故意　87
構成要件的状況　42
構成要件的同価値性　57
構成要件的符合説　100
構成要件モデル　178
構成要件要素　34
公訴時効　356
合法則的条件関係　71
拘留　330, 333
個人責任　28
誤想過剰避難　151
誤想過剰防衛　144
誤想避難　150
誤想防衛　144
国家刑罰権　23
国家標準説　202
古典学派（旧派）　328
個別量刑　321
混合惹起説　248
混合的包括一罪　310
混合的方法　175
コントロールド・デリバリー　292

さ　行

罪刑法定主義　11
財産刑　330, 334
罪数論　302
再度の執行猶予　351
裁判上の減軽　345
罪名従属性　252
作為可能性　65
作為義務　57
作為の容易性　65
作為犯　54
錯誤　96

自救行為　157
死刑　330
死刑執行事例　70
死刑選択の基準　331
死刑廃止論　330
時効　356

自己決定　162
事後法　14
事実共同説　252
事実上の引受　62
事実の寄与　259
事実の故意　87
事実の錯誤　96
自首　342
自手犯　49
自招危難　148
自招侵害　134
実現意思　89
　——説　94
実行共同正犯　262
実行行為　47
実行従属性　250
実行の着手　180, 207
実行未遂　211
執行猶予の取消し　353
実質的意義の犯罪　21
実質的構成要件符合説　111
実質犯　24, 41
質的過剰　142
シネ・クワ・ノン　69
支配領域説　63
社会的行為論　26
社会的責任論　170
社会的相当性　126
社会内処遇　354
酌量減軽　344, 345
惹起説　247
重過失　123
自由刑　330
自由刑単一化論　333
集合犯　230, 308
自由主義　14
修正形式としての予備罪　206
修正惹起説　248
集団犯　230
従犯　229
終了未遂　211
主観的違法性論　124
主観的違法要素　34, 43, 125
主観的構成要件要素　43
主観的正当化要素　125

事項索引　363

主体　35
　　——の不能　221
首服　343
遵守事項　348, 354
純粋安楽死　159
純粋惹起説　247
準正当防衛　139
障害未遂　212
消極的安楽死　159
消極的一般予防　329
消極的一般予防論　11
消極的構成要件要素　35
消極的責任主義　28
消極的属人主義　19
承継的共同正犯　281
承継的共犯　281
承継的幇助犯　282
条件関係　68
条件公式　69
条件説　73
条件付故意　95
情状　339
状態犯　49
条理　60
処断刑　28, 338
初度の執行猶予　349
処罰阻却事由　338
素人仲間における並行的評価　90
新・新過失論　117
侵害犯　41
人格責任論　170
新過失論　113
心神耗弱　180
心神喪失　175
心神喪失医療観察法　358
真正不作為犯　54
真正身分犯　40, 284
身体刑　330
人的不法論　47, 125
信頼の原則　118
心理学的方法　175
心理的因果性　300
心理的責任論　171

推定的承諾　167

随伴行為　305, 308
数故意犯説　103

制限故意説　189
制限従属性説　251
制限責任説　191
制限的正犯概念　235
正対正　139
正当業務行為　153
正当行為　153
正当防衛　130
正犯　229
正犯概念　230
正犯者の意思　268
生物学的方法　175
生命刑　330
世界主義　19
責任　45
　　——と刑罰との比例の原則　28
　　——の根拠　170
　　——の実質　171
責任共犯論　247
責任原理　28
責任故意　89
責任主義　28
責任説　190
責任前提　174
責任阻却事由　33
責任能力　174
責任身分　285
責任無能力　175
責任要素　112, 174
積極的安楽死（直接的安楽死）　159
積極的一般予防　329
　　——論　11
積極的加害意思　132
積極的責任主義　28
積極的属人主義　19
接続犯　308
絶対的不定期刑　16
絶対的不能　223
折衷説　75
折衷的相当因果関係説　75
全刑法学　326
先行行為　62

宣告刑　28, 338
宣告猶予　348
専断的医療行為　158

争議行為　156
総合量刑　321
相互間接正犯類似説　263
相互利用・補充意思　260
相対的不定期刑　16
相対的不能　223
相当因果関係説　75
相当性　138
　　狭義の――　77
　　広義の――　77
遡及禁止論　182
属人主義　19
即成犯　49
属地主義　19
組成物件　336
尊厳死　159

た 行
対向犯　230
第三者と防衛行為　138
大赦　341
退避義務　135
対物防衛　133
択一関係　304
択一的競合　70
択一的故意　92
打撃の錯誤　99
多元説　60
多衆犯　230
たぬき・むじな事件　195
堕落説　247
単一刑論　333
短期自由刑　334
単純一罪　303
単独正犯　230

着手未遂　211
中止犯　211
中止未遂　211
抽象的危険犯　42
抽象的事実の錯誤　99, 109

抽象的法定符合説　100
中立の行為と幇助犯　278
懲役　330, 332
超過の内心傾向　44
超法規的違法性阻却事由　153
直接性　53
直接正犯　232
治療行為　155

追徴　337
通常の刑　288
付け加え禁止　69

定期刑　346
定型説　48
適正手続　17
デュー・プロセス　17

統一的正犯　234
等価説　74
動機説　94
道義的責任論　170
道具　179
道具性　241
特赦　341
特別関係　303
特別刑法　4, 112
特別予防　328, 329

な 行
二元論　9
二重の故意　180
日数罰金制　335
任意性　214
任意的共犯　230
認識説　93
認容　90
　　――説　93

練馬事件　266

は 行
排他的支配　62
パターナリズム　163
罰金　330, 334

事項索引　365

罰金等臨時措置法　334
早すぎた結果の発生　107
早すぎた構成要件の実現　107
犯罪競合論　303
犯罪共同説　252
犯罪原因論　326
犯罪時　20
犯罪取得物件　336
犯罪生成物件　336
犯罪対策論　326
反則金　335
反対動機　187

被害者の同意（承諾）　161
必要性　137
必要的共犯　230
避難の意思　149
評価規範　8
表現犯　45
表象　89
　──説　93
被利用者標準説　209

不確定的故意　92
不可罰的事後行為　306
不可罰的事前行為　306
武器対等の原則　138
不作為　25
　──による共犯　294
　──の共同正犯　293
不作為犯における因果関係　72
不真正不作為犯　54
不真正身分犯　40, 284
不正　133
不正対正　138
物理的因果性　300
不定期刑　333
不能犯　221
部分的責任能力　174
部分的犯罪共同説　255
不法共犯論　248
不法構成要件　33

併科主義　303
平均人標準説　202

併合罪　313, 319, 350
　──加重　340
遍在説　19
片面的教唆　275
片面的共同正犯　256
片面的幇助　277

保安処分　357
防衛的緊急避難　139, 150
防衛の意思　136
法益　6
　──の均衡　146
　──保護　9
法益関係的錯誤の理論　166
法益均衡（権衡）の要件　149
法益侵害説　126
法確証の利益　131
包括一罪　306, 308
　狭義の──　308
法源　2
幇助　146
　──行為　277
　──の因果性　280
法条競合　303
幇助犯　146, 276
法人の処罰　37
法定刑　28, 338
法定的符合説　100
法的帰属関係　48
法の不知　193
方法の錯誤　99
方法の不能　221
法律効果　3
法律主義　12
法律上の減軽　339
法律上の減軽事由　344
法律上の復権　356, 357
法律の錯誤　96, 192
法律要件　3
法令行為　153
保護観察　348, 351, 352, 354
保護主義　19
補充関係　304
補充性　138, 149
補充的性格　7

保証者義務　59
保証者説　58
保証者的地位　59
保障的機能　10
保障人説　58
没収　330, 336

ま　行

未決拘留　347
未終了未遂　211
未遂の教唆　273
未遂犯　44, 205
未必の故意　92
身分　283
身分犯　39
　　──の共犯　283

無過失責任説　38
無鑑札犬撲殺事件　197
むささび・もま事件　195

名誉刑　330
命令規範　55

目的　43, 44
目的刑思想　328
目的説　130
目的的行為論　25
目的犯　43
目的論的解釈　18

や　行

優越的利益　131

有責性　27
許された危険　114

要素従属性　250
予見可能性　113
余罪　323, 350
予備罪　206
　　独立罪としての──　206
予備の共犯　296
予備の中止　220
予防　173

ら　行

利益衡量原理　131
利益衡量説　130
離隔犯　49
量刑　28, 327, 338, 339
利用者標準説　209
量的過剰　142
両罰規定　37
倫理の最小限　127

類推解釈　13
累犯　340
　　──加重　340

例外モデル　178
連鎖的教唆　275

労役場留置　334
労働争議行為　155

判例索引

【～明治45年】
大判明治36・5・21刑録9輯874頁（電気窃盗事件）　14
大判明治37・12・20刑録10輯2415頁　242
大判明治43・10・11刑録16輯1620頁（一厘事件）　129
大判明治44・7・6刑録17輯1388頁　317

【大正元～4年】
大判大正2・11・18刑録19輯1212頁　301
大連判大正3・5・18刑録20輯932頁　288
大判大正3・7・24刑録20輯1546頁　225

【大正5～9年】
大判大正6・9・10刑録23輯999頁（硫黄事件）　227
大判大正6・12・12刑録23輯1357頁　4
大判大正7・6・17刑録24輯844頁　278
大判大正7・7・15刑録24輯975頁　342
大判大正7・11・16刑録24輯1352頁　209

【大正10～14年】
大判大正11・2・4刑集1巻32頁　102
大判大正11・5・9刑集1巻313頁　102
大判大正12・4・30刑集2巻378頁（砂末吸引事件）　107
大判大正13・3・1刑集1巻99頁　275
大判大正13・3・14刑集3巻285頁　62
大判大正13・4・25刑集3巻364頁（むささび・もま事件）　195
大判大正13・12・12刑集3巻867頁　148
大判大正14・1・22刑集3巻921頁　278
大判大正14・6・9刑集4巻378頁（たぬき・むじな事件）　195

【昭和元～4年】
大判昭和2・9・9刑集6巻343頁　80
大判昭和3・3・9刑集7巻172頁　294
大判昭和3・4・6刑集7巻291頁　79

大判昭和4・9・17刑集8巻446頁　219

【昭和5～9年】
大判昭和5・11・22刑集9巻823頁　317
大判昭和5・12・12刑集9巻893頁　316
大判昭和6・12・3刑集10巻682頁　176
大判昭和7・2・22刑集11巻107頁　317
大判昭和7・5・26刑集11巻725頁　319
大判昭和8・11・21刑集12巻2072頁（第五柏島丸事件）　201
大判昭和8・11・27刑集12巻2134頁　293
大判昭和9・2・2刑集13巻41頁　317
大判昭和9・9・29刑集13巻1245頁　273
大判昭和9・10・19刑集13巻1473頁　207
大判昭和9・11・20刑集13巻1514頁　287

【昭和10～14年】
大判昭和10・11・25刑集14巻12号17頁　39
大連判昭和11・5・28刑集15輯715頁　263
大判昭和12・3・6刑集16巻272頁　214
大判昭和12・6・25刑集16巻998頁　219
大判昭和12・10・29刑集16巻1417頁　284
大判昭和12・11・6裁判例（11）刑87頁　151
大判昭和13・3・11刑集17巻237頁　61
大判昭和13・11・18・刑集17巻839頁　282
大判昭和13・12・23刑集17巻980頁（日大生殺し事件）　310

【昭和15～19年】
大判昭和15・8・22刑集19巻540頁（ガソリンカー事件）　14

【昭和20～24年】
最大判昭和23・3・12刑集2巻3号191頁　331
最判昭和23・3・16刑集2巻3号227頁　93
最判昭和23年4月8日刑集2巻4号307頁　339
最判昭和23・5・1刑集2巻5号425頁　291
最判昭和23・6・22刑集2巻7号694頁　21

東京高判昭和23・10・16高刑集1巻追録18頁　202

最判昭和23・11・18刑集2巻12号1597頁　337

最判昭和24・3・31刑集3巻3号406頁　350

最判昭和24・4・5刑集3巻4号421頁　145

最判昭和24・4・23刑集3巻5号621頁　341

最判昭和24・5・14刑集3巻6号721頁　342

最大判昭和24・5・18刑集3巻6号722頁，判例体系30巻799頁　157

最判昭和24・7・12刑集3巻8号1237頁　316

最判昭和24・7・23刑集3巻8号1373頁　308

最判昭和24・8・18刑集3巻9号1465頁　134

最判昭和24・12・17刑集3巻12号2028頁　299, 301

【昭和25～29年】

最判昭和25・2・24刑集4巻2号255頁　50, 306

最判昭和25・3・31刑集4巻3号469頁（脳梅毒事件）　74, 80

最判昭和25・7・6刑集4巻7号1178頁　245

最判昭和25・7・11刑集4巻7号1261頁　291

最判昭和25・8・31刑集4巻9号1593頁　225

最大判昭和25・10・11刑集4巻10号1972頁　21

最大判昭和25・10・11刑集4巻10号2012頁　165

東京高判昭和25・10・28判特13号20頁　202

名古屋高判昭和25・11・14高刑集3巻4号748頁　208

最大判昭和25・11・15刑集4巻11号2257頁　156

最判昭和25・11・28刑集4巻12号2643頁　188

最大判昭和26・1・17刑集5巻1号20頁　185

最判昭和26・3・27刑集5巻4号686頁　271

最判昭和26・8・17刑集9号1798頁（無鑑札犬撲殺事件）　197

東京高判昭和26・11・7判特25号31頁　273

最判昭和26・12・6刑集5巻13号2485頁　272, 273

仙台高判昭和27・2・29判特22号106頁　292

最判昭和27・9・19刑集6巻8号1083頁　39, 283

最判昭和27・12・25刑集6巻12号1442頁　21

最判昭和28・1・23刑集7巻1号30頁（メタノール販売事件）　269

最決昭和28・3・5刑集7巻3号506頁　112

最判昭和28・4・14刑集7巻4号850頁　312

最大判昭和28・6・10刑集7巻6号1404頁　350

札幌高判昭和28・6・30高刑集6巻7号859頁　281

福岡高判昭和28・11・10判特26号58頁　226

最判昭和28・12・25刑集7巻13号2671頁（石勝トンネル事件）　151

最大判昭和29・1・20刑集8巻1号41頁　220

最決昭和29・5・6刑集8巻5号634頁　207

最決昭和29・5・27刑集8巻5号741頁　317

【昭和30～34年】

最判昭和30・3・1刑集9巻3号381頁　14

最判昭和30・11・11刑集9巻12号2438頁　157

最判昭和31・5・30刑集10巻5号760頁　350

最決昭和31・7・3刑集10巻7号955頁　243

最判昭和31・12・11刑集10巻12号1605頁　202

最判昭和32・1・22刑集11巻1号31頁　136

最判昭和32・2・6刑集11巻2号503頁　350

最判昭和32・2・26刑集11巻2号906頁　52

最大判昭和32・3・13刑集11巻3号997頁　91

最決昭和32・9・10刑集11巻9号2202頁　215

最大判昭和32・10・9刑集11巻10号2497頁　21

最判昭和32・10・18刑集11巻10号266頁　193

最判昭和32・11・19刑集11巻11号3073頁　289

最大判昭和32・11・27刑集11巻12号3113頁　38

最決昭和33・5・1刑集12巻7号1293頁　349

最判昭和33・5・6刑集12巻7号1297頁　318

最大判昭和33・5・28刑集12巻8号1694頁　156

最大判昭和33・5・28刑集12巻8号1718頁（練馬事件）　263, 266

最判昭和33・7・10刑集12巻11号2471頁　202

昭和33・7・10刑集12巻11号2471頁　202
最判昭和33・9・9刑集12巻13号2882頁　61
最判昭和33・11・4刑集12巻15号3439頁　202
最判昭和33・11・21刑集12巻15号3519頁　165

【昭和35〜39年】
最判昭和35・2・4刑集14巻1号61頁　148
広島高判昭和35・6・9高刑集13巻5号399頁　200
広島高判昭和36・7・10高刑集14巻5号310頁　225
東京高判昭和36・7・18高刑集14巻4号250頁　227
最判昭和37・3・23刑集16巻3号305頁（空気注射事件）　227
最判昭和37・11・8刑集16巻11号1522頁　297
名古屋高判昭和37・12・22刑集15巻9号674頁　159
最大判昭和38・5・22刑集17巻4号370頁（東大ポポロ事件）　168
最決昭和39・7・9刑集18巻6号375頁　320

【昭和40〜44年】
最決昭和40・3・9刑集19巻2号69頁　208
最決昭和40・3・26刑集19巻2号83頁　38
最決昭和40・3・30刑集19巻2号125頁　283
最決昭和40・9・8刑集19巻6号636頁　349
最決昭和41・7・7刑集20巻6号554頁　145, 200
最判昭和41・12・20刑集20巻10号1212頁　119
最判昭和42・3・7刑集21巻2号417頁　283, 284
最大決昭和42・3・8刑集21巻2号423頁　353
最判昭和42・10・13刑集21巻8号1097頁　119
最判昭和42・10・24刑集21巻8号1116頁（米兵轢き逃げ事件）　80
最決昭和43・2・27刑集22巻2号67頁　185
最判昭和43・11・7刑集22巻12号1335頁　342
最判昭和43・12・24刑集22巻13号1625頁　230

最決昭和44・6・5刑集23巻7号935頁　342
最大判昭和44・6・18刑集23巻7号950頁　317
最決昭和44・7・17刑集23巻8号1061頁　279
東京高判昭和44・9・17高刑集22巻4号595頁（黒い雪事件）　189
最決昭和44・9・26刑集23巻9号1154頁　342
大阪高判昭和44・10・17判タ244号290頁　219
最決昭和44・12・4刑集23巻12号1573頁　138

【昭和45〜49年】
最判昭和45・1・29刑集24巻1号1頁　44
最決昭和45・7・28刑集24巻7号585頁　208
浦和地判昭和45・10・22月報2巻10号1107頁　62
最決昭和46・6・17刑集25巻4号567頁（布団蒸し事件）　80
最判昭和46・11・16刑集25巻8号996頁　132
最大判昭和48・4・25刑集27巻3号418頁（久留米駅事件）　156
最大判昭和49・5・29刑集28巻4号114頁　313
最大判昭和49・5・29刑集28巻4号151頁　314
最大判昭和49・5・29刑集28巻4号168頁　314
最大判昭和49・11・28刑集28巻8号385頁　314

【昭和50〜54年】
最判昭和50・4・3刑集29巻4号132頁　154
最大判昭和50・9・10刑集29巻8号489頁（徳島市公安条例事件）　17
最判昭和50・11・28刑集29巻10号983頁　137
大阪地判昭和51・3・4判時822号109頁　185
札幌高判昭和51・3・18高刑集29巻1号78頁（北大電気メス事件）　119
最大判昭和51・9・22刑集30巻8号1640頁　315
最大判昭和52・5・4刑集31巻3号182頁（全逓名古屋中郵事件）　129, 157
最決昭和52・7・21刑集31巻4号747頁　132,

最決昭和53・3・22刑集32巻2号381頁　75
最決昭和53・5・31刑集32巻3号457頁（外務省機密漏洩事件）　168
最判昭和53・7・28刑集32巻5号1068頁　104
最決昭和54・3・26刑集33巻2号121頁　347
最決昭和54・3・27刑集33巻2号140頁（ヘロイン・覚醒剤輸入事件）　91, 111
最決昭和54・3・27刑集33巻2号155頁　353
最決昭和54・4・13刑集33巻3号179頁　111, 291
東京高判昭和54・5・15判時937号123頁　182

【昭和55～59年】

最決昭和55・11・13刑集34巻6号396頁　163, 166
札幌高判昭和56・1・22刑月13巻1・2号12頁、判時994号129頁（白石中央病院事件）　120
最決昭和56・11・25刑集35巻8号884頁　353
最決昭和57・2・17刑集36巻2号206頁　276
最判昭和57・3・11刑集36巻3号253頁　341
最決昭和57・4・2刑集36巻4号503頁　112
最決昭和57・5・26刑集36巻5号609頁　134
最決昭和57・7・16刑集36巻6号695頁　264
東京高判昭和57・11・29刑月14巻11・12号804頁，判時1071号149頁　149, 151
東京地八王子支判昭和57・12・22判タ494号142頁　61
最判昭和58・7・8刑集37巻6号609頁（永山事件）　331
最決昭和58・9・21刑集37巻7号1070頁　242
最決昭和58・9・29刑集37巻7号1110頁　314
最決昭和59・1・30刑集38巻1号185頁　132
最決昭和59・3・6刑集38巻5号1961頁　95
最決昭和59・3・27刑集38巻5号2064頁　242
最決昭和59・7・3刑集38巻8号2783頁　176
最決昭和59・7・6刑集38巻8号2793頁　80
福岡地判昭和59・8・30判時1152号182頁　268

【昭和60～63年】

最決昭和60・2・8刑集39巻1号1頁　343
最決昭和60・10・21刑集39巻6号362頁　123
最大判昭和60・10・23刑集39巻6号413頁（福岡県青少年保護育成条例事件）　17
大阪簡裁昭和60・12・11判時1204号161頁　151
札幌地判昭和61・2・13刑月18巻1・2号68頁，判時1186号24頁（北ガス事件）　120
福岡高判昭和61・3・6高刑集39巻1号1頁　215
最決昭和61・6・9刑集40巻4号269頁（覚醒剤・コカイン所持事件）　91, 111
最決昭和61・6・24刑集40巻4号292頁（マジックホン事件）　129
名古屋高判昭和61・9・30高刑集39巻4号371頁　269
最決昭和61・11・18刑集40巻7号523頁　310
最決昭和62・2・23刑集41巻1号1頁　306
最決昭和62・3・26刑集41巻2号182頁（勘違い騎士道事件）　145, 201
大阪高判昭和62・7・10高刑集40巻3号720頁　281
最決昭和62・7・16刑集41巻5号237頁（百円札模造事件）　189
東京高判昭和62・7・16判時1247号140頁　216
大阪高判昭和62・7・17判時1253号141頁　284
岐阜地判昭和62・10・15判タ654号261頁　227
最決昭和63・5・11刑集42巻5号807頁（柔道整復師事件）　81
東京地判昭和63・7・27判時1300号153頁　278
最判昭和63・10・27日刑集42巻8号1109頁（日本アエロジル塩素ガス流出事件）　119

【平成元～4年】

最決平成元・3・14刑集43巻3号262頁　117
最決平成元・6・26刑集43巻6号567頁　299
最判平成元・7・18刑集43巻7号752頁（公衆浴場事件）　198
最判平成元・11・13刑集43巻10号823頁　138
最決平成元・12・15刑集43巻13号879頁　73
最決平成2・2・9判時1341号157頁　91
東京高判平成2・2・21判タ733号232頁（板橋

判例索引　371

宝石商殺害事件）　280
東京高判平成 2・4・11 東京高裁刑事判決時報
　　41 巻 1-4 号 19 頁　343
最決平成 2・11・16 刑集 44 巻 8 号 744 頁（川治
　　プリンスホテル火災事件）　120
最決平成 2・11・20 刑集 44 巻 8 号 837 頁（大阪
　　南港事件）　81
最決平成 2・11・29 刑集 44 巻 8 号 871 頁（千日
　　デパートビル火災事件）　120
最判平成 3・11・14 刑集 45 巻 8 号 221 頁（大洋
　　デパート火災事件）　120
長崎地判平成 4・1・14 判時 1415 号 142 頁
　　182
東京地判平成 4・1・23 判時 1419 号 133 頁
　　269
最決平成 4・6・5 刑集 46 巻 4 号 245 頁（フィリ
　　ピン・パブ事件）　143, 267, 296
最決平成 4・12・17 刑集 46 巻 9 号 683 頁（夜間
　　潜水事件）　81

【平成 5 ～ 9 年】

最決平成 5・10・29 刑集 47 巻 8 号 98 頁　314
最決平成 5・11・25 刑集 47 巻 9 号 242 頁（ホテ
　　ル・ニュージャパン火災事件）　120
最判平成 6・12・6 刑集 48 巻 8 号 509 頁　143,
　　300
最決平成 6・12・9 刑集 48 巻 8 号 576 頁　19
横浜地判平成 7・3・28 判時 1530 号 28 頁（東海
　　大事件）　159
東京高判平成 7・12・4 高刑集 48 巻 3 号 189 頁
　　342
千葉地判平成 7・12・13 判時 1565 号 144 頁
　　（ダートトライアル事件）　167
最判平成 7・12・15 刑集 49 巻 10 号 1127 頁
　　351
最判平成 8・2・8 日刑集 50 巻 2 号 221 頁（マガ
　　モ捕獲事件）　14
最判平成 8・11・18 刑集 50 巻 10 号 745 頁　15
最判平成 9・6・16 刑集 51 巻 5 号 435 頁　142
最決平成 9・10・30 刑集 51 巻 9 号 816 頁　293

【平成 10 ～ 14 年】

福岡高判平成 11・9・7 判時 1691 号 156 頁
　　218
札幌高判平成 12・3・16・判時 1711 号 170 頁
　　295
最決平成 12・12・20 刑集 54 巻 9 号 1095 頁（生
　　駒トンネル事件）　118
最決平成 13・2・9 刑集 55 巻 1 号 76 頁　343
東京地判平成 13・3・28 判時 1763 号 17 頁（薬
　　害エイズ帝京大病院事件）　117
東京高判平成 13・4・9 高刑速報 3132 号 50 頁
　　219
最決平成 13・10・25 刑集 55 巻 6 号 519 頁　243
大阪高判平成 14・9・4 判タ 1114 号 293 頁
　　140

【平成 15 ～ 19 年】

最決平成 15・1・24 判時 1806 号 157 頁，判タ
　　1110 号 134 頁　119
最決平成 15・4・23 刑集 57 巻 4 号 467 頁　307
最決平成 15・5・1 刑集 57 巻 5 号 507 頁（ス
　　ワット事件）　266
最判平成 15・7・10 刑集 57 巻 7 号 903 頁　321
最決平成 15・7・16 刑集 57 巻 7 号 950 頁（高速
　　道路進入事件）　81
最決平成 16・1・20 刑集 58 巻 1 号 1 頁　165,
　　246
最決平成 16・2・17 刑集 58 巻 2 号 169 頁　82
最決平成 16・3・22 刑集 58 巻 3 号 187 頁（クロ
　　ロホルム事件）　109, 208
最決平成 16・7・14 刑集 58 巻 5 号 360 頁　119
最決平成 16・10・19 刑集 58 巻 7 号 645 頁（ト
　　レーラー事件）　82
横浜地判平成 17・3・25 判時 1909 号 130 頁
　　160
最判平成 17・4・14 刑集 59 巻 3 号 283 頁　317
最決平成 17・7・4 刑集 59 巻 6 号 403 頁（シャク
　　ティ事件）　62, 291
最決平成 17・10・7 刑集 59 巻 8 号 1108 頁　287
最決平成 17・11・15 刑集 59 巻 9 号 1558 頁
　　118
最小決平成 17・12・6 刑集 59 巻 10 号 1901 頁
　　169
最決平成 18・2・27 刑集 60 巻 2 号 253 頁　91
最決平成 18・3・27 刑集 60 巻 3 号 382 頁（トラ
　　ンク事件）　82
最決平成 18・11・21 刑集 60 巻 9 号 770 頁　272
東京高判平成 19・2・28 判タ 1234 号 153 頁
　　160

最決平成 19・11・14 刑集 61 巻 8 号 757 頁　266
最決平成 19・12・3 刑集 61 巻 9 号 821 頁　313

【平成 20〜24 年】
最決平成 20・3・3 刑集 62 巻 4 号 567 頁（薬害エイズ厚生省事件）　117
最判平成 20・4・25 刑集 62 巻 5 号 1559 頁　176
最決平成 20・5・19 刑集 62 巻 6 号 1623 頁　287
最決平成 20・5・20 刑集 62 巻 6 号 1786 頁　135
最決平成 20・6・25 刑集 62 巻 6 号 1859 頁　142
最決平成 21・2・24 刑集 63 巻 2 号 1 頁　143
最判平成 21・6・30 刑集 63 巻 5 号 475 頁　299
最判平成 21・10・19 判時 2063 号 155 頁　267
最決平成 21・12・7 刑集 63 巻 11 号 1899 頁（川崎協同病院事件）　160
最決平成 21・12・8 刑集 63 巻 11 号 2829 頁　177
最決平成 22・3・17 判タ 1325 号 86 頁, 判時 2081 号 157 頁　309

最決平成 22・5・31 裁判所時報 1508 号 3 頁　268
最決平成 22・5・31 判タ 1327 号 80 頁, 判時 2083 号 159 頁　121
最決平成 22・10・26 刑集 64 巻 7 号 1019 頁（ニアミス事件）　82, 121
最決平成 23・12・19 刑集 65 巻 9 号 1380 頁　279
最決平成 24・2・8 刑集 66 巻 2 号 200 頁　121
最決平成 24・2・8 刑集 66 巻 4 号 200 頁　82
最判平成 24・2・18 裁判集刑 289 号 383 頁　331
最決平成 24・11・6 刑集 66 巻 11 号 1281 頁　281

【平成 25 年〜】
最決平成 25・4・15 刑集 67 巻 4 号 437 頁　277
最決平成 25・4・16 刑集 67 巻 4 号 549 頁　267

著者略歴

橋本　正博（はしもと　まさひろ）

1958年　東京都生まれ
1982年　一橋大学法学部卒業
1987年　一橋大学大学院法学研究科博士後期課程単位修得退学
2003年　一橋大学博士（法学）
現　在　一橋大学大学院法学研究科教授

主要著書・論文

『「行為支配論」と正犯理論』（有斐閣，2000年）

『刑法基本講義　総論・各論』（佐久間修・上嶌一高との共著。有斐閣，初版 2009年，第2版 2013年）

高橋則夫編『ブリッジブック刑法の考え方』（第4・11・12・18講義。信山社，初版 2009年，第2版 2014年）

『日本法への招待』（松本恒雄・三枝令子・青木人志との共編著。有斐閣，初版 2004年，第3版 2014年）

「目的的行為論と行為支配論」（『刑事法学の総合的検討（下）―福田平・大塚仁博士古稀祝賀―』有斐閣，1993年）

「刑法における違法性と社会的相当性」（『変動期における法と国際関係（一橋大学法学部創立五十周年記念論文集）』有斐閣，2001年）

「『共謀共同正犯』概念再考―行為支配説に基づく制約論―」（『神山敏雄先生古稀祝賀論文集第一巻［過失犯論・不作為犯論・共犯論］』成文堂，2006年）

「不能犯における危険の意義とその判断」（『村井敏邦先生古稀記念論文集　人権の刑事法学』日本評論社，2011年）

法学叢書 = 12

法学叢書　刑法総論

2015年2月25日 ©　　　　　　　　初版発行

著　者　橋本正博　　　発行者　木下敏孝
　　　　　　　　　　　印刷者　小宮山恒敏
　　　　　　　　　　　製本者　米良孝司

【発行】　　　　　株式会社　新世社
〒151-0051　東京都渋谷区千駄ヶ谷1丁目3番25号
編集☎(03)5474-8818(代)　　サイエンスビル

【発売】　　　　　株式会社　サイエンス社
〒151-0051　東京都渋谷区千駄ヶ谷1丁目3番25号
営業☎(03)5474-8500(代)　　振替　00170-7-2387
FAX☎(03)5474-8900

印刷　小宮山印刷工業(株)　　製本　ブックアート
《検印省略》

本書の内容を無断で複写複製することは，著作者および
出版者の権利を侵害することがありますので，その場合に
はあらかじめ小社あて許諾をお求め下さい。

サイエンス社・新世社のホームページのご案内
http://www.saiensu.co.jp
ご意見・ご要望は
shin@saiensu.co.jp　まで．

ISBN978-4-88384-220-9
PRINTED IN JAPAN

法学叢書 17

法学叢書
ＥＵ法

中西優美子 著
A5判／400頁／本体2,800円（税抜き）

初めてこの領域を学ぶ人にもわかりやすいよう，EUの基本的な概要から始まり，その権限，構成国との関係，主要な政策法についてやさしく説明します．また，実践・応用のための基礎知識として，立法や判例についての解説も丁寧に行っています．現在EU法を学んでいる学生だけでなく，実務でこの領域を扱う社会人にもおすすめの一冊です．

【主要目次】

欧州統合の発展／ＥＵの性質とＥＵ法／ＥＵの諸価値と目的，基本権保障と民主主義及びＥＵ市民／ＥＵの諸機関／ＥＵ諸条約の改正／ＥＵへの加入及び脱退／ＥＵの権限体系／ＥＵ法行為と法行為手続／判例法による実効性確保／条約上の実効性確保／ＥＵ立法による実効性確保／権限行使の合法性／ＥＵ法と国内法との関係／ＥＵ法と国内機関との関係(1)／ＥＵ法と国内機関との関係(2)／域内市場／ＥＵ環境法／自由・安全・司法の領域／対外関係法／ＥＵとアジア／実際のＥＵ法行為／ＥＵ司法裁判所の解釈と判例

発行　新世社　　発売　サイエンス社

法学叢書 14

法学叢書
刑事訴訟法

大久保隆志 著

A5判／480頁／本体3,400円（税抜き）

法学部あるいは法科大学院の学生を念頭に，法の核心部分が的確に理解できるようまとめられた基本書．判例を中心とする実務の運用を紹介しつつ，これまで蓄積されてきた学説の豊かな成果を参照し，両者の架橋に意を払った．著者の長年にわたる検察実務経験ならびに司法研修所，法科大学院における教育経験が活かされた学修者必携のテキスト．

【主要目次】

刑事訴訟の基本原則／任意捜査と強制捜査／捜査の端緒／物的証拠の収集／身柄の拘束／供述証拠の収集／被疑者の権利／捜査の終了／公訴の提起／訴因の特定と変更／公判準備と公判手続／証拠と証明／自白法則／伝聞法則／裁判／上訴／非常救済手続

発行　新世社　　発売　サイエンス社

新法学ライブラリ 17

刑法総論

伊東研祐 著

A5判／448頁／本体3,300円（税抜き）

自ら考え，理解した理論を正確に言語で表現する力の習得をめざし，練達の著者が行為無価値論の立場から刑法理論の状況を解説した教科・解説書．本書を繰り返し読み，理解を深めることにより，現時点での我が国の犯罪論の概況が把握できる．

【主要目次】

犯罪論概説／構成要件該当性／違法性／有責性／その他の犯罪構成要素（客観的処罰条件，処罰阻却事由）／未完成犯罪——未遂罪・予備罪・陰謀罪／共犯／罪数論と量刑論／刑法の場所的適用論

発行　新世社　　発売　サイエンス社